알렉스 캘리니코스의

자본론 행간 읽기

《자본론》의 배경이 된 사상

이 도서의 국립중앙도서관 출판예정도서목록(CIP)은 서지정보유통지원시스템 홈페이지(http://seoji.nl.go.kr)와 국가자료종합목록 구축시스템(http://kolis-net.nl.go.kr)에서 이용하실 수 있습니다. (CIP제어번호 : CIP2020029049)

알렉스 캘리니코스의

자본론 행간 읽기

《자본론》의 배경이 된 사상

알렉스 캘리니코스 지음 | 이수현 옮김

책갈피

차례

일러두기

1. 인명과 지명 등의 외래어는 최대한 외래어 표기법에 맞춰 표기했다.

2. 《 》 부호는 책과 잡지를 나타내고 〈 〉 부호는 신문, 주간지, 영화, 텔레비전 프로그램, 노래를 나타낸다. 논문은 " "로 나타냈다.

3. 본문에서 독일어를 제외한 [ ]는 옮긴이가 독자의 이해를 돕거나 문맥을 매끄럽게 하려고 덧붙인 것이다. 지은이가 인용문에 덧붙인 것은 [— 캘리니코스]로 표기했다.

4. 본문의 각주는 옮긴이가 넣은 것이다.

5. 원문에서 이탤릭체로 강조한 부분은 고딕체로 나타냈다.

"그렇다면 제가 왜 당신에게 답장을 못 했을까요? 왜냐하면 그동안 제가 줄곧 죽음의 문턱에 서 있었기 때문입니다. 그래서 저는 조금이라도 일할 수 있을 때마다, 제 건강과 행복과 가족을 모두 희생시킨 그 책을 완성하려고 애써야 했습니다. 이 해명이 충분했기를 바랍니다. 저는 이른바 '현실적인' 사람들과 그들의 지혜를 비웃습니다. 물론 사람이 소처럼 살고 싶다면, 인류의 고통을 무시한 채 자신의 안위만을 돌볼 수 있을 것입니다. 그러나 제가 끝내 원고 형태로라도 책을 완성하지 못한 채 죽었다면, 저는 정말로 자신을 비현실적인 사람이라고 생각했을 것입니다."

— 카를 마르크스가 지크프리트 마이어에게* 보낸 1867년 4월 30일자 편지에서

---

* Sigfrid Meyer(1840~1872). 독일계 미국인 사회주의자이자 제1인터내셔널 회원으로, 뉴욕에서 독일인 노동자들의 운동을 조직하는 데 참여했다.

머리말

   나는 어른이 되고 나서 계속 이 책을 쓰고 있었다는 느낌이 든다. 1973년 여름 임레 러커토시 교수가 자신이 지도해 줄 테니 마르크스주의의 과학성을 주제로 박사 학위논문을 써 보라고 나에게 과제를 던져 준 것이 이 책의 발단이었다. 슬프게도 몇 달 뒤 러커토시 교수가 돌아가시는 바람에 이 뛰어난 인물과는 잠시 스치듯 만나고 말았다. 그러나 1974~1978년에 나는 옥스퍼드대학교 베일리얼 칼리지에서 처음에는 폴 스트리튼 교수, 나중에는 프랜시스 스튜어트 교수의 지도를 받으며 《자본론》에서 마르크스가 사용한 방법'을 주제로 학위논문을 썼다. 이 논문의 여러 요소가 이 책에 남아 있다. 그래서 이 자리를 빌려 지도 교수들께 감사 말씀을 드려야겠다. 레셰크 코와코프스키 교수께도 감사해야 하는데, 우리는 [옥스퍼드대학교] 올소울스 칼리지의 교수 연구실에서 즐겁게 서로 비꼬는 농담을 주고받았다. 또, 내가 베일리얼 칼리지에 있는 동안 늘 인자한 모습으로 많이 도와주신 앨런 몬티피오리 교수께도 감사드린다.

나는 박사과정을 밟는 동안 바이트재단에서 장학금을 받았다. 마지막 장학금을 받을 때 (장학금 수여 조건 때문에 마지못해) 그간의 지원에 감사를 표한 후 마음이 홀가분해졌는데, 왜냐하면 바이트재단 창립자인 알프레트 바이트는 세실 로즈가 영국 제국주의를 위해 남아프리카를 정복하고 그 광물 자원을 차지하려 했을 때 긴밀하게 협력한 인물이었기 때문이다. 당시 나와 함께 바이트재단 장학금을 받은 대학원생 찰스 반 온셀른은 로즈와 바이트의 후예들이 [영국] 식민지 짐바브웨를 통치하던 시기의 광산 노동자 착취 실상을 연구해서《치바로》라는 책을 썼는데, 그 책의 서두에서 말하기를 저들이 이런 식으로 마르크스주의자들을 지원한 것은 "토대와 상부구조의 관계가 결코 단순하지 않음을 보여 주는 또 다른 증거"라고 했다. 남아공의 마리카나 광산 학살 사건은 '민족 해방'을 달성했다고 자처하는 정권 치하에서도 흑인 광산 노동자들의 투쟁은 계속된다는 것을 보여 줬다.

1997~1998년 아시아 경제 위기가 발생하자 나는 다시《자본론》을 연구하게 됐다. 이것은 너무나 그리운 내 친구이자 동지인 고故 크리스 하먼이 주도한, 현대 자본주의의 동역학을 이해하려는 노력의 일환이었다. 나에게는 다른 계획이 많았으므로 이 책을 쓰는 일은 오랫동안 아주 먼 미래의 목표였다. 운 좋게도 내가《자본론》을 다시 연구한 때는 정치경제학에 대한 마르크스주의적 비판의 르네상스가 확산되는 시기였다. 이 르네상스와 그것이 나에게 미친 유익한 지적 영향에 대해서는 '들어가며'에서 더 자세히 이야기하겠다. 여기서는 나에게 더 직접적 도움을 준 사람들에게 감사를 표하고 싶다. 특히, 샐리 캠벨, 조셉 추나라, 마틴 엠프슨, 프레드 모즐리, 루치아 프라델라에게 감사한다. 이들은 모두 이 책의 원고를 읽고 귀중한 제안을 많이 해 줬고 그 덕분에 책이 더 나아졌다. 내가 그들의 충고를 다 받아들이지는 않았는

데, 그것은 순전히 내 책임이다. 나는 특히 루치아 프라델라에게 많이 배웠는데, 내 원고에 대한 논평뿐 아니라 그녀 자신의 연구에서 내가 배운 통찰도 유익했다.

마지막으로, 우리 아버지를 떠올리지 않을 수 없다. 1970년대에 내가 처음 연구를 시작했을 때 우리 부모님은 약간 어정쩡하면서도 항상 애정 어린 지원을 해 주셨다. 내가 이 책을 쓰고 있을 때 아버지의 긴 생애가 거의 끝나가고 있었다. 내 기억에서 《자본론》 3권의 가장 뛰어난 부분을 읽던 때와 임종 직전의 아버지를 침대 옆에서 밤샘 간호하던 때는 떼려야 뗄 수 없이 연결돼 있다. 따라서 이 책을 아버지 영전에 바치는 것은 당연하다.

인용문 출처 안내

본문에서 다음과 같이 간단히 표기한 출처는 아래 저작들을 가리킨다.

CI: Karl Marx, *Capital* I (Harmondsworth, 1976)

CII: Karl Marx, *Capital* II (Harmondsworth, 1978)

CIII: Karl Marx, *Capital* III (Harmondsworth, 1981)

Con: Karl Marx, *A Contribution to the Critique of Political Economy* (London, 1971)[*]

CW: Karl Marx and Friedrich Engels, *Collected Works* (50 vols, Moscow, 1975~2005)

---

[*]　국역: 《정치경제학 비판을 위하여》, 중원문화, 2012.

EW: Karl Marx, *Early Writings* (Harmondsworth, 1975)

G: Karl Marx, *Grundrisse* (Harmondsworth, 1973)[*]

GL: G W F Hegel, *The Science of Logic* (Cambridge, 2010)[**]

MEGA2: Karl Marx and Friedrich Engels, *Gesamtausgabe* (Berlin, 1975~)

R: *The Works and Correspondence of David Ricardo* (Piero Sraffa, ed, 11 vols, Cambridge, 1951~1952)

펭귄판 《정치경제학 비판 요강》과 《자본론》은 영어 번역본의 표준이 됐다. 비록 펭귄판의 번역이 좋긴 하지만, 나는 때때로 번역을 수정할 필요가 있다고 느꼈다. 특히, 마르크스가 중요하게 생각한 개념적 구분을 더 분명히 나타내려면 그래야 했다. 이 점은 다른 저작들의 번역본도 마찬가지다. 특히, 《1861~1863년 경제학 원고》(*Economic Manuscripts of 1861~1863*)의 일부, 즉 《잉여가치학설사》(*Theories of Surplus Value*)로[***] 번역된 부분에서 그랬다. 번역을 수정할 때는 대개 [독일어] 마르크스·엥겔스 《저작집》(*Werke*)의 온라인판(인터넷 웹사이트 http://www.dearchiv.de/php/mewinh.php에서 볼 수 있다)을 바탕으로 수정했다. 또, 나는 마르크시스트 인터넷 아카이브(http://www.marxists.org/)가 제공하는 엄청난 학술 자료에도 찬사를 보내고 싶다.

---

[*] 국역: 《정치경제학 비판 요강 1, 2, 3》, 그린비, 2007.

[**] 국역: 《헤겔 대논리학 1, 2, 3》, 지학사, 1982.

[***] 일부 국역: 《잉여가치학설사 1》, 아침, 1989. 《잉여가치학설사 2》, 이성과현실, 1989.

아주 가끔 프로그레스 출판사가 펴낸 옛《자본론》의 번역이 더 낫다고 생각했을 때는 인용문 출처를 다음과 같이 표기했다.

MⅠ: Karl Marx, *Capital*, Ⅰ (Moscow, 1970)
MⅡ: Karl Marx, *Capital*, Ⅱ (Moscow, 1970)
MⅢ: Karl Marx, *Capital*, Ⅲ (Moscow, 1971)

나는 마르크스의 편지와 원고를 매우 많이 이용했다. 마르크스는 글을 쓰다가 갑자기 영어를 사용하는 경우가 흔한데, 그런 부분은 굵은 활자체로 나타냈다.* 인용문에 삽입된 독일어 원문은 ( )는 영어 번역자가, [ ]는 내가 넣은 것이다.**

---

* 이 책에서는 이탤릭체로 나타냈다.

** 본문에서 독일어를 제외한 [ ]는 옮긴이가 덧붙인 것이고 지은이가 덧붙인 것은 [― 캘리니코스]로 표기했다.

들어가며

《자본론》의 귀환

마르크스의 《자본론》이 돌아왔다. 원래 있어야 할 곳, 즉 마르크스주의에 대한 논쟁과 오늘날의 세계를 이해하려는 마르크스주의자들의 노력 한복판으로 말이다. 물론 이런 일이 처음은 아니다. 1960년대와 1970년대 초에도 심대한 정치적 급진화로 말미암아 마르크스주의의 르네상스가 일어났다. 그 급진화의 절정은 1968년 5~6월 프랑스 노동자·학생 항쟁과 1969년 이탈리아의 '뜨거운 가을'이었다.[1] 당시 마르크스주의의 르네상스에는 《자본론》과 씨름하는 치열한 노력도 있었는데, 경건한 의식이나 학술적 활동이 아니라 마르크스주의 운동의 본질과 자본주의의 동역학을 더 잘 이해하려는 노력의 일환이었다. 파리 고등사범학교에서 루이 알튀세르와 그의 제자들이 집단적 작업을 통해 《자본론을 읽는다》(1965)를 펴낸 것은 빙산의 일각이었을 뿐이다.[2]

알튀세르가 제시한 《자본론》 강독 계획은 매우 힘든 것이었다.

그러나 언젠가는 반드시 《자본론》을 엄밀히 읽어야 한다. 본문 자체를 완전히, 네 권을 모두, 한 줄 한 줄 읽어야 한다. 건조하고 평탄한 고원에서 [3권의] 이윤·이자·지대가 나오는 약속의 땅으로 들어가려면 2권의 처음 몇 장이나 단순재생산과 확대재생산 표식을 10번씩 읽어야 한다. 또, 반드시 프랑스어 번역본뿐 아니라 독일어 원본으로도 읽어야 한다(심지어 마르크스가 루아의 번역을 수정하거나 더 정확히 말하면 다시 쓴 1권조차 그렇게 읽어야 한다). 적어도 근본적인 이론 문제를 다룬 장들과 마르크스

의 핵심 개념들이 겉으로 드러나는 핵심 구절은 모두 독일어 원본으로 읽어야 한다.[3]

약간 놀랍게도, 알튀세르는 이 글을 썼을 때 자신은 "마르크스에 대해 거의 아무것도 … 몰랐고" 사실은 1964년에 세미나를 하면서 《자본론》 1권만 겨우 읽었을 뿐이라고(그 세미나 결과가 《자본론을 읽는다》 였다) 나중에 말했다.[4] 그러나 (나 자신을 포함해서) 다른 많은 사람들은 알튀세르가 시킨 대로 하려고 최선을 다했다. 또, 《자본론》을 이해하는 것은 당시의 마르크스주의 논쟁에서 중요한 기준점 구실을 했다. 단지 알튀세르의 마르크스 재해석이 촉발한 엄청난 논쟁뿐 아니라, 예컨대 독일과 영국의 마르크스주의자들이 어떻게 자본 관계에서* 국가를 '도출'할 수 있는지를 두고 벌인 논쟁에서도 그랬다.[5]

그러나 1970년대 후반에 반동의 물결이 정치적·지적 무대를 휩쓸자 《자본론》에 관한 논쟁은 대체로 조용해졌(고, 더 일반적으로는 마르크스주의의 지적 활동 전체가 똑같은 운명을 겪었)다. 마르크스의 경제학 저작들에 대한 연구가 완전히 중단되지는 않았지만, 비교적 전문적인 일부 학술 집단 사이에서만 영웅적으로 계속됐을 뿐이다. 마르크스주의 경제학자들은 가치가 생산가격으로 바뀌는 전형 문제와 관련해 1980년대 초에 처음 제기된 이른바 '신해석'을 두고 논쟁을 벌였다.[6] 소수의 경제학자와 철학자는 마르크스주의 이론 국제 심포지엄ISMT을 결성하고, 1990년대에 《자본론》에 관한 중요한 집단적 저작을 잇따라 내놨다.[7]

그리고 장기적으로 가장 중요한 것은 방대한 마르크스·엥겔스 전집,

---

* capital relation. 이 문맥에서는 자본과 노동의 관계, 즉 자본의 노동 착취를 말한다. 다른 문맥에서라면 자본들 사이의 (주로 경쟁) 관계도 포함하는 용어가 될 수 있다.

즉 《메가MEGA》 발간 작업이었다. 러시아에서 다비트 랴자노프가 10월 혁명 이후 시작한 이 과업은 1930년대에 그가 스탈린에게 살해당하면서 중단됐다가 1970년대에 동독 학자들에 의해 재개됐다. 마르크스·엥겔스 게잠트아우스가베Gesamtausgabe(독일어로 전집이라는 뜻으로, 보통은 과거 랴자노프의 발간 노력을 인정해서 [그가 펴낸 것을]《메가1》이라 하고 1970년대 이후의 것을]《메가2》라고 한다)는 후원자였던 동독 정권이 1989년에 무너진 뒤에도 살아남았다(그러나 [발간을] 완수하는 데 상당한 어려움이 있어서 마치 끝나지 않을 작업처럼 보인다). 그 결과, 이제 우리는 결정적으로 중요한 《1861~1863년 경제학 원고》뿐 아니라, 1883년 마르크스가 죽은 뒤 엥겔스가 《자본론》 2권과 3권을 편집할 때 사용한 다양한 원고와 마르크스가 방대한 독서와 발췌를 통해 자신의 생각을 발전시킨 많은 노트도 이용할 수 있게 됐다.[8]

그러나 《자본론》에 대한 관심은 최근에 훨씬 더 광범하게 분출했다. 여기에는 상호 연관된 두 요인이 있었다. 첫째, 1989~1991년에 스탈린주의 체제가 붕괴한 후 기고만장해진 신자유주의적 자본주의에 대한 낙관이 점차 사라졌다. 처음에는 1997~1998년 동아시아에서, 2008년 금융 폭락 뒤에는 세계 수준에서 발생한 금융·경제 위기가 여기서 결정적 구실을 했다. 이 사건들로 《자본론》이 다시 주목받게 됐음을 보여 주는 징후 하나는, 최근의 자본주의 위기 때문에 "마르크스가 돌아왔다"고 선언하는 기사들이 주류 언론에 빈번하게, 사실은 약간 의례적으로 나타났다는 점이다. 둘째, 자본주의에 대한 논쟁이 다시 시작됐다. 이 논쟁은 1999년 11월 시애틀에서 열린 세계무역기구WTO 정상회담에 항의하는 운동과 함께 시작돼서, 2003년 3월 국제 반전 시위로 절정에 올랐다가 그 후 잠시 가라앉았지만 [2008년] 세계 경제 위기 발발 이후 아랍 혁명, 스페인의 5월 15일 운동, [미국의] 월스트리트 점거 운

동과 그것을 모방한 전 세계의 수많은 운동으로 다시 활력을 얻었다.[9]

1960년대와 마찬가지로, 이번에도 정치적 급진화가 《자본론》에 대한 지적 투자를 자극했다. 이 점은 데이비드 하비의 《자본론》 인터넷 강의에 엄청나게 많은 청중이 몰렸다는 사실에서 가장 두드러지게 드러난다. 그러나 마르크스주의 이론에 대한 폭넓은 관심이 되살아나면서 《자본론》 해석에 대한 집중적 관심도 되살아났다. 이 점을 보여 주는 상징적 사건은 영어권 최고의 마르크스주의 이론가 두 사람, 즉 하비와 프레드릭 제임슨이 모두 최근에 《자본론》 1권 연구서를 펴낸 데 이어 《자본론》 2권을 다룬 하비의 책이 또 나왔다는 사실이다.[10]

《자본의 한계》는 아주 오래전인 1960~1970년대 《자본론》 연구 물결의 주요 성과 중 하나인데, 그 책에서 하비는 다음과 같이 썼다. "마르크스를 연구한 사람이라면 모두 그 연구 경험에 관한 책을 쓰고 싶은 충동을 느낀다고 말한다."[11] 이 책 《자본론 행간 읽기》는 나 자신이 그런 충동에 굴복한 결과다. 《자본론》 연구는 어느 정도는 텍스트와 씨름하는 것이라는 하비의 말이 옳다. 앞서 인용한 《자본론을 읽는다》의 구절에도 똑같은 뜻이 담겨 있다. 오늘날에는 마르크스의 경제학 원고들을 훨씬 더 많이 이용할 수 있게 된 덕분에 마르크스의 저작들과 씨름하는 것은 훨씬 더 힘든 일이 됐다.

관계들의 문제

그러나 《자본론》에 관한 책을 또 하나 쓰는 이유는, 도서관에서 보내는 시간에 찬사를 바치는 것보다는 더 나은(그리고 덜 자기도취적인) 것이어야 한다. 내 이유는 이론적인 것이기도 하고 정치적인 것이기도 하다. 오늘날《자본론》을 연구하는 가장 영향력 있는 마르크스주의자 중 한 명인 미하엘 하인리히는 이른바 '전통적 마르크스주의'가 "마르크스의 가치론을 일종의 실체론으로 오해"하는 경향이 있다고 지적했다.[12] 다시 말해, 마르크스의 노동가치론을 데이비드 리카도가《정치경제학과 과세의 원리》(1817)에서 발전시킨 가치론과 근본적으로 똑같다고 오해한다는 것이다. 리카도는 상품이 그 상품을 생산하는 데 들어간 물리적 노동량에 비례해 교환된다고 주장했다. 이런 견해를 정교하게 다듬은 대표적 인물인 모리스 돕은 마르크스뿐 아니라 리카도나 그 전의 다른 고전파 정치경제학자들, 1870년대 이후 주류 경제학을 지배하게 된 한계효용 이론가들이 모두 제시한 "통일적인 양적 원리 덕분에 ['정치경제학은 — 캘리니코스] 경제체제의 일반적 균형이라는 관점에서 공리들을 만들 수 있었다"고 설명했다.[13] 그러나 마르크스 자신은 리카도가 애덤 스미스와 마찬가지로 "가치 크기"에 초점을 맞춘 채 "가치형태"를 무시했다며, 선배들의 견해와 자기 견해의 차이를 강조하는 경향이 있었다(CI: 174 n 34). 가치형태 문제는 자본주의 생산양식의 특성, 즉 노동 생산물은 시장에서 그 가치대로 교환되는 상품의 형태를 띠고 이 가치는 화폐로 표현된다는 점을 부각시켰다.

가치형태의 중요성을 처음 제기한 사람은 1920년대 말 (스탈린에게 희생된 또 다른) 러시아 마르크스주의자 이사크 일리치 루빈인데, 그의 주장은 이후《자본론》논의에 많은 영향을 미쳤다. 특히, 1960년대에 많은 독일 이론가가 그 문제를 재발견한 뒤에 그랬다. 그러나 가치형태에 초점을 맞추는 것은, 내가 보기에 "마르크스의 가치론에 대한 또 다른 오해", 즉 '비非실재론etherealism'이라고* 부르는 것이 알맞을 오해

---

* 에테르ether는 원래 고대 그리스에서 위쪽 하늘(의 공기)을 뜻하는 아이테르에서 유래

를 낳을 수 있다. 이것은 거울에 비친 실제론이나 마찬가지인데, 여기서는 마르크스가 자본주의의 발전에 관한 실증적·계량적 이론을 발전시키려고 노력한 것이 무의미해진다. 내가 나중에 설명하겠지만, 오늘날 《자본론》을 연구하는 많은 학자 가운데 특히 하인리히가 바로 이런 잘못을 저지르고 있다. 비실재론과 실체론은 모두 자본이 관계(더 정확히 말하면, 관계망이)라는 생각이 마르크스의 작업에서 얼마나 중요했는지를 이해하지 못한다는 공통점이 있다.[14]

마르크스가 정치경제학을 비판한 궤적을 이해하는 방법 하나는 그가 실체에서 ― (에른스트 카시러의 유명한 글* 제목을 빌리면) 기능으로가 아니라 ― 관계로 나아갔다고 보는 것이다. 마르크스의 1840년대 저작들(예컨대, 《독일 이데올로기》)은 자크 데리다가 《마르크스의 유령들》에서 지적하듯이, 부르주아 사회의 제도와 이데올로기를 "현실의 살아 있는 개인들"의 투쟁과 대립시키는 실체론적 문제의식을** 흔히 포함했다.[15] 《철학의 빈곤》(1847)에서 처음으로 완전히 분명해진 생산관계 개념의 정식화가 그 탈출구를 제공했지만, 이 개념의 개선은 마르크스가 자본주의 생산양식 이론을 힘들게 구성하(고 끊임없이 재구성하)는 길고 복잡한 과정과 겹치게 됐다.

이 고된 싸움의 최종 결과가 바로 《자본론》인데, 《자본론》의 핵심 주제 하나는 경제체제 전체의 작동이 어떻게 자본주의 생산관계를 체계

한 말로, 뉴턴을 비롯한 과학자들이 빛이나 전자기장의 매체로 가정한 물질이었지만 마이컬슨·몰리 실험으로 그 모순이 발견되고 아인슈타인의 상대성 이론으로 그 실재 實在를 논의할 필요가 없어졌다. 오늘날 'ethereal'은 실재나 현실 세계와 관계없다는 뜻으로 쓰인다.

* 카시러가 1910년에 발표한 "실체 개념과 기능 개념"을 말한다.

** problematic. 문제 틀, 문제 설정이라고도 한다.

적으로 은폐하는가 하는 것이다. 그래서 마르크스는 (이 책 3장에서 다시 살펴볼 구절에서) 다음과 같이 말했다.

> 직접적 생산과정과 유통과정의 통일인 현실의 생산과정은 새로운 형태들을 낳는데, 이 형태들 속에서는 내적 연관의 실마리가 점점 더 희미해지고 생산관계들은 서로 자립하게 되고 가치의 구성 요소들은 독립적 형태로 굳어진다.(CⅢ: 967)

물론 "내적 연관의 실마리가 점점 더 희미해지는" 과정을 두고 마르크스는 물신성이라고 불렀다. 즉, 사용가치가 상품으로 생산되고 유통되는 덕분에 사회관계가 자연화·파편화한다는 것이다. 그러나 희미해지는 것은 자본의 관계성이다. 그리고 자본의 관계성 자체는 이중의 관계라고 봐야 한다. 첫째는 임금노동과 자본 사이의 착취 관계이고, 둘째는 자본들끼리 서로 경쟁하는 역동적 관계인데, 이 관계는 '내적 연관'을 단지 흐리기만 하는 것이 아니라 '내적 연관'이 작용을 하도록 허용하기도 한다. 왜냐하면 바로 이렇게 서로 경쟁하는 '다수 자본'의 상호작용을 통해 [자본]축적 명령이 전달되기 때문이다.

마르크스 자신이 《자본론》에서 관계를 우위에 두는 말을 했는데도 오늘날의 급진 사상에서는 관계보다 주체를 우위에 두는 경향이 두드러진다. 예컨대, 토니 네그리의 《마르크스를 넘어선 마르크스》는 《요강》을 독특하게 읽고 해석해서 자본 관계를 두 주체 — 사회적 자본과 사회적 노동 — 사이의 세력 관계로 환원한다. 어찌 보면, 네그리가 나중에 마이클 하트와 함께 쓴 책들, 즉 《제국》·《다중》·《공통체》는 이런 견해에서 후퇴한 셈이다. 왜냐하면 자본이 제국의 네트워크 권력 속으로 분산되고 주체가 아니게 되고 상대화되기 때문이다. 그러나 그 필연적 결과는 오늘날 자본주의 과정의 '능동적인 사회적 주체' 하나, 즉 다중을 최고로 떠받들게 된다는 것이다. [하트와 네그리가 보기에] 다중의 생산적 활력은 제국 기계에 연료를 공급할 뿐 아니라, 해방된 "코뮤니스트가 누리는 기쁨"을 예시하기도 한다.[16] 비록 하트와 네그리가 제국과 다중의 상호 의존을 가끔 말하지만, 그들이 자본 관계의 전복을 환기시키고자 탈출과 탈주라는 은유를 사용하는 것을 보면 오늘날 노동과 자본이 얼마나 분리됐다고 생각하는지를 알 수 있다. 그리고 그들은 공간적 이동이 사회적·정치적 변혁을 어떻게든 대체할 수 있다고 여기는 듯하다.

내가 보기에 마르크스는 전혀 다른 견해의 근거를 제시했다. 마르크스는 "그 정치경제학자가* 아는 것이라고는 눈에 보이는 대상 아니면 관념뿐이다. 그에게 관계는 존재하지 않는다"고 불평했다(CW 30: 150). 나는 자본을 관계망으로 이해하면 마르크스의 주장을 더 잘 이해할 수 있음을 드러내려 할 것이다. 그러나 이렇게 《자본론》을 파고드는 방식은 정치적으로도 중요하다. 첫째, 2007~2008년에 시작된 세계 경제·금융 위기의 동역학을 더 잘 이해할 수 있다. 6장에서 설명하겠지만, 마르크스는 (우리 시대와 마찬가지로) 당대의 금융시장이 거품과 공황 사이를 오락가락하는 방식과 이윤율 저하 경향 사이의 상호작용에 특히 관심이 많았다. 이 관계는 오늘날의 자본주의에서 벌어지는 일을 이해하는 데 특히 적절하다. 둘째, 부분적으로는 앞서 말한 철학적 개념의 영향 때문에, 또 시초 축적에 대한 마르크스의 분석을 잘못 해석한 결과로, 오늘날 많은 급진 사상가들이 자본에 맞선 저항을 절대화하고 그것을 자본 관계의 외부에 있는 것으로 묘사하는 경향이 있

---

* 존 스튜어트 밀(1806~1873)을 가리킨다.

다. 나는 5장과 7장에서 왜 마르크스의 《자본론》이 혁명적 주체의 성격을 이해하는 데서 더 나은 출발점인지를 보여 줄 것이다.

마르크스를 어떻게 읽을 것인가

요즘 《자본론》과 그 원고들을 연구하는 사람은 누구나 다른 마르크스주의자들의 풍부한 연구 성과에 의지할 수 있다. 오늘날 《자본론》 해설서는 엄청나게 많은데, 오래된 것들 중에서는 세 가지가 두드러진다. 예발트 일리옌코프, 로만 로스돌스키, 이사크 일리치 루빈의 저작들은 시간의 검증을 견뎌 냈고, 후학들에게 거의 표준이 됐다. 흥미로운 사실은 세 사람 모두 독특한 중부 유럽 학술 문화의 산물이고 20세기 재앙의 희생자였다는 것이다. 루빈은 스탈린의 공포정치에 의해 살해당했고, 일리옌코프는 소련 말기의 순응주의 압력 때문에 자살로 내몰렸으며, 로스돌스키는 20세기 중반 미텔오이로파에서* 순교자가 되지 않기 위해 [미국] 디트로이트로 피신해야 했다(그가 죽은 해인 1967년 디트로이트는 프롤레타리아 반란의 함성으로 떠나갈 듯했다).[17]

내가 《자본론》과 자본주의를 이해하는 데는 국제사회주의IST 전통의 우리 스승들이 심대한 영향을 미쳤다. 토니 클리프, 마이크 키드런, 크리스 하먼이 그들인데, 슬프게도 그들은 모두 이제 우리 곁에 없다. 나는 동년배의 여러 사람에게도 많은 것을 배웠다. 자크 비데(의 훌륭

---

* Mitteleuropa. 독일어로 중부 유럽이라는 뜻으로, 범게르만주의에서 상상하던 독일 민족 전체의 통일 국가를 일컫는 말인데, 여기서는 나치가 지배한 제3제국을 가리키는 듯하다.

한 책 《자본론으로 무엇을 할 것인가?》는[*] 출간된 지 거의 30년이 지났는데도 아직까지 긴 그림자를 드리우고 있다)뿐 아니라 크리스 아서, 제라르 뒤메닐, 엔리케 두셀, 벤 파인, 데이비드 하비, 미하엘 크레트케, 프레드 모즐리, 루치아 프라델라, 알프레두 사드필류, 존 윅스에게도 많이 배웠다. 변증법 사상이 더 크게 부활한 것(특히 프레드릭 제임슨의 권위 있는 저서와 슬라보이 지제크의 도발적 저서들이 대표적이다)도 《자본론》을 연구하는 데 도움이 됐다. 《자본론》은 헤겔 변증법과 마르크스의 관계를 두고 논쟁이 벌어지는 주요 격전지이기 때문이다.[18]

앞으로 분명해지겠지만, 나는 《자본론》의 개념 구조가 헤겔의 《논리학》을 반영한 것이라고 생각하지 않는다. 그러나 나는 헤겔을 존경한다는 점에서 어느 누구에게도 뒤지지 않는다. 마르크스가 《자본론》에서 발전시킨 과학적 개념은 헤겔에게 큰 빚을 졌을 뿐 아니라, 내 머릿속에도 헤겔은 최고의 부르주아 사상가로 남아 있다. 헤겔은 산업자본주의의 여명기에 자본주의 생산양식의 내재적 한계와 그 내적 모순을 관리하려는 정치적 개입의 한계도 깨달았다.[19] 마르크스의 《자본론》이 헤겔 《논리학》의 실현이라는 주장을 부인한다고 해서 내가 곧 '반反헤겔주의자'라거나 헤겔의 철학적 위대함을 깎아내린다는 뜻은 결코 아니다. 헤겔이 워낙 위대한 철학자이기 때문에, 비非관념론 사상가들은 헤겔의 위업에 가장 중요한 형이상학적 화려함을 깎아내려야 한다는 유혹을, 마르크스주의자들은 마르크스를 헤겔에 동화시켜야 한다는 유혹을 끊임없이 받는다. 이렇게 유혹하는 힘이 강력하다는 것을 인정하면서도 얼마든지 그 힘에 굴복하지 않을 수 있다.

---

[*] 국역: 《자본의 경제학·철학·이데올로기》, 새날, 1995.

점차 마르크스와 헤겔의 관계 문제는 헤겔이 《논리학》에서 정교하게 발전시킨 범주들의 체계가 마르크스의 개념 구성에 얼마나 영향을 미쳤는가 하는 것으로 모아졌다. 마르크스는 1858년 1월 16일 프리드리히 엥겔스에게 보낸 유명한 편지에서 자신의 첫 경제학 원고인 《요강》을 어떻게 작업하고 있는지 설명했다.

> 논의 방법과 관련해서는 아주 우연히 헤겔의 《논리학》을 다시 훑어본 것이 나에게 큰 도움이 됐네.(프라일리그라트가 원래 바쿠닌이 갖고 있던 헤겔 책을 몇 권 발견해서 나에게 선사한 것이라네.) 언젠가 시간이 난다면, 나는 헤겔이 발견했을 뿐 아니라 신비하게 만들어 버린 그 방법[변증법]의 합리적 측면을 인쇄 전지 2~3장에* 써서 일반 독자들에게 알려 주고 싶네.(CW 40: 249)

물론 (다른 많은 문제에서 그랬듯이) 마르크스는 그 저술 작업을 할 시간을 결코 내지 못했지만, 가장 최근에 그 작업을 시도한 사람들이 있다. 그들은 스스로 '체계 변증법'이라고 부르는 관점에서 《자본론》을 연구하는 마르크스주의 경향 사람들이다. 그들은 마르크스의 헤겔주의는 광범한 역사철학에 집착하는 것이 아니라, 범주 구성의 방법을 발전시키는 것과 관련 있다고 주장한다. 그래서 크리스 아서는 "그것은 존재하는 구체적 전체를 개념적으로 파악하려고 만든 범주들의 설명과 관련 있다"고 썼다.[20] 마르크스의 경우에 이 '전체'는 자본주의 생산양식이다. 마르크스가 이 문제에 집착했다는 사실과 그의 실제 분석 사이의 관계는 그가 약간 나중에(1858년 2월 22일) 페르디난트 라

---

* 인쇄 전지 1장은 대개 16쪽이 인쇄된다.

살에게 보낸 편지를 보면 알 수 있다. "지금 제가 집중하는 일은 **경제적 범주들의 비판**, 다시 말해 *뭐랄까* 부르주아 경제체제에 대한 비판적 설명인데, 그것은 체제를 설명하는 동시에 비판하는 것입니다."(CW 40: 270)

나는 헤겔의 《논리학》이 《자본론》의 본보기가 됐다는 아서 등의 견해에 동의하지는 않지만, 그들이 마르크스의 관심사가 자본주의 분석에 사용한 개념들을 구성하고 배열하는 것이었음을 강조한 점은 옳다고 생각한다. 그러나 오늘날 가장 영향력 있는 《자본론》 해설자인 하비는 이런 주장들을 완전히 무시한다. 2011년 도이처기념상* 수상식 강연에서 하비는 마르크스의 경제학 저작들에서 '엄격한' 지침 구실을 한 것이 1857년 《요강》의 서설에 나오는 다음과 같은 구절이라고 주장했다. "따라서 생산·분배·교환·소비는 [정치경제학자들에게 — 캘리니코스] 정연한 삼단논법을 이룬다. 즉, 생산은 일반성, 분배와 교환은 특수성, 소비는 개별성이고, 여기서 전체가 결합된다. 물론 이것은 하나의 연관이지만 피상적 연관이다."(G: 89) 하비가 볼 때 "마르크스는 정치경제학 연구에서 거의 법칙 수준의 — 생산 영역의 — 일반성이 있는 부르주아적 개념을 최대한 고수하는 반면, 분배와 교환 영역의 '우연성'과 사회적 특수성은 제외하고 소비 영역의 혼란스러운 개별성은 훨씬 더 제외한다."[21]

하비는 계속해서 마르크스가 제외한 것들(예컨대, 수요와 공급, 신용제도 등)을 약간 길게 나열하고, 이런 제외 때문에 마르크스는 어려움에 부딪혔을 것이라며 문헌 증거를 제시한다. 하비가 주장하는 그 어려

---

* 도이처기념상은 트로츠키 전기 작가로 유명한 아이작 도이처 부부를 기념해 해마다 가장 훌륭하고 혁신적인 마르크스주의 신간에 수여하는 상이다.

움은 이론과 역사의 양극화, 즉 이론적 '일반성'에서 경험적 세부 사항을 제외하는 것이었다. 마르크스가 자본주의를 분석할 때 무엇을 포함하고 제외할 것인지를 붙잡고 씨름했다는 것은 사실이다. 그러나 앞으로 보게 되겠지만, 이 문제는 분석의 범주들을 구성하고 배열하는 문제와 분리될 수 없다. 그런데도 하비는 이 점을 완전히 무시한다. 더욱이 그는 다음과 같이 주장한다. "일반성·특수성·개별성이라는 세 수준이 이야기의 다가 아니다. 네 번째 수준, 즉 자연과의 물질대사 관계라는 보편성의 수준이 있다."[22]

여기서 하비는 마르크스가 노동과정을 "인간과 자연 사이의 물질대사(Stoffwechsel)를 위한 보편적 조건"이라고 부른 유명한 구절을 인용한다.(CI: 290) 그러나 여기서 '보편적'이라고 번역된 독일어는 'allgemeine'인데 하비가 자신의 주장을 뒷받침하는 강력한 근거로 드는 《요강》의 구절에 나오는 '일반성'의 독일어도 'Allgemeinheit'다. 물론 똑같은 단어가 서로 다른 두 개념을 나타낼 수 있다. 그러나 여기서는 복잡하고 압축적인 마르크스의 텍스트를 해석할 때 반드시 필요한 철학적 주의를 하비가 무시하고 있다는 느낌을 떨쳐버릴 수 없다. 특히, 이 구절들을 결합해서 하비가 다음과 같은 자신의 주장을 뒷받침하기 때문에 더욱 그렇다. "마르크스의 과학적 연구는 자본주의 정치경제학의 일반적 법칙들이 어떤 것인지, 실제로 어떻게 작용하는지, 왜 그리고 어떻게 변화하는지를 밝히는 데 초점을 맞춘다. 그럴 때 마르크스는 인간과 자연의 끊임없는 물질대사 관계로 표현되는 보편성을 굳이 적용하지 않는다."[23]

마르크스의 자연관은 이 책의 주제가 아니지만, 하비의 마지막 주장이 전혀 근거가 없다는 점은 말해 둘 만하다. 폴 버켓은 명쾌한 연구서에서 다음과 같이 지적한다.

[자연에 대한 — 캘리니코스] 마르크스의 사고방식이 설득력이 있는 이유는 … 인간의 생산을 사회적 형식과 물질적 내용의 상호 구조라는 면에서 일관되게 다루기 때문이다. 마르크스는 생산자들 사이의 역사적 관계, 잉여 생산물을 생산하는 자들과 수탈하는 자들의 관계에 따라 생산이 조직된다는 사실을 인정하면서도, 생산은 사회적 과정임과 동시에 물질적 과정이므로 자연 조건의 제약과 영향도 크게 받는다고 주장했다. 물론 그 자연 조건에는 인간의 신체적 존재도 포함된다.[24]

《자본론》을 읽는 비결은 마르크스가 범주들을 정식화하고 재정식화하는, 배열하고 재배열하는 과정을 추적하면서도 (하비가 매우 멋지게 그려 낸) 큰 그림을 시야에서 놓치지 않는 것이다. 그렇게 하기 위해 나는 텍스트를 역사의 산물로 다루는 방법을 따르려 했다.[25] 내가 보기에 텍스트를 컨텍스트, 즉 맥락 속에 두면서도 그 맥락 속으로 텍스트가 사라지지 않게 하려면 텍스트가 다루는 문제를 제기한 사람들뿐 아니라 그 문제들에도 주의를 기울여야 한다. 경제사상의 역사를 연구한 J M 클라크는 다음과 같은 격언을 남겼다. "유력한 저자를 이해하려면, 그리고 필수 고려 사항을 놓치지 않으려면, 그 저자가 반응하고 있는 대상이 무엇인지를 찾아내라."[26] 이런 방법의 장점 하나는 문제들에 초점을 맞춤으로써 텍스트와 컨텍스트의 차이를 뛰어넘을 수 있다는 것이다. 왜냐하면 특정한 텍스트를 구성하는 문제나 문제들은 그 텍스트를 내적으로 정리하는 데 암묵적으로 기여하는 동시에 그 텍스트가 어떤 논쟁에 관여하는지도 보여 주기 때문이다. 따라서 마르크스의 편지나 1850년대와 1860년대 초의 신문 기사들은 그가 씨름했던 문제들을 재구성하는 데 극히 귀중하다. 최고의 해설가들조차 이런 편지나 신문 기사(와 마르크스의 노트)에서 드러난 맥락을 거의 탐구하지 않은 것은 놀라운 일이다.[27] 그런 글들은 우리가 마르크스를 역사적 인물로서 재발견하는 데, 그리고 《자본론》이라는 방대한 작업을 더 잘 이해하는 데 도움이 될 수 있다.

그러므로 내 논의는 1장에서 마르크스의 원고와 그 집필 과정을 살펴보는 것으로 시작한다. 여기서는 1858~1859년의 유명한 '6부작 계획'을 마르크스가 나중에 수정했는지 안 했는지를 두고 벌어진 논쟁도 약간 다룰 것이다. 2장과 3장은 여러모로 이 책의 핵심인데, 여기서 나는 마르크스의 방법이라는 문제를 살펴보며 이를 더 명확히 하려 할 것이다. 물론 그러려면 마르크스와 헤겔의 관계라는 문제를 다뤄야 하는데, 내 생각에 그 문제를 가장 효과적으로 다루는 방법은 안토니오 그람시가 제공한 단서를 따르는 것이다. 즉, [마르크스와 헤겔의] 대화에 리카도를 추가해서 3자 대화로 만드는 것이다. 마르크스는 [헤겔과 리카도] 둘 다에게서 배웠을 뿐 아니라 둘을 모두 뛰어넘으려고 애썼기 때문이다. 4장은 오늘날 마르크스의 가치론 논쟁에서 제기된 일부 쟁점들을 더 직접 다루고, 5장은 《자본론》에서 노동이 차지하는 위치를 살펴본다. 6장은 자본주의 경제 위기에 대한 마르크스의 생각(결코 체계적 이론으로 정교하게 다듬어지지 않은)을 자세히 탐구한다. 이것은 내가 이미 암시했듯이 오늘날에도 절실하게 중요한 문제다. 끝으로 7장에서는 마르크스 사상의 현실성을 더 일반적으로 살펴볼 것이다.

마지막으로, 이 책의 지적 지위에 대해 한마디 하는 것이 적절하겠다. 무엇보다 이 책은 철학 책이고, 실체를 분석하기보다는 개념을 명확히 하는 데 초점을 맞추고 있다. 그러나 마르크스의 정치경제학 비판을 다룰 때는 실체를 분석하는 것과 개념을 명확히 하는 것 사이의 경계가 특히 흐릿해진다. 왜냐하면 정치경제학 비판에서는 마르크스가 "경제적 범주들 비판"이라고 부른 것이, 《자본론》 1권 초판 서문의 표현을 빌리면 "현대 사회의 경제적 운동 법칙을 발견하려는" 노력을 뒷받침하고 있기 때문이다.(CI: 92) 이미 분명해졌겠지만, 이 책은 《자본론》의 기초 입문서가 아니다. 그런 입문서는 이미 많고 그중에는 뛰어난 것도 몇 권이나 있고, 나도 다른 곳에서 마르크스의 경제사상을 간략하게 설명한 바 있다.[28] 그렇지만 이 책에서는 가치론의 더 전문적인 문제들(특히, 계속 되풀이되는 전형 문제)을 피하려 했다(비록 전형 문제에서 나는 프레드 모즐리의 해법에 대체로 공감하지만 말이다[29]). 그러나 마르크스가 《자본론》에서 무슨 말을 했는지를 명확히 하는 것은 우리가 자본주의 자체를 이해하려고 노력할 때도 도움이 된다.[30] 마르크스가 항상 옳았기 때문이 아니다. 이 책에서 나는 마르크스를 많이 비판했다. 그러나 내가 그의 저작을 붙잡고 씨름한 끝에 받은 인상은 마르크스의 저작들이 우리 시대에도 정말 놀라울 만큼 신선하고 적절하다는 것이다. 토마 피케티의 《21세기 자본》은 제목뿐 아니라, 경제적 불평등 증대가 '자본주의의 근본 법칙'의 결과라는 주장에서도 마르크스의 위대한 저작에 대한 간접적 찬사다. 비록 피케티가 마르크스와 마르크스주의를 깎아내리는 말을 했지만, 피케티의 책이 미친 엄청난 영향은 자본주의의 이런저런 측면이 아니라 자본주의 체제 자체에 대한 비판의 현실성을 확인해 줬다.

프레드릭 제임슨은 자본주의에 대한 마르크스의 근본적 직관을 다음과 같이 매우 잘 표현했다.

역사적으로 새롭고 독창적 사고방식인 마르크스주의 변증법은 선과 악을 융합하고 역사적 상황을 불행이자 행복으로 이해하라고 요구한다. 《공산당 선언》은 자본주의가 역사상 가장 생산적인 시기임과 동시에 가장 파괴적인 시기라고 주장한다. 그리고 선과 악을 동시에 생각하라고, 바로 이 시대의 분리할 수 없는 불가분의 차원들로 생각하라고 요청한다.[31]

제임슨은 여기서 《공산당 선언》을 인용했지만, 똑같은 직관은 《요강》에서도 탁월하게 표현되고, 계속해서 《자본론》에도 영향을 미친다 (특히 *G*: 487~488 참조). 마르크스는 후속 원고들에서 분석의 정확도도 높이고 실증적 깊이도 심화시켰다. 1장에서 살펴보겠지만, 그의 작업은 미완성이었다. 그러나 마르크스는 정치경제학 비판을 남겼을 뿐 아니라, "경제적 범주들"이 드러냄과 동시에 은폐하는 생산양식에 대한 비판도 남겼다. 그 비판은 여러모로 마르크스 당대보다 오늘날 더 호소력 있는 진실이다. 《자본론》과 자본주의는 함께 묶여 있고, 끊임없는 전투에서 계속 맞붙는 적수다. 자본주의 체제가 존속하는 한, 체제의 논리를 폭로한 마르크스의 이 위대한 저작도 계속 연구할 가치가 있을 것이다.

1장

구성

마르크스 문제

누군가가 위대한 예술 작품을 완성하겠다고 평생토록 작업을 했는데, 알고 보니 그런 작품이 없었다는 이야기는 많이 들어 본 것이다. 예컨대, 헨리 제임스의 단편소설 《미래의 마돈나》의 주제가 바로 그것이다. 물론 마르크스 문제는 그것이 아니다. 우리에게 문제는 [마르크스의] 작품이 없다는 것이 아니라 너무 많다는 것이다. 엔리케 두셀은 "《자본론》의 원고가 4개"라고 했지만, 이것도 과소평가다.[1] 사실 마르크스의 방대한 작업 중에서 정치경제학 비판이라는 제목이나 부제를 붙일 만한 경제학 원고로는 다음과 같은 것들을 들 수 있다.

1 《요강》: 1857년 7월부터 1858년 5월까지 쓰였고, 1939년에 처음 출판됐다.

2 이른바 《원본Urtext》, 즉 《정치경제학 비판을 위하여》[이하 《비판》으로 줄임]의 원고 조각들: 1858년 8월부터 10월 사이에 쓰였고, 1941년에 처음 출판됐다.

3 《비판》: 1858년 11월부터 1859년 1월 사이에 쓴 이 책을 마르크스는 《정치경제학 비판》의 '1부'로 여겼다.

4 《1861~1863년 경제학 원고》: 1861년 8월부터 1863년 7월 사이에 쓰였고, 마르크스는 이것을 《비판》의 후속 작업으로 여겼다. 그 일부는 카를 카우츠키가 1905~1910년에 《잉여가치학설사》로 펴냈고, 전부는 1982년에야 출판됐다.

5 《1863~1865년 경제학 원고》: 3권짜리《자본론》의 원고로, 1863년 7월 부터 1865년 12월 사이에 쓰였다. 마르크스의 친구이자 협력자인 프리 드리히 엥겔스는 이 원고를 편집해서 1894년에《자본론》3권을 펴냈다. 흔히《자본론》1권의 '6장'이라고 부르는 "직접적 생산과정의 결과"는 1933년에 처음 출판됐고, 원고 전체는 1988년과 1992년에 출판됐다.

6 《자본론》1권: 1867년 9월에 출판됐다.

7 프랑스어판《자본론》1권: 1872년부터 1875년 사이에 [분책으로] 출판 됐는데, 학자들은 점차 프랑스어판을 별개의 텍스트로 취급했다. 왜냐 하면 마르크스가 프랑스어판을 위해 상당히 많이 수정했는데, 수정된 부분이 독일어 재판(1873)이나 1883년 3월 마르크스가 죽고 나서 몇 달 뒤에 나온 독일어 3판에 모두 반영되지는 않았기 때문이다.[2]

8 더 작은 원고들: 1860년대 말부터 1870년대 말까지 쓰였다. 여기서 마 르크스는 자신이 1863~1865년 원고에서 제기한 문제들을 특히 잉여 가치나 이윤과 관련해서 다루려고 했다.[3]

9 엥겔스가《자본론》2권(1885년에 처음 출판)을 편집할 때 사용한 원고 들: 이것은 마치 양피지에 쓴 글자를 지우고 그 위에 다시 쓰기를 거듭 한 것처럼 복잡한 텍스트다(표1 참조).

따라서《자본론》문제는 마르크스의 고된 작업이 아무 성과 없이 끝 났다는 것이 아니라, 그의 노력이 너무 방대하고 미완성이어서 그가 남 긴 수많은 단편적 텍스트 속으로 용해되고 만다는 것이다. 이 원고들 을 대부분 출판하는《메가2》의 엄청난 성과 때문에, 확실해 보이는《자 본론》의 구조가 이제 우리 눈앞에서 녹아 내리기 쉽다.《1861~1863년 원고》를 연구한 탁월한 책에서 두셀은 많은 학자의 생각을 다음과 같 이 표현했다.

표1. 《자본론》 2권을 편집하는 데 사용된 원고들(쪽수는 펭귄판의 것)

	쪽수	원고 번호	시기
제1편	109	II	1870
	110~120	VII	1878
	120~123	VI	1877~1878
	123~196	V	1877
	196~199	발췌 노트의 주註에서	1877~1878
	200~206	IV	1870 이전
	207~208	VIII	1878 이후
	208~209	IV	1870 이전
	211~212, 218	원고 II의 주에서	1870
제2편	233~242	IV	1870 이전
	242~424	II	1870
제3편	427~434	II	1870
	435~465	VIII	1878
	465~470	II	1870
	470~471	VIII	1878
	471~474	II	1870
	474~497	VIII	1878
	498~513	II	1870
	513~556	VIII	1878
	556~564	II	1870
	565~599	VIII	1878

출처: C II: 103

마르크스가 직접 출판한 것은 제1권뿐이라는 사실은 잘 알려져 있다. 따라서 제1권 외에는 모두 방법론상으로는 존재하지 않는다고 생각해야 하고, 앞으로는 마르크스의 원고 자체만 참고해야 한다. 엥겔스와 카우츠키가 편집한 판본들(19세기에 편집된 《자본론》 2권과 3권, 그리고 옛 《잉여가치학설사》)은 마르크스 자신이 아니라 이 두 저자의 사상을 알기 위해 연구돼야 한다.[4]

이것은 극단적 반응인데, 이 문제는 뒤에서 엥겔스가 《자본론》 2권과 3권을 편집할 때 해로운 구실을 했다는 주장을 다룰 때 살펴보겠다. 그러나 한편으로는 마르크스 자신도 다뤄야 한다. 마르크스가 20년 넘게 힘든 작업을 했는데도 《자본론》을 완성하지 못했다는 사실을 반박할 수 있는 사람은 아무도 없다. 마이클 하워드와 존 킹은 마르크스주의 경제학의 역사를 다룬 중요한 책에서 그 이유를 마르크스 자신의 탓으로 돌린다.

마르크스가 스스로 자본주의 경제의 분석을 가장 중요한 정치적 과업으로 여겼다는 점을 생각해 보면, 그의 무기력은 가장 불행한 일이었다. 건강이 안 좋았다는 점을 감안하더라도, 스스로 멘토가 되어 이끌고자 했던 국제 사회주의 운동에 대해서나 더 특별하게는 평생 친구인 프리드리히 엥겔스에 대해서나 책임을 소홀히 했다는 비난을 피하기는 힘들다(마르크스 사후 엥겔스가 뒷일을 수습해야 했다).[5]

'무기력'은 맞는 말이 분명히 아니다. 《메가2》의 일환으로 진행된 연구 덕분에, 마르크스가 죽기 직전까지도 집중적으로 작업을 계속했다는(비록 정치 활동과 건강 악화 때문에 몇 번씩 중단됐으므로 항상 끊임없이 계속된 것은 아니었지만) 사실이 점차 분명해지고 있다. 예컨대, 1881년 12월 아내인 예니가 죽어서 엄청난 충격을 받기 전인 1879~1881년에 마르크스는 세계사를 연구한 결과를 노트 5권에 기록했는데, 이것은 《자본론》의 범위를 확대하려는 노력과 관계 있다.[6]

문제는 오히려 훨씬 더 평범한 것이다. 즉, 마르크스는 금방 끝날 것이라고 흔하게 말했지만 실제로는 끝내지 못했다는 것이다. 예컨대, 그는 1851년 4월 2일 엥겔스에게 보낸 편지에서 다음과 같이 낙관적으로 이야기했다. "작업이 아주 많이 진척돼서, 5주 뒤면 골치 아픈 경제학을 모두 끝마칠 수 있을 걸세. Et cela fait[그렇게 끝마치고 나면 ─ 캘리니코스] 집에서는 정치경제학을 정리하고 박물관에서는* 다른 학문 분야에 몰두하려고 하네."(CW 38: 325) 거의 32년 뒤에 죽을 때까지도《자본론》을 완성하지 못한 이유를 마르크스가 모종의 심각한 지적 곤경에 처한 탓으로 설명하는 사람도 있다. 예컨대, 트리스트럼 헌트는 [마르크스가] "《자본론》의 경제학을 더는 신통치 않게 여겼거나 공산주의의 정치적 가능성을 비현실적인 것으로 봤다"는 점이 문제일 수 있다고 주장한다.[7] 마르크스가 미해결 문제를 많이 남긴 것은 맞지만, 이런 식의 설명은 터무니없다. 청년헤겔학파 출신으로 한때 마르크스의 협력자였던 아르놀트 루게는 이미 1844년에 루트비히 포이어바흐에게 보낸 편지에서 진정한 문제를 확인한 바 있다. "마르크스는 책을 많이 읽습니다. 그는 비범한 집중력으로 연구하고, 비판적 재능도 있지만 … 아무것도 끝내지 못합니다. 그는 항상 중간에 갑자기 그만두고, 다시 끝없는 책의 바다에 뛰어듭니다."[8] 엥겔스가《자본론》1권을 끝마치라고 재촉하자 마르크스는 (1865년 7월 31일 보낸 답장에서) 완벽주의를 핑계로 내세우려 했다. "아무리 결함이 있다 해도 내 저작들은 하나의 예술적 전체라는 것이 장점이고, 그 장점을 실현할 수 있는 방법은 오직 작품 전체가 내 앞에 놓이기 전에는 결코 인쇄하지 않는다는 내 방식을 고수하는 것뿐이네."(CW 42: 173) 지쳐 버린 엥겔스는 (1865년 8월 5일자 편지에서) 약간 참담한 어조로 대답했다. "자네 편지에서 '예술 작품'이 될 책을 쓰고 있다는 말이 매우 재미있었네."(CW 42: 174)

---

* 대영박물관 부속 도서관을 말한다.

최근 출판된 원고들 중에서 가장 중요한 《1861~1863년 원고》는 마르크스의 작업 방식을 아주 잘 보여 준다. 그는 계획한 대로 1859년의 《비판》에 이어서 글을 쓰기 시작한다. 즉, 《비판》의 1장과 2장에서 각각 상품과 화폐를 다룬 그는 이제 '자본 일반'을 직접 다루기 시작한다. 그는 상대적 잉여가치와 기계의 분석을 포함해서 《자본론》 1권의 초안에 해당하는 내용을 거의 350쪽에 걸쳐 써 나가다가 1862년 3월에 중단하고 잉여가치학설사를 논하기 시작한다(아마도 《비판》의 1장 '상품'과 2장 '화폐'에서 각각 가치와 화폐에 관한 정치경제학자들의 논의를 비판적으로 검토할 때 사용한 방법을 반영하는 듯하다*). 그러나 그다음에 애덤 스미스의 이윤론을 논하다가 《자본론》 2권의 주요 주제 하나가 될 재생산 문제를 다루기 시작한다. 특히, 어떻게 상품유통에서 불변자본(생산수단에 투자된 자본)의 가치가 보상되는가 하는 수수께끼를 살펴본다. 그는 자신이 미끄러져 진로를 벗어난 것을 별로 대수롭지 않다는 듯이 인정한다. "불변자본의 재생산 문제는 분명히 자본의 재생산 과정이나 유통 과정을 다루는 부분에 속하지만 여기서 그 문제의 핵심을 다루지 말아야 할 이유는 없다."(CW 30: 414)

재생산에 관한 이 최초 논의를 보면 마르크스의 또 다른 경향을 잘 알 수 있는데, 그것은 종이에 쓰면서 생각하고 문제를 적으면서 풀려고 노력한다는 것이다. (다른 곳과 마찬가지로) 여기서도 그는 수많은 계산을 해 보고 난 뒤에 스스로 그만둔다. "이 문제는 이쯤에서 그만두고, 나중에 자본의 유통을 다룰 때 다시 살펴보자."(CW 30: 449) 그다음에 마르크스는 생산적 노동과 비생산적 노동의 문제에 관한 논의로 뛰어들

---

* 마르크스는 《비판》의 1장 '상품'과 2장 '화폐'를 각각 "상품 분석을 위한 역사적 고찰"과 "유통수단과 화폐의 학설사"로 끝맺는다.

었다가(적어도 이 문제는 애덤 스미스와 관계있다) 갑자기 연대순을 무시하고 존 스튜어트 밀을 40쪽에 걸쳐 다룬다. 그런 다음 다시 생산적·비생산적 노동 문제로 돌아왔다가 다시 재생산에 관한 논의로 미끄러진다. 그 끝에서 마르크스는 (생산순환에서 만들어진 화폐가 노동자와 생산수단을 추가로 구매하는 데 사용되는) 확대재생산의 경우를 고려하지 않았음을 인정한다. "따라서 이 간주곡은 때로는 이 역사적·비판적 부분에서 끝나야 한다."(CW 31: 151) 그런 다음 마르크스는 다시 정치경제학자들을 연대순으로 연구하는 '역사적·비판적' 작업으로 되돌아간다. 그러나 얼마 안 가 다시 '주제에서 벗어나' (18세기 프랑스 중농주의 경제학자들의 지도자인) 프랑수아 케네의 경제표를 살펴본다. 이 논의는《자본론》2권 3편에 나오는 재생산표식에 큰 영향을 미친다.

그런 다음 마르크스는 다시 연대순 논의로 되돌아가지만 곧 주제에서 벗어나 지대론으로 미끄러진다. 이 가장 생산적인 일탈의 계기는 분명히 1862년 6월 독일 사회주의 지도자 페르디난트 라살이 전에 자신이 빌려 준 책(리카도파 경제학자 요한 카를 로트베르투스가 지대 문제를 다룬 책)을 돌려 달라고 마르크스에게 요청한 것이었다.(1862년 6월 16일 마르크스가 라살에게 보낸 편지. CW 41: 376~379 참조.) 그 결과는 두셀이 "《1861~1863년 원고》에서 가장 중요한 순간"이라고 부른 것, 즉 [마르크스가] "리카도와 대결하기 시작한 것"이었다.[9] 2장에서 더 자세히 살펴보겠지만, 지대는 분명히 노동가치론에서 변칙이다. 왜냐하면 지주는 생산적 기여를 전혀 하지 않는데도 단지 물질적 자산을 소유한다는 이유만으로 수입을 얻기 때문이다. 리카도는《정치경제학과 과세의 원리》에서 이 문제를 차액지대 이론으로 해결하려 했다. 그것은 [비옥도가] 서로 다른 토지의 노동생산성 차이로 지대를 설명하는 이론이다. 그러나 리카도는 가장 척박한 토지에서도 생겨나는 절대지대의 존재는 부인했다. 마르크스는 이 문제를 해결하는 데 300쪽 이상을 할애했고, 그 과정에서 노동가치론을 재정식화해 상품의 가치(상품을 생산하는 데 필요한 사회적 필요노동시간)와 생산가격(서로 다른 자본의 이윤율 균등화에 따라 수정된 가치)을 근본적으로 구별했다.

그다음에 마르크스는 리카도의 더 일반적인 가치·잉여가치 이론을 살펴보는 쪽으로 옮겨 간다(비탈리 비고츠키가 썼듯이, 여기서 "마르크스의 분석은 구체적인 것에서 추상적인 것으로 나아간다"). 그러나 곧 재생산 문제로 되돌아온다.[10] 그는 마지막으로 확대재생산 문제를 거론한 다음 리카도로 되돌아가서 정치경제학자들을 연대순으로 살펴보는 작업을 계속한다. 그러나 이런 '역사적·비판적' 논의는 더 실체론적 논의로 빠지면서 끊임없이 흐려지고(예컨대, 자본주의에서 생산의 확대와 유통을 다룬 훌륭한 보론: CW 32: 414~423), 서로 다른 자본 형태와 그들이 끌어모으는 수입의 종류에 대한 훨씬 더 확대된 분석 때문에 중단된다. 또, 이 분석 자체는 거의 100쪽에 걸친 '자본과 이윤' 논의 때문에 중단되는데, 이 부분은 《자본론》 3권의 1~3편과 거의 똑같은 분야를 다룬다. 마지막에서 마르크스는 다시 '잉여가치학설사'로 되돌아가는데, 성직자이자 경제학자인 리처드 존스에 관한 매우 흥미로운 논의를 하다 말고 《자본론》 3권과 1권이 될 중요한 계획 두 가지를 세운다(CW 33: 346~347). 이 작업을 끝낸 뒤에는 ('잉여가치학설사'를 위해 포기했던) 자본주의 생산과정 분석을 재개해서, 자본이 만들어 낸 상대적 잉여가치와 기술혁명을 풍부하고 광범하게 논의하고 나서 나중에 "직접적 생산과정의 결과"가 될 내용의 초안을 작성하지만, 그 중간에는 데이비드 흄이나 윌리엄 페티 같은 초기 경제학자들에 대한 짤막한 메모들이 가득하다. 마지막으로 '시초 축적'을 약간 살펴본 뒤에 원고는 끝나고, 격렬한 논쟁과 계산이 아주 길게 이어지는데 여기서 마르크스는 당시 경쟁 관계였던 사회주의자 피에르 조제프 프루동을 맹렬하게 비난하고《요강》에서 프루동의 화폐론을 비판한 것의 연속편이다) 이자율 계산을 자세히 보여 준다.

《1861~1863년 원고》에서 마르크스의 사상이 거쳐 간 길은 매우 심하게 구불구불하다. 예컨대, 독자들은 마르크스가《자본론》3권의 끝에서 둘째 장에서 "여기서 제기된 문제는 2권 3편에서 … 이미 해결됐다"고 인정하면서도(CⅢ: 975) 똑같은 문제를 붙잡고 씨름하는 것을 보고 어리둥절할 수도 있다. 그것은《1861~1863년 원고》에서 마르크스로 하여금 재생산을 분석하기 시작하게 만든 문제인데, 스미스와 리카도가 단언했듯이 총생산물의 가치를 수입(임금·이윤·지대)의 합으로 환원할 수 있는가 하는 것이다. 이렇게 자주 미끄러지는 것을 보고 욘 엘스테르는 마르크스가 "본래 지적 훈련이 부족했다"고 불평하지만, 결코 그렇게 볼 수는 없다.[11] 엘스테르가 학계의 연못에서 만든 소용돌이 [엘스테르는 합리적 선택 이론을 사회이론 분야에 적용해 왔다]가 사라지고 난 훨씬 뒤에도 마르크스는 여전히 큰 파도를 일으키고 있을 것이다. 두셀이 썼듯이, 마르크스의 경제학 원고는 "밀물과 썰물이 끊이지 않는 강이고, 그 강에서 마르크스는 자신의 범주들을 천천히 구성했다."[12] 마르크스가 자꾸 머뭇거리고, 주제에서 벗어나고, [같은 주제를] 되풀이한 것은 그의 지적 약점이 아니라 그가 시작한 분석적 노력이 얼마나 심층적인 것이었는지를 보여 준다.

[《자본론》출판이] 지연된 것은 마르크스가 개념을 명확히 하려고 분투했기 때문만이 아니었다. 제1권 출판 후 마르크스의 주요 고민 하나는 자본주의가 혁명적으로 변모시킨 세계를 충분히 포괄할 만큼 2권과 3권의 실증 범위가 넓어야 한다는 것이었다.《자본론》1권에서는 영

국이 자본주의 생산관계가 "전형적으로 나타나는 곳"이다.(CI: 90)[13] 그러나 마르크스는 1871년 6월 13일 니콜라이 다니엘손에게* 보낸 편지에서 다음과 같이 썼다. "저는 [《자본론》 2권과 3권의 — 캘리니코스] 원고를 완전히 수정해야 한다는 결정을 내렸습니다. 더욱이, 지금까지도 저에게는 필수적 문헌이 아직 많이 부족한데 이것들은 결국 *미국*에서 도착할 것입니다."(CW 44: 152) 비록 마르크스가 러시아 농업의 지대 관련 자료를 자신의 논의에 포함시키고 싶다는 소망을 나타내기도 했지만, 그의 초점은 특별히 미국에 맞춰진 듯하다. 그는 1876년 4월 4일 뉴욕의 프리드리히 아돌프 조르게에게 보낸 편지에서 [1873년 이후] 미국에서 출판된 도서 목록들을 보내 달라고 요청했다. "요점은 《자본론》 2권[여기서 마르크스가 말하는 2권은 《자본론》 2권과 3권을 모두 가리킨다 — 캘리니코스]을 위해) 미국의 농업이나 토지 소유권과 관련해서, 마찬가지로 신용(공황, 화폐 기타 관계 있는 것은 무엇이든)과 관련해서도 유용할 수 있을 듯한 출판물을 제가 직접 보고 싶다는 것입니다."(CW 45: 115)

마르크스의 분석을 더 포괄적으로 만든 것은 적어도 어느 정도는 그 자신의 회피 전략이었다. 1879년 4월 10일 그는 당시 영국을 덮친 경제 위기가 '무르익을' 때까지 기다려야 한다고 다니엘손에게 설명하면서도 곧바로 다음과 같이 인정한다. "러시아뿐 아니라 미국 등지에서도 받은 방대한 자료는 다행스럽게도 제가 연구를 마무리해서 그 결과를 출판하는 것이 아니라, 오히려 연구를 계속할 '핑계'가 되고 있습니다."(CW 45: 355) 분명히 엥겔스는 마르크스가 자료를 산더미같이 모으는 것에 회의적이었다. 그는 마르크스가 죽은 뒤 (1883년 6월 29일) 조르게에게 다음과 같이 말했다. "방대한 미국·러시아 자료가 없었다면(러시아

---

* 《자본론》의 러시아어판 번역자.

통계 관련 서적들만 해도 2세제곱미터 넘게 쌓여 있습니다),《자본론》
2권은 오래전에 인쇄됐을 것입니다. 이 세부적 연구들이 오랫동안 마르크스를 붙잡고 있었습니다. 늘 그랬듯이, 모든 것은 최신 정보에 맞게 새로 수정돼야 했는데 이제 그것은 모두 허사가 됐습니다."(CW 47: 43)
엥겔스는 (1885년 11월 13일) 다니엘손에게 보낸 편지에서 그동안 마르크스가 다니엘손에게 보낸 편지들에 대해 다음과 같이 썼다.

> 저는 그 편지들을 읽을 때마다 서글픈 웃음이 나옵니다. 슬프게도, 우리는 [마르크스가] 작품을 완성하지 못한 이런 핑계에 너무 익숙해졌습니다!
> 건강 때문에 작업이 불가능할 때마다 이 불가능성이 그의 정신을 몹시 괴롭혔고, 그래서 그는 작품을 완성하기 힘든 모종의 이론적 핑계를 발견할 수만 있다면 매우 기뻐했습니다. 당시 그는 이 모든 논거를 de moi[저에게도 — 캘리니코스] 이용했습니다. 그런 논거가 그의 양심을 편하게 해 준 듯합니다."(CW 47: 348~349. 원문은 영어.)

《자본론》 저술 이면의 개인적 이야기에는 마르크스가 작품의 완성을 늦추려고 애쓴 것 이상이 포함된다. 마르크스의 원대한 지적 작업은 스스로 "petites misères de la vie domestique et privée[가정생활과 사생활의 작은 고통들 — 캘리니코스]"라고 부른 것과 대조적이다.(CW 40: 273) 이 점은 마르크스가 1862년 6월* 30일 엥겔스에게 보낸 끔찍한 편지에서 가장 두드러진다. 당시 마르크스는 극심한 금전적 곤경과 사회적 굴욕을 겪고 있었는데, 하필 그때 자기 집에 머문 라살의 둔감한 태도에 격분해서 "그 유대인 검둥이 라살" 운운하며 엥겔스에게 불

———
* 7월의 오타인 듯하다.

평을 터뜨렸다.(CW 41: 389)[14] 이런 감정 폭발과 대조적으로 다음의 두 편지에서는 처음에는(8월 2일) 가치가 생산가격으로 바뀌는 이른바 전형 문제(로트베르투스와 리카도를 비판하다가 우연히 떠올렸다)를 엥겔스에게 개략적으로 설명하고, 그다음에는(8월 7일) 엥겔스가 미국 남북전쟁에서 북군의 승리 가능성에 비관적인 것을 다음과 같이 명쾌하게 비판했다.(남북전쟁은 마르크스 집안을 곤경에 빠뜨렸다. 왜냐하면 마르크스가 〈뉴욕 트리뷴〉에 기고하고 받던 수입이 전쟁으로 사라져 버렸기 때문이다.) "내가 보기에 이 모든 것은 *다시 바뀔* 걸세. 북군은 마침내 본격적으로 전쟁을 수행하고, 혁명적 방식에 의지해서 남부 *노예주 정치인들*의 우위를 뒤집을 것이네. 검둥이 연대가 단 한 개만 있어도 남부는 크게 긴장하게 될 거야."(CW 41: 400)

여기서 마르크스가 남북전쟁이 점차 혁명적 길로 나아갈 것임을 놀라울 만큼 정확하게 예측하면서도 흑인을 비하하는 낱말[검둥이]을 사용한 것은 특별히 괴롭다. 그 낱말은 [경제학] 원고와 편지에서 되풀이되면서, (결코 인종 범주에 의지하지 않는) 마르크스 이론의 논리뿐 아니라 천대받는 사람들을 정치적으로 지지하는 그의 태도와도 날카롭게 충돌한다.[15] 후자는 예컨대, 마르크스가 생애 말년에 [프랑스] 식민지인 알제에서* 요양하면서 쓴 편지들에서도 드러난다. 그는 1882년 4월 13일 둘째 딸 로라에게 보낸 편지에서 다음과 같이 썼다.

[카페에 앉아 있는 — 캘리니코스] 이 무어인들** 가운데 일부는 잘 차려 입

---

* 알제리의 수도다.

** Moors. 원래는 8~15세기에 북아프리카와 이베리아 반도에서 이슬람 문명을 건설한 무슬림을 일컫는 말이었는데, 점차 이슬람교도를 지칭하게 됐다.

었고, 심지어 화려한 옷을 입은 사람도 있더구나. 다른 사람들은 내가 감히 블라우스라고 부르는 옷을 입고 있었는데, 그 옷은 한때는 흰 모직 의류였겠지만 지금은 누더기와 넝마가 돼 있었다. 그러나 진정한 무슬림이 보기에 그런 일들은 운이 좋거나 나쁠 뿐 무함마드의 자녀들을 차별할 이유가 되지 못한단다. 사회적 교류의 절대적 평등은 전혀 영향받지 않는다는 것이지. 오히려, 사기가 꺾였을 때만 그들은 그것을 의식하게 된다고 한다. 그리스도교인에 대한 증오와 이 이교도[그리스도교도]에 대한 궁극적 승리의 희망에 관해 말하자면, 진정한 무슬림의 정치인들은 당연하게도 절대적 평등(부나 지위의 평등이 아니라 인격의 평등)이라는 이 똑같은 감정과 실천이 전자[증오]를 유지하고 후자[희망]를 포기하지 않게 해 준다고 여긴단다(CW 46: 242. 원문은 영어.)

그보다 거의 25년 전에 마르크스가 정치경제학 비판을 발전시키는 데는 [런던이라는] 매우 독특한 위치가 영향을 미쳤다. 1857년 여름 마르크스가 그동안 포기했던 '경제학' 연구를 다시 시작하도록 자극한 것은 세계적 경제·금융 위기의 발발이었다. 그는 1857년 12월 [8일] 엥겔스에게 보낸 편지에서 "나는 대홍수[혁명의 분출] 전에 적어도 개요라도 분명히 해 두려고 경제학 연구를 요약하는 일을 날마다 밤새도록 미친 듯이 하고 있다네" 하고 썼다.(CW 40: 217) 그러나 마르크스는 그 위기 동안 낮에는 〈뉴욕 트리뷴〉의 런던 특파원 일도 해야 했는데, 마르크스가 1850년대 초부터 해 온 이 일에 대해 미하엘 크레트케는 다음과 같이 썼다.

〈뉴욕 트리뷴〉이 마침내 거의 30만부씩 팔리는, 영어권 세계에서 가장 큰 신문으로 급성장하고 있었으므로 마르크스는 사실상 당대에 가장 널리 읽히는 주요 경제 평론가 중 한 명이었고 경제·금융 문제를 모두 다루는 유명한 전문가였다. 따라서 화폐·금융 위기에 대한 그의 판단은 매우 존중받았다. 또, 마르크스는 국제정치의 주요 전문가로서 명성도 얻었다(그의 글은 당대의 주요 국제 분쟁과 전쟁을 모두 다뤘다).[16]

마르크스가 이런 일을 해낼 수 있었던 데서 결정적으로 중요한 것은 그의 위치, 즉 런던에 살았다는 사실이다. 마르크스가 썼듯이 런던은 "부르주아 사회를 관찰하기에 유리한 곳"이었다.(Con, 21) 이것은 실제보다 낮춰서 말한 것이다. T H S 에스콧은 마르크스의 생애 말년인 1879년 "영국이 국제 무역과 세계 금융의 심장이라면, 런던은 영국의 심장이고, 시티는* 런던의 심장"이라고 썼다.[17] 마르크스가 런던으로 망명해서 오랫동안 거주한 기간은 에릭 홉스봄이 '자본의 시대'라고 부른 시기, 즉 산업자본주의의 리듬에 점차 적응하는 통합된 세계경제가 그 모습을 드러내는 1848년부터 1875년까지의 시기와 대체로 일치했다.[18] 이 과정을 거치며 런던은, 허버트 파이스의 표현을 빌리면 "금융 제국의 중심"이 됐는데, 그것은 "런던을 수도로 하는 정치적 제국보다 더 국제적이고, 다양성도 더 폭넓은" 제국이었다.[19] 마르크스는 시티를 뒤흔든 대위기들을 주목했고, 그와 동시에 영국의 정치도 긴밀하게 추적했다. 마르크스의 경제학 원고와 언론 기고문을 읽은 독자라면, 그가 근대 영국 역사와 문학에 조예가 깊다는 데 깜짝 놀랄 수밖에 없다.(비록 그런 지식이 항상 효과적으로 사용된 것은 아니었지만 말이다. 예컨대, 마르크스는 [영국 총리인] 파머스턴 경이 러시아 황제의 첩자라고 생각해서 강박적으로 추적한 적도 있다.) 또, 엥겔스가 산업혁명의 중심지인 맨체스

---

* City. 런던의 중심 지구로, 은행과 금융·보험 회사 따위가 집중돼 있는 금융가.

터에서 살았다는 것도 마르크스에게는 이득이었다. 마르크스와 엥겔스가 1848년 이후 피신처로 삼은 작은 섬나라에 오늘날의 월스트리트와 워싱턴, 주장강 삼각주[중국의 공업지대]가 한데 모여 있던 셈이다.

런던이라는 유리한 위치에서 마르크스는 "당대의 역사적 대사건인 미국 남북전쟁"을(CI: 366 n 358) 유심히 지켜보고, 그 전쟁이 영국에 미친 영향을 추적할 수 있었다(미국 남부의 노예 플랜테이션에서 생산되던 면화가 [공급이] 부족해지자 섬유산업 위주의 영국 경제는 심각한 타격을 입었고, 영국 지배계급은 사업 경쟁자의 등장을 저지하기 위해 남북전쟁에 개입하는 방안을 저울질하고 있었다).[20] 영국이 아메리카남부연합을 지지하며 군사적으로 개입하는 것에 영국 노동계급이 반대하고 나선 것이 국제노동자협회, 즉 제1인터내셔널(1864~1872)의 출범 계기 가운데 하나였다. 마르크스는 오랜 동지인 요제프 바이데마이어(미국에서 북군으로 싸우고 있었다)에게 다음과 같이 자랑스럽게 말했다. "국제노동자협회의 **영국인** 회원들은 주로 이곳 노동조합의 지도자들, 다시 말해 런던의 진정한 노동자 거물들로 이뤄져 있습니다. 바로 그 사람들이 가리발디를 환영하는 저 대규모 행사를 조직했고, 세인트 제임스 홀에서 ([부르주아 급진파 국회의원인 존 — 캘리니코스] 브라이트가 의장을 맡은) 저 엄청난 집회를 주최해서 파머스턴이 막 **미국에 전쟁을** 선포하려던 찰나에 그러지 못하게 막았습니다."(1864년 11월 24일자 편지. CW 42: 44)[21] 마르크스가 《자본론》 1권을 완성한 시점은 인터내셔널을 지도하며 가장 유력한 정치적 구실을 하고 있을 때였다. 예컨대, 그는 [남북전쟁에서] 북부의 대의를 옹호하고 아일랜드의 자결권을 지지했는데, 두 경우 모두 추상적 원칙에서가 아니라 인종·민족·종교의 차이를 뛰어넘어 노동계급을 단결시키는 수단으로서 그랬다.[22]

마르크스의 전망은 정말로 세계적이었다. 이미 1858년 2월에 그는 영국 무역수지의 구조적 적자를 지적했다.

> 대체로 말해서, 이른바 무역수지는 … 항상 영국보다 전 세계에 유리해야 한다. 왜냐하면 전 세계는 해마다 영국에서 사들인 상품의 대금뿐 아니라 영국에서 빌린 돈의 이자도 갚아야 하기 때문이다. 영국에 정말로 불안한 특징은 … 영국의 막대한 자본이 국내에서 충분한 투자처를 찾지 못해 쩔쩔 매는 듯하다는 점, 그래서 영국은 점점 더 많은 돈을 (이 점에서는 비슷한) 네덜란드·베네치아·제노바(이미 쇠퇴기에 접어들었다)에 빌려 주면서 스스로 자신의 경쟁자들에게 무기를 만들어 주고 있다는 점이다.(CW 15: 429~430)

이 경쟁자들 가운데 가장 중요한 나라가 미국이 될 터였으므로 마르크스는 점차 미국을 주목했다. 그는 1878년 11월 15일 다니엘손에게 다음과 같이 말했다.

> 경제학자에게 지금 가장 흥미로운 지역은 미국이고, 특히 1873년 (9월의 폭락 이후)부터 1878년까지의 시기, 즉 만성적 위기의 시기입니다. (영국에서는 수백 년 걸려서 실행된) 변혁들이 미국에서는 몇 년 만에 실현됐습니다. 그러나 관찰자가 지켜봐야 할 곳은 대서양 연안의 오래된 주州들이 아니라 더 새로운 주들(오하이오가 두드러진 예입니다)과 가장 새로운 주들(예컨대, 캘리포니아)입니다.(CW 45: 344)

희생양

앞서 봤듯이, 마르크스가 미국에 마음이 쏠린 것도 작업을 완수하지 못 한 한 가지 이유였다. 뒷일을 수습한 사람은 엥겔스였다. 이 일은 상당히 힘들었다. 그래서 마르크스가 죽은 지 몇 달 뒤(1883년 8월 30일) 엥겔스는 독일 사회주의 지도자 아우구스트 베벨에게 다음과 같이 설명했다.

저는 [이스트본에서 — 캘리니코스] 돌아가자마자 《자본론》 2권 편집 작업을 정말 본격적으로 시작해야 하는데, 그것은 엄청난 일이 될 것입니다. [마르크스의 원고가] 완성된 부분도 있고 순전히 개요만 써 놓은 부분도 있습니다. 두 장章 정도만 빼고 나머지는 모두 brouillon[초안 — 캘리니코스] 상태입니다. 인용문은 나중에 골라서 쓰려고 모아 둔 것처럼 순서 없이 뒤섞여 있습니다. 게다가 마르크스의 글씨는 저 말고는 아무도 알아볼 수 없고, 심지어 저조차도 겨우겨우 읽을 수 있습니다. 당신은 다른 사람도 아닌 제가 어떻게 [마르크스의] 작업 진척 상태를 모를 수 있냐고 묻겠지만, 그 이유는 아주 간단합니다. 만약 제가 알았다면, 작업을 마무리하고 이제 인쇄에 넘기라고 밤낮없이 그를 성가시게 했을 것이기 때문입니다. 그 사실은 누구보다 마르크스가 더 잘 알고 있었습니다. 게다가 그는 (지금처럼) 최악의 경우에도 제가 그 자신이 편집하듯이 원고를 편집할 수 있다는 것도 알고 있었습니다. 실제로 투시[마르크스의 막내딸 — 캘리니코스]에게 그렇게 말하기도 했습니다.(CW 45: 53)

엥겔스가 실제로 마르크스의 정신에 따라 이 "엄청난 일"을 성공적으로 해냈는지가 최근 쟁점이 됐다. 특히, 《메가2》의 《1863~1865년 원고》가 출판되자 《자본론》 3권을 편집한 엥겔스가 많은 비판을 받았다. 물론 엥겔스가 곤경에 빠진 것은 이번이 처음은 아니다. 제2차세계대전 후 《1844년 경제학·철학 원고》의* '인간주의적' 청년 마르크스가 발견되자 일부 사람들은 엥겔스를 마르크스의 사악한 쌍둥이로 묘사하고 나섰다. 특히, 마르크스 사후 엥겔스가 과학지상주의적·결정론적 '마르크스주의'의 구축을 부추겼다고 비난했다. 마르크스와 엥겔스 사이의 진정한 이론적 차이가 무엇이었든 간에(이 문제는 나중에 다시 살펴보겠다) 엥겔스를 이런 식으로 묘사하는 것은 터무니없다. 생애 말년에 엥겔스는 마르크스를 교조적으로 이해하는 태도를 바로잡는 일에 특히 신경을 썼고, 이 점은 1890년대 초에 엥겔스가 역사유물론에 관해 쓴 편지들을 보면 분명히 알 수 있다.[23]

그렇지만 오늘날 엥겔스는 다시 심판대에 올랐다. 카를에리히 폴그라프와 위르겐 융니켈은 적절하게도 《1863~1865년 원고》를 "마르크스의 최대 건설 현장"이라고 불렀다. 그런데 엥겔스가 이 건설 현장을 이미 완성된 건물의 복제품으로 바꿔 버렸다는 것이 비난의 내용이다. 폴그라프와 융니켈은 엥겔스가 마르크스의 텍스트를 매우 광범하게 바꿨음을 문헌으로 입증한다. 대체로 장章의 수를 늘렸고, 순서를 바꿨으며, 삽입구로 제시된 논평과 각주를 본문으로 통합했고, 엥겔스 자신의 텍스트를 추가했고, 마르크스의 텍스트를 삭제하고 윤색했고, 다양한 수정을 가했다는 것이다.[24] 이런 편집의 결과로 마르크스의 텍스트는 실제보다 더 완성된 것처럼 보이게 됐다고 미하엘 하인리히는 불평한다.

---

* 국역본은 《경제학·철학 수고》 또는 《경제학·철학 초고》지만, 본문에서 *Economic Manuscript of 1861~63* 등을 《1861~1863년 경제학 원고》로 번역했으므로 '원고'로 통일했다.

텍스트를 배열하고 제목을 붙이는 것은 분명히 텍스트를 이해하는 데 큰 영향을 미친다. 특히, 그 텍스트가 아직 완성된 것이 아니라 대부분 개략적이고 불완전하다면 더 그렇다. 이런 원고를 모아서 여러 장章으로 만들고 제목을 붙이면, 초안의 성격이 은폐된다. 그러나 훨씬 더 중요한 점은 독자들이 원고의 어느 지점에서 '서술'이 '연구'로 바뀌는지를 더는 알 수 없게 된다는 것이다. 하지만 서술과 연구의 차이는 마르크스 자신의 방법을 이해하는 데 결정적으로 중요하다. 마르크스에게 '서술'은 단지 최종 결과를 약간 능숙하게 정리하는 것을 뜻하지 않았다. 서술된 조건들의 사실적 연관성은 범주들의 정확한 서술로, '추상에서 구체로 상승'하는 방법으로 표현돼야 했다. 마르크스가 볼 때, 적절한 서술의 추구는 연구 과정의 필수적 일부였다. 그러나 엥겔스가 도입한 구조는 완전한 서술과 불완전한 서술의 차이를 은폐했다. 게다가 엥겔스는 구절을 생략하거나 연결해서 텍스트를 더 일관되게 만들려고 했다. 그래서 독자들은 마르크스의 원고가 대부분 아직 결정되지 않은 미확정의 것이라는 사실을 알 수 없게 됐다. 엥겔스는 [원고에] 문제가 있다는 사실을 독자들에게 알려 주지 않은 채 문제의 가능한 해결책을 제시한다. 그러나 엥겔스가 제시한 해결책은 마르크스가 [원고를] 거의 완전히 정교하게 다듬은 것처럼 보이게 만들었다.[25]

하인리히가 특히 비판하는 것은 엥겔스가 원고의 5장 "이윤이 이자와 순이윤(산업이윤이나 상업이윤)으로 분할. 이자 낳는 자본"을 손봐서 《자본론》 3권 5편으로 만들 때 매우 많은 편집과 재배열을 했다는 점이다. 이 원고는 특히 엉망이었는데, 여기에 포함된 두 절은 "혼동"이라는 제목 아래 주로 1847년과 1857년의 공황 기간에 1844년 은행법이 정지된* 것에 대한 의회 조사 보고서 발췌와 마르크스의 논평이 길게 이어져 있었다. 엥겔스는 원고의 이 부분을 손보기가 특히 어렵다는 것을 알고, (1892년 11월 4일) 라우라 라파르그[마르크스의 둘째 딸]에게 보낸 편지에서 다음과 같이 썼다. "은행과 신용에 관한 부분을 끝내는 날, 4~5년 동안 내 골칫거리였던 그 부분을 끝내는 날 … 그날은 술을 몇 잔 마셔야겠다. 당연히 그래야지!"(CW 50: 23. 원문은 영어.)

엥겔스는 원고를 15개 장으로 나눴고, 그 과정에서 글의 배치를 상당히 바꿨다. 또, 문장을 고치기도 했는데, 예컨대 "신용 제도와 그것이 만들어 낸 수단들(신용화폐 등)을 분석하는 것은 우리의 계획을 벗어나는 일이다"라는 문장에서 "분석하는" 앞에 "자세히"라는 단어를 집어넣었다(MEGA2 Ⅱ/4.2: 469와 CⅢ: 525를 비교해 보라). 하인리히는 다음과 같이 주장했다.

마르크스의 서술 개념에서 핵심 문제는 신용을 규제하는 고유의 법칙들을 실제로 《자본론》의 매우 추상적인 수준에서 논의할 수 있는가, 또는 그런 법칙들이 (화폐나 은행 제도의 형성 같은) 역사적으로 특정한 제도적 요인들과 연결돼 있는가, 따라서 일반적 신용 이론은 존재할 수 없는가 하는 것이다. 마르크스의 원고에서 이 문제는 아직 완전히 해결되지 않았다. 그런데 엥겔스는 마르크스의 원고에서 발견되는 연구 자료를 일반적 수준에서 서술하기로 작정했고, 이 때문에 마르크스는 19세기 영국의 신용 제도라는 특정한 역사적 조건을 지나치게 일반화했다는 비난을 받게 됐다.[26]

---

* 1844년 은행법의 정지로 "영국은행은 금 보유액의 보증을 고려하지 않고 은행권을 무제한 발행할 수 있게 됐다."(엥겔스)

신용 논의에 대한 하인리히 나름의 비판을 제대로 다루려면, 1장의 결론 부분에서 설명할 《자본론》의 전반적 구성이라는 문제와 2~3장에서 설명할 마르크스의 방법을 살펴봐야 한다. 그러나 엥겔스에 대한 하인리히의 대략적인 비판은 과장이다. 엥겔스가 《자본론》을 완성하는 엄청나게 힘든 일을 마르크스한테서 물려받았을 때는 이미 자신도 많이 늙었고 만성질환과 싸우고 있었으며, 새롭게 성장하는 국제 사회주의 운동과 수많은 편지를 주고받는 일을 하고 있었다. 또, 엥겔스는 특히 《자본론》 3권이 출판된다면, 마르크스가 생애 마지막 15년 동안 시달려야 했던 것처럼 듣기 싫은 질문들에 답을 해야 했다. 결국 《자본론》 3권은 2권이 출판된 지 9년이나 지난 1894년에야 출판됐고 곧 엥겔스 자신도 죽고 말았다. 엥겔스가 원고의 5장을 편집한 결과로 실제보다 더 완성된 것처럼 보이게 됐다는 하인리히의 지적은 옳다. 그러나 엥겔스가 이 자료를 제외했다면 또 그랬다고 해서 비난받았을 것이다. 엥겔스는 이럴 수도 저럴 수도 없는 상황이었다. 또, 폴그라프와 융니켈이 다음과 같이 지적한 것도 옳다. "엥겔스의 편집 작업에도 불구하고 3권은 여전히 몸통만 있다는 사실, 그리고 원고는 여전히 초안 상태라는, 심지어 출판된 것조차 그렇다는 사실은 결코 숨길 수 없다. 마르크스 자신이 설명하고 심사숙고할 때 주제에서 많이 벗어났다는 것은 엥겔스가 제거한 괄호들을 굳이 찾아보지 않더라도 금방 알 수 있다."[27] 예컨대, 엥겔스가 "법칙의 내적 모순의 전개"라는 제목을 붙인 장(하인리히의 또 다른 고민거리)이 단편적 초안에 불과하다는 사실을 확인하기 위해 《메가2》라는 엄청난 도구가 필요한 것은 아니다.

그렇다고 해서 엥겔스의 편집 작업 일부가 유감스럽지 않은 것은 아니다. 그는 3권의 부제 "Gestaltungen des Gesamtprozeßes"(총과정의 형태들)을 "Der Gesamtprozeß der kapitalistischen Produktion"

(자본주의 생산의 총과정)으로 바꿨다. 이 책의 2장과 3장에서 분명해질 이유들 때문에 나는 원래의 부제를 선호한다. 더욱이, 경제 위기의 원인에 대한 마르크스의 언급으로 가장 흔히 인용되는 문장 하나, 즉 "모든 현실의 경제 위기의 궁극적 원인은 언제나 자본주의 생산의 추진력과 대비되는 대중의 빈곤과 제한된 소비에 있으며, 이 추진력은 마치 사회의 절대적 소비 능력만이 생산력의 한계인 양 생산력을 한없이 발전시키려 한다"는 문장은 엥겔스가 괄호를 제거한 구절에 나온다는 사실도 중요하다(CⅢ: 615와 *MEGA2* Ⅱ/4.2: 539~540을 비교해 보라). 또, 엥겔스는 "생산적 자본가"라는 단어를 모두 "산업자본가"로 바꾼 듯하다. 이것은 오해를 낳을 수 있는데, 그 이유는 마르크스가 산업 자본주의를 설명할 때 분명히 생산적 자본에 오늘날 우리가 서비스 부문이라고 부르는 것(예컨대, 운송)도 포함시켰다는 견해를 고무하기 때문이다. 가장 심각한 것은 마르크스가 이윤율 저하 경향을 논하면서 노동생산성 향상으로 이윤율이 상승할 수 있다고 말하는 대목에서 엥겔스가 다음과 같이 안심시키는 구절을 덧붙였다는 것이다. "그러나 우리가 앞서 봤듯이 실제로는 이윤율은 장기적으로 저하할 것이다."(CⅢ: 337. 번역 수정. *MEGA2* Ⅱ/4.1: 319와 비교해 보라.) 여기서는 분명히 엥겔스의 정치적·역사적 선호가 마르크스 자신의 생각을 정확히 표현하려는 정신을 압도하고 있다.[28]

그러나 엥겔스판 3권의 최대 약점은 오래전부터 잘 알려져 있다. 즉, 유명한 "보충 설명"에서 그가 노동가치론에 대한 이른바 역사주의적 해석을 개괄하면서, 자본주의가 발전하기 전의 단순상품생산 사회에서는 노동가치론이 맞지만 자본주의 생산이 지배적인 사회에서는 맞지 않다고 주장했다는 점이다. 이것은 마르크스의 가치론을 완전히 오해한 것이다. 이 점은 이 책 3장과 4장에서 살펴보겠지만, 오늘날 《자본론》

을 해설하는 사람들은 거의 모두 엥겔스의 이 주장을 거부한다. 더욱이, 존 윅스가 지적하듯이 봉건제에서 자본주의로 전환하는 과정에 대한 엥겔스의 설명은 마르크스와 사뭇 다르다. "엥겔스는 자본주의의 발전을 '순전히 경제적' 측면에서, 즉 일체의 '정치적 간섭에 단 한순간도 의지하지 않고' 설명할 수 있다고 주장했다. 이와 달리 마르크스는 《자본론》 1권의 마지막 부분에서 자본주의가 출현할 때 동반한 폭력적 방법들을 길게 설명한다."[29]

이런 이론적 차이는 중요한데, 그 이유는 사람들이 마르크스의 저작을 받아들이는 데 엥겔스가 엄청난 영향을 미쳤기 때문이기도 하고, 그런 차이가 《자본론》을 편집한 엥겔스의 뚜렷한 관점을 보여 주기도 하기 때문이다. 그러나 그런 차이를 보면서 우리는 엥겔스 자신이 정치경제학 비판에 그 나름으로 기여했다는 점도 떠올리게 된다. 어쨌든 1844년 "정치경제학 비판 개요"라는 글에서, 또 《영국 노동계급의 상황》(1845)이라는 책에서 처음으로 정치경제학 비판을 제기한 사람은 바로 엥겔스였다. 이 글들은 마르크스가 《자본론》을 쓸 때 중요한 기준점 구실을 했다. 그래서 마르크스는 (1864년 7월 7일* 보낸 편지에서) 다음과 같이 인정했다. "자네도 알다시피 첫째, 나는 항상 모든 일을 늦게 시작하고 둘째, 나는 언제나 자네 뒤를 따라가지."(CW 41: 546~547) 마르크스는 1859년의 《비판》 서문에서 엥겔스의 "개요"를 "탁월하다"고 평가했다.(Con: 21) 마르크스는 《1861~1863년 원고》를 쓰고 있을 때 엥겔스의 《상황》을 다시 읽고 나서 1863년 4월 18일** 보낸 편지에서 다음과 같이 썼다. "그건 그렇고, 자네 책의 중심 주제에 관한 한, 1844년

---

* 4일의 오타인 듯하다.

** 9일의 오타인 듯하다.

이후의 사태 전개가 아주 세부적인 사항까지 그 올바름을 입증해 줬네. 나는 그 뒤의 시기에 내가 작성한 노트들과 자네 책을 다시 비교해 보고 있네."(CW 41: 468) 《자본론》 1권을 쓸 때 마르크스는 "노동일"을 다룬 중요한 장[10장]이 "1865년까지의 상황을 (개략적으로) 반영해서 자네의 책을 보충한다네" 하고 겸손하게 말했다.(1866년 2월 10일 엥겔스에게 보낸 편지. CW 42: 224.) 더욱이 엥겔스는 《상황》에서 노동자 산업예비군에 대해 처음으로 이렇게 진술했다. "최고의 번영을 누리는 짧은 기간을 제외하면, 영국 제조업에는 항상 실업 노동자들로 이뤄진 산업예비군이 있어야 한다. 그래야 제조업이 가장 활기찬 몇 달 동안 시장에 필요한 상품을 대량으로 생산할 수 있다."[30] 엥겔스와 그의 독특한 이론적 관점(앞으로 보겠지만, 경쟁의 구실을 강조한다)이 마르크스가 정치경제학 비판을 발전시키는 데 미친 영향은 따로 연구해 볼만한 가치가 있다. 그러나 이런 차이들이 《자본론》을 완성해서 출판한 엥겔스의 업적을 깎아내리지는 못한다. 비록 그것이 오늘날 학술적 편집 작업이라는 시험대를 통과하지 못하더라도 말이다. 엥겔스가 《자본론》 3권을 출판한 덕분에, 그가 (1885년 4월 23일) 다니엘손에게 보낸 편지에서 "결론적이고 가장 뛰어난 부분", "지금까지 제가 읽은 것 중에서 가장 놀라운 내용"이라고 말한 것을 우리 후세대가 이용할 수 있게 됐다.(CW 47: 278)

길고 구불구불한 길

그러나 《자본론》의 역사가 있다면 그 전사前史도 있다. 우리는 마르크스가 경제사상가로 발전할 때 세 단계를 거쳤다고 잠정적으로 확인할 수 있다. 내가 채택한 시기 구분은 루이 알튀세르가 주장한 유명한 '인식론적 단절'과는 다르다는 것을 지적해 둘 만하다. 알튀세르는 1840년대 전반에 헤겔과 포이어바흐의 영향과 씨름하던 청년 '인간주의자 마르크스'와 1840년대 중반의 "포이어바흐에 관한 테제"와 《독일 이데올로기》에서 나타난 '과학적' 마르크스 사이에 단절이 있다고 본다.[31] 이것이 꼭 알튀세르의 해석이 틀렸음을 드러내 보이는 것이라기보다는 마르크스 사상의 발전이 복잡하다는 점, 특히 헤겔과 관련해서 그렇다는 것을 강조하는 것이다(이 점은 2장과 3장에서 더 자세히 이야기할 것이다).

1. 1844~1847년: 정치경제학에 대한 인간주의적 비판

마르크스는 1843년 가을 파리에 도착한 뒤 정치경제학을 집중적으로 연구하기 시작했다. 그가 나중에 설명했듯이, 헤겔의 정치철학을 비판하려다가 다음과 같은 "결론"에 이르렀기 때문이다.

> 법률관계[와 ― 캘리니코스] … 정치형태는 … 오히려 헤겔이 18세기 영국과 프랑스 사상가들의 선례를 따라 '시민사회'라는 용어 아래 그 전체를 요약한 바 있는 물질적 생활 조건에서 비롯한다는 것, 이 시민사회의 해부학은 정치경제학에서 찾아야 한다는 것이다.(Con: 20)[32]

평생의 습관대로 당시 마르크스는 정치경제학 책들을 읽으면서 발췌하고 논평한 노트를 여러 권 작성했다. 이 발췌 노트들Exzerpthefte을 합친 텍스트가 오늘날 우리가 '청년 마르크스' 하면 주로 떠올리는 것들, 즉 "[제임스] 밀에 관한 노트"와 《1844년 경제학·철학 원고》다.[33] 그러나 약간 더 나중에, 즉 마르크스와 엥겔스가 사후 출판된 《독일 이데올로기》의 공동 집필을 시작하기 직전인 1845년 3월 마르크스가 프리드리히 리스트[독일 경제학자]에 관해 쓴 글의 초안에서도 거의 똑같은 문제의식을 찾아볼 수 있다.[34] 여기서 마르크스는 정치경제학의 범주들을 이해하는 데 점차 자신감이 생겼음을 보여 주면서, 두 권짜리 《정치학과 정치경제학 비판》을 집필할 계획을 세웠고, 심지어 1846년 8월 1일 자신의 책을 독일에서 펴내기로 계약한 출판업자에게 보낸 특유의 편지에서는 왜 이 일, 즉 별개의 《경제학 비판》을 집필하지 못했는지를 설명하기도 했다.(CW 38: 49)

이런 텍스트들에서 마르크스는 그동안 정치경제학자들이 발견한 성과를 이용해서, 소외된 노동이라는 주제의 예를 들고 더 광범하게는 부르주아 사회가 어떻게 인간 본성을 훼손하는지를 보여 준다. 우리의 목적에 비춰 보면, 훨씬 더 유명한 《파리 원고》보다*"밀에 관한 노트"가 어떤 점에서는 더 흥미롭다. 제임스 밀의 《정치경제학의 기본 원리》(1820)를 발췌하고 논평한 이 글에서 마르크스는 화폐를 교환 수단으로 정의한 밀의 전통적 개념을 인정하면서도 정교화한다.

[화폐의 본질은] 매개하는 기능 또는 운동이다. 즉, 노동 생산물들을 상호 보완적인 것으로 만들어 주는 인간적·사회적 활동이 소외되고 인간에게 외적인 물질(즉, 화폐)의 속성이 된다는 것이다. 인간이 이 매개하는 기능을 스스로 소외시킨다면, 그는 낯선 상황에서 어쩔 줄 모르고 인간성이 박탈된 피조물로서 활동할 뿐이다. 사물들 사이의 관계, 사물들에 대한 인간의 작용은 인간을 초월한 외적 존재의 작용이 된다.(EW: 260)

---

* 《1844년 경제학·철학 원고》를 가리킨다.

인간의 활동을 연결해 주는 자율적 매개체인 화폐는 인간의 유적 존재의 소외된 표현이다. 이 유적 존재라는 개념은 마르크스가 루트비히 포이어바흐에게서 받아들여 새로운 내용을 채운 것이다.* 마르크스가 보기에 인간은 창조적 활동을 통해 성취감을 느낀다.

> 따라서 이 매개체는 사유재산[사적 소유]의 상실되고 소외된 본질, 자신에 대해 소외되고 외적인 것이 돼 버린 사유재산이다. 그것은 인간의 생산을 서로 연결해 주는 소외된 매개(체), 인간의 소외된 유적 활동이다. 이 활동에서 생겨나는 모든 속성이 그 매개체로 옮겨진다. 따라서 이 매개체와 분리된 인간은, 그 매개체가 부유해질수록 인간으로서는 더 가난해진다.(EW: 261)

이것은 마르크스가 이 단계에서 정치경제학을 논할 때 사용한 매우 전형적인 표현이다. 그는 자신이 연구하는 책에서 발견한 경제적 관계나 실천의 표현들을 대체로 받아들였지만 그 의미는 다르게 해석했다. 그래서 앨런 오클리는 마르크스의 논의가 더 확대된 《파리 원고》에 대해 다음과 같이 썼다.

> 마르크스가 정치경제학 덕분에 개괄할 수 있게 된 체제 비판을 더 정교하게 다듬는 쪽으로 관심을 돌렸을 때 그는 노동의 분배 상황을 자본주의의 경험적 사실로 받아들였다. 그의 궁극적 관심사는 단지 물질적 측면이 아

---

* 유적 존재species being는 독일어 Gattungswesen의 역어인데, Gattung은 종류·종족이라는 뜻이고 Wesen은 존재·실체라는 뜻과 함께 본질·본성이라는 뜻도 있으므로 맥락상 인간의 본질이나 본성으로 옮기는 것이 더 적절하겠지만, 여기서는 일단 관행대로 옮겼다.

니라 인간주의적 측면에서 바라본 노동 일반의 상황이었다. 즉, 인간의 잠재력 실현과 노동의 관계, 필수적인 존재론적 과정으로서 노동이 마르크스의 관심사였던 것이다.[35]

즉, 알튀세르가 썼듯이, "마르크스는 경제학자들의 개념을 수정하지 않는다. 다만 그 개념들을 은폐된 본질과 관련시켜 이해할 뿐인데, 그 본질이란 인간 노동의 소외, 그리고 이 소외 너머에 있는 인간의 본질이다."[36] 그러나 [마르크스의] 이런 이해는 [건축물] 외부의 비계 같은 경제학자들의 개념과 표현으로 그저 낮춘 것이 아니었다. 오히려 마르크스의 평가 지침이 된 철학적 인간학 자체는 그가 뜻밖에 정치경제학을 알게 된 덕분에 세심하게 진술한 것이었고, 특히 그 덕분에 마르크스는 인간과 자연의 관계를 다시 생각함으로써 포이어바흐를 뛰어넘기 시작할 수 있었다. 포이어바흐와 달리, 이 관계는 더는 감성Sinnlichkeit에 의해, 즉 [인간] 외부의 자연이 발산하는 감각 인상을 수동적으로 받아들이는 능력에 의해 정의되지 않는다. 이제 인간과 자연을 능동적 상호 변화 과정 속에서 묶어 주는 것은 노동이다. 따라서 《파리 원고》에서 마르크스는 헤겔이 "근대 정치경제학의 관점을 채택"했다는 이유로 그를 칭찬한다. "헤겔은 노동을 인간의 본질로, 자기 확인하는 본질로 본다."(EW: 386) 바로 이렇게 인간을 창의적인 사회적 생산자로 이해하는 것이 마르크스의 소외 비판의 근거가 된다. 즉, 자본의 지배로 말미암은 노동의 소외 때문에 노동자들은 유적 존재의 핵심을 실현할 수 없게 된다는 것이다.[37]

그러나 마르크스는 "근대 정치경제학의 관점"을 완전히 지지하지는 않는다. 나중의 지적 발전에 비춰 보면 놀랍게도 그는 노동가치론을 멀리한다. 즉,

금속의 가치와 화폐의 관계라는 문제와, 생산비가 가치를 결정하는 유일한 요인임을 입증하는 문제 둘 다에서 밀은 리카도 학파 전체의 잘못, 즉 **추상적 법칙**을 정의할 때 그 법칙의 변화나 끊임없는 지양을 언급하지 않는 실수를 저질렀다(그런 변화나 지양을 통해 추상적 법칙이 생성되는데도 말이다). 예를 들어, 생산비가 최종적으로 — 더 정확히 말하면, 수요와 공급의 간헐적(우연적) 일치를 통해 — 가격(가치)을 결정한다는 것이 불변의 법칙이라면, 이 관계가 일치하지 않는다는 것, 즉 가치와 생산비 사이에 어떤 필연적 관계가 존재하지 않는다는 것도 마찬가지로 **불변의 법칙**이다. … 경제학의 진정한 법칙은 우연이고, 우리 배운 사람들은 몇몇 요인들을 자의적으로 포착해서 법칙으로 확립한다.(*EW*: 259~260)[38]

한편, 마르크스의 동료인 포이어바흐식 공산주의자* 프리드리히 엥겔스(머지않아 마르크스의 평생 협력자가 된다)도 정치경제학에 대한 인간주의적 비판을 마르크스와 독립적으로, 그러나 동시에 발전시키고 있었다. 엥겔스가 [1843년 말에 써서] 1844년 [2월]에 발표한 "정치경제학 비판 개요"는 앞서 봤듯이 마르크스에게 중요한 기준점 구실을 했다.(마르크스는 [1844년 4~8월에 쓴] 《파리 원고》에서 그렇게 말했다.) 그 글에서 엥겔스는 마르크스와 매우 비슷한 관점에서 노동가치론을 거부한다. "추상적 가치 또는 생산비에 의한 가치 결정 등은 어쨌든 추상일 뿐 실재하지 않는 것들이다."(*CW* 3: 425) 그러나 마르크스는 사유재산을 소외된 노동의 표현으로 다루는 반면, 엥겔스는 (아마

---

* 《독일 이데올로기》(1845~1846)에서 마르크스와 엥겔스는 "포이어바흐가 스스로 … 공산주의자라고 선언하고, 공산주의자를 '인간'의 술어로 바꿔서 (현실 세계에서 특정한 혁명적 정당의 추종자를 뜻하는) '공산주의자'라는 말을 단순한 하나의 범주로 전환할 수 있다고 믿"는 잘못을 저질렀다고 비판했다.

도 1842~1844년에 맨체스터에 처음 체류하는 동안 맞닥뜨린 로버트 오언 추종자들의 영향력 덕분에) 사유재산을 경쟁과 관련짓는다.

결국 사유재산이 존재하는 한, 모든 것은 경쟁으로 귀결된다. … 사유재산은 모든 사람을 조야한 고립 상태로 몰아넣기 때문에, 그러나 모든 사람은 자기 이웃과 동일한 이해관계가 있기 때문에, 한 지주는 다른 지주와, 한 자본가는 다른 자본가와, 한 노동자는 다른 노동자와 적대적으로 대립하게 된다. 동일한 이해관계의 이런 다툼은 그 [이해관계의] 동일성에서 비롯한 결과인데, 이런 이해관계 다툼 속에서 지금까지의 인류 조건의 부도덕성이 완성된다. 그리고 이 완성이 경쟁이다.(CW 3: 431~432)[39]

청년 마르크스와 엥겔스가 리카도의 노동가치론을 거부하는 데 영향을 미친 것은 추상에 대한 반감이었는데, 이것은 마르크스가 나중의 경제학 저작들에서 취한 태도와 사뭇 다르다. 1840년대 초중반의 저작들에서 추상은 마르크스와 엥겔스가 《독일 이데올로기》에서 말한 "현실의 개인들, 그들의 활동과 그들이 살아가는 물질적 조건"의 구체적 현존, 즉 "순전히 경험적 방식으로 확인할" 수 있는 것보다 제한적이고 부분적인 것과 연관된다.(CW 5: 31) 그래서 마르크스는 이미 《파리 원고》에서 "추상적 노동"이라는 표현을 사용했지만, 단지 "일면적이고 추상적인 노동으로 살아가는" 노동자의 소외된 노동을 묘사하려고 사용했을 뿐이다.(EW: 288) 이와 달리, 《자본론》과 그 직전 원고들에서는 추상이 자본주의 경제 관계의 내적 구조를 파악하는 데 필수적인 분석 도구다. 2장에서 보겠지만, 《1861~1863년 원고》를 쓸 무렵 마르크스가 리카도를 비판한 주된 이유 하나는 리카도가 충분히 추상적이지 않았다는 것이다.[40]

2. 1847~1857년: 비판적 리카도주의자

'리카도 학파'에 대한 태도는 마르크스가 정치경제학 비판을 발전시키는 둘째 단계에서 결정적 변화를 겪는다. 그러나 이것은 더 복잡하고 종합적인 이론적 재구성의 일부였다. 게오르크 루카치가 마르크스 최초의 "성숙하고 완성된 주요 저작"이라고 말한 《철학의 빈곤》(1847)이 결정적 전환점이었다.[41] 이 책에서 마르크스는 프랑스 사회주의자 피에르 조제프 프루동의 《빈곤의 철학》을 집중적으로 비판하는데, 여기서 처음으로 생산관계Produktionsverhältnis 개념을 공들여서 분명하게 진술한다. 예란 테르보른은 역사유물론의 기본 개념들의 기원을 살펴보는 탁월한 책에서 이렇게 지적한다. "'생산력Produktivkräfte'이라는 용어(영어로는 'forces of production'이나 'productive forces')는 마르크스가 고전파 경제학자들한테서 물려받은 것이다. 스미스와 리카도의 저작에서는 '생산능력productive powers'이라는 형태로 나타나는 이 단어를 마르크스는 그들의 저작에서 발췌하고 인용할 때 (《1844년 경제학·철학 원고》 이후로) 흔히 Produktivkräfte라는 독일어로 번역했다." 1845~1847년 자신의 역사 이론을 처음으로 공들여 진술해서 초안을 작성한 (그러나 사후에 《독일 이데올로기》로 출판된) 원고에서 마르크스는 생산력 발전 때문에 사회관계가 변화한다고 주장했다. 그러나 테르보른이 지적하듯이, 《독일 이데올로기》에서 "생산력과 짝을 이루는 개념은 대개 교통·상업·교류를 뜻하는 훨씬 넓은 의미의 Verkehr 또는 Verkehrsform이라는 용어다."[42]

1846년 12월 28일 파벨 안넨코프에게 보낸 편지에서도 마르크스는 《철학의 빈곤》에서 주장할 내용을 대강 요약하면서 여전히 Verkehr라는 개념을 사용한다. 하지만 우리는 이후 저작들에서 생산력과 상호작용하는 사회관계를 가리키는 생산관계라는 개념이 나타날 것이라고 예상하게 된다.

사람들은 자신이 얻은 것을 결코 포기하지는 않지만, 그렇다고 해서 특정한 생산력을 얻을 수 있었던 사회형태를 끝까지 고수하는 것은 아닙니다. 오히려 그 반대입니다. 그동안 얻은 성과를 박탈당하거나 문명의 열매를 빼앗기지 않으려면 사람들은 그동안 얻은 생산력과 상업 방식[생산관계]이 상응하지 않게 되자마자, 전통적 사회형태를 모두 변화시킬 수밖에 없습니다. 여기서 저는 **상업**commerce이라는 말을 가장 광범한 의미에서(독일어로 흔히 Verkehr라고 말할 때의 의미로) 사용하고 있습니다. … 따라서 사람들이 생산·소비·교환 활동을 하는 경제형태는 **일시적이고 역사적**입니다. 새로운 생산력의 획득과 함께 사람들은 자신의 생산양식을 변화시키고, 생산양식과 함께 (그 특정 생산양식의 필연적 관계에 불과한) 경제 관계도 모두 변화시킵니다.(CW 38: 96~97)

마르크스는 계속 《철학의 빈곤》에서도 생산력은 누적적으로 발전하는 반면 사회관계는 "일시적이고 역사적"이라고 주장한다. 그러나 후자는 사회적 생산관계로서 훨씬 더 엄밀하게 설명되고, 이 사회적 생산관계는 또 생산력을 실질적으로 지배하는 관계라는 분명한 경제적 의미를 갖게 된다.[43] 이런 개념 변화 덕분에 마르크스는 정치경제학 비판을 다시금 이렇게 세심하게 진술할 수 있었다. "경제적 범주는 사회적 생산관계를 추상한 이론적 표현일 뿐이다."(CW 6: 165) 앞으로 2장과 3장에서 보겠지만, 생산관계와 경제적 범주의 결합은 《자본론》과 그 원고들에서도 계속 다뤄지는 주제다. 생산관계 개념의 도입은 《철학의 빈곤》에서 결정적으로 중요한 두 가지 기능에 기여한다. 첫째, 생산관계 개념의 도입 덕분에 마르크스는 자본을 사회관계로 개념화할 수 있었다. 예컨대, "쟁기를 끄는 황소가 경제적 범주가 아니듯이 기계도 경제적 범주가 아니다. 기계는 단지 생산력일 뿐이다. 기계의 사용에 의지하는 현대식 공장이야말로 사회적 생산관계이고 경제적 범주다."(*CW* 6: 183) 약간 더 나중의 텍스트인 《임금노동과 자본》(1847년에 마르크스가 강연한 내용을 바탕으로 1849년에 출판됐다)에서는 이런 주장에서 한발 더 나아가 자본 관계를 자본과 임금노동의 관계로 명시한다.

> 따라서 자본은 임금노동을 전제하고, 임금노동은 자본을 전제한다. 둘은 서로 상대방의 존재를 제약하고, 서로 상대방을 생산한다.
> 면방직 공장의 노동자는 면직물만을 생산할까? 아니다. 그는 자본을 생산한다. 자신의 노동을 지휘하는 데 새롭게 기여하고 이를 통해 새로운 가치 창출에도 기여하는 가치를 생산하는 것이다.(*CW* 9: 124)

이 구절(첫 단락은 《자본론》 1권 724쪽 각주 21번에서 인용됐다)에 표현된 자본 관계에 대한 견해는 어떻게 가치가 창출되는지에 관한 이론을 넌지시 보여 주는데, 이 이론은 마르크스가 "밀에 관한 노트"에서 일축한 바 있다. 여기서 우리는 마르크스가 생산관계 개념을 도입한 것의 둘째 효과로 넘어가게 된다. 즉, 생산관계 개념을 도입한 덕분에 마르크스는 고전파 정치경제학을 역사화·탈脫자연화할 뿐 아니라 분석의 기초로 이용할 수도 있게 됐다. 그래서 《철학의 빈곤》에서는 "정치경제학의 형이상학"을 비판하는 유명한 주장을 하면서, "경제학자들은 부르주아적 생산관계, 분업, 신용, 화폐 등을 고정불변의 영원한 범주로 표현한다"고 쓸 수 있었다(*CW* 6: 162). 그러나 리카도를 대하는 태도는 바뀌었다. 1844년에 쓴 글 "'프로이센 왕과 사회 개혁'이라는 기사에 대한 비판적 주석"에서 "냉소적인 리카도"를 거론했던(*EW*: 406) 마르크스가 이제는 이렇게 쓰고 있다. "분명히, 리카도의 언어는 더할 나위 없이 냉소적이다. 모자의 제조 비용과 인간의 유지 비용을 같은 반열에 놓는 것은 인간을 모자로 만들어 버리는 것이나 마찬가지다. 그러나 리카도의 냉소주의에 아우성 칠 필요는 없다. 냉소주의는 사실 자체에 있는 것이지, 사실을 표현하는 말에 있는 것이 아니기 때문이다." (CW 6: 125) 그러면서 마르크스는 상당히 더 멀리 나아간다.

리카도는 우리에게 (가치를 형성하는) 부르주아적 생산의 현실적 운동을 보여 준다. … 자신의 공식을 모든 경제 관계에서 도출함으로써, 그리고 모든 현상, 심지어 지대, 자본축적, 임금과 이윤의 관계처럼 언뜻 자신의 공식과 모순되는 듯한 현상들조차 이런 식으로 설명함으로써, 리카도는 자신의 공식을 진리로 확립한다. 바로 이 때문에 그의 학설은 과학적 체계가될 수 있었다.(CW 6: 123~124)

이 구절이 특히 흥미로운 이유는 마르크스가 여기서 칭찬하는 리카도의 장점을 (3장에서 보겠지만) 《1861~1863년 원고》에서는 비판하기 때문인데, 그것은 바로 리카도가 가치와 그 밖의 경제 관계들 사이에 연역적 연관을 수립하려 했다는 점이다. 이제 마르크스는 이렇게 노동가치론을 분명히 받아들인다. "따라서 노동시간이 가치를 결정한다는 것은 … 현대 사회의 경제 관계를 과학적으로 표현한 것일 뿐이고, 이 점은 프루동보다 훨씬 전에 리카도가 분명하고 정확하게 입증한 바있다."(CW 6: 138) 그리고 《철학의 빈곤》 끝부분에서는 리카도의 지대론과 임금론을 약간 세부적 측면까지도 옹호한다. 따라서 지적 발전의이 단계에서 마르크스는 리카도를 비롯한 정치경제학자들이 역사적으로 특정하고 일시적인 부르주아 사회의 생산관계를 영원한 것으로 만들어 버렸다고 비판하면서도 그들이 그 관계의 실체를 정확히 설명했다고 생각한다.[44] 이 점을 특히 잘 보여 주는 사례는 마르크스가 1847년에 임금을 주제로 강연한 내용이다. 거기서 마르크스는 임금이 인상되면 이윤이 감소해서 직접적으로나 간접적으로 (노동 절약형 혁신을 통해) 노동자들의 일자리가 사라지기 때문에 [부르주아] 정치경제학자들이 노동조합을 비판하는 것은 옳다고 인정하면서도 이 점[임금 인상이 고용 불안으로 이어질 수 있다는 점]은 중요하지 않다고 주장한다.

> 결사체[노동조합]에서 겉으로 보이는 것, 즉 임금은 불변이라는 것만이 정말로 중요하다면, 그리고 노동과 자본의 관계가 영원하다면, 이 [노동]조합들은 필연적으로 파탄날 것이다. 그러나 결사체는 노동계급을 단결시키는 수단이고, 계급 모순과 함께 낡은 사회 전체의 전복을 준비하는 수단이다.(CW 6: 435)[45]

노동조합은 경제적으로는 효과가 없거나 심지어 해롭지만 계급 조직 형태로서 중요하다는 이런 견해는 확고한 것이 아니었다. 마르크스는 1850~1853년의 이른바 런던 노트(일부가 《메가2》로 출판됐다)에서 이 견해를 극복하고 리카도와 맬서스의 공통된 생각, 즉 인구 압력 때문에 실질임금이 최저생계비 이상으로 오르지 못할 것이라는 생각을 비판했다. 이 비판을 가장 완전히 발전시킨 것은 "가치·가격·이윤"(1865)이었다.* 그렇지만 내가 보기에 마르크스는 1850년대 초 런던에

---

* "가치·가격·이윤"은 마르크스가 1865년 6월 20일과 27일 제1인터내셔널 총평의회에서 연설한 내용을 마르크스 사후 책으로 펴낸 것인데, 독일어판 제목은 "임금·가격·이윤"이다.

서 경제학 연구를 다시 시작할 때까지 또 그 뒤까지도 여전히 《철학의 빈곤》에서 구축한 비판적 리카도주의의 틀을 벗어나지 못했다. 런던 노트에는 리카도의 《원리》에서 발췌하고 논평한 것 말고도 (다양한 주제 가운데) 통화와 은행 정책을 두고 영국에서 벌어진 논쟁에 대한 광범한 메모, 그리고 여러 정치경제학자들의 저작에서 발췌하고 인용한 글, 세계사와 식민주의에 대한 연구 등도 포함돼 있다. 그 무렵 마르크스의 태도는 리카도를 좀 더 비판하는 쪽으로 바뀌고 있었는데, 이 점은 마르크스가 1850년대 초에 통화 논쟁과 리카도의 지대론(2장 참조)을 탐구하면서 주고받은 편지에서도 분명히 드러난다. 그 결과 마르크스의 경제 분석은 리카도의 틀에서 벗어나 더 발전할 수 있었다. 그래서 예컨대 루치아 프라델라는 "마르크스가 노동자들이 생산한 가치와 임금의 가치를 처음 구분한" 것은 리카도에 관한 노트에서였다고 주장한다.[46] 그러나 1857년 뭔가 새로운 일이 일어난다.

3. 1857~1883년: 범주들을 고안한 사람

《요강》에서는 특정한 이론적 변화들이 나타났을 뿐 아니라, 범주들의 구성과 배열도 새로워졌다. 마르크스는 이 새로운 범주들이 자본주의 생산관계의 구조를 분명히 표현한다고 봤다. 헤겔의 《논리학》을 다시 읽은 것이 이런 전환을 촉진한 측면도 있지만, 무엇보다 마르크스가 리카도에게서 물려받은 문제들과 관련해서 이런 전환을 이해해야 한다. 이것이 2장과 3장의 주제, 어찌 보면 이 책 전체의 주제가 될 것이다.

그러나 마르크스의 정치경제학 비판 작업의 연속성은 강조할 가치가 있다. 먼저, 여전히 변하지 않은 이론적 전제들이 있었다. 마르크스가 《파리 원고》에서 정식화한 철학적 인간학이 나중의 모든 경제학 저작들 바탕에 깔려 있다. 이 점은 《자본론》 1권 7장에서 노동과정을 설명할 때 가장 분명히 드러난다. 예컨대, 다음과 같은 구절은 마르크스가 《독일 이데올로기》에서 포이어바흐를 비판한 기본 주장을 명료하게 표현한다.

노동은 무엇보다 인간과 자연 사이의 과정이다. 이 과정에서 인간은 자신의 행동을 통해 인간과 자연 사이의 물질대사(Stoffwechsel)를 매개하고 규제하고 통제한다. 인간은 자연원료를 하나의 자연력으로서 마주 대한다. 자연원료를 자신의 필요에 맞는 형태로 만들고자 인체의 자연력인 팔·다리·머리·손을 움직인다. 이런 움직임을 통해 인간 외부의 자연에 영향을 미치고 변화시키는 동시에, 인간 자신의 자연[본성]도 변화시킨다.(CI: 283)

이미 봤듯이, 《독일 이데올로기》에서 마르크스와 엥겔스는 처음으로 자신들의 역사 이론을 일반적으로 설명한 바 있다. 이것은 정치경제학 비판의 발전을 위한 전제였다. 하지만 《철학의 빈곤》이 예증하듯이 후자[정치경제학 비판]도 역사유물론의 기본 개념들을 명확히 하고 다시 세심하게 진술하는 기회였다. 마르크스의 역사 이론을 다룬 최상의 책들은 대부분 《자본론》에서 마르크스가 지나가면서 한 말에 많이 의지한다. 또, 주제의 연속성도 있다. 적어도 마르크스의 물신성 이론(에 따르면, 사람들의 사회적 관계가 사물들 간의 관계 형태로 나타난다)의 내용 일부는 1840년대 중반의 저작들에서 이미 등장한다. 그래서 "밀에 관한 노트"에서 마르크스는 화폐가 출현하면서 다음과 같은 현상도 나타난다고 주장한다.

화폐에서는 소외된 사물이 사람을 완전히 지배하는 현상이 명백해진다. 전에는 사람이 사람을 지배했지만 이제는 **사물**이 **사람**을, 생산물이 생산자를 보편적으로 지배하게 된다. 등가물, 즉 가치라는 개념에 이미 사유재산의 외화가* 포함돼 있듯이, 화폐는 사유재산이 외화한 감각적·물질적 현존재다.(EW: 270)

《자본론》 3권에서도 마르크스는 매우 비슷한 맥락에서 "이미 생산과정 자체에서 일어나는 주객 전도[Verkehrung]"에 대해 다음과 같이 쓴다.

그럴 때 [생산과정에서] 어떻게 노동의 주체적 생산력이 모두 자본의 생산력으로 나타나는지를 우리는 봤다. 한편에서는 산 노동을 지배하는 과거 노동, 즉 가치가 자본가로 의인화한다. 다른 한편에서는 노동자가 역으로 단지 객체화한** 노동력, 하나의 상품으로 나타난다.(CⅢ: 136)

앞으로 보게 될 텐데, 나중의 구절은 훨씬 더 풍부하지만 앞의 구절과 연속성이 있다는 것도 분명하다. 로만 로스돌스키는 "밀에 관한 노트"를 두고 이렇게 말할 정도다. "나중의 상품 [물신성 — 캘리니코스] 이론의 모든 요소가 비록 철학적 겉모습을 하고는 있지만 여기서 나타난다."[47] 이것은 꼭 옳은 말은 아니다. 왜냐하면 앞서 봤듯이, 마르크스가 초기 저작에서는 노동가치론을 받아들이지 않았는데, 노동가치론은 후기 저작에 나오는 산 노동과 죽은 노동의 구분을 전제하기 때문이다 (이 구분에 관한 더 자세한 설명은 4장 참조). 그렇지만 반향은 정말 확연하다. 마르크스가 거듭거듭 몰두한 또 다른 주제는 리카도의 《원리》

---

*   alienation. 원어인 독일어 Entäußerung과 마찬가지로, 외화外化라는 뜻 말고도 (물건이나 권리의) 양도라는 뜻도 있고 소외라는 뜻도 있다.

**   object(ify)는 맥락에 따라 객체(화), 대상(화), 객관(화)로 옮겼다.

26장 "총수입總收入과 순수입에 관하여"다. 여기서 리카도는 애덤 스미스가 한 나라의 부는 그 나라 총수입의 함수라고 주장한 것을 비판한다.

> 한 나라의 순 실질소득, 즉 지대와 이윤이 똑같다면, 그 국민이 1000만 명의 주민으로 이뤄져 있는지 아니면 1200만 명의 주민으로 이뤄져 있는지는 전혀 중요하지 않다. 육해군과 온갖 비생산적 노동을 유지하는 힘은 틀림없이 그 나라의 순소득에 비례하지, 총소득에 비례하지는 않는다. 만약 500만 명이 1000만 명에게 필요한 만큼의 식량과 의복을 생산할 수 있다면, 500만 명분의 식량과 의복은 순수입이 될 것이다. 이 똑같은 순수입을 생산하는 데 700만 명이 필요하다면, 다시 말해 1200만 명분의 식량과 의복을 생산하는 데 700만 명이 고용된다면, 과연 그 나라에 얼마나 이익이 될까? 여전히 500만 명분의 식량과 의복이 순수입일 것이다. 더 많은 사람을 고용하게 되면, 육해군에 한 사람도 더 추가할 수 없을 것이고 세금에 한 푼도 더 기여할 수 없을 것이다.(R, I: 348)

여기서 리카도는 자신의 선배들(애덤 스미스와 데이비드 흄)이 붙잡고 씨름하던 생각, 즉 국가의 번영(과 따라서 국력)은 인구 규모의 함수라는 생각을 비판한다. 마르크스는 리카도가 쓴 위 구절에 매료됐다. 1844년 《원고》에서 그것은 정치경제학이 인간에게 무관심하다는 증거였다. "리카도에게 인간은 아무것도 아니고 생산물이 모든 것이다." (EW: 306) 1853년 3월에 쓴 글에서도 마르크스는 리카도를 "'순수입' 이라는 몰록을* 위해 인구 전체가 희생해야 한다"고 생각하는 사람으

---

* Moloch. 기독교 성서에서 이스라엘의 이웃인 암몬족이 어린아이를 제물로 바치며 숭배한 신. 몰렉·멜렉이라고도 한다.

로 묘사했다.(CW 11: 531) 그러나 《1861~1863년 원고》를 쓸 무렵에는 리카도에 대한 태도가 더 관대해져 있었다. "리카도는 [수익성을 극대화하려는 — 캘리니코스] 이런 경향을 일관되게, 가차없이 표현했다. 그 때문에 박애주의적 속물들이 리카도를 비난하며 시끄럽게 떠들어 댔던 것이다."(CW 32: 175) 《자본론》 3권에서 훨씬 더 분명히 드러나듯이, 1860년대가 되면 마르크스는 전에 비판했던 바로 그 점 때문에 이제 리카도를 칭찬한다.

> 리카도가 비난받는 점, 즉 자본주의 생산을 논할 때 '인간'은 개의치 않고 오직 생산력 발전 — 인간과 자본 가치가 아무리 많이 희생되더라도 — 에만 집중했다는 점이야말로 그의 중요한 공헌이다. 사회적 노동의 생산력을 발전시킨 것이야말로 자본의 역사적 사명이고 권리다.(CⅢ: 368)

어떤 의미에서 《자본론》은 미완성인가?

따라서 마르크스가 몰두한 경제학 저작들에 연속성이 있는 것처럼 보일 때조차 자세히 들여다보면 불연속성이 더 크다는 점을 알 수 있다. 아마 마르크스가 1840년대 중반에 발전시킨 인간 본성과 역사에 대한 근본적 이해와 관련해서는 아니겠지만 정치경제학 비판의 이론적 발전에서는 확실히 그렇다. 마르크스의 작업이 끊임없이 재구성되고 있었다는 이런 생각은 "어떤 의미에서 《자본론》은 미완성인가?"라는 언뜻 어리석게 들리는 물음을 떠올려 볼 때 분명해진다. 이 물음이 어리석게 들리는 이유는 마르크스가 살아생전에 1권만 겨우 출판했고, 엥겔스도 《자본론》 3권 끝에다 "원고는 여기서 끊겨 있다"고 명시해 놓았기 때문이다. 알튀세르가 약간 과장되게 썼듯이, "독자들은 3권의 마지막 장[52장]을 알 것이다. '계급들'이라는 제목 아래 40줄이 이어지고 나서 침묵이 흐른다."[48]

그러나 더 큰 문제도 있는데, 마르크스가 《자본론》 자체를 정확히 어떻게 생각했는가 하는 점이다. 그는 《요강》 앞부분에서 자신이 구상하는 저작의 집필 계획을 간략하게 설명했다.

순서는 분명히 이래야 한다. (1) 거의 모든 사회형태에 적용되는 일반적·추상적 규정들 … (2) 부르주아 사회의 내적 구조를 이루고 기본 계급들의 근거가 되는 범주들. 자본, 임금노동, 토지 소유. 그들의 상호 관계. 도시와 농촌. 3대 사회 계급. 그들 사이의 교환. 유통. 신용 제도(민간). (3) 국가형태로 집약된 부르주아 사회. 자기 자신에 대한 관계에서 [국가를] 고찰하기. '비생산적' 계급들. 조세. 국채. 공적 신용. 인구. 식민지. 이민. (4) 국제적 생산관계. 국제분업. 국제적 교환. 수출입. 환율. (5) 세계시장과 경제 위기.(G: 108)

얼마 뒤 마르크스는 이 계획을 수정해서, "일반적·추상적 규정들"을 논하겠다던 처음 생각을 버렸지만, 자신이 구상한 자본 분석을 다음과 같이 상당히 정교화했다.(이 단계에서 그가 헤겔 《논리학》의 영향을 받고 있었다는 점이 드러난다.)

〈I. (1) 자본의 일반 개념. ― (2) 자본의 특수성: 유동자본, 고정자본. (생활필수품으로서 자본, 원료로서 자본, 노동 도구로서 자본.) (3) 화폐로서 자본. Ⅱ. (1) 자본의 양. 축적. (2) 자신을 기준으로 측정된 자본. 이윤. 이자. 자본의 가치, 즉 이자·이윤으로서 자본과 구별되는 자본. (3) 자본들의 유통. (*a*)

자본과 자본의 교환. 수입과 자본의 교환. 자본과 가격들. (β) **자본들의 경쟁**. (γ) **자본들의 집적**. Ⅲ. 신용으로서 자본. Ⅳ. 주식자본으로서 자본. Ⅴ. **화폐시장으로서 자본**. Ⅵ. 부의 원천으로서 자본. 자본가. 자본 다음에는 토지소유를 다룰 것이다. 그다음에는 임금노동. 이 셋이 모두 전제되면, 이제 내적 전체(성)* 속에서 규정된 유통으로서 가격들의 변동. 다른 한편, 세 기본 형태와 유통의 전제로 정립된 생산으로서 세 계급. 그다음에 **국가**. (국가와 부르주아 사회. — 조세, 또는 비생산적 계급들의 존재. — 국가 부채. — 인구. — 외부를 향하는 국가: 식민지. 대외무역. 환율. 국제 주화로서 화폐. — 마지막으로 세계시장. 부르주아 사회가 국가를 넘어 확대되는 것. 경제 위기. 교환가치에 기초한 생산양식과 사회형태의 해체. 개인적 노동을 사회적 노동으로 실제로 정립하고, 또 그 반대로도 하기.)〉(*G*: 264)

그 얼마 뒤 마르크스는 다시 계획을 수정해서, 자본을 다룬 첫 '책'을 구상하게 된다. 이 수정된 계획은 그의 개념들이 더 분명해졌지만 여전히 헤겔 철학의 형식으로 표현되고 있음을 보여 준다. 그래서 자본 일반과 전체로서 자본이 모두 보편·특수·개별이라는 헤겔식 3단법으로 구성된다.

자본. Ⅰ. **일반성**[보편성]. (1) (a) 화폐에서 자본의 형성. (b) 자본과 노동(소외된 노동을 통해 자신을 매개하는). (c) 노동과 맺는 관계에 따라 분해된 자본 요소들(생산물, 원료, 노동수단) (2) **자본의 특수화**: (a) 유동자본, 고정자본. 자본의 회전. (3) **자본의 개별성**: 자본과 이윤. 자본과 이자. 이자·이윤으로서 자본과 구별되는, **가치로서 자본**. Ⅱ. **특수성**: (1) 자본들의 축적. (2)

---

* 전체(성)totality는 총체(성)라고도 한다.

자본들의 경쟁. (3) 자본들의 집적(질적 차이이기도 한 자본의 양적 차이, 자본의 크기와 영향의 척도로서 양적 차이). Ⅲ. 개별성: (1) 신용으로서 자본. (2) 주식자본으로서 자본. (3) 화폐시장으로서 자본.(G: 275)

여기 "자본. Ⅰ. 일반성"의 세 부분에서 우리는 각각 생산, 유통, 생산과 유통의 통일을 다루는 《자본론》 1·2·3권의 계획이 시작되는 것을 대강 확인할 수 있다. 마르크스는 《요강》에서 개요를 설명한 바 있는 전반적 구조의 압축판을 1858년 2월 22일 라살에게 보낸 편지에서 이렇게 요약했다. "전체는 6부작이 됩니다. 1. 자본론(서론 격의 몇 장이 포함됨). 2. 토지 소유론. 3. 임금노동론. 4. 국가론. 5. 국제무역. 6. 세계시장."(CW 50[*]: 270) 이듬해 라살의 도움을 받아 출판된 《비판》의 서문에서 마르크스는 똑같은 구조를 제시했다. 오클리가 작성한 아래표2는 이 단계에서 마르크스가 계획한 정치경제학 비판의 개요를 이해하는 데 유용하다(마르크스가 1858년 4월 2일 엥겔스에게 보낸 편지[CW 50[**]: 297 — 캘리니코스]도 참조). 그렇다면 마르크스는 마침내 1863년부터 1867년 사이에 《자본론》을 쓰게 됐을 때 이 '6부작 계획'을 계속 고수했는가? 만약 고수했다면, 《자본론》은 방대한 미완성 저작의 한 조각일 뿐이다.(또 실제로 미완성일 수밖에 없었다. 왜냐하면 데이비드 하비가 말했듯이 "마르크스가 이 어마어마한 작업을 완수하려면 므두셀라처럼[***] 오래 살아야 했을 것"이기 때문이다.[49]) 두셀은 마르크스가 "이론을 시작했을 뿐 완성하지 못한 상태에서 원래 계획한 3부

---

[*]   40의 오타인 듯하다.

[**]   40의 오타인 듯하다.

[***] 히브리어 성서에 나오는 인물로 969년을 살았다고 한다.

의 1부를 출판했다(그의 전체 계획과 비교하면 72분의 1에 불과했다)"고 주장한다.[50]

표2 마르크스가 계획한 정치경제학 비판(1858~1859)

1권: 자본

　1편: 자본 일반

　　1장: 상품

　　2장: 화폐

　　3장: 자본

　　　1절: 자본의 생산과정

　　　　1: 화폐가 자본으로 전환

　　　　2: 절대적 잉여가치

　　　　3: 상대적 잉여가치

　　　　4: 시초 축적

　　　　5: 임금노동과 자본

　　　　6: 단순 유통에서 축적 법칙의 현상

　　　2절: 자본의 유통 과정

　　　3절: 자본과 이윤

　　2편: 자본들의 경쟁

　　3편: 자본으로서 신용

　　4편: 주식자본

2권: 토지 소유

3권: 임금노동

4권: 국가

5권: 해외무역

6권: 세계시장과 경제 위기

출처: Allen Oakley, *Marx's Critique of Political Economy* (2 vols, London, 1984), I, p 159.

막시밀리앵 뤼벨은 훨씬 더 나아가서, 6부작 계획을 마르크스가 1840년대 중반에 구상한 '경제학'의 실현으로 여긴다. 뤼벨의 주장은 사실 《독일 이데올로기》, 《철학의 빈곤》, 《공산당 선언》도 "대체로 '경제학'의 일부였다"는 것이다. 따라서 《요강》에 나오는 처음 계획에서

우리가 접하게 되는 계획의 논리적·변증법적 구조는 몇몇 세부 사항만 제외하면 결코 수정되지 않았다. 이 계획은 엄격하고 분명한 순서를 가진 제목들의 이중 3부작으로서 근본적으로 확고했다. 따라서 마르크스는 기존 계획을 실현하는 데 도덕적으로든 과학적으로든 헌신했다. 그리고 바로 이런 정신으로 그는 가장 가까운 친구들에게 자기 계획을 설명하고 그 구체적 내용을 알려 줬다.[51]

뤼벨은 마르크스의 6부작 계획이 실현되지 못한 이유는 자본을 다룬 첫 책이 너무 오래 걸려서 마르크스가 직접 계획을 완성하지 못하리라는 것이 입증됐다는 단순한 사실 때문이라고 주장했다. 그러나 뤼벨은 이런 해석을 뒷받침할 논거를 제시하지 않고 단지 주장할 뿐이다. 그래서 마이클 리보위츠는 마르크스가 6부작 계획을 결코 포기하지 않았다는 데 동의하면서도 이렇게 인정한다. "그러나 [뤼벨의 주장에] 아무리 공감하는 독자라도 뤼벨이 자기 주장을 증명하지 못했다고 결론지을 수밖에 없다."[52] 이와 다른 견해를 가장 강력하게 내세운 사람은 로스돌스키인데, 그는 마르크스가 《1861~1863년 원고》에서 (경쟁과 토지 소유 같은) 소재들, 즉 '자본 일반'을 집중적으로 분석하는 그 원고에서 일부러 제외한다고 했던 소재들을 스스로 다루고 있다고 주장한다. 따라서 마르크스는 1864~1865년에 6부작 계획을 수정해서, 토지 소유와 임금노동을 다룰 책들의 내용을 각각 《자본론》 3권 6편 지대

와《자본론》1권 6편 임금으로 흡수했다는 것이 로스돌스키의 주장이다. 마지막 세 책, 즉 국가와 국제무역과 세계시장을 다룰 책들은 어떻게 됐는가? 로스돌스키는 이렇게 주장한다. "이 책들은 실제로는 결코 '포기되지' 않았다. 다시 말해, 이 책들의 주제는 [정치경제학] 저작의 새로운 구조에 완전히 흡수된 것이 아니라, 일종의 속편으로 넘겨졌다."[53]

이런 의견 충돌에서 쟁점은 어느 정도는 방법의 문제다. 마르크스가《독일 이데올로기》이후 저술한 이론적 저작은 모두 '경제학'의 분책들이라는 뤼벨의 주장을 일단 제쳐놓더라도,《요강》부터 프랑스어판《자본론》1권까지 거의 20년 동안 되풀이된 방대한 저술 작업이《요강》앞부분에서 밝힌 계획의 실현 과정이었을 뿐이라는 추정은 뭔가 의심스럽다. 그런 해석에서는 마르크스가 문제들과 씨름하고 그 문제를 종이에 적으면서 풀려고 애쓰고 그런 다음 범주와 이론을 다시 세심하게 진술하는 창조적 과정을 거쳤다고 생각할 여지가 전혀 없다. 레기나 로트가 썼듯이 "마르크스의 작업 방식에서 주된 특징 하나는 수정이었다."[54] 이런 끊임없는 자기비판 과정을 마르크스가 구체적 개념들에는 적용하면서도 자신의 저작 구조에 관한 전반적 구상에는 적용하지 않았다고 봐야 할 이유가 전혀 없다. 그렇다고 해서 마르크스가 6부작 계획을 포기했다고 추정할 수 있다는 것은 아니다. 다만 그가 6부작 계획을 고수했다는 점은 입증돼야 한다는 말이다.(이런 비판은 앞서 "들어가며"에서 내가 주장했듯이, 하비가《요강》에서 다른 구절을 인용한 것에도 마찬가지로 적용된다.)

마르크스의 분석이 이론적 재구성을 통해 발전했다는 해석은,《요강》을 기준으로 그의 후기 이론적 발전을 판단하는 경향 때문에 더 발전하지 못하고 있다. 때때로 이런 경향은 마르크스의 후기 원고와 특히《자본론》을 (더 '비판적'이고 헤겔적인)《요강》의 속류화로 취급한다.

특히, 마르크스의 가치론을 '비실재론적'으로 독해하는 사람들 사이에 이런 견해가 널리 퍼져 있다.[55] 이 문제는 나중에 더 자세히 다루겠지만, 어쨌든 나는 자크 비데의 다음과 같은 설명을 지지한다는 사실을 밝혀야겠다.

나는 다른 해설자들과 달리, 《자본론》의 '진실'을 초기 원고들에서 찾으려 하지 않는다. 나는 마르크스가 평범한 연구자처럼 작업했다고 생각한다. 즉, 자신의 작업 계획과 관련해서 기존 계획이 불충분한 경우가 아니라면 결코 새로운 견해를 만들어 내지 않았고, 견해를 바꿨다고 하더라도 왜 바꿨는지를 자신에게 설명해야 할 의무는 전혀 없었다는 것이다.[56]

이런 길을 따라가 보면, 우리는 마르크스가 후속 원고를 써 나가면서 원래 나중의 책들에서 다루려 했던 주제들을 점차 통합해서 '자본 일반'을 개념화한다는 사실을 알 수 있다. 이 점은 그가 1863년 1월 《1861~1863년 원고》의 일부로 작성한 아래 두 계획에서 분명히 드러난다.

// 제3편 '자본과 이윤'은 이렇게 나뉜다. 1) 잉여가치가 이윤으로 전환. 이윤율과 잉여가치의 구별. 2) 이윤이 평균이윤으로 전환. 일반적 이윤율의 형성. 가치가 생산가격으로 전형. 3) 이윤과 생산가격에 관한 애덤 스미스와 리카도의 이론들. 4) 지대(가치와 생산가격의 차이를 보여 주는 예). 5) 이른바 리카도 지대 법칙의 역사. 6) 이윤율 저하 법칙. 애덤 스미스, 리카도, 케어리. 7) 이윤 이론들. 의문: 시스몽디와 맬서스도 잉여가치학설사에 포함시켜야 하는가? 8) 이윤이 산업 이윤과 이자로 분할. 상업자본. 화폐자본. 9) 수입과 그 원천. 생산과정과 분배과정의 관계 문제도 여기에 포함

시킬 것. 10) 자본주의 생산과정 전체에서 화폐의 환류 운동. 11) 속류 경제학. 12) 결론. '자본과 임금노동.' // …

// 제1편 '자본의 생산과정'은 이렇게 나뉜다. 1) 서론. 상품. 화폐. 2) 화폐가 자본으로 전환. 3) 절대적 잉여가치. (a) 노동과정과 가치 증식 과정. (b) 불변자본과 가변자본. (c) 절대적 잉여가치. (d) 표준 노동일을 위한 투쟁. (e) 동시 노동일(동시에 고용된 노동자들의 수). 잉여가치량과 잉여가치율(크기와 높이?). 4) 상대적 잉여가치. (a) 단순협업. (b) 분업. (c) 기계 등. 5) 절대적 잉여가치와 상대적 잉여가치의 결합. 임금노동과 잉여가치 사이의 관계(비율). 노동이 자본에 형식적으로 포섭되는* 것과 실질적으로 포섭되는 것. 자본의 생산성. 생산적 노동과 비생산적 노동. 6) 잉여가치가 자본으로 재전환. 시초 축적. 웨이크필드의 식민지 이론. 7) 생산과정의 결과. 취득 법칙의 형태 변화는 6)이나 7)에서 보여 줄 수 있다. 8) 잉여가치학설사. 9) 생산적 노동과 비생산적 노동에 관한 이론들.//(CW 33: 346~347)

이 계획들은 각각 《1863~1865년 원고》에 포함된 《자본론》 3권의 원고나 최종 출판된 《자본론》 1권과 거의 일치하는 듯하다(1권에서는 '직접적 생산과정의 결과'가 빠지고 6편 '임금'이 추가됐지만). 여기서 두드러진 변화 하나는 1859년 《비판》의 상품과 화폐 부분을 새로 써서 교체하겠다는 결정이다(마르크스는 《1861~1863년 원고》를 《비판》의 후속편으로 여겼다). 그러나 나중에 포기된 부분들, 즉 '이윤 이론들'과 '잉여가치 이론들'이 포함됐다는 것은 마르크스가 여전히 (《비판》에서 찾아볼 수 있는) 실체론적 설명과 정치경제학자들 비판을 결합하려 했다는 점을 보여 준다. '자본과 이윤'(1857~1859년 계획에서는 '자본에

---

* 포섭subsumption은 종속이라고도 한다.

관한 장'의 제3절)에는 이자와 지대에 관한 논의가 포함되는데, 이 논의는 마르크스가 처음에 구상한 '자본 일반' 분석의 범위를 넘어선다. 십중팔구 이러한 변화는 《1861~1863년 원고》에서 리카도의 지대론과 씨름한 결과였다. 앞서 지적했듯이, 그리고 2장에서 더 자세히 살펴보겠지만, 이것은 생산가격 개념을 정식화하면서 마르크스의 가치론이 결정적으로 발전한 것과 관계있는데, 이 생산가격 논의도 이제 '자본과 이윤'에 포함시킨 것이다. 그러나 생산가격 개념 자체는 마르크스가 처음에 '자본 일반' 분석에서 제외했던 주제, 즉 자본 간 경쟁과 관련된다. 가치가 생산가격으로 바뀌는 전형의 바탕에는 이윤율의 균등화가 놓여 있고, 이윤율의 균등화는 자본 간 경쟁에서 비롯한다.

마르크스의 6부작 계획이 바뀌고 있었다는 또 다른 증거는 조금 더 이른 시기인 1862년 12월 28일 루트비히 쿠겔만에게 보낸 편지다.

당신과 친구들이 제 정치경제학 비판에 그토록 따뜻한 관심을 갖고 있다는 사실을 당신 편지에서 읽고 매우 기뻤습니다. [이제 마침내 2부가 완성됐는데, 원고를 정서淨書하고 최종 윤문하는 일이 아직 남아 있습니다. 그 일을 마치면 바로 인쇄에 넘길 것입니다.] … 그것은 1부[《비판》 — 캘리니코스]의 속편이지만, 《자본론》을 제목으로 하고 "정치경제학 비판을 위하여"를 단순히 부제로 해서 독자적으로 출판될 것입니다. 사실, 그것은 1부의 3장에 해당하는 것, 즉 '자본 일반'으로만 이뤄져 있습니다. 따라서 자본 간 경쟁과 신용 제도는 모두 빠져 있습니다. 영국인들이 '정치경제학의 원리'라고 부르는 것이 이 책에 포함돼 있습니다. 이 책이 (1부와 함께) 핵심이고, 나머지 속편은 [제가] 이미 제시한 것을 바탕으로 다른 사람들도 쉽게 써 나갈 수 있을 것입니다(아마 다양한 국가형태와 다양한 사회 경제구조의 관계는 예외가 되겠지만 말입니다).(CW 41: 435)[57]

여기서 마르크스가 6부작 계획을 스스로 완성한다는 생각에서 후퇴하고 있다는 것은 확실하다. 그러나 이 편지는 마르크스의 작업 구상이 얼마나 유동적이었는지도 분명히 보여 준다. 그래서 아직도 그는 《자본론》을 《비판》의 후속편으로 생각하고 있지만, 겨우 몇 주 뒤에는 이 생각을 포기하게 된 듯하다. 그리고 여전히 경쟁과 신용을 제외해야 한다고 주장한다. 이것은 《1863~1865년 원고》에서도 그의 공식 견해였다. 그래서 마르크스는 나중에 《자본론》 3권 6장 2절 '자본의 가치 증가와 가치 감소. 자본의 풀려남과 묶임'에 포함되는 원고의 시작 부분에서 다음과 같이 썼다.

> 이 절에서 연구하는 현상들이 완전히 발전하려면 신용 제도와 세계시장의 경쟁이 필요한데, 이 세계시장은 항상 자본주의 생산양식의 토대[이고 — 캘리니코스], 생활 환경이다. 그러나 이런 자본주의 생산의 더 구체적 형태들은 첫째, 자본의 일반적 성격을 파악한 뒤에야 비로소 서술될 수 있고 둘째, 이 책의 범위를 벗어나는 것이므로 이 책의 속편을 쓴다면 거기에 속할 것이다. 그렇지만 이 절의 제목에서 거론한 현상들은 여기서 일반적으로 다룰 수 있다.(MEGA2 II/4.2: 178)

하인리히가 지적하듯이, 엥겔스는 《자본론》 3권을 편집할 때 "서술될" 앞에 "포괄적으로"라는 단어를 집어넣었다(CIII: 205).[58] 그러나 엥겔스의 문제는 이미 말했다. 마르크스는 《자본론》의 범위에서 신용과 경쟁을 제외한다고 해 놓고 곧바로 신용과 경쟁을 논의하기 시작한다. 그는 3권 5편에서 금융시장을 둘러싼 '혼동'을 살펴볼 때는 훨씬 더 대규모로 신용과 경쟁을 논한다. 내가 보기에 이것은 (매우 체계적인) 《자본론》에서 무엇을 다룰 것인지에 대한 모호함을 반영하는 듯하다. 부분적으로 그 이유는 경쟁을 분석하는 것이 훨씬 더 중요해졌기 때문이다. 이 주제는 3장에서 다시 살펴보겠다. 그러나 마르크스가 《자본론》을 구성하면서 6부작 계획의 뒷부분을 위해 보류했던 내용을 꾸준히 집어넣는 과정이 1권까지 계속된다는 사실은 지적해 둘 만하다. 그래서 [1권] 31장에서는 국가·국제무역·세계시장이 아주 많이 등장하는데, 여기서 마르크스는 매우 세부적인 것처럼 보이는 제목, 즉 "산업자본가의 발생" 아래 국가 간 전쟁, 식민지 제도, 신용, 금융, 조세, 노예제를 포함하는 시초 축적 과정을 매우 박력 있게 설명한다. 이런 방법들은 모두 "국가권력, 즉 사회의 집중되고 조직된 힘[die Staatsmacht, die konzentrierte und organisierte Gewalt der Gesellschaft]"에 의지한 것이었다 (CI: 916, MI: 703). 또, 프랑스어판 《자본론》 1권에서는 25장('자본주의적 축적의 일반 법칙') 3절에서 산업예비군과 경기변동에 대한 논의를 상당히 확대해서 세계시장과 식민주의 관련 소재도 포함시킨다.[59]

따라서 오클리가 썼듯이 《자본론》 자체의 범위가 확대되는 경향이 있었다. 이 경향의 궁극적 의의는 분명하지 않다." 오클리는 이런 판단을 다음과 같이 상세히 설명한다.

마르크스가 《자본론》에서 자신의 비판적 이론을 자기완결적·자족적으로 설명하려 했다는 것을 보여 주는 몇몇 증거가 있다. 원래 계획과 관련해서 다루던 범주들을 재구성한 것은 바로 그 목적을 지향한 것처럼 보인다[원문 그대로 — 캘리니코스]. 여기에는 그런 자족성이 6부작 계획 같은 대작의 이상과 관련된 지적 타협이었다는 의견이 단서로 붙는다. 마르크스가 남긴 《자본론》이 미완성이라는 것은 의심의 여지가 없다. 그리고 완성된 저작에 과연 무엇이 포함됐을지도 분명하지 않다. 적어도 이 점에서 최종 출판된 저작의 지위는 신중히 평가돼야 한다. 이 어려움을 더 가중시키는 것은 마르크스가 결국 《자본론》을 어떻게 평가했는지를 알 수 있는 분명한 증거가 전혀 없다는 사실이다.[60]

이것은 마르크스가 구체화하려 한 정치경제학 비판의 불확실성에 대한 날카로운 평가인 듯하다. 게다가 오클리가 이 글을 쓴 1980년대 초에는 가내공업 같은 《메가2》에서 흘러나온 다른 모든 자료는 말할 것도 없고 《1861~1863년 원고》조차 완전히 출판되기 전이었기 때문에 오클리의 평가는 더 놀라운 것이다. 그의 종합적인 평가는 이렇다. "《자본론》은 규모가 불확실하고 여러 가지로 해석할 수 있는 비판적·이론적 작업의 절정, 그러나 미완의 절정이다. 《자본론》을 마르크스의 비판적 이론의 명확한 표현이나 자명한 표현으로 보는 것은 확실히 옳지 않다."[61] 그래서 다시 한 번 《자본론》은 어떤 분명한 형체가 없이 가물거리는 신기루처럼 보인다. 그리고 다시 한 번 이 견해는 너무 멀리 나아간 듯하다.

《자본론》은 확실히 미완성이다. 단지 글자 그대로 의미에서뿐 아니라, 정치경제학 비판 작업에 대한 마르크스의 전반적 계획이 불확실하다는 점 때문에도 그렇다. 그리고 《자본론》이 "마르크스의 비판적 이론의 명확한 표현"이라고 할 수도 없다. 그가 《자본론》 저술 작업을 결코 멈추지 않았다는 이유만으로도 그렇다(이론의 "자명한 표현"이라는 것이 어떤 형태를 띨지는 분명하지 않다). 그러나 그렇다고 해서, 마르크스의 작업 계획을 "여러 가지로 해석할 수 있는" 것으로 봐야 하는 이유가 해명되지는 않는다. 그것은 어떤 심층적·내재적 비일관성을 암시하기 때문이다. 마르크스의 이론이 내적으로 모순되거나 정말로 경험적으로 틀렸을 수도 있지만, 이 점은 입증돼야 한다. 그러나 오클리는 입증하지 않는다. 다양한 미완성 원고와 마르크스의 계획 변경은 최종 이론이 아직 결정되지 않았음을 암시할 수 있다. 그러나 이것 또한 증명돼야 한다. 내가 《자본론》에 대한 '비실재론적' 독해라고 부른 것 가운데 일부는 (2장 이하에서 살펴보겠지만) 그런 방향을 가리킨다.

(1857년 여름부터 1880년대까지 계속된) 마르크스 자신의 오랜 노고가 이론적 확고함과 경험적 범위를 심화·확대하기 위한 투쟁이었다는 것은 분명한 듯하다. 그는 자신이 정식화한 범주와 그 범주들을 사용해서 표현한 이론을 더 엄밀하게 다듬으려 했다. 물론 많은 경우 마르크스는 문제를 해결하지 못한 채 남겨 뒀다. 하지만 자본주의 생산양식에 관한 그의 전반적 이론은 1860년대를 거치며 분명한 형체를 갖추게 됐고 이후 그는 그 이론을 포기하지 않은 듯하다.(예컨대, 1868년 4월 30일 마르크스가 엥겔스에게 보낸 편지. *CW* 43: 20~26 참조.) 스타브로스 톰바조스는 이 점을 이렇게 잘 표현했다. "그것[《자본론》 ─ 캘리니코스]이 '완성됐다'는 말은, 마르크스 사후 100년 넘게 《자본론》에 대한 비판을 비판할 수 있도록 그 범주들이 충분히 잘 설명돼 있다는 뜻일 뿐이다."[62] 마르크스가 《자본론》에 부여한 중요성은 그가 점점 더 많은 소재를 《자본론》에 통합한 데서 잘 드러난다. 그 소재는 지금 우리의 고민거리, 즉 6부작 계획의 뒷부분을 위해 보류된 주제들뿐 아니라, 마르크스가 세계 체제로서 자본주의 생산양식을 분석할 수 있게 해 준 경험적 자료들도 포함한다.[63] 그 성취는 다양한 의미에서 불완전하다. 대부분 마르크스가 포기할 수 없었기 때문이고, 또 자본의 축적 자체와 마찬가지로 새로운 경험적 자료도 한없이 끈질기게 축적됐기 때문이다. 그러나 그 엄청난 원고 더미 속에서 헤매다가 웅장한 개념적 건축물을 시야에서 놓쳐서는 안 된다. 이제 이 건축물을 본격적으로 살펴보자.

2장

방법 1: 리카도

《자본론》의 논리

　헤겔은 《자본론》에 긴 그림자를 드리우고 있다. 이 점은 누구든 《요강》을 잠깐만 들여다봐도 분명히 알 수 있다. 《요강》에는 헤겔의 용어가 널려 있기 때문이다. 그러나 《자본론》 자체에도 헤겔이 존재한다는 사실은, 나름대로 통찰력 있는 해설자라면 비록 마르크스의 초기 정치경제학 비판 원고를 읽는 혜택을 누리지 못했더라도 분명히 알 수 있다. 가장 유명한 사례는 레닌이 제1차세계대전 당시 헤겔의 《논리학》을 연구하면서 이렇게 쓴 것이다. "경구: 헤겔의 《논리학》 전체를 철저하게 연구하고 이해하지 않으면 마르크스의 《자본론》을, 특히 1장을 완전히 이해하는 것은 불가능하다. 그래서 50년이 지났건만 마르크스를 이해한 마르크스주의자가 아무도 없었던 것이다!"[1] 카를 뢰비트는 1941년 약간 다른 사상적·정치적 관점에서 이렇게 날카롭게 지적했다. "마르크스가 헤겔에게 얼마나 많이 배웠는지는 헤겔을 직접 언급하는 초기 저작들(포이어바흐의 영향을 받은 것들)보다는 오히려 《자본론》에서 더 잘 드러난다. 《자본론》의 분석은 비록 내용에서는 헤겔과 거리가 멀지만, 현상을 개념으로 변환시키는 헤겔의 방법을 흡수하지 않으면 결코 생각할 수 없는 것들이다."[2]

　레닌과 뢰비트가 모두 인정하듯이, 마르크스와 헤겔의 관계에서 매우 중요한 쟁점은 《자본론》에서 마르크스가 사용한 방법과 관계있다. 레닌은 이 점을 또 다른 유명한 말로 표현했다. "마르크스는 (대문자로 시작되는) '논리학Logic'을 남기지는 않았지만 《자본론》의 논리를 남겼다."[3] 이미 지적했듯이, 마르크스가 《자본론》에서 사용한 방법의 근원이 헤겔이었다는 것은 오늘날 이른바 체계 변증법을 주장하는 마르크스주의 학파의 중요한 주제다. 확실히 마르크스의 경제학 원고들을 관통하고 있는 것은 독자적 방법을 발전시키려는, 특히 범주들을 적절하게 구성하고 배열하려는 집중적 노력이다. 그러나 이 방법을 완전히 이해하려면 우리는 헤겔보다 더 넓게 그물을 던져야 한다. 그람시는 《옥중수고》의 탁월한 구절에서 마르크스주의의 세 가지 원천이 영국 정치경제학과 프랑스 사회주의와 독일 철학이라는 전통적 설명을 무시하며 이렇게 주장한다. "어떤 의미에서 실천철학[마르크스주의]은 헤겔 더하기 데이비드 리카도라고 말할 수 있다고 생각한다." 그람시는 리카도가 "'경향의 법칙'이라는 형식논리적 원리"를 발전시키는 데서 달성한 혁신에 초점을 맞추고 있다. 하지만 우리는 그람시의 직관을 더 폭넓게 적용할 수도 있다.[4] 마르크스는 헤겔과 리카도 둘 다와 대화하면서 자신만의 방법을 구축한다. 리카도와의 대화는 특히 《1861~1863년 원고》에서 매우 분명히 드러나고, 헤겔과의 대화는 흔히 더 암묵적이지만 우리는 마르크스의 더 분명한 논의도 곧 접하게 될 것이다.[5] 후속 원고들에서 마르크스는 헤겔과 리카도 둘 다와 점점 멀어지면서 자신만의 독특하고 독창적인 종합을 구축한다.

비록 이 복잡한 사상의 무도회에서 세 사람을 따로 떼어 내기는 어렵지만, 2장에서는 마르크스와 리카도의 관계에 초점을 맞추고 3장에서는 마르크스가 헤겔을 이용하면서도 극복하려고 분투한 것에 초점을 맞출 것이다. 2장의 구조는 이렇다. 먼저, 나는 헤겔이 마르크스의 방법 개념에 어떤 영향을 미쳤는가 하는 문제를 제기하는 데서 시작할 것이다. 그다음에는 마르크스가 헤겔에게 의존한 것을 제대로 이해하려면 《요강》과 특히 《1861~1863년 원고》를 쓸 당시 마르크스의 문제 상황, 즉 리카도 가치론의 한계를 극복하려는 노력의 맥락을 살펴봐야만 한다고 주장할 것이다. 이를 위해서는 리카도 자신의 역사적·이론적 맥락을 살펴봐야 한다. 그리하면 마르크스가 어떻게 리카도의 가치론을 뛰어넘으려 했는지를 이해할 수 있을 것이다. 마르크스는 특히 가치가 생산가격으로 바뀌는 전형 이론을 발전시켜서 리카도를 극복하려 했다. 즉, 마르크스는 리카도에서 발견한 것을 이용해, 분석의 추상 수준과 구체 수준의 관계를 다르게 개념화한 것이다. 2장의 마지막에서는 마르크스의 리카도 비판이 헤겔의 스피노자 비판과 비슷하다는 예발트 일리엔코프의 주장을 살펴보겠다. 이 주장은 3장에서 헤겔을 전면적으로 논의하기 위한 배경 구실을 할 것이다.

《요강》의 앞부분, 즉 이른바 1857년 '서설'에서 마르크스는 유명한 방법 논의를 전개한다.

실재적이고 구체적인 것에서, 현실적 전제 조건에서 시작하는 것, 따라서 예컨대 경제학에서는 모든 사회적 생산 행위의 기초이자 주체인 인구에서 시작하는 것이 올바른 방법인 것처럼 보인다. 그러나 더 자세히 살펴보면 이것은 틀렸음이 드러난다. 예컨대, 인구를 이루는 계급들을 무시한다면 인구는 하나의 추상일 뿐이다. 그런데 이 계급들도 그 토대가 되는 요소들을 알지 못한다면 공문구일 뿐이다. 예컨대, 임금노동·자본 등이 그런 요소들이다. 그리고 이 요소들은 다시 교환·분업·가격 등을 전제한다. 예컨대, 자본은 임금노동이 없다면, 가치·화폐·가격 등이 없다면 아무것도 아니다. 따라서 내가 인구에서 시작한다면 이것은 전체에 관한 혼란스런 표상(Vorstellung)일 것이고, 그렇다면 나는 더 자세한 규정을 통해 분석상 훨씬 더 단순한 개념(Begriff)으로 나아갈 것이다. 상상된 구체에서 점점 더 미세한 추상으로 나아가서 마침내 가장 단순한 규정들에 이를 것이다. 거기서부터 여행은 지나온 길을 되돌아가서 결국 인구에 다시 도달할 것이다. 그러나 이번에는 전체에 관한 혼란스런 개념인 인구가 아니라, 많은 규정과 관계의 풍부한 전체인 인구일 것이다. 첫째 경로는 경제학이 그 초창기에 역사적으로 따라간 길이다. 예컨대, 17세기의 경제학자들은 항상 살아 있는 전체에서, 즉 인구나 국민이나 국가나 여러 국가 등에서 시작한다. 그러나 그들은 항상 분석을 통해 분업·화폐·가치 같은 몇몇 규정적·추상적·일반적 관계를 발견하는 것으로 끝맺는다. 이 개별적 계기들이 대체로 확립되고 추상되자마자, 노동·분업·욕구·교환가치 같은 단순한 관계에서 국가·국제교환·세계시장의 수준까지 상승하는 경제학 체계들이 시작됐다. 후자가 분명히 과학적으로 올바른 방법이다. 구체적인 것이 구체적인 이유는 많은 규정의 통합, 따라서 다양한 것들의 통일이기 때문이다. 그러므로 구체적인 것은 비록 그것이 실재의 출발점이고 따라서 직관 (Anschauung)과 표상을 위한 출발점이라 하더라도 사고 과정에서는 통합 과정으로서, 결과로서 나타나지 출발점으로서 나타나지 않는다. 첫째 경로에서는 완전한 개념이 추상적 규정 속으로 증발해 버렸다. 둘째 경로에서는 추상적 규정들이 사고 과정을 통해 구체적인 것을 재생산하기에 이른다. 이런 식으로 헤겔은 사고가 스스로 통합하고 자신에게 침잠하며 자기 전개한 결과가 바로 실재적인 것이라고 생각하는 착각에 빠진다. 반면 추상에서 구체로 상승하는 방법은 사고가 구체적인 것을 획득하고 이를 정신 속에서 구체적인 것으로 재생산하는 방식뿐이다. 그러나 이것은 결코 구체적인 것 자체가 생성되는 과정은 아니다.(G: 100~101. 번역 수정함.)

이 구절의 의미를 두고 해설자들은 많은 논쟁을 벌였지만, 내가 보기에 그 의미는 아주 분명하다.[6] 마르크스는 구체적 세부 사항에서 추상적 일반화로 나아가는 귀납적 방법을 거부하고, 오히려 "추상에서 구체로 상승하는 방법"을 "과학적으로 올바른 방법"으로 여기고 선호한다. 여기서 흥미로운 것은 마르크스가 자신의 이 방법과 헤겔의 방법을 구별하려고 매우 신경을 썼다는 점이다. 왜냐하면 [헤겔도] 《논리학》에서 [개념이] "추상에서 구체로" 진행하는 것을 묘사하기 때문이다.[7] 마크 미니는 이렇게 지적한다. "[1857년 — 캘리니코스] '서설' 전체의 논리적 구조가 《논리학》의 마지막 장章들에 빚지고 있다."[8] 그리고 실제로 《논리학》의 끝부분에서 헤겔은 처음에는 특정한 내용을 개념들로 정리하는 분석적 인식을 제시하고 나서 이 개념들을 하나로 통합하는 종합적 인식을 제시한다. 그러나 헤겔은 또 분석적 인식과 종합적 인식은 모두 그 내용이 외(면)적이라는* 한계가 있고 이 한계는 오직 절대이념 속에서만 극복된다고 주장한다. 즉, 절대이념 속에서 "방법은 자신을 인식하는 개념[Begriff]으로서, 자신을 절대자로, 다시 말해 주체이자 객체로, 자신을 대상으로 지니는 개념, 따라서 실재와 개념의 순수한 일치로서 나타난다." 더 나아가 헤겔은 이렇게 자세히 설명한다. "여기서 살펴봐야 하는 방법은 오직 개념 자체의 운동일 뿐이지만 … 이제 그것은 … 추가적 의미, 즉 개념이 전부이고 개념의 운동은 보편적인 절대적 활동성, 다시 말해 자신을 규정하고 자신을 실현하는 운동이라는 의미를 갖게 된다."(GL: 737)[9]

마르크스는 자기 운동하는 개념이라는 바로 이 사상에서 벗어나기를 절실히 원했는데, 이 점은 앞서 인용한 구절 바로 뒤에서 다음과 같이 말할 때 분명히 드러난다.

개념적 사고가 현실적 인간이고, 따라서 개념적 세계 자체가 유일한 현실

---

* external은 맥락에 따라 외(면)적, '외부적', '외재적'이라고 번역했다.

인 의식에서는 ─ 이것이 철학적 의식의 특징이다 ─ 범주들의 운동이 현실적 생산 행위로서 나타난다. 그리고 ─ 유감스럽게도 이 [현실적 생산] 행위는 외부로부터 자극을 받는다 ─ 이 행위의 산물이 곧 세계다. 이것은 ─ 그러나 이것 역시 동어반복인데 ─ 사고 속의 전체, 사고 속의 구체로서 구체적 전체가 사실상 사고와 이해의 산물인 한에서는 옳다(그러나 직관과 표상의 밖이나 위에서 사고하고 자신을 산출하는 개념의 산물이 아니라, 직관과 표상을 개념들로 가공한 산물인 한에서 그렇다). 두뇌에서 사고 속의 전체로서 나타나는 전체는 사고하는 두뇌의 산물인데, 그 두뇌가 세계를 제 것으로 만들 수 있는 유일한 방식은 예술적·종교적·실천적·정신적으로 이 세계를 제 것으로 만드는 방식과는 다르다. 두뇌가 순전히 사변적으로, 순전히 이론적으로 행동하는 한, 현실적 주체는 여전히 두뇌 밖에서 자립적으로 존속한다. 그러므로 이론적 방법에서도 주체, 즉 사회는 항상 전제로서 생각돼야 한다.(*G*: 102~103)

따라서 "사고 속의 구체," 즉 "추상에서 구체로 상승하는" 과정의 결과는 그 "전제"인 "현실적 주체," 즉 "사회"와 구별돼야 한다.[10] 마르크스는 방법에 대해 말하자마자 스스로 헤겔과 거리를 두려 한다. 해럴드 블룸이 말한 "영향에 대한 불안"은 바로 이런 경우를 가리키는 것이라고 생각하는 사람도 있을지 모르겠다.[11] 이와 똑같이 암묵적 언급과 명시적 거부 사이에서 오락가락하는 태도는 《자본론》 자체에서도 찾아볼 수 있다. 그래서 자이루스 바나지는 다음과 같이 지적했다.

《자본론》의 여러 곳에서 마르크스는 구체적인 것이 합리적으로 이해된 어떤 것으로서 사고 속에서 재생산되는 과정 전체를 자본 '개념'의 '변증법적 발전'으로 묘사하고, 이 운동 내의 모든 계기들(물론 현상 형태를 포함하는 본질적 규정들로 추론할 수 있는)을 비록 그것들이 아무리 가상적일지라도 '그 개념과 일치하는' 계기들(형태들, 관계들)로 여긴다.[12]

이 점을 잘 보여 주는 사례를 몇 가지 들 수 있겠다. "따라서 [자본순환의 결과로서, 그리고 실현된 상품자본으로서 이 화폐액] M′은 내부적으로 [투하자본 M과 잉여가치 m′으로] 구별되는 가치 총액으로서, [단순한 화폐가 아니라 자기를 증식시킨 가치, 즉 화폐자본으로서] 기능적(개념적)으로 스스로 분화하는 가치 총액으로서, 그리고 자본 관계를 표현하는 가치 총액으로서 나타난다[So erscheint G′ als in sich differenzierte, sich funktionell (begrifflich) in sich selbst unterscheidende, das Kapitalverhältnis ausdrückende Wertsumme]."(CII: 128) 또, "이 책과 같은 일반적 분석에서는 현실적 관계와 그 개념이 일치한다는 것[dass die wirklichen Verhältnisse ihren Begriff entsprechen]이 전제돼 있다."(CIII: 242) "사실상 노동조건과 생산자의 이 분리가 자본 개념을 이룬다[die den Begriff des Kapitals bildet]."(CIII: 354) 이와 관련해서, 예컨대 화폐시장에서 나타나는 것처럼 외화하고 물신화한 관계들은 '무無개념적begrifflos* — 이 독일어가 영어판《자본론》에서 항상 정확히 번역돼 있는 것은 아니다 — 관계로 묘사된다. 3권에 나오는 다음 구절을 보자. "M—M′에서 우리가 보는 것은 자본의 무개념적[begrifflose] 형태, 즉 생산관계를 최대한 전도시키고 사물화하는 것[Verkehrung und Versachlichung]이다."(CIII: 516. 번역 수정함.)

물론 이런 표현은 순전히 헤겔적이다. 앞서 봤듯이,《논리학》에서 '개념'은 마지막을 장식하는 구실을 한다. 즉, 헤겔은《논리학》의 마지막 3권에서 존재론[1권]과 본질론[2권]에 이어서 개념론을 다룬다. 그러나

---

* '몰沒개념적'이라고도 한다.

우리는 마르크스가 이 표현을 사용하는 것을 어떻게 해석해야 하는 가? 노동조건과 생산자의 분리가 "자본 개념을 이룬다"는 구절이 특히 두드러지는 이유는, (1857년 '서설'에서 마르크스가 제외했던) 개념과 실재 사이의 운동 비슷한 것을 넌지시 나타내기 때문이다. 1873년에 쓴 훨씬 더 유명한 구절, 즉 《자본론》의 독일어 2판 후기에서 마르크스는 자신과 헤겔의 관계를 가장 정확히 설명했는데, 여기서는 개념과 실재의 차이를 다시 한 번 강조한다.

> 나의 변증법적 방법은 헤겔의 방법과 근본적으로 다를 뿐 아니라 정반대이기도 하다. 헤겔에게는 그가 '이념'이라는 이름 아래 자립적 주체로까지 바꿔 버린 사고 과정이 실재 세계의 창조자이고 실재 세계는 이념이 외부로 나타난 것일 뿐이다. 나에게는 그 반대가 진실이다. 즉, 관념적인 것은 물질적인 것이 인간의 두뇌에 반영돼 사고 형태로 바뀐 것일 뿐이다. … 헤겔이 변증법을 신비화한 것은 사실이다. 하지만 변증법의 일반적 운동 형태를 포괄적으로 또 알아볼 수 있게 맨 먼저 서술한 사람도 헤겔이다. 헤겔의 변증법은 거꾸로 서 있다. 신비한 껍질 속에 들어 있는 합리적 핵심을 찾아내려면 그의 변증법을 바로 세워야 한다.(C I: 102~103)

여기서 마르크스가 헤겔 변증법의 '합리적' 측면과 '신비한' 측면을 구별하려고 사용한 은유들은 딱히 해설자들의 지지를 받지 못했고, 그들은 또 엥겔스가 《루트비히 포이어바흐와 독일 고전철학의 종말》에서 "헤겔 체계의 모든 독단적 내용"과 "독단적인 것을 모조리 해체해 버리는 변증법적 방법"을 구별한(CW 26: 361) 것에도 이의를 제기했다.[13] 엥겔스의 표현은 내용과 형식의 구별을 함축하지만, 헤겔은 내용과 형식을 구별하기를 특히 거부하고 싶어 했다. 헤겔이 볼 때 "형식은 구체적 내용 자체가 생성되는 과정"이었기 때문이다.[14] 이 진리의 최고 사례가 바로 절대이념인데, 앞서 봤듯이 절대이념 속에서는 방법과 외(면)적 내용의 차이가 극복된다고 한다. 마르크스주의 철학자들이 흔히 방법과 체계를 분리하는 어려운 문제에 대처하는 방식은 둘 중 하나였다. 첫째는 알튀세르가 《마르크스를 위하여》와 《자본론을 읽는다》에서 한 것처럼 헤겔과 마르크스의 변증법은 근본적으로 다르다고 주장하는 것이다. 이런 견해가 부딪힌 어려움은 알튀세르가 마르크스의 가장 뛰어난 과학적 업적이라고 생각한 저작, 즉 《자본론》 자체에 헤겔의 용어들이 존재한다는 것이다. 둘째는 《논리학》과 《자본론》 사이에 강한 이론적 동일성이 존재한다고 인정하는 것이다. 이 방향을 택한 사람들이 이른바 '체계 변증법'의 지지자들이다. 그중에서 크리스 아서는 이렇게 아주 선명하게 주장했다. "내 의견을 말한다면, 《논리학》의 운동은 사실 자기 전개하는 이념의 운동이라는 것이 명백하다. … 그러나 우리는 헤겔의 《논리학》과 마르크스의 《자본론》의 구조 사이에 두드러진 상동相同 관계가 존재한다는 것, 또는 적어도 어느 한 쪽이나 둘 다를 약간 재구성한다면 상동 관계가 존재한다는 것을 알 수 있다."[15] 놀라운 사실은 알튀세르 자신도 처음으로 《자본론》을 강독한 지 15년쯤 후에는 이와 매우 비슷한 말을 했다는 것이다. "추상적인 것에서 시작해서 구체적인 것을 생산하는 과정은 헤겔식 사고 과정Denkprozess과 결별한 것이 아니다. 형식적으로, 이런 구체화의 사고 과정은 헤겔 《논리학》의 과정을 흉내낸 것이라고 할 수도 있다."[16]

어느 방식도 딱히 마음에 들지는 않는 듯하다. 헤겔의 범주와 주제는 분명히 《자본론》에 등장한다. 그러나 나는 헤겔의 이 말을 심각하게 받아들인다. "논리학은 순수 이성의 체계, 순수 사고의 왕국으로 이해돼야 한다. 이 왕국은 베일을 벗은 진리, 즉자·대자적으로 존재하는 진리다. 그러므로 논리학의 내용은, 자연과 유한한 정신을 창조하기 전에 영원한 본질로 존재하는 신에 대한 설명이라고 말할 수 있다."(GL, 29)[17] 마르크스가 헤겔의 영향을 불안하게 느낀 것은 옳았다. 그 해결책은, 내가 약 35년 전 박사학위 논문에서 주장했듯이 《자본론》에서 마르크스의 범주들은 모호한 구실을 한다는 점"을 인정하는 것이다. "왜냐하면 그 범주들은 마르크스가 다양한 관계들을 개념화하는 데 도움이 될 뿐 아니라 그 개념화를 방해하는 장애물 구실도 하기 때문이다."[18] 놀랍게도 자크 비데는 나와 완전히 무관하게 1980년대 초에 "인식론적 버팀목이자 장애물'이라는 문제의식에 바탕을 둔 연구"를 시작했다(물론 비데의 연구는 나보다 훨씬 더 박학다식하고 명민했다).

이 말[인식론적 버팀목이자 장애물]이 뜻하는 바는, 마르크스가 1857년 이후 자본주의 사회체제 이론을 발전시키는 작업을 할 때 헤겔의 철학적 방법과 형식을 빌려서 자신의 이론을 표현하려 했을 때 어느 정도는 버팀목, 즉 발전 가능성도 발견했지만 그와 동시에 장애물, 즉 정체와 혼동의 원인도 발견했다는 것이다.[19]

이런 해석 방법이 무엇을 의미하는지는 뒤에서 더 분명히 드러날 것이다. 그러나 어떤 지향점은 필요하다. 내가 보기에 《자본론》에서 마르크스는 "추상에서 구체로 상승하는 방법"을 따른다. 다시 말해, 그는 매우 추상적인 규정들(상품·화폐·자본)에서 출발해 더 복잡한 규정들, 예컨대 복잡한 기업 회계, 화폐시장, 부동산 등을 모두 포함하는 규정들을 발전시킨다(정확히 얼마나 발전시켰는가 하는 중요한 문제는 3장에서 살펴보겠다). 마르크스는 《자본론》 3권을 시작하면서 이 과정을 개략적으로 설명한다.

1권에서 우리는 자본주의 생산과정 자체, 즉 직접적[unmittelbarer] 생산과정에서 나타나는 현상들을 연구했다. 거기서는 이 과정에 외부적인[fremder] 부차적 요인들을 모두 도외시했다. 그러나 이 직접적 생산과정이 자본의 생활 주기 전체를 이루는 것은 아니다. 현실 세계[der wirklichen Welt]에서 직접적 생산과정은 **유통과정**에 의해 보완된다. 이 유통과정은 2권의 연구 대상이었다. 2권, 특히 유통과정을 사회적 재생산과정의 매개로서 고찰하는 3편에서 우리는 자본주의 생산과정 전체가 생산과정과 유통과정의 통일이라는 것을 봤다. 3권의 목적이 단지 이 통일을 일반적으로 살펴보는 것일 수는 없다. 우리의 관심사는 오히려 **전체로서 고찰된 자본의 운동 과정**에서 나타나는 구체적 형태들을 발견하고 서술하는 것이다. 현실에서 운동하는 자본들은 특정한 구체적 형태를 띠면서 서로 대립하는데, 이 구체적 형태에서는 직접적 생산과정 속의 자본의 모습[예컨대, 가변자본과 불변자본]과 유통과정상의 자본의 모습[예컨대, 고정자본과 유동자본]은 단지 특수한 계기[besondere Momente]로서 나타날 뿐이다. 따라서 3권에서 전개되는 자본의 형태들[Gestaltungen]은 자본이 사회의 표면에서 상호작용하면서, 즉 경쟁하면서 나타나는 형태, 그리고 생산 담당자 자신들의 일상적 의식에서 나타나는 자본의 형태로 한 걸음 한 걸음 다가간다.(CⅢ: 117)

이런 맥락에서 [《자본론》 1권] 1873년 후기의 아래 구절(앞서 인용한 단락의 바로 앞에 나온다)에서 비롯한 토론 주제는 이야기할 만한 가치가 있다.

물론 서술 방법은 형식적으로 연구 방법과 달라야 한다[Allerdings muβ sich die Darstellungsweise formell von der Forschungsweise unterscheiden]. 연구 방법은 소재를 세밀하게 파악하고, 소재의 다양한 발전 형태를 분석하고, 이 형태들의 내적 연관[innres Band]을 찾아내야 한다. 이런 연구가 끝난 뒤에야 비로소 현실의 운동을 적절하게 서술할 수 있다. 연구가 잘 돼서 소재의 생명이 관념에 반영된다면, 마치 우리가 선험적 구성을 한 것처럼 보일 수도 있다.(CI: 102)

이 말은 마르크스가 잘 표현된 범주들을 적절하게 배열해서 "현실의 운동"을 "적절하게 서술"하는 일을 매우 중요하게 여겼다는 것을 분명히 보여 준다(물론 이런 서술은 '선험적 구성'처럼 보일 수도 있는 위험 부담이 따른다). 그러나 이 구절에 고무된 일부 해설자들은 연구 방법과 서술 방법을 대립시켜서, 구체에서 추상으로 나아가는 귀납적 계기로 생각되는 연구 방법이 추상에서 엄밀한 의미의 구체로 나아가는 계기인 서술 방법보다 앞선다고 주장한다. 예컨대, 에르네스트 만델은 "마르크스가 소재의 경험적 전용은 분석적 인식 과정보다 앞서야 한다고 생각했다는 것은 분명하다"고 썼다.[20] 《자본론》 자체뿐 아니라, 마르크스의 언론 기고문, 각종 노트와 원고를 살펴보면 그가 자본주의의 발전에 관한 경험적 자료를 기록하고 해석하는 일에 각고의 노력을 기울였다는 것을 알 수 있다. 그러나 만델처럼 "소재의 경험적 전용"과 "분석적 인식 과정"을 대립시키면, 개념과 무관하게 '사실'을 관찰할 수 있다는 생각(헤겔이 《정신현상학》 1장에서 가장 독특한 '감각적 확신'도 보편적 개념들을 전제한다는 것을 보여 주며 비판한)을 인정하는 것이 될 것이다. 마르크스가 경험적 유형을 철저히 조사하는 일과 기존 이론을 비판하는 일을 밀접하게 연결시킨다는 점은 특히 《1861~1863년 원고》를 보면 매우 분명히 알 수 있다.

일리엔코프는 이 점을 다음과 같이 아주 잘 표현했다.

마르크스는 항상 관찰 자료와 개념을 사회적으로 축적된 실증적 경험의 모든 덩어리, 즉 이론가가 책이나 보고서, 통계표, 신문, 회계장부 등에서 이용할 수 있는 경험적 자료의 엄청난 덩어리 전체로 해석했다. 그러나 이 모든 경험적 자료는 당연히 축약된 형태로, 즉 추상적 표현으로 압축 돼서 사회적 기억 속에 저장된다. 그런 경험적 자료들은 발언으로, (전문)용어로, 수치와 표로, 그 밖의 추상적 형태로 표현된다. 현실에 관한 이 모든 정보를 이용하는 이론가의 독특한 과제는 당연히 이 추상적 표현을 훨씬 더 추상적 형태로 만드는 것이 아니다. 오히려 그의 작업은 항상 경험적 인식 단계의 추상적 개념들을 비판적으로 분석하고 수정하는 데서, 즉 이 추상적 개념들을 비판적으로 극복하는 데서 시작해서, 현실 전체의 관점에서 구체적으로 이 개념들의 일면성과 주관적 성격을 비판해서 진보를 이룩하고 그 개념들에 포함된 착각을 드러내 보인다. 이런 의미에서(그리고 오직 이런 의미에서만) 경험적 인식 단계에서 이성적 인식 단계로 나아가는 것은 추상에서 구체로 나아가는 것으로도 나타난다.[21]

따라서 일리옌코프가 썼듯이 《자본론》에서 서술 방법은 '바로잡은' 연구 방법일 뿐이다."[22] 이것은 내가 1장에서 한 주장, 즉 《자본론》에서 마르크스는 《요강》 앞부분에서 계획한 방법을 실현했을 뿐이라는 견해를 비판적으로 논하며 개진한 주장을 뒷받침해 준다. 미하엘 하인리히가 다음과 같이 주장한 것은 옳다.

많은 저자들은 [1857년 — 캘리니코스] '서설'에서 마르크스의 성숙한 방법 개념을 본다. 그러나 그것은 방법에 관한 [마르크스의] '최종' 결론이 아니라 '시작'일 뿐이다. 흔히 인용되는 "추상에서 구체로 상승하는 방법"이라는 문구는 너무 모호해서, 마르크스가 약 10년 뒤 《자본론》 1권에서 실제로 주장한 복잡한 방법을 묘사할 수 없다.[23]

《자본론》의 개념 형성은 마르크스가 자신이 해결해야 하는 문제들을 어떻게 이해했는지에 비춰서 해석돼야 한다. 왜냐하면 그의 이해가 후속 원고들에서 계속 진화하기 때문이다. 이 점은 마르크스의 정치경제학 비판을 헤겔의 《논리학》 전체나 특정 부분의 실현으로 취급하는 마르크스 이해와 관련 있다. 미니는 "《요강》에서 경제적 범주들의 배열은 [《논리학》의 ― 캘리니코스] 논리적 범주들의 배열을 반영한다"고 주장한다.[24] 그런데 이런 주장이 설사 타당하다손 치더라도(미니의 《요강》 이해가 설득력이 있고 흥미롭다는 것은 분명하지만) 그렇다고 해서 마르크스가 정치경제학 비판을 제기할 때 헤겔의 《논리학》에 의존한 이유가 해명되는 것도 아니고, 나중의 경제학 원고들에 헤겔식 구조(미니가 마르크스의 맨 처음 정치경제학 비판 시도에서 포착한)가 보존됐던 필연적인 이유도 설명하지 못한다. 더 일반적으로는, 《논리학》이 출판된 지 약 50년 후 한 혁명적 공산주의자[마르크스]가 왜 그리고 어떻게 《논리학》을 이용해서 자본주의 경제체제의 구조적 논리를 분석했는지를 이해하려면 마르크스 자신의 문제 상황을 좀 생각해 봐야 한다. 알튀세르는 "순진한 독해 따위는 존재하지 않는다"는 유명한 주장을 했다.[25] 나는 이 주장을 받아들여서, 이론적 텍스트를 읽는 작업은 알튀세르가 (텍스트에 영향을 미친) 문제설정이라고 부른 것에도 주의를 기울여야 한다고 강력히 주장한다. 즉, 단지 텍스트가 나타내는 명시적 주장의 암묵적 전제들뿐 아니라, 그 텍스트가 다루려 하는 많은 연관된 문제들도 살펴봐야 한다는 것이다.

마르크스의 문제 상황

그렇다면, 마르크스가 나중에 《요강》이 되는 원고의 집필에 착수했을 때 직면한 문제 상황은 과연 무엇이었는가? 앞서 봤듯이, 마르크스로 하여금 경제학 연구를 다시 시작하도록 자극한 것은 세계적 경제·금융 위기였다. 이 위기는 미국에서 시작돼서 곧 영국과 나머지 세계경제로 확산됐다.[26] 경제 위기가 마르크스의 사상에서 전략적인 정치적 중요성을 차지하게 됐다는 점은 6장에서 살펴볼 것이다. 그러나 《요강》에서 마르크스는 화폐를 고찰하면서 글을 시작한다. 일부 해설자들은 이것이 심오한 구조적 이유를 반영한다고 생각한다. 그래서 예컨대 미니는 이렇게 주장한다. "마르크스는 헤겔이 권고한 방식 그대로 자본을 설명하기 시작한다. 즉, 의식에 처음 나타나는 자본에서 시작한다. 마르크스의 출발점은 지식의 직접적 내용, 말하자면 자본의 가장 단순하고 따라서 가장 추상적인 규정[즉, 단순 유통 — 캘리니코스]이다."[27] 사실 이른바 《요강》이라는 원고의 맨 처음 부분, 즉 1857년 7월에 쓴 탁월한 글에서 마르크스는 당대의 부르주아 경제학자 두 사람 — 미국의 보호무역론자 헨리 케어리와 프랑스의 자유무역론자 프레데리크 바스티아 — 을 비판적으로 평가한다.(G: 883~893)[28] 이 텍스트를 보면, 마르크스의 관점이 이미 얼마나 세계적이었는지를 알 수 있을 뿐 아니라 그의 원고를 실제보다 더 일관성 있는 것으로 봐서는 안 된다는 것도 알 수 있다.

마르크스가 《요강》의 앞부분에서 화폐를 집중적으로 살펴본 데는 그럴 만한 이유가 있었다. 하나는 정세적 이유였는데, 당시 금융공황이 이 중심지에서 저 중심지로 확산되면서 경제 위기가 시작됐기 때문이다. 다른 하나는 정치적 이유였다. 그래서 마르크스는 처음의 '화폐에 관한 장'을 프루동주의자인 알프레드 다리몽의 은행 개혁 방안을 상세히 비판하는 것으로 시작했다. 비록 마르크스와 엥겔스가 1850년 대 초에 공산주의자동맹에서 물러났지만, 그들은 당시 경쟁 관계였던 사회주의 경향들, 특히 프루동과 그 추종자들에 맞선 이데올로기 투쟁은 여전히 매우 중요하게 생각했다. 다리몽은 화폐제도를 개혁해서 귀금속과 신용거래에 대한 의존을 끝장내면 경제 위기를 피할 수 있다고 주장했다. 마르크스는 다리몽의 주장을 매우 전문적으로 논하면서 여기에는 더 중대한 이론적·정치적 이해관계가 걸려 있다고 말했다.

여기서 우리가 도달한 근본적 문제는 이제 출발점과 관계 없다. 일반적 문제는 이런 것일 것이다. 유통수단과 유통조직을 바꿔서, 기존 생산관계와 그에 상응하는 분배관계를 혁명적으로 바꿀 수 있는가? 이어지는 물음은 이렇다. 유통의 변화는 기존 생산관계와 그에 의존하는 사회관계를 건드리지 않고도 실행될 수 있는가? 유통의 변화가 다른 생산조건의 변화와 사회적 격변을 전제로 한다면, 이 사회적 격변의 폭력적 성격을 피하고자, 또 이런 변화와 격변이 전제 조건이 아니라 유통 변화의 점진적 결과처럼 보이게 하고자, 유통의 책략을 제안하는 학설은 당연히 붕괴하고 만다. 이 근본적 전제의 오류는, 생산·분배·유통 관계의 내적 연관에 관해서도 비슷한 오해가 나타난다는 것을 입증하는 데 충분할 것이다.(G: 122)

다시 말해, 프루동주의자들은 자본주의를 피상적으로 이해했기 때문에 자본주의의 결함을 유통과정에서 찾았고 따라서 제한적 화폐개혁을 통해 이런 결함을 점진적으로 극복할 수 있다고 주장했다.(이런 생각은 아직도 널리 퍼져 있다. 예컨대, 금융 위기의 해법은 규제 강화라는 생각이 그렇다.[29]) 따라서 이 난해한 화폐 논의의 쟁점은 사회혁명의 필요성이었다. 마르크스의 논의는 두 방향으로 나란히 진행된다. 즉, 화폐와 그 기능을 자세히 이론화하는 작업, 그리고 부르주아 사회에서처럼 상품과 화폐(각각 C와 M이라는 기호로 나타낸다)의 유통에 의해 경제 관계가 조절될 때 생겨나는 독특한 사회적 의존 형태를 역사적·정치적으로 고찰하는 더 광범한 작업이 그것이다. 이런 분석을 바탕으로 마르크스는 화폐와 자본의 관계를 제기하고 — 바로 여기서 단순유통 공식 C-M-C와 자본의 공식 M-C-C-M을 처음으로 구분한다(G: 200쪽 이하 참조) — 아래와 같이 주장하는데, 이 멋진 구절은 "유통 분야"가 "자유·평등·소유·벤담의 배타적 영역"이라는 《자본론》 1권의 유명한 말을(CI: 280) 예고하면서도 그 이론적 정교함에서는 훨씬 더 탁월하다.

따라서 평등과 자유는 교환가치에 바탕을 둔 교환에서 존중될 뿐 아니라, 교환가치의 교환이야말로 모든 **평등**과 **자유**의 생산적·현실적 토대다. 순수한 관념으로서 평등과 자유는 이 토대의 관념적 표현일 뿐이고, 법률적·정치적·사회적 관계들 속에서 발전한 평등과 자유는 이 토대가 더 강력해진 것일 뿐이다.(G: 245)[30]

이 주장은 자본주의가 자유와 평등이라는 이상을 침해한다는 이유로 자본주의를 비판한 프루동주의자들의 입지를 약화시키는 데 기여했다. 그들은 마르크스와 마찬가지로 이 이상들이 상품 교환 과정에 내재한다고 봤다. 그러나 그들은 상품 교환 과정에는 반드시 착취가 포함된다는 사실을 깨닫지 못했다고 마르크스는 주장했다. 이 주장을 입증하려고 마르크스는 화폐에서 자본을 끌어내려 했고(이 시도는 3장에서 다시 살펴보겠다), 노동자가 자본과 교환하는 것은 자신의 노동능력Arbeitsvermögen이라고 주장함으로써 자본 관계를 개념화하는 방향으로 결정적 이동을 한다.(G: 282~283)[31] 그리고 나서 마르크스는 프루동과 그 추종자들을 잊어버린 채(원고의 끝부분 G: 804~805에서 다시 잠깐 그들을 언급하지만) 자본주의 생산양식에 대한 분석을 정교화하면서 대체로 자신의 계획대로 생산, 유통, 생산과 유통의 통일(자본과 이윤)로 나아간다.(G: 275)

그러나 마르크스가 이렇게 《자본론》의 영역으로 처음 진입했다고 해서 그의 처음 화폐 논의(《요강》 끝부분에서 마르크스는 다시 이 문제로 돌아온다)의 중요성이 흐려져서는 안 된다. 화폐와 신용은 19세기 전반기에 영국 정치경제학자들 사이에서 격렬한 논쟁 주제가 됐다. 실제로 마르크스는 다음과 같이 썼다. "1830년 이후 언급할 가치가 있는 [영국의 — 캘리니코스] 경제학 문헌은 주로 통화, 신용, 경제 위기에 관한 것들이다."(CⅢ: 624)[32] 이 논쟁에서 쟁점이 된 것은 지금도 여전히 문제가 되고 있는 사상, 즉 화폐수량설이다. 1754년 데이비드 흄은 이 학설의 고전적 공식을 이렇게 제시했다. "상품들의 가격과 화폐의 수량은 항상 비례한다." 이 주장을 입증하려고 그는 한 나라에서 물가가 오르면 화폐가 유출되(고 물가가 떨어지면 화폐가 유입되)다가 결국 어느 지점에서 균형이 이뤄진다고 주장하면서 자유방임주의 경제학의 중요한 주춧돌 하나를 놓았다. 그것은 마치 "물이 어디로 흘러가든 결국 수평을 이루는" 경향과 비슷하다고 흄은 주장했다. 그는 "이런 작용의 필연성을 설명할 때 물리적 인력引力"이 아니라 "사람들의 이해관계와 열정에서 비롯하는 도덕적 인력"[이라는 생각]에 의지했다. 이 도덕적 인력 때문에 "화폐는 그 수평을 유지하고, 각 지방[이나 나라 — 캘리니코스]에서 노동과 상품의 비율 이상으로 올라가거나 이하로 내려가지 않게 된다"는 것이다.[33]

이런 화폐수량설은 화폐가 실체 없는 베일 같은 것으로서 '현실의' 시장 거래를 가린다고 본다. 그래서 근래에 화폐수량설을 옹호한 가장 유명한 경제학자인 밀턴 프리드먼은 이렇게 말한다. "우리의 실제 경제에서는 기업과 화폐가 중요하고, 기업과 화폐가 수많은 복잡한 문제를 일으키는 것도 사실이지만, 그래도 시장의 핵심 특징인 조정 기능은 기업도 없고 화폐도 없는 단순 교환 경제에서도 완전히 드러난다."[34] 이런 생각은 적어도 화폐가 (흄이 말한 "도덕적 인력"을 나타내는) 수요·공급의 변동에 따라 각국을 자유롭게 흘러다니는 상품(금과 은 또는 금이나 은)의 형태를 띠는 경우에는 좀 더 그럴듯해 보인다. 그러나 영국이 혁명 프랑스와 전쟁을 벌인 데서 비롯한 제한 기간(1797~1819)의* 상황처럼, 금과 [화폐의] 연계가 중단되고 지폐의 유통이 정부 명령으로 뒷받침될 때는 무슨 일이 벌어지는가? 리카도가 경제적·정치적 논쟁에 처음으로 개입한 것은 금본위제 복귀를 주창하고, 은행제한법 덕분에 영국은행과 일반적으로 은행가들이 누린 재량권을 (국회에서) 비판한 것이었다. 그는 통화학파를 대변하는 주요 지식인이 됐는데, 그 학파의 지도자는 마르크스를 짜증 나게 만든 새뮤얼 존스 로이드(나중에 오버스톤 경이 된다)였고 그들은 화폐수량설에 따라 은행의 신용화폐 창출 능력을 단단히 통제해야 한다고 주장했다. 그들의 정치적 승리는 1844년 은행허가법으로 실현됐다. 이 법에 따라 오늘날 영국은행의 은행부 [영업부]와 발권부를 분리하는 이른바 '방화벽'이 만들어졌고, 영국은행

─────

* 영국 정부는 1793년 혁명 프랑스를 상대로 전쟁을 선포한 후 전비 조달을 위해 지폐를 남발했다. 그러나 금본위제 하에서 지폐를 금으로 바꾸려는 사람들이 증가하자 영국은행은 금 공급 능력을 상실했고 지폐의 가치는 하락했다. 결국 영국 의회는 1797년 은행제한법을 제정해서 영국은행의 금 태환을 중지시켰다. 나폴레옹 전쟁이 끝난 후 1819년 금태환법이 제정됐고 1821년부터 금 태환이 재개됐다.

이 금준비 없이 발행할 수 있는 지폐와 유가증권의 양이 제한됐다.[35] 이 방법은 많은 점에서 1980년대 대처 정부의 실패한 정책의 선례였다(당시 대처 정부는 물가 상승률을 낮추고 영국 자본주의를 되살리는 수단으로 화폐 공급을 기계적으로 통제하려고 했으나 성공하지 못했다).

리카도와 로이드, 그 지지자들의 이론적 주장과 정책 제안들은 은행학파의 강력한 비판을 받았다. 그들의 비판을 앞질러 제기한 사람은 18세기의 중상주의 경제학자 제임스 스튜어트 경이었다.

각국의 [화폐] 유통은 항상 … 시장에 나오는 상품들을 생산하는 주민들의 산업 활동에 비례해야 한다. 그러므로 한 나라의 금속 주화가 판매용 산업 생산물보다 낮은 비율로 떨어지면, 산업 자체가 멈출 것이다. 또는 상징적 화폐 같은 발명품이 생겨나서 주화의 등가물 구실을 하게 될 것이다. 그러나 주화가 산업 생산물보다 높은 비율이라는 것이 드러나면, 그것은 가격 인상에 아무 영향도 미치지 않을 것이고 유통에 들어가지도 않을 것이다. 그것은 보물 창고에 저장될 것이고, 거기서 소유자들의 소비 의욕이라는 명령뿐 아니라 이 명령에 따르고자 하는 근면한 사람들의 명령도 기다려야 할 것이다.[36]

이토 마코토와 코스타스 라파비차스는 이렇게 썼다. "흄이 유통수단의 기능만을 지나치게 강조한 것과 비교하면 스튜어트는 화폐를 계산화폐[가치척도], 부채 상환 수단, 국제 거래의 지급 수단으로도 논하면서 더욱더 풍부한 분석을 제시했다."[37] 은행학파, 예컨대 선구적 경제사학자인 토머스 투크, 헨리 손턴, 존 풀라턴은 [화폐] 축장(케인스의 유동성 선호설에서 다시 등장하는 문제)과 이른바 역류의 법칙(신용화폐가 발행자에게 되돌아가는 경향)을 강조한 스튜어트의 견해를 받아들였다. 그들은 은행허가법 같은 입법으로는 풀라턴이 말한 "투기와 과잉 거래"가 화폐시장에서 나타나는 것을 막을 수 없다고 주장했다.[38]

1851년 3월과 6월 사이에 쓴 런던 노트에서 마르크스가 통화학파와 은행학파의 논쟁을 집중적으로 연구한 부분의 제목은 "금덩이. 완벽한 화폐제도"다. 그는 또, 스튜어트를 먼저 읽은 뒤에 리카도로 넘어갔다. 마르크스가 스튜어트를 좋아한 이유는 그의 역사적 현실주의 때문인 듯하다. 그래서 1857년 '서설'의 앞부분에서 마르크스는 스튜어트가 "귀족으로서 그리고 18세기와 대립하면서, 여러모로 더 넓은 역사적 지반 위에 서 있었기 때문에" 스미스와 리카도의 추상적 개인주의를 피할 수 있었다고 칭찬했다.(G: 84) 런던 노트에서 마르크스는 스튜어트가 시초 축적의 잔혹한 논리를 직설적으로 표현한 구절을 인용했다. "따라서 [17세기의] 혁명은 토지에서 불필요한 입들을 제거하고 이들이 대지를 떠나 도회지로 가서 자유로운 일꾼의 수를 늘리고 산업에 유용하게 쓰일 수 있도록 강요해야 한다." 이 구절은 마르크스의 나중 원고들에서 다시 나타난다.(MEGA2 IV/8: 323. G: 276. CIII: 921)[39] 이런 연구의 주요 결과 하나는 스튜어트와 은행학파가 화폐수량설을 비판하며 발전시킨 주장을 마르크스가 받아들였다는 것이다.[40]

화폐의 다양한 기능(가치척도, 유통수단, 가격표준, 지급수단)에 대한 마르크스의 설명이나 1859년 《비판》과 《자본론》에서 제시한 화폐유통법칙은 이 경제학자들의 주장에 크게 빚지고 있다. 화폐유통법칙에 따르면, "유통수단의 양은 유통 상품의 가격 총액과 화폐유통의 평균속도에 의해 결정된다."(CI: 219)[41] 실제로 화폐가 보편적 등가물이라는 마르크스의 정의는 (4장에서 다시 살펴볼 텐데) 어쨌든 스튜어트가 "귀금속"을 "모든 것의 보편적 등가물"로 묘사한 것에서 [힌트를 얻어] 정식화한 듯하다.[42] 이런 이론적 주장들은 마르크스의 언론 기고문에 나타난 분석에도 영향을 미쳤다. 그래서 이미 1853년 9월 마르크스는 은행허가법을 비판하는 글을 발표했고, 1857년 11월 금융공황의 절정기에는 영국은행의 신용화폐 창출 능력을 제한한 은행허가법이 오히려 경제 위기를 악화시켰기 때문에 불가피하게 그 법은 1847년 경제 위기 때와 마찬가지로 중단될 것이라고 정확히 예측했다.(CW 12: 295~300. 15: 379~384)(마르크스의 화폐·금융 이론은 6장에서 경제 위기를 논할 때 다시 살펴볼 것이다.)

그러나 그렇다면 마르크스가 은행학파를 비판적으로 지지한 것과 리카도의 노동가치론에 의지한 것 사이에 긴장이 존재하는 셈이다. 《철학의 빈곤》 이래로 마르크스는 리카도가 다른 정치경제학자들보다 과학적으로 우월하다고 주장했다. 그래서 《1861~1863년 원고》에서는 다음과 같이 썼다.

[스미스가 매우 창의적인 모순들을 드러낸 뒤에 — 캘리니코스] 마침내 리카도가 나타나서 과학을 향해 "멈춰라!" 하고 외친다. 부르주아 체제의 생리학, 즉 그 내적인 유기적 연관과 생활 과정을 이해하는 토대이자 출발점은 **노동시간이 가치를 결정**한다는 것이다. 리카도는 여기서 출발해서 과학이 인습을 버리도록, 그리고 과학 자체가 발전시키고 설명한 범주들(생산관계와 상업관계)이 이 토대, 이 출발점과 얼마나 상응하거나 모순되는지를 설명하도록 강요한다. 또, 과학이 실제로는 과정의 현상 형태들을 어느 정도나 반영하고 재현하기만 하는지, 따라서 이 현상 형태들 자체가 부르주아 사회의 내적 연관, 실제 생리학을 받쳐 주거나 그 출발점이 되는 토대와 어느 정도나 상응하는지를 자세히 설명하도록, 그리고 일반적으로는 체제의 실제 운동과 외관상 운동 사이의 모순이 어느 정도인지를 살펴보도록 강요한다. 바로 이것이 과학에 기여한 리카도의 위대한 역사적 의의다.(CW 31: 391)

토머스 드퀸시는 1819년 리카도의 《원리》를 읽고 똑같은 인상을 받았다. 그리고 덕분에 자신이 아편중독의 몽환에서 벗어나려고 노력하게 됐다고 썼다.

이 심오한 책이 정말로 19세기 영국에서 쓰였단 말인가? … 영국인이, 그것도 대학에 몸담고 있는 사람도 아니고 상인으로서 또 국회의원으로서 근심 걱정 많은 사람이 어떻게 그런 위대한 업적을 이룰 수 있었을까? 유럽의 모든 대학교가 한 세기 동안 생각했어도 머리털 하나만큼도 전진하지 못했는데 [리카도는] 어떻게 그럴 수 있었을까? 다른 저자들은 모두 사실과 문헌의 엄청난 무게에 짓눌려 압도당하고 말았다. 그러나 리카도 씨는 감당하기 어려운 방대한 자료의 혼돈 속에 처음으로 한 줄기 빛을 던진 법칙을 추상적 사고력 자체에서 선험적으로 연역해서, 잠정적 논의의 모음에 불과했던 것을 이제 비로소 불변의 토대 위에 세워진 균형 잡힌 과학으로 만들었다.[43]

그러나 마르크스가 이미 1859년의 《비판》에서 약간 길게 설명하며 보여 줬듯이, 리카도는 "다른 범주들", 예컨대 화폐, 신용, 경제 위기 등에 관해서는 형편없는 안내자였다. 이것은 마르크스의 처지에서 보면 매우 위험했다. 왜냐하면 리카도를 비판하는 사람들의 주장, 즉 노동가치론은 드퀸시가 썼듯이 "추상적 사고력 자체에서 선험적으로 연역한" 형이상학적 학설일 뿐 경험적으로 결코 적절하지 않은 것이라는 주장을 뒷받침하는 것처럼 보였기 때문이다. 《요강》에서 마르크스는 이 문제를 직접 다루지 않고 대체로 자본 관계에 대한 분석을 발전시키는 맥락에서만 리카도를 살펴본다. 그래서 마르크스가 다른 경제학자들과 함께 리카도를 비판한 이유는 "그들이 자본을 그 **특유한 형태**

규정에서 내적으로 성찰된 **생산관계**로 파악하지 않고 그 소재적 실체, 원료 등으로만 생각했기" 때문이다.(G: 309) 앞서 봤듯이 마르크스는 《1861~1863년 원고》에서 리카도와 정면으로 대결한다. 이 점(과 마르크스가 헤겔에게 의존한 것)을 제대로 이해하려면 리카도의 가치론에 내재한 긴장을 더 직접 살펴봐야 한다.

교착상태에 빠진 리카도의 가치론[44]

마르크스가 리카도를 긍정적으로 평가한 이유는 리카도가 노동가치론을 분명하고 철저하게 표현했기 때문이다. "한 상품의 가치, 즉 그것과 교환될 다른 상품의 수량은 그 상품을 생산하는 데 필요한 상대적 노동량에 달려 있지, 그 노동에 지급하는 보수의 많고 적음에 달려 있지 않다."(R: Ⅰ, 11) 그러나 리카도는 《원리》 1장 맨 앞에서는 이렇게 주장해 놓고 뒤에서 중대한 예외를 덧붙인다. 이 예외는 서로 다른 산업 부문의 물리적 생산 조건 차이에 따라 더 자본집약적 산업도 있고 더 노동집약적 산업도 있다는 사실에서 비롯한다.[45] 평균임금이 상승한다면 일반적 이윤율은 하락할 것이다. 이것은 자본집약적 산업과 노동집약적 산업 모두에 영향을 미칠 것이다. 그러나 자본집약적 산업에서는 비용에서 임금이 차지하는 비율이 더 낮을 것이므로 노동집약적 산업보다 비용의 증가 속도가 느릴 것이고, 따라서 자본집약적 산업에서 생산된 상품의 가격은 노동집약적 산업에서 생산된 상품의 가격에 비해 하락할 것이다.(R: Ⅰ, 33~35) 리카도가 일반적으로 표현한 가치론에서는 상대가격 — 상품들이 서로 교환되는 수량 — 이 그 상품을 생산하는 데 필요한 노동에 달려 있다. 그러나 이 경우에는 상품들의 상대가격이 그 상품 생산에 필요한 노동시간의 상대적 크기가 변하지 않았는데도 변화한다.

이 주장은 두 가지 가정에 의존한다. 첫째, "이윤의 하락 없이 노동의 가치가 상승할 수는 없다"는 것이다.(R: I, 35) 따라서 임금과 이윤은 반비례 관계다. 둘째, 일반적 이윤율의 존재를 함축한다. 다시 말해, 리카도는 경제 전체에서 서로 다른 부문의 자본 수익이 균등해질 때까지 자본은 이윤율의 등락에 따라 서로 다른 생산부문 사이를 흘러다닌다고 가정한다. 바로 이 때문에 자본집약적 기업들은 자기 상품의 상대가격 하락에 성공적으로 저항할 수 없다.(R: I, 41~42)[46] 똑같은 가정들은 《원리》의 2장에서도 찾아볼 수 있다. 거기서 리카도는 이 가정들과 자신의 다른 두 핵심 논지 — 농업의 수확체감 법칙과 임금론 — 에 의지해서 차액지대론을 발전시킨다.

많은 해설자들은 《원리》의 이론적 핵심이 1~7장에 있다고 지적했는데, 거기서 리카도는 가치, 지대, 자연가격과 시장가격, 임금, 이윤, 외국무역을 다룬다. 그러나 마르크스가 말했듯이 임금과 이윤에 관한 장(각각 5장과 6장)은 "처음 두 장, 즉 '가치'에 관한 장과 '지대'에 관한 장에서 전제로 돼 있을 뿐 아니라 또 상세히 전개되고 있다."(CW 31: 394) 하지만 리카도가 인정한 노동가치론의 예외는 그의 체계에서 핵심을 이루는 이 이론적 원리들에 내재하는 모순의 징후라는 것이 드러났다. 리카도는 서로 다른 생산조건 하에서 임금이 인상되는 경우가 자기 가치론의 한계임을 솔직하게 인정했다. 그는 《원리》 초판(1817년)에서 다음과 같이 썼다.

자본의 축적은 서로 다른 사업들에서 서로 다른 비율의 고정자본과 유동자본이 사용되도록 유도함으로써, 또 그런 고정자본에 서로 다른 내구력을 부여함으로써, 사회의 초기 단계에서 일반적으로 적용되던 규칙에[*] 상당한 수정을 도입한다는 것이 분명하다.(R: I, 66)

리카도를 비판하는 사람들은 이런 양보를 붙들고 늘어졌다. 리카도의 친구이자 논적이었던 토머스 맬서스는 (1818년 2월 24일 보낸) 편지에서 다음과 같이 썼다.

저로 말하자면, 당신의 양보에 완전히 만족한다는 것을 인정합니다. 그리고 당신이 스스로 시인하듯이, 조세, 외국산 원료, 서로 다른 수량의 고정자본과 유동자본이 모두 상품의 교환가치가 그 생산에 들어간 노동에 의해 결정되는 것을 막는다면, 당신의 이론은 다른 사정이 변함없을 때만 진실이라는 것을 저는 말해야겠습니다(원료의 비용이 그 다른 사정이라고 말할 수 있겠지요).(R: VII, 253)

그리고 로버트 토런스는 노동가치론을 비판하는 글에서 다음과 같이 썼다.

그러나 균등한 자본들이 정확히 똑같은 내구력을 가지는 경우는 드물기 때문에 이것[리카도가 말한 노동가치론의 수정 — 캘리니코스]은 그가 일반 원리라고 부르는 것을 제한하는 정도가 아니라 완전히 뒤집어 버린다. 그리고 모든 것의 상대적 가치는 그것을 구하는 데 필요한 노동량이 아니라 일반적으로 작용하는 경쟁 법칙에 의해 결정된다는 사실을 입증한다. 그

---

[*] "상품들은 그 생산에 투여되는 노동량이 커지거나 작아지지 않고서는 결코 그 가치가 달라지지 않는다는 규칙", 즉 노동가치론을 말한다.

경쟁 법칙은 자본의 이윤을 균등화하고, 따라서 균등한 자본을 사용해서 얻은 결과의 교환가치도 균등하게 만든다.[47]

맬서스와 토런스는 모두 노동가치론과 일반적 이윤율 가정이 언뜻 보면 모순된다는 사실을 지적했던 것이다. 상품이 그것을 생산하는 데 필요한 노동에 따라 교환된다면, 이윤율은 임금률과 생산조건에 따라 산업별로 달라질 것이다. 반대로, 토런스가 말한 "일반적으로 작용하는 경쟁 법칙"을 인정한다면, 그리고 수익을 균등화하는 일반적 이윤율이 형성될 때까지 자본이 서로 다른 산업부문을 흘러다닌다고 가정하면, 상품은 그것을 생산하는 데 필요한 노동에 따라 교환될 수 없다.

리카도에게 문제는 그의 이론을 구성하는 데 이 두 원리가 모두 필요하다는 점이었다. 그는 (1818년 12월 28일) 제임스 밀에게 보낸 편지에서 토런스의 글에 대해 다음과 같이 논평했다.

토런스가 밝힌 바로는, 스미스는 자본이 축적되고 근면한 사람들이 일을 하게 된 뒤에는 고용된 노동량이 상품의 가치를 결정하는 유일한 요인은 아니라고 말했고 저는 그런 견해에 반대한다고 합니다. 이제 제가 보여 주고자 하는 것은 저는 토런스가 표명하는 방식으로 그 견해에 반대하지 않는다는 것, 오히려 애덤 스미스가 다음과 같이 생각했다는 것입니다. 즉, 스미스는 사회의 초기 단계에서는 노동 생산물이 모두 노동자에게 귀속되고 자본이 축적된 뒤에는 그 일부가 이윤으로 돌아가므로 축적은 반드시 자본의 내구력 차이나 다른 어떤 사정과도 상관없이 상품의 가격이나 교환가치를 끌어올리고 따라서 상품의 가치가 더는 그것을 생산하는 데 필요한 노동량에 따라 결정되지 않는다고 생각했습니다. 그에게 반대해서 제가 주장하는 바는 이것[교환가치의 변동]이 이윤과 임금으로의 이런 분할 때문이 아니고 ― 자본이 축적되기 때문에 교환가치가 변동하는 것은 아니고 오히려 그것은 사회의 모든 단계에서 오직 두 가지 원인 때문에 일어나는데, 하나는 [생산에] 들어가는 노동량의 많고 적음이고 다른 하나는 자본의 내구도의 크고 작음이라는 것입니다 ― 후자는 결코 전자를 대체하지 않고 다만 수정할 뿐입니다.(R: Ⅶ: 377)

리카도가 노동가치론을 발전시킨 이유는 스미스가 《국부론》에서 개괄했고 맬서스와 토런스 같은 당대의 다른 주요 경제학자들이 받아들인 가치론에 불만을 느꼈기 때문이다.[48] 스미스는 오직 "자본축적과 토지 사유가 없었던 초기 원시사회에서"만 상품은 "다양한 물품을 얻는 데 필요한 노동량"에 따라 교환된다고 봤다. 그는 이렇게 주장했다. 자본축적을 가정하면, 즉 직접생산자들이 아니라 (노동자를 고용한) 자본가가 생산수단을 소유한다고 가정하면 "어떤 상품의 가격이 그 상품을 제조해서 시장으로 내오는 데 사용된 토지의 지대, 노동의 임금, 자본의 이윤을 각각의 자연적 비율에 따라 지급하는 데 과부족이 없다면, 그 상품은 이른바 자연가격[을 중심으로 시장가격은 오르내린다 ― 캘리니코스]으로 판매된다고 할 수 있다."[49] 따라서 상품의 교환가치의 이 "구성 부분들" 가운데 하나가 오르면 그 가격도 오를 것이다.

리카도가 이 이론에 반대한 것은 프랑스와의 전쟁 말기에 영국 경제학자들과 정책 입안자들 사이에서 벌어진 격렬한 논쟁에 자극받은 결과였다.[50] 이른바 '금덩이 논쟁'에 처음으로 개입한 이후 리카도는 곡물 수입을 제한하는 곡물법의 폐지 여부를 두고 맬서스와 (처음에는 개인적으로 주고받은 편지를 통해) 논쟁했다. 두 사람은 모두 곡물 가격이 급등하면서 경작이 개선·확대되고 정부 지출이 늘어나고 영국의 수익성이 다른 나라들보다 떨어지는 경제적 정세에 대응하고 있었다. 1815

년 나폴레옹이 마지막으로 패배한 뒤 [영국에서는] 불황과 높은 생활비 때문에 정치적 지배 집단인 귀족, 새롭게 성장하는 산업 부르주아지, 막 등장한 노동자 운동 사이에 긴장이 고조되고 있었다. 1812년에는 러다이트운동이 노팅엄에서 웨스트라이딩으로, 랭커셔와 체셔로 확산됐다. 엘리 알레비에 따르면 "1812년 여름에는 치안이 혼란스러워진 여러 주*에 적어도 1만 2000명의 병력이 주둔하고 있었는데, 이는 당시 웰링턴이 [이베리아]반도에서 지휘하던 군대보다 더 큰 규모였다."* 1815년 곡물법 통과 때 의회는 런던의 군중에게 포위돼 있었다. 1815년 워털루 전투 후 영국에는 신축된 병영 155개에 수비대 10만 명이 주둔하고 있었다.[51]

리카도와 맬서스는 모두 [나폴레옹] 전쟁 후 노동계급 반란의 절정이었던 피털루 학살(1819년 8월)을 보며 두려움에 떨었다. 두 사람 모두 이런 불만의 경제적 원인을 찾으려 했다. 맬서스는 과잉생산과 '유효수요' 부족이 문제이고 그것은 오직 '비생산적 소비자들', 특히 지주와 국가의 도움으로만 극복할 수 있다고 생각했다. 맬서스를 혐오한 마르크스는 이렇게 말했다. "영국 국교회의 진짜 구성원 중 한 명인 맬서스는 토지 귀족들의 직업적 아첨꾼이었고, 그들의 지대·무위도식·낭비·무자비함 등을 경제학적으로 정당화했다."(CW 31: 345) 반면 리카도는 비록 런던 금융가의 주식 투기꾼이었지만, 노동자와 제조업자의 동맹을 편들면서 곡물법에 반대해 이렇게 선언했다. "지주의 이해관계는 항상 다른 모든 사회 계급의 이해관계와 반대된다."(R: Ⅵ, 21)

리카도가 볼 때 가격 인상과 이윤율 저하는 모두 농업 생산성이 하

---

* 당시 영국은 프랑스와 전쟁 중이었고, 웰링턴은 이베리아반도에서 나폴레옹이 파병한 프랑스 군대에 맞서 영국 원정군을 이끌고 싸우고 있었다.

락한 결과였고, 이것은 수확체감의 법칙을 반영하는 것이었다. 수확체감의 법칙에 따르면, 다른 조건들이 똑같을 때 특정 생산요소가 증가하면 추가 생산량은 감소한다. 이 문제의 해결책은 오직 농업 생산성을 개선하거나 더 값싼 곡물을 수입해서 곡물 가격을 낮추는 것뿐이었다. 《낮은 곡물 가격이 자본의 이윤에 미치는 영향에 관한 글》(1815년)에서 리카도는 자기 주장의 이론적 기초를 다지려 했다. 그는 일반적 임금 인상은 (스미스의 가치론이 함의하듯이) 절대가격 수준의 상승으로 이어지지 않고 평균이윤율의 하락으로 귀결된다고 주장했다. 따라서 리카도는 임금과 이윤 사이에 반비례 관계를 상정한다. 그는 위의 글에서 차액지대 이론도 발전시켰는데, 그 이론 덕분에 지대는 상품의 자연가격의 구성 부분이라는 명제를 거부할 수 있었다. 리카도는 소득이 임금과 이윤으로 분배된 뒤에 남는 것이 지대라고 생각했다.

이제 우리는 리카도가 《원리》 1장에서 제시한 노동가치론의 '수정'이 왜 그토록 중요했는지를 알 수 있다. 그것은 임금의 일반적 수준이 상승하면 몇몇 상대가격(즉, 자본집약적 산업에서 생산된 상품의 가격들)은 하락할 수 있다는 것을 보여 줬다. 그렇지만 리카도의 노동가치론과 이윤론은 밀접하게 연결돼 있다. 임금과 이윤 사이에 반비례 관계가 성립한다면, 상품의 가치는 스미스의 주장과 달리 임금과 이윤의 합이라고 할 수 없을 것이다. 임금·이윤과 독립적인 모종의 가치 결정 원리가 필요하다. 《낮은 곡물 가격이 자본의 이윤에 미치는 영향에 관한 글》에서 리카도가 의존하는 가정은 농업에서는 곡물이 곧 자본이자 생산물이라는 것이었다.[52] 《원리》를 쓰기 시작했을 때 그는 더 일반적인 가치론을 발전시키려 하면서, (1815년 12월 30일) 제임스 밀에게 보낸 편지에서 이렇게 썼다. "저는 곧 가격이라는 단어 때문에 멈추게 될 것임을 알고 있습니다. … 독자들은 제가 증명하려 하는 것[농업의 개선은 이윤율을 상승시키는 효과만을 낸다는 것 — 캘리니코스)을 이해하기 전에 통화와 가격 이론을 이해해야 합니다."(R: VI, 348~349) 노동가치론은 리카도의 이윤론을 표현하는 데 도움이 됐고 안성맞춤이었다.

이 관계의 중요성은 그의 정치경제학 개념과 밀접한 연관이 있었다. 그는 (1820년 10월 9일) 맬서스에게 보낸 편지에서 이렇게 썼다. "당신이 생각하는 정치경제학은 부의 본질과 원인에 대한 탐구입니다. 제 생각에는 오히려 산업 생산물이 어떻게 분배되는지를 결정하는 법칙에 대한 탐구라고 불러야 합니다."(R: VIII, 278) 임금과 이윤의 반비례 관계는 리카도가 계급들 사이의 적대적 분배 관계(노동자의 이득은 자본가의 손실이고 그 반대도 마찬가지인 관계)라고 본 것에 대한 이론적 규정이었다. 그래서 마르크스는 이렇게 썼다. "리카도는 계급들의 경제적 대립을 — 그 내적 연관이 보여 주는 대로 — 드러내고 서술하고 있으며 … 따라서 정치경제학은 역사적 투쟁과 발전의 뿌리를 파악하고 발견한다."(CW 31: 392) 사회적 생산물을 분배 관계와 무관하게 정의하는 노동가치론 덕분에 리카도는 이 계급적 적대 관계를 이론적으로 표현할 수 있게 된 것이다.

그러므로 리카도의 가치론과 이윤론은 서로 겹쳐 있었다. 그렇지만 그와 동시에 그의 담론 안에는 노동가치론과 토런스의 가정, 즉 "일반적으로 작용하는 경쟁 법칙이 자본의 이윤을 균등화한다"는 가정이 공존했기 때문에 체계에 모순이 생겨날 수밖에 없었다. 이 모순 자체는 리카도가 살아 있을 때조차 그 지지자들의 노력에서 드러났다. 특히, J R 매컬럭과 제임스 밀은 리카도의 가치론을 이론의 여지 없는 것으로 해석해서, 주되게는 이윤을 일종의 임금으로 규정해서 리카도의 가치론을 구하려고 노력했다. 예컨대, 제임스 밀은 다음과 같이 주장했다.

자본은 저장된 노동으로 정확하게 분류할 수 있[기 때문에 — 캘리니코스] 이윤은 단지 노동에 대한 보수일 뿐이다. 실제로 이윤은 임금이라고 부를 수 있는데, 이것은 결코 언어 왜곡도 아니고 비유도 아니다. 즉, 손으로 직접 하는 노동이 아니라 손이 생산한 도구에 의한 간접적 노동의 대가로 받는 임금이 바로 이윤이다.[53]

매컬럭은 더 나아가, 리카도와 주고받은 편지에서 이윤이 기계와 자연적 과정의* 임금이라고까지 주장했다!(1819년 12월 5일, R: VIII, 138) 매컬럭은 노골적으로 밀의 주장을 따랐다. "자본의 **이윤**은 [기계에 담겨 있는] **축적된 노동의 임금**을 일컫는 다른 이름일 뿐이다."[54] 스미스는 이미 이런 견해를 거부하면서 이렇게 주장했다. "상품의 가격에서 … 자본의 이윤은 노동의 임금과는 완전히 다른 구성 부분이고, 사뭇 다른 원리에 의해 규제된다."[55] 리카도는 정의를 바꿔서라도 이론을 보호하고자 하는 이 '협약주의** 전략'(칼 포퍼라면 이렇게 불렀을 것이다)과 신중하게 거리를 두면서도 자신의 가치론을 계속 고수했다. 그는 1823년 9월 치명적 질병으로 갑자기 죽기 직전에(1823년 8월 3일) 맬서스에게 이렇게 말했다. "매컬럭과 밀의 제안을 아무리 살펴봐도 저는 만족스럽지 않습니다."(R:

---

* 매컬럭은 똑같은 노동량이 들어간 포도주라도 자연적 숙성 과정을 거친 것이 새 포도 주보다 가치가 큰 이유를 다음과 같이 설명했다. "포도주가 지하실에 있는 동안 얻게 된 추가적 가치는 포도주에 일어난 변화에 대한 보수다."

** 협약주의conventionalism는 어떤 근본 원리들이 외부의 객관적 실재보다는 사회의 (명시적·묵시적) 합의에 근거를 둔다고 보는 철학적 태도로, 규약주의·관례주의라고도 한다. 포퍼는 과학과 비과학을 나누는 기준으로 반증 가능성을 주장했는데, 협약주의자들이 반증을 거부하기 위해 ① 임시방편 가설의 도입 ② 외연적 정의의 변경 ③ 실험 과학자의 능력에 대한 회의 ④ 이론 과학자의 능력에 대한 회의라는 네 가지 전략을 채택하면 모든 이론 체계를 방어할 수 있게 된다고 인정했다.

Ⅸ, 323) 그는 《원리》의 제3판(1821년)에서 자신이 '수정'한 노동가치론에 대해 이렇게 썼다. "그렇지만 독자는 상품들의 [상대가치가] 변동하는 이 원인은 그 영향이 비교적 경미하다는 데 주의해야 한다.* … 상품들의 가치가 변동하는 다른 중대한 원인, 즉 그것들을 생산하는 데 필요한 노동량이 증가하거나 감소하는 경우에는 그렇지 않다."(R: Ⅰ, 36)

그렇다고 해서 리카도가 자기 이론에 중요한 난점이 있다고 생각하지 않았다는 말은 아니다. 그는 (1820년 6월 13일) 매컬럭에게 보낸 편지에서 다음과 같이 썼다.

때때로 저는 이렇게 생각합니다. 만약 제가 가치에 관한 장을 다시 쓰게 된다면, 상품들의 상대가치를 규제하는 원인은 한 가지가 아니라 두 가지, 즉 그 상품들을 생산하는 데 필요한 상대적 노동량과, 자본이 유휴 상태에 있고 상품이 시장에 나올 때까지 걸리는 기간의 이윤율이라는 점을 인정해야 할 것입니다. 아마 저는 그 주제에 관한 이런 견해에서도 지금까지 제가 채택한 견해에서만큼 중대한 난점들을 발견하게 될 것입니다.(R: Ⅷ, 194)

이 난점들은 마르크스 사후 리카도 학파가 정체하고 점차 붕괴한 이유를 설명하는 데 도움이 될 수 있다. 마르크스는 1820년대를 일컬어 "형이상학적으로 말하면, 영국 정치경제학의 역사상 가장 중요한 시기"라고 했다.(CW 32: 298) 한편으로, 현대 신고전파 정설의 원천인 1870년대 한계혁명을 예고한 선구자들(예컨대, 새뮤얼 베일리)이 노동가치

---

* 바로 앞 문단에서 리카도는 "노동[임금]의 상승이나 하락 때문에 재화의 상대가치가 변동하는 정도는 사용된 전체 자본에서 고정자본이 차지하는 비율에 달려 있을 것이다" 하고 썼다.

론을 강력하게 비판하기 시작했다. 다른 한편으로, 이른바 리카도파 사회주의자들(가장 유명한 사람은 토머스 호지스킨)이 노동가치론을 이용해서 노동자 운동의 이익을 옹호했다. 그들은 제임스 밀과 매컬럭의 주장처럼 자본이 정말로 축적된 노동일 뿐이라면 왜 노동자들이 자기 생산물의 가치를 전부 받아서는 안 되느냐고 반문했다. 존 스튜어트 밀은 아버지인 제임스 밀과 제러미 벤담에게 배워서 리카도의 후계자가 됐지만, 나소 시니어가 발전시킨 이론(과 《자본론》 1권에서 마르크스가 매우 경멸한 주장)을 채택해서 리카도 가치론의 안락사를 완수했다(시니어의 이론에 따르면, 이윤은 자본가가 소비 욕구를 자제한 절욕에 대한 보상이다). 조지프 슘페터가 지적했듯이 밀은 "리카도의 사상을, 말하자면 편안하게 죽이기 위해 부드러운 침대에 눕힌 셈이다."[56] 리카도의 가장 충성스런 지지자 가운데 한 명인 드퀸시는 1844년 무렵 이렇게 개탄했다. "정치경제학은 발전하지 않고 있다. 리카도가 (1817년) 정치경제학에서 혁명을 일으킨 이후 대체로 그 학문은 정체했다."[57]

그런 교착상태의 근원은 리카도 담론의 내적 구성에 있었다. 리카도 담론의 필수적 구성 부분이 된 노동가치론은 임금·이윤과 무관한 가치 결정 원리를 제공했고, 임금과 이윤을 반비례 관계로 취급했다. 그러나 그와 동시에 리카도는 자신의 가치론을 단지 양적인 경험적 명제로 취급했는데, 그런 명제의 타당성은 우연적 사실의 문제가 된다. 따라서 어떤 다른 가정들, 특히 균등한 자본들은 균등한 이윤을 얻을 것이라는 명제를 감안하면, 생산조건의 차이가 존재한다는 사실은 [리카도] 이론의 일반성과 타당성을 제한한다. 그래서 노동가치론은 리카도의 체계를 일관성 있는 것으로 만들기 위해 필요함과 동시에 바로 그 체계의 다른 가정들에 의해 제한된다.

리카도가 자신의 가치론을 우연적 명제로 취급한 바탕에는 근본적으로 경험주의적인 경제 과정 개념이 있었다. 경제의 작동은 쉽게 관찰할 수 있는 것으로 다뤄진다. 따라서 경제에 대한 과학적 인식을 통해 생산된 명제들은 이런 관찰을 요약한 것이다. 즉, 인식론적 지위가 대등한 명제들이어서 모두 대등하게 논박될 수 있고 우연적이다. 유일한 예외는 경제 과학의 지배 원리 구실을 하는 자명한 전제들일 것이다.[58] 앞서 봤듯이, 이런 구실을 하도록 선택된 명제들 중에는 일반적 이윤율이 존재한다는 가정이 있다. 그러나 이 주장은 사실 자명하지 않다. 마르크스는 직접생산자와 생산수단의 분리, 생산수단을 지배하는 자본가계급의 존재, 잉여가치의 창출, 잉여가치의 이윤으로 전환, 이윤의 균등화에 필요한 자본 간 경쟁을 전제해서 그 주장을 입증한다. 따라서 일반적 이윤율의 존재는 한정된 사회질서, 즉 자본주의에 특유한 것이다. 그러나 마르크스가 《원리》의 "이론적 부분"이라고 부른 것(1~6장)의 구조는 리카도가 일반적 이윤율의 존재를 자기 주장의 기본 전제로 상정하고 있음을 분명히 보여 준다.(CW 31: 393) 이런 식으로, 자본주의 생산양식의 존재는 리카도 담론 안에 자연적인 것으로서 새겨져 있다.

이런 관점에서 마르크스는 스미스가 리카도보다 우월하다고 생각했다.

애덤 스미스의 큰 장점은, 단순 상품 교환과 그 가치법칙에서 객체화한 노동과 산 노동의 교환으로, 자본과 임금노동의 교환으로, 일반적 이윤과 지대에 대한 고찰로 — 요컨대, 잉여가치의 기원으로 — 넘어가는 [《국부론》 — 캘리니코스] 1권의 장들(6·7·8장)에서 결함이 나타났음을 감지한다는 것이다. 그는 — 자신이 파악하지 못한 원인이 무엇이든 간에 — 아무튼 실제 결과에서 그 법칙은 중단된다는 것, 더 많은 노동이 더 적은 노동과 교환되고(노동자의 관점에서) 더 적은 노동이 더 많은 노동과 교환된다(자본가의 관점에서)는 것을 감지한다. 스미스의 장점은 **자본이 축적**

되고 토지 소유가 **출현**하면서 — 즉, 노동조건이 노동 자체와 대립하며 독립적 존재가 될 때 — 뭔가 새로운 일이 일어난다는 것, 즉 외관상으로(그리고 결국 실제로도) 가치법칙이 그 대립물로 바뀐다는 것을 강조한다는 점이다. 그리고 이 때문에 그는 분명히 당혹해 한다. 이 모순을 감지하고 강조한다는 것이 그의 이론적 강점이듯이 그의 이론적 약점은 이 모순 때문에 일반 법칙에 대한 그의 확신이 흔들린다는 것(심지어 그 법칙을 단순 상품 교환에 적용하는 경우에도 그렇다), 노동능력 자체가 상품이 되는 것을 통해 이 모순이 생겨난다는 사실을 이해하지 못한다는 것, 따라서 이 독특한 상품의 경우에는 사용가치 — 그 교환가치와 아무 관계도 없는 — 자체가 바로 교환가치를 창조하는 에너지라는 사실을 이해하지 못한다는 것이다. 리카도는 이런 외관상의 모순 — 그러나 결국은 실제적 모순 — 때문에 혼란스러워하지 않는다는 점에서는 애덤 스미스보다 앞서 있다. 그러나 여기에 뭔가 문제가 있다는 의심조차 하지 않고, 따라서 자본이 형성되면서 가치법칙이 겪는 **독특한** 발전에 조금도 당황하지 않고, 심지어 그것에 관심조차 두지 않는다는 점에서는 애덤 스미스보다 뒤처진다.(CW 30: 393~394)

리카도의 경우에, 일반적 이윤율을 아무 설명도 필요 없는 자명한 사실로 취급하면서 그의 담론에 모순의 요소가 생겨났고, 이 때문에 그의 학파는 마침내 붕괴하고 말았다. 이 전제와 노동가치론의 불일치는 두 가지 길로 나아갈 수 있었다. 사실상 자본의 수익은 **정말로** 균등해지는 경향이 있기 때문에, 노동가치론을 포기하거나 아니면 노동가치론에서 출발해 일반적 이윤율의 존재를 설명하는 이론으로 두 원리의 명백한 불일치를 제거해야 했다. 신고전파 경제학은 첫째 길로 나아갔고, 마르크스는 둘째 길로 나아갔다.[59]

리카도, 헤겔, 스피노자

《1861~1863년 원고》에 포함된 "잉여가치학설사"의 긴 보론 말미에 마르크스는 리카도 학파의 붕괴 원인을 다음과 같이 요약했다.

> 리카도의 체계에서 첫째 어려움은 *자본과 노동의 교환*을 '가치법칙'과 일치하도록 [제시]하는 것이었다. 둘째 어려움은 규모가 같은 자본들은 그 유기적 구성이 어떻든 간에 균등한 이윤을 얻는다는 일반적 이윤율의 형성 문제였다.(*CW* 32: 361)

마르크스가 인정했듯이, 이 문제들은 리카도를 비판하는 사람들이 발견한 것이었다. 예컨대, 베일리는 첫째 문제를 강조했다. 즉, 리카도는 임금을 노동의 가격으로 취급함과 동시에 노동을 가치의 원천으로 만들어서, 스스로 모순에 빠지고 말았다는 것이다. "이 원리[노동가치론 — 캘리니코스]를 엄격하게 고수하면, 노동의 가치는 그 노동을 생산하는 노동량에 달려 있다는 결론에 이르게 된다. 이것은 분명히 터무니없는 소리다. 그러므로 리카도 씨는 노동의 가치가 임금을 생산하는 데 필요한 노동량에 달려 있다는 식으로 교묘하게 비틀어 버린다."[60] 마르크스는 이 문제의 해결책을 발견해서 《요강》에서 이렇게 주장했다. 즉, 노동자가 자본가에게 판매하는 것은 노동이 아니라 노동능력이고, 노동능력의 가치는 다른 모든 상품과 마찬가지로 그것을 생산하는(즉, 이경우에는 노동능력이 체현된 노동자를 재생산하는) 데 사회적으로 필요한 노동시간이며, 그것은 임금으로 표현된다. 그는 《1861~1863년 원고》에서는 다음과 같이 썼다.

리카도는 노동이 아니라 노동능력을 말해야 했을 것이다. 그가 그렇게 했다면, 자본도 독립적으로 존재하는 힘으로서 노동자와 대립하는 물질적 노동조건임을 드러내 보여 줬을 것이다. 따라서 자본은 일정한 사회관계임이 곧바로 드러났을 것이다. 그런데 리카도는 자본을 '축적된 노동'으로서만 '직접적 노동'과 구별할 뿐이다. 그리고 그것은 순전히 물질적인 것, 오직 노동과정의 요소일 뿐이다. 그러나 그렇게 봐서는 노동자와 자본의 관계, 임금과 이윤의 관계를 결코 끌어낼 수 없을 것이다.(CW 32: 36~37)

따라서 이 경우에도 리카도의 이론적 모순 밑바탕에 있는 것은 자본 관계를 자연적 질서로 보는 태도다. 그러나 《1861~1863년 원고》에서 마르크스가 리카도를 논할 때 가장 중요하게 다룬 문제는 일반적 이윤율이다. 1장에서 봤듯이 마르크스는 지대론의 관점에서, 더 특별하게는 로트베르투스를 비판하면서 일반적 이윤율 문제를 다뤘다. 거기서 마르크스는 경쟁으로 말미암아 여러 부문의 수익이 균등해져서, 유기적 구성(노동력에 투자된 자본 대 생산수단에 투자된 자본의 비율)이 평균보다 낮은 자본에서 높은 자본으로 잉여가치가 이전된다고 주장한다. 그 결과, 상품은 그 가치(=상품을 생산하는 데 사회적으로 필요한 노동시간)대로 교환되지 않고 마르크스가 처음에는 평균가격이라고 불렀고 나중에 《1861~1863년 원고》에서는 비용가격이라고 불렀고 《자본론》에서는 생산가격이라고 부른 것에 따라 교환된다.[61]

자본가들은 노동계급한테서 쥐어짜내는 무보수 노동의 총량 — 이나 이 분량의 노동 생산물 — 을 특수한 개별 자본이 직접 생산하는 잉여노동에 따라서 나눠 갖는 것이 아니라, 첫째로는 특수한 개별 자본이 총자본에서 차지하는 상대적 비율에 따라서, 둘째로는 총자본이 생산하는 잉여노동의 총량에 따라서 자기들끼리 나눠 가지려고 분투한다(이렇게 분투하는 것이 경쟁이다). 자본가들은 서로 싸우는 형제들처럼, 다른 사람들의 노동 생산물을 빼앗아서 자기들끼리 나눠 가진다. 그래서 평균적으로 보면 각 자본가는 다른 자본가와 똑같은 양의 무보수 노동을 차지한다.

이런 균등화는 경쟁으로 말미암아 평균가격이 조절된 결과다. 그러나 이 평균가격 자체는 상품의 가치 이상이거나 이하이며, 따라서 어떤 상품도 다른 상품보다 더 높은 이윤율을 얻지 못한다. 그러므로 자본의 경쟁 때문에 상품의 가격이 그 가치와 일치하게 돼서 일반적 이윤율이 형성된다는 식으로 말하는 것은 잘못이다. 오히려 경쟁 때문에 상품의 가치는 평균가격(여기서 잉여가치의 일부가 한 상품에서 다른 상품으로 이전된다)으로 전환 돼서 일반적 이윤율이 형성된다. 상품의 가치는 그 상품에 포함된 노동(보수 노동과 무보수 노동*)의 양과 같다. 상품의 평균가격은 그 상품에 포함된 보수 노동(객체화한 노동이든 산 노동이든)의 양과 무보수 노동의 평균량을 합한 것과 같다. 후자[무보수 노동의 평균량]는 이 양이 그 상품 자체에 포함됐는지 아닌지 또는 그 상품의 가치에 더 많이 포함됐는지 더 적게 포함됐는지에 달려 있지 않다.(CW 31: 264)[62]

바로 여기서 마르크스는 가치가 생산가격으로 바뀌는 유명한(또는 악명 높은) '전형' 이론을 발전시키게 된다. 두셀은 이런 진전이 《1861~1863년 원고》의 가장 중요한 순간, 어쩌면 가장 중요한 창조적 순간"이라고 말했다. 이를 계기로 마르크스는 절대지대의 존재를 거부한 리카도를 극복하기 시작한다. 절대지대는 [토지의] 생산성 수준 차이에서 비롯한 차액지대와 달리, 토지를 소유하고 있다는 것만으로도 얻

---

* 보수 노동과 무보수 노동은 각각 지불 노동과 부불 노동이라고도 한다.

게 되는 지대다.[63] 리카도는 절대지대를 인정하는 것은 노동가치론과 모순된다고 생각했다. 마르크스의 해결책은 《1861~1863년 원고》에서 처음 나타나고 《자본론》 3권 6편에서 다시 표명됐는데, 다른 부문들보다 농업에서 자본의 유기적 구성과 노동생산성이 낮고 따라서 이윤율이 더 높다고 가정하면 절대지대는 가능하다는 것이다. 자본이 충분히 유동적이라면, 농업 부문으로 흘러들어 가서 농산물 가격을 떨어뜨릴 것이고, 그러면 잉여가치가 다른 부문들로 이전돼서 투자자들은 평균이윤을 얻게 될 것이다. 그러나 토지의 사적 소유 제도는 이런 일이 일어나는 것을 막는다. 그래서 농산물은 생산가격이 아니라 가치대로 팔리고, 그 차이는 지주가 (절대)지대로 독차지한다.

문제는 매우 간단하다. 특정한 사람들이 토지·광산·물 등을 사적으로 소유하게 되면, 이 특수한 생산 분야, 이 특수한 투자 분야의 상품에 포함된 잉여가치 중 이윤(평균이윤, 즉 일반적 이윤율에 의해 결정되는 이윤)을 넘는 초과분을 빼앗고 가로채고 집어삼킬 수 있고, 그래서 일반적 이윤율이 형성되는 과정에 그 초과분이 들어가는 것을 막을 수 있다.(CW 31: 271)[64]

마르크스는 이렇게 리카도를 비판하면서 자신의 방법을 체계적으로 성찰하기 시작한다. 그래서 로트베르투스를 논할 때 다음과 같이 덧붙인다.

//앞서 봤듯이, 애덤 스미스는 처음에는 가치의 구성 부분인 이윤·임금 등의 상호관계나 가치를 올바르게 해석했지만 나중에는 반대의 길로 나아가서 임금·이윤·지대의 가격들을 전제하고, 그것들로 상품의 가격을 구성하기 위해 그것들을 독립적 크기로 규정하려 했다. 이런 태도 변화 때문에 스미스는 처음에는 문제를 그 내적 연관에서 파악했지만 다음에는 그것이 경쟁에

서 나타나는 대로 전도된 형태로 파악하게 됐다. 이 두 파악 방식은 그의 작업에서 순진하게 엇갈려 있는데, 그는 그 모순을 깨닫지 못한다. 이와 반대로, 리카도는 **법칙 자체**를 파악하기 위해 의식적으로 경쟁의 형태, 경쟁의 외관을 사상捨象한다. [그러나] 그는 한편으로는 추상 작업을 충분히 그리고 완전히 실행하지 않는다는 점에서, 예컨대 상품의 **가치**를 분석할 때 처음부터 이미 온갖 구체적 관계를 고려하면서 가치를 규정한다는 점에서 비난받아야 한다. 다른 한편으로는 현상 형태를 일반적 법칙의 **직접적**이고 **정확한** 증거나 표현으로 여기고 이 형태의 발전을 결코 **해명하지** 않는다는 점에서 비난받아야 한다. 그의 추상은 첫째와 관련해서 보면 너무 불완전하고, 둘째와 관련해서 보면 그 자체로 틀린 형식적 추상이다.//(CW 31: 338)

첫째 비판은 마르크스가 거듭거듭 리카도를 공격하는 요점이다. 사람들이 흔히 생각하는 것과 달리, 리카도는 구체적 상황을 전혀 고려하지 않은 추상적·연역적 이론의 저술가가 결코 아니었다. 다만, 그는 추상적인 것과 구체적인 것을 충분히 구별하지 못했다. 그래서 마르크스는 리카도가 "잉여가치를 그 특수한 형태들 — 이윤(이자)·지대 — 과 분리해서 따로 고찰하지 않는다"고 비난한다.(CW 32: 9) 그러나 다음 구절이 분명히 보여 주듯이, 리카도는 "추상 작업을 완전히 실행하지" 않은 탓에 그의 가치론은 여러 난관에 부딪히게 된다.

리카도는 자신의 저작에 나타나는 약간의 성찰을 통해 잉여가치와 이윤을 구별했어야 했다. 이 구별을 하지 않았기 때문에 그는 — 1장 '가치에 관하여'의 분석에서 이미 드러났듯이 — 때때로 천박한 견해, 즉 이윤은 단지 상품의 가치를 넘는 초과분일 뿐이라는 견해로 빠지는 듯하다. 예컨대, 고정자본이 우세할 때 자본의 이윤이 결정되는 문제를 논하는 경우 등이 그렇다. 이 때문에 그의 추종자들은 매우 터무니없는 생각을 하게 됐다. 일반적으로, 크기가 **균등한 자본**들은 균등한 이윤을 얻는다거나 이윤은 사용된 자본의 크기에 달려 있다는 명제(실제로는 옳다)가 일련의 중간고리들에 의해 가치 등에 관한 일반적 법칙과 연결되지 않는다면, 요컨대 이윤과 잉여가치를 동일한 것으로 취급한다면(이것은 총자본의 경우에만 옳다), 그런 천박한 견해는 반드시 나타날 수밖에 없다. 따라서 리카도는 **일반적 이윤율**을 결정할 수 있는 방법이 전혀 없다.(*CW* 32: 60~61)

둘째 비판의 핵심은 리카도가 "일련의 중간고리들"을 통해 추상과 구체의 관계를 발전시키지 못했다는 것이다.

그는 크기가 균등한 상이한 자본 투자에 대한 일반적 이윤율 또는 크기가 균등한 자본들이 사용되는 상이한 생산 분야에 대한 일반적 이윤율, 즉 크기가 **균등한 평균이윤**(또는 같은 말이지만, 다양한 생산 분야에 사용된 자본의 크기에 비례하는 이윤)을 전제한다. 그러나 리카도는 이 **일반적 이윤율**을 미리 전제하지 말고 오히려 그 존재가 어느 정도나 노동시간에 의한 가치 결정과 실제로 일치하는지를 검토했어야 한다. 그랬다면 일반적 이윤율이 이 가치 규정과 일치하지 않고 언뜻 봐도 서로 **모순된다**는 것, 따라서 일반적 이윤율의 존재는 많은 중간 단계를 통해 더 해명돼야 한다는 것, 그 해명은 일반적 이윤율을 단순히 가치법칙에 포괄하는 것과는 매우 다르다는 점을 발견했을 것이다.(*CW* 31: 401)

이렇게 쓸 무렵 마르크스는 가치가 생산가격으로 바뀌는 전형 이론을 발전시킨 덕분에 "많은 중간 단계를 통한" 이런 해명이 뜻하는 바를 훨씬 더 분명히 알게 됐다. 《자본론》은 이 해명의 완전한 모습을 보여 준다. 《자본론》 1권에서 마르크스는 직접적 생산과정을 분석하면서, 특히 직접적 생산과정에서 잉여가치가 추출되는 형식들과 자본의 축적을 설명한다. 이 단계에서 도입된 중요한 개념 하나가 자본의 유기적 구성(거듭 말하지만, 생산수단에 투자된 불변자본과 노동력에 투자된 가변자본의 비율)이다. 그러나 이 분석 단계에서 그는 사회적 총자본과 개별 자본들을 구분하지 않는다(매우 중요한 예외 하나는 다음 장에서 살펴보겠다). 《자본론》 3권에서 나타난 주요 변화 하나는, 2권에서 유통 과정을 설명한 마르크스가 개별 자본들의 차이뿐 아니라 종류가 다른 자본들(생산자본, 상업자본, 이자 낳는 자본)의 차이에서 비롯한 효과도 도입한다는 것이다.

[3권] 1편에서 그는 이윤율 개념을 도입한다. 잉여가치율 — 가변자본 대 잉여가치의 비율 — 은 노동자를 얼마나 착취하는지를 보여 주지만, 이윤율은 투하된 총자본(불변자본 더하기 가변자본) 대 잉여가치의 비율이다. 그런 다음 2편에서는 자본 간 경쟁 때문에 여러 부문의 수익이 균등해지는 일반적 이윤율이 형성되고, 따라서 가치가 생산가격으로 바뀌는 전형이 일어난다는 것을 보여 준다. 특히 10장에서는 경쟁 때문에, 수요·공급의 변화에 대응하는 시장가격의 변동을 거쳐 개별 부문들에서 시장가치가 형성되는 과정을 자세히 살펴보는데, 각종 생산물의 정상적인 사회적 필요노동시간이 바로 시장가치다. 이 두 과정의 관계는 다음 구절에서 드러난다. "경쟁은 먼저 한 생산 분야에서 상품의 다양한 개별 가치로부터 단일한 시장가치와 시장가격을 만들어 낸다. 그러나 다른 생산 분야들의 자본 간 경쟁은 다른 분야들 사이의 이윤율을 균등화하는 생산가격을 만들어 낸다."(CⅢ: 281)[65]

따라서 가치가 생산가격으로 바뀌는 전형 이론 덕분에 마르크스는 리카도의 오류들을 피할 수 있었다.[66] 《자본론》 1권에서 마르크스는 리카도의 《원리》 1장에 나오는 주장을 훼손하는 "구체적 조건들"을 사상하면서, 자신의 가치론과 잉여가치론을 공들여 세심하게 진술한다. 그런 다음 《자본론》 2권과 3권 1·2장에서는 일반적 이윤율의 형성을 설명할 수 있게 해 주는, 따라서 어떻게 상품이 '가치법칙'에 의해 조절되면서도 그 가치대로 교환되지 않는지를 설명할 수 있게 해 주는 "일련의 중간고리들"을 발전시킨다.(CW 32: 361) 이렇게 "중간고리들"을 거쳐 나아가는 방법이 뜻하는 바에 대해서는 할 말이 훨씬 더 많고, 이 문제는 다음 장에서 다시 살펴볼 것이다. 여기서는 헤겔이 《자본론》에 미친 영향과 이 문제의 관계에 초점을 맞추겠다. 프레드 모즐리는 최근 마르크스의 방법에 대한 가장 중요한 해석 하나를 발전시켰는데, 그의 기본 생각은 이렇다. "《자본론》에 나오는 마르크스의 이론은 두 주요 단계(또는 추상 수준)가 있다. 첫째 단계는 잉여가치의 생산 그리고 총잉여가치의 결정과 관계있다. 둘째 단계는 잉여가치의 분배 그리고 미리 결정된 총잉여가치가 개별 부분들로 나뉘는 것(이윤·상업이윤·이자·지대의 균등한 비율)과 관계있다." 《자본론》 1권은 잉여가치 생산과 관계있고, 《자본론》 3권은 대부분 일반적 이윤율의 형성을 통한 잉여가치 분배 그리고 생산과정에서 창출된 잉여가치가 다양한 자본가계급 부분들의 수입 — 상업이윤·이자·기업이윤·지대 — 으로 나뉘는 것과 관계있다. 그러나 모즐리는 더 나아가, 이 두 수준의 관계를 이해하는 가장 좋은 방법은 헤겔이 《논리학》에서 보편·특수·개별의 범주들 사이에 설정한 연관을 살펴보는 것이라고 주장한다.[67]

모즐리가 《자본론》의 두 추상 수준을 구분하는 것은 설득력이 있다(비록 앞서 봤듯이, 이 두 수준은 실제로 일련의 다른 규정들을 포함하지만). 또, 그는 《요강》에 나오는 다음 구절(1장에서 이미 살펴봤다)도 지적한다.

자본. I. 일반성[보편성]. (1) (a) 화폐에서 자본의 형성. (b) 자본과 노동(소외된 노동을 통해 자신을 매개하는). (c) 노동과 맺는 관계에 따라 분해된 자본 요소들(생산물, 원료, 노동수단) (2) **자본의 특수화:** (a) 유동자본, 고정자본. 자본의 회전. (3) **자본의 개별성:** 자본과 이윤. 자본과 이자. 이자·이윤으로서 자본과 구별되는, 가치로서 자본. II. **특수성:** (1) 자본들의 축적. (2) 자본들의 경쟁. (3) 자본들의 집적(질적 차이이기도 한 자본의 양적 차이, 자본의 크기와 영향의 **척도**로서 양적 차이). III. **개별성:** (1) 신용으로서 자본. (2) 주식자본으로서 자본. (3) 화폐시장으로서 자본.(*G*: 275)

그러나 마르크스가 헤겔의 범주들을 얼마나 확실하게 채택했는지를 제대로 밝히려면 그 범주들 자체를 살펴봐야 한다. 《논리학》은 헤겔의 체계 전체에서 매우 중요한데, 그 책의 주제 하나는 전통적인 아리스토텔레스 논리학에서 물려받은 보편 개념을 비판하는 것이다. 옛 논리학은 보편적 개념과 그 특수한 경우들을 날카롭게 구별했다. 보편과 특수의 관계는 외적인 것이었다. 즉, 보편적인 것은 특수한 것들을 분류하는 원리를 제공하지만, 여전히 그 분류 대상인 실재(특수한 것들)에 부과되는 공허한 형식이라는 것이었다. 헤겔이 볼 때 그런 보편적인 것은 추상적이었다. 왜냐하면 특수한 것들과 그것들의 관계가 제공하는 매개의 구체적 내용이 없기 때문이다.

이 보편성을 추상[적 보편성]으로 만드는 것은 매개가 **제약**일 뿐이라는, 즉 매개가 그 자체로 **정립**돼 있지 않다는 점이다. 매개가 **정립**돼 있지 않으므로 추상적인 것의 통일은 직접성의 형식을 취할 뿐이고, 내용도 자신의 보편성에 무관심한 형식을 취한다. 왜냐하면 [여기서] 내용은 절대적 부정[부정의 부정]의 보편성이기도 한 전체를 의미하는 것이 아니기 때문이다.

[따라서 추상적 보편성은 개념이기는 하지만, 그것은 어디까지나 무개념적 개념, 즉 그 자체로 정립돼 있지 않은 개념이다.](GL: 537)

따라서 서로 분리된 특수와 보편은 인식의 장애물이다. 즉, 특수한 것들의 내적 구조를 설명하려는 노력이 전혀 없는 상태에서 특수한 것들을 분류한다고 해서 우리가 실재를 더 깊이 이해할 수 있는 것은 아니다. 그러나 이것이 보편과 특수의 유일한 관계 유형은 아니다. 보편과 특수의 모순에 대한 해결책으로 헤겔이 제시한 개념이 개별, 즉 구체적 보편이다. 여기서 보편적인 것은 특수한 것들의 **통일**이다.

이 측면[특수한 것 — 캘리니코스]이 보편적인 것으로 복귀하는 것은 이중적이다. 즉, 한편으로 점차 특수한 것을 제거하고 최고 유개념에 이를 때까지 상승하는 추상을 통하거나 아니면 보편성이 규정성 자체에 침잠하여 하강한 **개별성**을 통해서 복귀한다. 여기서 잘못된 길로 들어서면, 추상이 개념의 길에서 벗어나 진리를 버리게 된다. 따라서 추상이 더 높이 올라가서 최고도에 이른 보편은 점차 내용이 빈약해지는 피상적인 것일 뿐이지만, 이 추상이 경멸한 개별성은 개념이 자신을 포착해서 스스로 개념으로 정립되는 심오한 경지를 나타낸다.(GL: 546)

추상적 보편성에 대한 이런 비판은 [마르크스의] 1857년 '서설'에서도 찾아볼 수 있다. 거기서 마르크스가 추상을 거부하는 이유는 추상이 비록 구체적인 것에서 출발하지만 그 상승 방식은 헤겔이 "완전한 개념이 추상적 규정 속으로 증발해 버렸다"고 묘사한 바로 그 방식이기 때문이다. 그리고 마르크스가 생각한 "과학적으로 올바른 방법", 즉 "추상에서 구체로 상승하는 방법"은 헤겔의 구체적 보편 개념을 생각나게 한다. 헤겔이 말한 구체적 보편은 "특수와 대립하여 성립하는 단순한 공통의 특징이 아니라, 오히려 자신을 특수화하는 것, 그리고 자신의 반정립[타자]에서도 틀림없이 자신을 잃지 않고 존립하는 것이다."[68] "절대적 부정의 보편성이기도 한 전체"는 특수한 것들의 종합으로서 보편적인 것이다. 따라서 그것은 타자에서 자신으로 복귀한 주체, 즉 특수한 것으로 매개되면서도 자기동일성을 유지하는 보편적인 것이다. "구체적인 것은 자신을 특수하게 만드는 보편적인 것이고, 이렇게 스스로 특수하고 유한한 것이 되면서도 끊임없이 자신을 잃지 않고 존립하는 보편적인 것이다."[69]

이런 보편 개념이 마르크스가 사용한 방법의 본질을 이해하기 쉽게 해 준다는 사실은 일리엔코프의 매우 흥미로운 해석을 살펴보면 더 분명히 알 수 있을 것이다. 일리엔코프가 보기에 마르크스와 리카도의 차이는 헤겔의 스피노자 비판에 비춰 보면 가장 잘 이해할 수 있다.[70] 헤겔과 스피노자의 차이는 헤겔이 스피노자에게서 물려받은 바로 그 명제, 즉 '모든 규정은 부정이다'(omnis determinatio negatio est)에서 비롯한다. 유한한 존재는 모두 부정을 포함한다는 이 명제에서 스피노자는 유한한 존재가 모두 신神이라는 자족적 실체의 변형이라는* 결론을 이끌어 냈다. 그 결과는 세계를 지워 없애는 것이라고 헤겔은 비판했다. 헤겔은 스피노자의 체계가 (흔한 비난과 달리) 무신론이 아니라 '무無우주론'이라고** 주장했다. 그래서 실재의 다양한 규정들(스피노자가 주로 생각한 것은 사고와 연장이라는 속성, 그리고 더 구체적인 여러 가지 양태였다)이 실체 속으로 녹아 버린다는 것이었다.[71]

---

* modification. 변양 또는 변용이라고도 한다.
** Acosmism. 실재하는 것은 오직 신뿐이고 세계는 이 영원한 존재의 그림자에 지나지 않는다고 보는 견해. 무無세계론이라고도 한다.

스피노자에게 보편과 특수는 서로 별개이므로 둘의 통일은 특수를 폐기하는 데 있다고 헤겔은 주장했다. [헤겔이 볼 때] 구체적 보편 개념을 이룬다는 것은 부정을 "절대적 규정(성)인 부정(성), 절대적 형식"으로 생각하는 것을 포함한다. "이렇게 보면, 부정은 부정의 부정이고 따라서 진정한 긍정이다."[72]* 이런 비판의 중요성을 제대로 평가하려면 헤겔이 변증법적 과정의 결과라고 생각한 구조를 명심해야 하는데, 헤겔은 《논리학》에서 이 변증법적 과정의 기본 형식들을 전개한다. 변증법 전체의 출발점(《논리학》의 첫 범주는 존재다)과 변증법의 각 단계의 출발점은 모두 단순한 근원적 통일(성)이다. 이 통일(성)은 단순하고, 따라서 구별이 없기 때문에 무의식적이다. 의식은 구별을 전제한다. 이 점은 《논리학》의 맨 처음에서 가장 날카롭게 드러나는데, 《논리학》은 모든 철학의 절대적 시원始原이자 아무런 규정도 없는 것, 즉 존재에서 시작한다. 이렇게 아무 규정도 없으므로 존재는 곧 무無로 이행한다(무 역시 존재와 마찬가지로 아무 규정이 없는 것이다). 따라서 그런 존재 자체는 알 수도 없고 말로 표현할 수도 없다. 그러나 [존재라는] 이 근원적 출발점에 (존재가 갖고 있지 않고, 존재가 알려지려면 반드시 필요한) 규정을 부여하는 것은 곧 존재를 제한하고 부정하는 것이기도 하다. 그래서 헤겔은 스피노자를 따라서 "모든 규정은 부정"이라고 단언

---

* 《철학사 강의》에 나오는 이 인용구의 앞뒤 문장은 다음과 같다. "단순한 규정인 부정은 형식에 속할 뿐, 절대적 규정(성)인 부정(성)과는 사뭇 다른 것이다. 절대적 규정(성)은 절대적 형식이다. 이렇게 보면, 부정은 부정의 부정이고 따라서 진정한 긍정이다. 그러나 이 부정적 자기의식의 계기, 지식의 운동은 (우리 앞에 존재하는 사고 속에서 그 길을 추구하는데) 확실히 스피노자 철학의 내용에는 없는 것이거나 적어도 스피노자 철학과 외적 관계만 있을 뿐이다. 왜냐하면 그것은 자기의식의 범위에 들어가는 것이기 때문이다."

한다. 즉, 어떤 것을 규정한다는 것은 그것의 한계를 밝히는 것이고 그 것이 무엇이 아닌지를 말하는 것이다. 이렇게 부정이 도입된다. 이것이 변증법의 두 번째 단계이고, 헤겔이 진정으로 변증법적인 단계로 묘사 한 계기, 즉 첫 번째 부정이다. 근원적 통일성은 파괴된다. 그래서 어떤 것은 그것이 아닌 다른 것, 즉 타자와의 관계를 통해 자신을 확인하게 된다. 그것은 자신에게서 소외된다.

변증법의 세 번째 계기는 헤겔이 변증법의 사변적* 계기로 묘사한 것 ― 두 번째 부정, 즉 **부정의 부정** ― 이다. 여기서 존재(첫 번째 부정의 결과로 그 타자로 이행한)는 타자가 자신과 동일하다는 것을 발견하고 따라서 타자에서 자신으로 복귀하게 된다. 이것이 주체의 운동이다. 주 체는 첫 번째 부정, 즉 근원적 통일성의 파괴를 전제하지만, 주체가 여 전히 이 단계에 머무른다면 의식은 자신이 속한 실재에서 소외된다. 왜 냐하면 주체는 자신이 아닌 다른 것, 즉 타자와의 관계를 통해 자기동 일성[정체성]을 획득하기 때문이다. 주체가 이 자기소외를 뛰어넘어 자 신을 발견하려면 그것을 있는 그대로, 즉 **자기소외**로 인식해야 한다. 따 라서 타자를 자신으로 인식하고 자신을 그 타자 속에서 발견함으로써 주 체는 자신을 확립하게 된다.[73]

헤겔은 "진리를 실체로서뿐 아니라 주체로서도 파악해야 한다"는 유 명한 표어를 내걸었다.[74] 방금 묘사한 과정을 통해 실체는 주체로 변모 한다. 실체의 근원적·무의식적 통일성은 첫 번째 부정을 통해 파괴되 지만, 나중에 다른 수준에서 다시 확립된다. 이렇게 복원된 통일성은 처음의 통일성과는 다르다. 왜냐하면 실체가 자기소외 과정을 통해 타 자를 자신으로 인식함으로써 과정 전체를 의식적으로 파악했기 때문

---

* 헤겔은 '사변적'이라는 말을 '이성적'이라는 말과 같은 뜻으로 사용한다.

이다. 이런 해결 방식은 변증법의 모든 수준에서 작동한다. 논리학은 절대이념의 근원적 통일성이고, 이 절대이념은 분열과 자기소외의 결과로 자연으로 외화했다가 절대정신의 수준에서 주체적·자기의식적 통일성을 발견하고 사변철학에서 전체 과정을 스스로 파악하게 된다. 신은 자신의 피조물과의 무조건적·무의식적 통일성에서 분리의 극심한 고통을 거쳐 기독교 신자들 속에서 창조주와 피조물의 의식적 통일을 실현하게 된다. 사회적 인간은 가족이라는 자연적·유기적 통일성에서 원자화한 시민사회의 소외로 이행하지만 결국은 국가에서 실체와 주체의 화해가 이뤄진다.[75]

부정의 부정이 없으면, 주체는 실체의 외부에 있게 되고 그 결과는 다음과 같은 스피노자의 실체 개념일 것이라고 헤겔은 주장했다.

> [스피노자의 체계에서 — 캘리니코스] 인식은 외적 성찰일 뿐이다. 이 외적 성찰은 유한한 것으로 나타나는 것 — 즉, 속성과 양태라는 규정, 그리고 일반적으로는 자기 자신 — 을 실체에서 도출해 파악하지 못한다. 오히려 외부의 지성처럼* 작용하면서, 여러 규정들을 그저 **주어진 것**으로 받아들이고 그 규정들을 절대자로 **귀속시킬** 뿐, 그것들의 시원을 절대자에서 찾지 않는다.(GL: 472)

헤겔의 주장인즉, 스피노자의 기하학적 방법에서는 특수성, 매개, 주체, 부정의 부정이 실체에서 배제돼 있어서, 17세기와 18세기의 이

---

* understanding. 사물을 다른 것과 구별하고 고정시켜서 이해하는, 그래서 이성과 달리 다른 것과의 내적 연관이나 다른 것으로 변화할 필연성을 파악하지 못하는 사고 능력을 일컫는 헤겔의 용어로, 오성이라고도 한다.

른바 이성[합리]주의와 경험주의 둘 다에 공통된 고전적 과학 모델의 연역적 체계를 재생산한다는 것이다. "스피노자는 절대적 실체, 속성, 양태의 정의를 그냥 나열하고 그것들을 이미 존재하는 것으로 받아들일 뿐, 실체에서 속성을 전개하거나 속성에서 양태를 전개하지 않는다."[76] 실체를 주체로서 파악하라는 헤겔의 명령은 스피노자(와 한때 헤겔이 자신의 멘토로 여겼고 흔히 스피노자와 같은 부류로 취급한 셸링)를 비판하기 위한 것이었다.[77] 헤겔은 《정신현상학》의 중요한 구절에서 '스피노자를 넘어서 전진하라'고 주장하는데, (그 온전한 의미는 다음 장에서 더 분명해지겠지만) 그 말에는 다음과 같은 이해가 담겨 있다.

생동하는 실체야말로 참으로 주체적인 존재, 같은 말이지만 참으로 현실적인 존재다. 그것은 실체가 자신을 정립하는 운동이거나, 스스로 타자가 되면서도 자신과 타자를 매개하기 때문이다. 이렇게 주체인 실체는 순수하고 단순한 **부정성**이고, 바로 이 때문에 단일한 것은 분열한다. 그러나 이 분열은 이중 작용을 하는데, 처음에는 대립을 만들어 내지만 나중에는 분열된 양자가 서로 아무 관계없이 차이와 대립을 빚어내는 상태를 부정하게 된다. 이렇게 **자신을 회복하는 동일성**, 다시 말해 밖으로 향하면서 곧 자신을 향해 반성하고 복귀하는 움직임 — **최초의 직접적 통일성**과는 다른 이 두 번째 동일성 — 이 바로 진리다. 진리는 자신을 생성하는 과정이고, 자신의 종착점을 목적으로 설정하고 또 그 종점을 출발점으로 삼는 동그라미, 따라서 그 실현 과정을 거쳐 종점에 다다를 때 비로소 현실적인 것이 되는 동그라미 같은 것이다.[78]

일리엔코프는 스피노자와 마찬가지로 리카도도 현실을 "하나의 동일한 보편적 실체[즉, 가치 — 캘리니코스]의 변형들"로 취급한다고 주장했다. 또 리카도는 가치를 추상적 보편으로, 즉 그 특수한 형태들을 총칭하는 것으로 여겼다. 따라서 이 형태들은 가치에 외적인 것이다. 즉, 그것들이 가치형태로서 필연적으로 존재해야 한다는 점은 입증되는 것이 아니라, 다만 경험적 귀납법의 자의적 결과일 뿐이다. 그래서 일리엔코프는 다음과 같이 결론짓는다.

리카도의 연구 방법의 장점은 모두 실체라는 관점, 즉 대상은 단일한 전체로서 일관성 있게 나타난다는 생각과 밀접하게 연결돼 있다. 반대로, 그가 이론을 전개하는 방식의 결함과 약점은 모두 이 전체가 역사적으로 형성된 것이라는 사실을 전혀 이해하지 못한 데서 비롯한다.[79]

일리엔코프는 자신의 주장을 마르크스의 가치론에 대한 역사주의적 해석과 연결해서, 쟁점을 약간 복잡하게 만들고 있다.[80] 그러나 그렇다고 해서 일리엔코프가 리카도와 스피노자를 비교하면서 제공하는 진정한 통찰을 놓쳐서는 안 된다. 스피노자에게는 구별이 곧 부정이기 때문에 구별은 실체에 외적인 것이라고 헤겔은 주장했다. 헤겔에게 구별은 개념에 내재하는 것이다. 다시 말해, 스피노자와 헤겔의 차이는 스피노자에게는 부정의 부정, 즉 내적 모순이라는 개념이 없다는 점이다. 따라서 리카도가 자본주의를 역사적 과정의 결과로서 다루지 않는다는 마르크스의 말은 참으로 옳다. 마르크스는 이미 《철학의 빈곤》에서 리카도가 자본주의를 자연적 질서로 만들어 버린다고 지적했다. 《1861~1863년 원고》에서 마르크스가 확인한 문제는 고전파 정치경제학자들 가운데 어느 누구도, 심지어 리카도조차 그들의 대상을 내적으로 구별되고 모순된 구조로 다루지 못했다는 것이다.

우리는 헤겔이 스피노자의 방법을 비판한 말을 다음과 같이 고쳐서 리카도에게도 적용할 수 있을 것이다. "리카도는 가치, 일반적 이윤율, 가격의 정의를 그냥 나열하고 그것들을 이미 존재하는 것으로 받아들일 뿐, 가치에서 일반적 이윤율을 전개하거나 일반적 이윤율에서 가격을 전개하지 않는다." 이런 비판은 앞서 봤듯이 마르크스가 리카도를 비판한 것과 동일하다. "리카도는 이 일반적 이윤율을 미리 전제하지 말고 오히려 그 존재가 어느 정도나 노동시간에 의한 가치 결정과 실제로 일치하는지를 검토했어야 했다. 그랬다면 일반적 이윤율이 이 가치 규정과 일치하지 않고 언뜻 봐도 서로 모순된다는 것, 따라서 일반적 이윤율의 존재는 많은 중간 단계를 통해 더 해명돼야 한다는 것, 그 해명은 일반적 이윤율을 단순히 가치법칙에 포괄하는 것과는 매우 다르다는 점을 발견했을 것이다."

일리엔코프는 그 차이를 다음과 같이 대담하게 요약했는데, 이 정식화는 헤겔이 《정신현상학》 서문에서 실체를 주체로 변형한 표어를 연상시킨다.

정치경제학에서 마르크스가 일으킨 변혁의 본질은 철학 용어로 이렇게 표현할 수 있을 것이다. 마르크스의 이론에서 가치의 실체인 노동이 이해됐을 뿐 아니라(이는 리카도도 이해했다) 처음으로 가치가 전체 발전의 주체로 이해됐다는 것이다. 즉, 그 내적 모순을 통해 경제 형태들의 체계 전체로 발전하는 실재로서 이해됐다는 것이다. 리카도는 이 후자의 요점은 이해하지 못했다.[81]

그렇다면 마르크스는 헤겔에게 무엇을 배우고 또 극복했는가?

3장

방법 2: 헤겔

헤겔 문제

헤겔은 리카도 학파가 의지한 고전적 과학 개념과는 다른 과학 개념이라는 자원을 마르크스에게 제공한다. 헤겔의 체계에서 지식은 더는 연역적 체계의 형태를 띠지 않는다(연역적 체계의 전제들을 정당화하는 전형적 주장은 그 전제들이 사고와 실재의 직접 접촉에서 비롯한다는 것이다). 헤겔은 오늘날 [과학적] 설명의 포괄 법칙 모형이라고 부르는 것을 명시적으로 비판하는데, 이 모형에 따르면 어떤 현상을 설명한다는 것은 특정한 초기 조건들과 하나의 보편적 법칙에서 그 현상이 어떻게 도출될 수 있는지를 서술하는 것이다. 여기서 설명은 현상을 원리 아래 포섭하는, 즉 현상이 법칙의 사례임을 입증하는 것이다.

그런데 여기서 비非사변적 학문들의* 개념에 따르면, 그것[사변철학의 원칙]은 다음과 같은 딜레마에 빠진다. 즉, 원칙은 증명되지 않은 전제이거나, 아니면 결국 원칙을 암시하는 증명이 요구된다. 그런데 이 원칙에 필요한 증명 자체는 뭔가 다른 것, 예컨대 증명의 논리적 규칙들 따위를 전제한다. 그러나 이 논리적 규칙들 자체가 증명돼야 할 명제들이다. 따라서 이 경우 어떤 절대적 전제가 있어서 다른 전제가 그것에 맞서지 않는다면 무한 반복이 계속된다. … 그러나 명제나 연속적 증명 등의 이런 형식들은 바로 그 형식으로 말미암아 사변적인 것에는 걸맞지 않다. … 왜냐하면 이 형식

---

* science는 맥락에 따라 학문이나 과학으로 번역했다.

들에서는 명제와 증명이 분리되지만, 사변적인 것에서는 증명이 명제와 함께 오기* 때문이다. 개념은 이런 자기운동이다. [사변적인 것에서] 개념은 명제에서처럼 정지하려고 하지 않으며, 증명도 어떤 다른 근거나 매개 개념을 가져오지 않는다. 개념은 다른 운동이 아니라, 그 자체의 운동이다.[1]

"증명이 명제와 함께 온다"는 생각은 "증명을 생성하는 개념"이라는 임레 러커토시의 생각을 예고하는 흥미로운 발상이다. "추측과 개념은 모두 증명과 반박이라는 연옥을 통과해야 합니다. 소박한 추측과 소박한 개념은, 증명과 반박이라는 방법에서 성장해 나온 개선된 추측(정리)과 개념(증명을 생성하는 개념, 즉 이론적 개념)으로 대체됩니다. [그리고 이론적 아이디어와 개념이 소박한 아이디어와 개념을 대체할 때, 이론적 언어가 소박한 언어를 대체합니다.]"[2] 이론을 입증하는 과정에서 새로운 개념들이 생겨날 수 있다는 생각은 고전적 과학 모형과 근본적으로 일치하지 않는다. 고전적 과학관에서는 과학의 기본 개념들이 분석 과정을 통해 만들어지는데, 이 분석 과정은 (과학의 기본 개념들을 포함하는) 기본 공리들에서 추론을 해 나가는 과학적 연역에 선행한다. 연역 자체가 새로운 개념을 만들어 낼 수 있다는 주장은 연역적 추론이 내용을 증가시킬 수 없다는 논리학의 원칙에 어긋난다. 다음 절에서 더 자세히 살펴보겠지만, 《자본론》에서 마르크스의 담론은 "증명이 명제와 함께 오는" 것이다. 이 담론이 전개될 때 변형이 잇따라 일어나면서 새로운 개념들이 도입되는데, 이 새로운 개념들을 포함하면서도 분석에 새로운 내용을 추가하는 주장들

---

* 영어 원문은 "the proof comes with the proposition"인데, 다른 영역본에는 "the proof comes within the proposition"으로 돼 있고, 독일어 원문도 "der Beweis fällt da in den Satz hinein", 직역하면 "거기서[사변적인 것에서] 증명은 명제 안으로 떨어진다(들어온다)"이고 일부 국역본에도 "증명은 명제 안으로 들어선다"고 돼 있다.

은 단지 처음 시작할 때의 주장에서 연역된 것이 아니다.

따라서 마르크스가 헤겔에게 진 빚은 용어가 겹친다는 점(이 점은 특히 《요강》의 독자들이 보기에 분명하다)보다 훨씬 더 크다. 그러나 그 관계는 확실하지 않다. 헤겔이 고전적 과학 모형과 단절할 수 있었던 것은 새로운 주체(성) 개념을 발전시킨 덕분이었다. 헤겔이 볼 때 주체는 과학의 공리들이 타당하다는 것을 확인해 주는 외적 보증서 같은 것이 아니었다. 주체는 과정의 결과이고, 이 과정은 동시에 실재의 개념적 인식이기도 하다. 과학의 체계는 주체의 본질적 구조들이 구성되는 과정이다. 과학 개념과 주체 개념의 이런 상호 침투는 둘 다를 바꿔 놓는다. 3장에서는 먼저 헤겔이 과학과 주체의 이런 통일을 발전시키는 데 사용한 범주들에 마르크스가 약간 절충적으로 의지한다는 점을 살펴보겠지만, 마르크스가 후속 원고들에서는 헤겔 변증법에 대한 의존을 줄이려고 어떻게 자신의 개념들을 점차 고쳤는지도 살펴볼 것이다. 그런 다음, 마르크스가 새로운 규정들(방금 말했듯이, 이론에 새로운 내용을 추가하는)을 꾸준히 계속 도입하면서 추상에서 구체로 나아가는 과정을 자세히 살펴볼 텐데, 그 결과로 나타난 중요한 변화 하나는 나중 원고들에서 경쟁이 점차 부각된다는 것이다. 마지막으로는, 마르크스가 《자본론》 1~3권에서 계속 추적한 외화의 구조가 어떻게 그의 성숙한 이데올로기론(상품 물신성 이론)과 과학관을 이해할 수 있는 맥락을 제공하는지를 살펴볼 것이다.

헤겔의 체계는 주체와 객체의 구별을 절대정신 속에서 극복하는 것이 목표다. 그러나 주체와 객체의 구별은 개념들이 접합된* 체계의 자기

---

* 접합articulation은 두 마디가 맞붙어서 마치 하나처럼 움직이는 것을 가리키는 말로 (분절·절합이라고도 한다), 마르크스가 《정치경제학 비판 요강》에서 생산·소비·분

전개를 통해 극복될 수 있다. 다시 말해, 인식은 주체가 실재에 **직접** 접근하는 것에 달려 있다는 생각을 헤겔은 거부한다. 여기서 그는 절대적 관념론을 옹호하는 다른 사람들(예컨대, 셸링)과도 다를 뿐 아니라, 고전적 경험주의의 기본 원리인 인식은 감각 경험에서 비롯한다는 생각도 거부한다. 매개 ─ 타자와 맺는 관계 ─ 는 절대자가 자기 인식으로 나아가는 데서 필수적 계기다. 따라서 헤겔 체계의 사변적 목표 ─ 절대정신 속에서 주체와 객체가 동일해지는 것 ─ 는 오직 논증적으로만, 즉 개념들의 구조적 체계로서만 달성될 수 있다. 그래서 헤겔은 《논리학》 서론에서 다음과 같은 분리를 거부한다.

> [지금까지 논리학 개념은] 항상 일상적 의식 속에 전제돼 있던, 인식의 **내용**과 형식의 분리, 즉 진리와 확실성의 분리[에 바탕을 둔 것이었다.] 그런 논리학에서 **처음부터** 전제된 것은 인식의 질료가 이미 완결된 세계로서 사고의 바깥에 즉자·대자적으로 현존한다는 것, 사고 자체는 공허할 뿐이어서 하나의 형식으로서 바깥에서 질료에 덧붙여지면서 그와 함께 자신을 실현하고, 그제서야 비로소 내용을 얻고, 그럼으로써 실제적 인식이 된다는 것이었다.(*GL*: 24)

헤겔이 이렇게 내용과 형식의 분리를 거부한 이유는, 모든 과학의 체계를 제공하는 논리학의 범주들이 (우리의 사고 너머에 있는 실재를 알기 위해 구성하는) 개념들을 모아 놓은 것은 아니라고 봤기 때문이다. 개념들의 운동 자체가 바로 형식이 내용을 산출하는 과정, 즉 사고

─────

배·유통이 연결돼 있는 상태를 가리킬 때 사용한 독일어 Gliederung을 알튀세르가 articulation으로 번역한 데서 유래했다고 한다.

가 실재를 구성하는 과정이다. 그런 운동이 헤겔에게는 가능하다. 왜냐하면 헤겔 변증법의 구조 자체가 개념은 존재의 원초적 통일을 넘어서서 본질을 매개로 자신을 외화할 수밖에 없고 본질은 현상을 설명하기 위해 이면의 기체基體를* 정립해야 하는 그런 구조이기 때문이다. 이것이 《논리학》에서 첫 번째 부정의 계기다. 바로 이렇게 해서 형식은 내용을 얻게 되고, "연관의 필연성과 차이들의 내재적 생성이 사태 자체를 논하는 가운데 드러나야 한다. 왜냐하면 사태 자체는 개념 특유의 끊임없는 규정에 해당하기 때문이다."(GL: 34)

그러나 개념이 본질과 자연에서 표현된 것과 개념 자체 사이의 연관은 외적 연관이다. 본질론의 범주들을 구성하는 관계들에 의해 연결된 실체들은 서로 통일돼 있을 때조차 독립성을 유지한다. 본질론은

> 형이상학과 학문 일반의 범주들을 모두 포함한다. 그 범주들은 반성적 지성의 산물인데, 이 반성적 지성은 여러 구별을 서로 독립적인 것으로 생각하는 동시에 또 구별의 상대성을 인정한다. 그러나 구별의 독립성과 상대성을 '또'라는 말에 의해['첨가'라는 관계에 의해] 나란히 또는 차례로 연결할 뿐이고, 이런 사상들을 [서로 연관시키고] 종합해서 개념으로까지 통일하지는 못한다.[3]

헤겔이 볼 때 스피노자의 철학은 지성의 수준에 그쳤을 뿐 진정한 사변적 차원의 사고인 이성에는 이르지 못했다. (본질의 매개들이 이행한 결과인) 개념의 내적 연관은 이 매개들 사이에 남아 있던 독립성을

---

* 기체substratum. 변화의 밑바탕에서 변화를 겪으면서도 동일성을 유지하는 것을 가리키는 아리스토텔레스의 용어.

극복할 뿐 아니라, 이와 관련된 구별, 즉 지성과 (지성이 반성하는) 실재의 구별도 폐기한다. 개념이 형성하는 정신의 통일은 변증법의 세 번째 계기인 부정의 부정인데, 여기서 주체와 객체는 통일된다. 따라서 개념의 통일(이 실현된 것이 절대이념이다)은 주체가 타자에서 자신으로 복귀한 것이다. "방법의 이 전환점에서, 인식의 경로는 동시에 자체 내로 복귀한다. 이 부정(성)은 자기 부정적 모순으로서, 최초의 직접성의 회복이고 단순한 보편성의 회복이기도 하다. 왜냐하면 타자의 타자, 부정의 부정은 곧 긍정·동일·보편이기 때문이다."(GL: 746)

그러나 이미 봤듯이, 절대이념의 통일은 단지 존재의 원초적 통일이 복원된 것만은 아니다. 주체는 타자 속의 자기 동일성이지만, 그것은 타자에서 [자신으로] 복귀한 것이기도 하다. 만약 타자로 이행한 기억이 지워졌다면, 더는 주체가 아닐 것이다.

절대적 방법에서 개념은 자신의 타자 속에서 자신을 보존하고, 보편적인 것은 그것의 특수화, 즉 판단과 실재 속에서 자신을 보존한다. 규정의 각 단계에서 보편적인 것은 앞의 내용을 모두 다음의 새로운 규정으로 고양시키면서 그 변증법적 진행 과정에서 어떤 것도 잃지 않고 어떤 것도 배후에 남겨 두지 않을 뿐 아니라, 오히려 그동안 얻은 것을 모두 가져가면서 내적으로 풍부해지고 농축된다.(GL: 750)

그러나 절대이념의 내용은 결코 그 형식과 분리되지 않는다. 그리고 이 형식은 변증법적 방법, 즉 존재가 절대이념이 되는 과정의 구조다. 이 변증법적 방법은 "외적 형식이 아니라, 내용의 혼이고 개념이다."[4] 형식에서 내용이 발전해 나온 다음에 그것이 절대이념으로 복귀했으므로, 절대이념이란 그것이 그동안 지나온 과정과 다름없다.

절대이념에는 이행도 없고 전제도 없고 따라서 대체로 유동적이거나 투명하지 않은 규정도 전혀 없기 때문에, 절대이념은 자각적으로 그 내용들을 자기 자신으로 직관하는 개념의 순수 형식이다. 절대이념이 자신을 관념적으로 구별하고, 또 구별된 것이 자신과 동일하다면(그러나 이 동일성에는 형식 전체가 여러 가지 내용 규정의 체계로서 포함돼 있다), 절대이념은 자신의 내용이기도 하다. 이 내용이 논리학의 체계다. 이 단계에서 형식으로서 이념에 남은 것이 있다면 이 내용의 방법 — 이념의 '계기들'을 지속시키는 것에 관한 일정한 지식 — 뿐이다.[5]

이 변증법적 방법은 동그라미를 그린다. "지금까지 논의한 방법의 본성에 따르면, 학문은 동그란 원으로 나타난다. 즉, 여기서 매개는 동그라미의 종점을 출발점인 단순한 근거로 되돌려 놓는다."(GL: 751) 주체는 변증법의 동그라미 구조이고, 그 동그라미 구조는 학문에 부과된 독특한 목표, 즉 실체를 주체로 전환시킨다는 목표의 결과다. 주체가 자신을 구성하는 과정은 실재에 대한 과학적 이해와 동일하고, 실재 자체와 동일하다. 주체는 사고와 실재 둘 다의 목적론적 구조인 것이다.

이 모든 것은 엥겔스처럼 헤겔의 체계와 방법을 분리하는 것이 불가능함을 매우 분명히 보여 준다. 그러나 그것은 또, 인식은 내적 구별 과정, 더 정확히 말하면 내재적 모순들에 의해 움직이는 과정이라는 주장을 마르크스가 헤겔한테서 물려받았을 때 직면한 어려움도 잘 보여 준다. 왜냐하면 헤겔은 이 과정을 개념화할 때 '부정의 부정' 개념을 사용하기 때문이다. 부정의 부정 개념은 헤겔이 주체의 구조를 설명하는 데서 핵심일 뿐 아니라, 그는 유한한 것들 속에서 발전하는 모순이 그 유한한 것들을 절대정신의 통일 속에서 다시 정립한다고 본다. 부정의 부정으로 물질적 실재의 유한성이 극복된다는 것이다. 헤겔은 "사물들에 베푸는 평범한 온정, 사물들이 서로 모순되지 않도록 하는 데만 신경쓰는 태도"를 질책한다.(*GL*: 367) "'모든 사물은 그 자체로 모순적이다'라는 명제"는 절대적 관념론을 확립하는 데 도움이 된다. "유한한 것은 내재적으로 자기 모순적인 대립물이기 때문에, 다시 말해 유한한 것은 존재하는 것이 아니기 때문에, 절대자가 존재한다는 것은 진리다."(*GL*: 381, 385) 《논리학》의 유명한 구절에서 헤겔은 다음과 같이 선언한다. "유한한 것은 관념적이다라는 주장이 **관념론**을 구성한다. 철학의 관념론은 유한한 것은 참된 존재가 아니라는 사실을 인정하는 것일 뿐이다. … 유한한 존재 자체를 참되고 궁극적이고 절대적인 존재로 여기는 철학은 철학이라고 부를 만한 것이 못 된다."(*GL*: 124)

특히 오늘날의 철학자들 사이에서는 헤겔의 그런 말이 정확히 무슨 뜻인지를 두고 많은 논란이 있다. 《논리학》을 새로 영역英譯한 조지 디 조반니는 옮긴이 머리말에서 크게 두 가지 견해를 구분한다. 첫째, 더 전통적 견해는 "《논리학》은 존재론에 관한 책이고, 따라서 그만큼 독단적 주장을 늘어놓는다"는 것이다. 둘째 견해는 "《논리학》은 여전히 칸트와 피히테의 관념론이라는 틀 안에서 움직이고, 따라서 그만큼 논증적 사고의 영역을 결코 포기하지 않는다"는 것이다.[6] 디조반니는 후자의 견해를 '해석학적' 관점이라고 말하는데, 여기에는 슬라보이 지제크 등의 다양한 견해가 포함된다. 지제크는 "헤겔이 '모든 것을 안다'고, 절대지를 소유했다고, 신의 마음을 읽는다고, (자신이 말한) 정신의 자기 운동에서 모든 실재를 연역할 수 있다고 '자처하는' '절대적 관념론자'라는 터무니없는 이미지"를 비판한다. 다음은 헤겔에 관한 이런 "맥 빠진" 견해를 자세히 설명하는 지제크의 많은 표현 가운데 하나다.

헤겔의 정신에 관한 흔한 이야기, 즉 정신은 스스로 자신을 소외시키고 그런 다음 자신의 타자 속에서 자신을 알아보고, 그런 다음 그것의 내용을 다시 얻는다는 말은 심각한 오해를 낳을 수 있다. 정신은 자아로 복귀하는데, 이 자아는 바로 복귀하는 운동 자체에서 만들어지기 때문이다. 또는 복귀 과정 자체가 복귀의 대상을 만들어 내기 때문이다. … 주체적 과정에 '절대적 주체' 따위는 없다. 즉, 자신과 소외/탈소외 놀이를 하고, 자신을 잃어버리거나 흩어지게 했다가 그 소외된 내용을 다시 얻는 영원한 중심적 행위자 같은 것은 없다. 실체적 전체가 흩어지면 (전에는 그것의 종속적 계기였던) 또 다른 행위자가 그것을 다시 전체화한다. 바로 이렇게 과정의 중심이 한 계기에서 다른 계기로 이동하는 것이야말로 변증법적 과정을 소외와 소외 극복의 동그라미 운동과 구별해 준다. 바로 이런 이동 때문에 '자신으로의 복귀'가 소외의 완성과 일치하는 것이다(주체가 이 과정을 다시 전체화할 때, 주체의 실체적 통일성은 완전히 사라진다). 정확히 이런 의미에서 실체는 주체로서 자신에게 복귀하며, 바로 이런 실체 변화를 실체적 삶은 완수할 수 없다.[7]

아마 내가 너무 많이 인용한 헤겔의 발췌문을 보면, 지제크는 프로이트가 말한 '제멋대로 분석'을 하고 있다는 것을 알 수 있을 것이다. 방금 인용한 구절 바로 뒤에서 지제크는 헤겔이 "많은 부적절한 용어"를 사용했다고 불평한다. 지제크가 헤겔을 해석하는 일반적 취지는, 자신이 해석한 라캉 정신분석학의 도움을 받아 헤겔의 주체 개념을 개조해서 헤겔 자신한테서 헤겔을 구해 내려는 것이다.[8] 지제크의 주장에서 타당한 것은 헤겔의 주체 개념이 **구조적**이라는 것이다. 절대자는 실체가 아니고, 확실히 인격신 같은 것은 결코 아니다. 그것은 앞서 봤듯이, 그 자체의 생성 과정과 동일한 것이다. 그러나 헤겔이 "신의 마음을 안다"고 자처한다(거나 자처한다고 오해되고 있다)는 생각 운운하는 것은

《논리학》에 대한 존재론적 독해를 진지하게 받아들이는 사람들의 견해를 우스꽝스럽게 묘사하는 것이다. 디조반니도 비슷한 허위 사실을 유포한다. 그래서 그는 《논리학》에 대한 존재론적 해석의 주창자 가운데 한 명인 J M E 맥태거트에 대해 다음과 같이 썼다.

> 알고 보니 … 《논리학》은 논리학으로 읽어야 한다는 온갖 항변에도 불구하고 맥태거트는 사실 처음부터 《논리학》에 칸트 이전 스피노자 철학의 함의를 부여했다. 맥태거트는 《논리학》이 현실적 우주를 발견하는 데 필요한 의미 세계의 청사진도 보여 주지만, 그 우주의 청사진도 보여 준다고 생각한다. 《논리학》은 처음부터 우주생성론, 즉 우주의 기원과 발전에 관한 이론이라는 것이다.⁹

디조반니는 또, "맥태거트의 절대이념에서는 매 순간 실재의 세세한 것들을 연역해 내는 일이 원리상 가능한 듯하다" 하고 말한다.¹⁰ 이것이 맥태거트를 공정하게 해석한 것이든 아니든, 헤겔이 이해한 절대자가 아니라는 점은 확실하다. 헤겔은 "크룩* 씨가 언젠가 [매우 유치하게] 자신의 펜만이라도 연역해 내는 재주를 보여 달라고 자연철학에 요구한 것"을 조롱하면서 논박했다는 사실은 유명하다. 헤겔은 다음과 같이 주장한다. 이념이 소외된 영역, 즉 자연에서는 "우연성과 외부에서의 규정 가능성이 자신의 권리를 갖는다. 이 우연성은 구체적인 개별적 형성물의 영역에서 가장 커진다. [그러나 이 구체적 형성물은 동시에 자연물로서

---

* 빌헬름 크룩은 진리가 구성된다는 것을 인정하지 않고 최초의 근본 명제에서 철학을 도출하고자 한 사상가로서, 1804년 칸트의 뒤를 이어 쾨니히스베르크 대학교의 철학 교수가 됐고, 1830년에는 라이프치히 대학교 총장을 지내기도 했다.

직접적으로만 구체적이다. 직접적으로 구체적인 것은 말하자면 서로 분리돼 있고 서로 약간 무관심한 속성들의 집합이다. 바로 그렇기 때문에 독자적으로 존재하는 단순한 주체성도 마찬가지로 이 속성들에 무관심하고 그 속성들을 외적 규정, 따라서 우연적 규정에 내맡겨 버린다.] 이것이 **자연의 무능력**이다. 즉, 자연은 개념 규정들을 단지 **추상적으로만** 유지하고, 특수한 것에 대한 상세한 서술을 외적 규정에 내맡긴다." 그러나 이런 자연 개념은 자연이 사고보다 열등하다는 것을 의미한다는 사실에 주의해야 한다. "또한 자연은 이념이 자기 자신한테서 떨어져 나간 것[이념의 자기 비하]이라고도 말한다. 왜냐하면 이런 외면성의 형태인 이념, 즉 자연은 자기 자신[자연에 내재한 이념]과 일치하지 않기 때문이다."[11] 따라서 자연은 우연성의 영역이라고 단언할 때, 헤겔은 자신의 절대적 관념론을 제한하는 것이 아니라 강하게 주장하는 셈이다.

헤겔의 작업이 칸트와 피히테가 발전시킨 작업의 연속이라는 것은 분명하다. 칸트나 피히테와 마찬가지로 헤겔도 철학적으로 주체의 구성 이론을 발전시키는 데 관심이 있다.[12] 그러나 여기서 가장 중요한 점은 '구성'이라는 말이 무엇을 의미하는지다. 《순수 이성 비판》에 나오는 칸트의 선험적 주장에서 중요한 점은, 정신에 주어진 감각 인상들을 (단일한 영속적 주체에게 나타나고 인과법칙의 지배를 받는) 현상들의 객관적 세계로 체계화하는 도구가 될 일련의 범주들을 연역하는 과정에서 가능한 경험의 조건들을 규명하는 것이다. 그러나 헤겔이 볼 때 이런 식의 '구성'은 자신이 그토록 줄기차게 비판한, 내용과 형식의 분리를 보여 주는 전형적 사례다. 이 비판의 함의는 헤겔 《논리학》의 범주들이 존재의 본질적 형식들이라는 것이다 — 헤겔의 목적은 범주들에서 모든 것을 연역하는 것이 아니라(헤겔은 연역적 논리를 비교적 결함 있는 추론 형식으로 여긴다) (절대적) 주체의 구성 과정에서 그 범주들이 하는 구실을 파악하는 것이다. 더욱이, 내가 줄곧 강조했듯이 헤겔이 말한 주체는 변증법적 과정의 목적론적 구조, 즉《논리학》의 마지막에 정립되는 절대적 방법과 다름없다.[13]

이것은 마르크스에게 무슨 의미인가? 이 물음의 답은 마르크스가 헤겔의 범주들에 체계적으로 의존하는 지점들을 더 자세히 살펴보는 것에서 실마리를 찾을 수 있다. 그런 지점 가운데 가장 나중의 것 하나는《자본론》1권 2판의 1장인데, 거기서 자신의 상품 이론을 명료하게 다듬으려고 애쓰는 마르크스는 헤겔의 질/량/척도의* 변증법을 사용해서 1~3절을 구성한다. 질/량/척도라는 이 범주들은 [헤겔《논리학》의] 존재론에 나오는데, 존재론은 인식을 사물의 직접적 측면, 서로 무관한 양적 관계의 표현으로만 다루는 태도에 대한 내재적 비판으로 이해하는 것이 가장 좋다. 이렇게 보면, 리카도를 비판하면서 가치를 순전히 양적 관계로 환원하려 한 새뮤얼 베일리 같은 사람들과 씨름하던 마르크스가 헤겔의 존재론에 매력을 느낀 이유를 알 수 있을 것이다.[14] 그러나 마르크스의 방법이 어떻게 발전했는지를 이해하는 데 더 유용한 사례는《요강》에서 '자본 일반'과 '다수 자본'의 구별을 정식화한 것이다.

여기서 마르크스는 자본 일반 개념을 다음과 같이 표현한다.

특수한 자본들과 구별되는 **자본 일반**은 (1) 하나의 추상으로만 나타난다. 그러나 그것은 자의적 추상이 아니라, 다른 모든 형태의 부富 — 즉, (사회적) 생산이 발전하는 방식들 — 와 구별되는 자본의 독특한 성질을 파악한 추상이다. 이것은 모든 자본 자체에 공통되거나 일정액의 가치를 모두 자본으로 만드는 규정이다. 그리고 모든 종류의 자본은 이 추상적 특수성

---

* measure(영어). Maß(독일어). 도량度量, 한도限度, 절도節度라고도 한다.

의 긍정(Position)이거나 부정(Negation)이라는 점에서(예컨대, 고정자본이나 유동자본), 이 추상 내의 차이들도 마찬가지로 모든 종류의 자본의 특징인 추상적 특수성이다. (2) 그러나 특수한 실재적 자본들과 **구별되는** 자본 일반 자체가 실재적 실존이다. 이 점은 평범한 경제학이 이해하지는 못하더라도 인정하는 것이고, 균등화 등에 관한 이론의 매우 중요한 계기를 이룬다. 예컨대, 이 **일반적 형태**의 자본은 개별 자본가들에게 속하지만 자본으로서 그 **기본 형태**에서는 은행에 축적되거나 은행을 통해 분배되고 (리카도가 말했듯이) 생산의 필요에 따라 아주 훌륭하게 분배되는 자본을 이룬다.(G: 449)

자본 일반 자체는, 앞 장에서 봤듯이 생산, 유통, 생산과 유통의 통일이라는 세 계기를 포함한다. 그러나 "세 과정의 통일이 자본을 이루는데, 이것들은 시간적으로나 공간적으로 분리돼 있는 외적 과정들이다. 따라서 개별 자본가들에게는 한 과정에서 다른 과정으로의 이행, 즉 두 과정의 통일은 우연적이다. 세 과정은 그 내적 **통일**에도 불구하고 서로 **독립적으로** 나란히 존재하고 각 과정은 다른 과정의 전제 조건으로서 존재한다."(G: 403) 그래서 자본의 가치가 떨어지면 개별 자본가는 자기 생산물을 판매할 수 없거나 그 가치 이하의 가격으로만 판매할 수 있다. 자본의 내적 통일의 외화가 자본 일반에서 다수 자본으로 이행하는 토대를 제공한다.

(… 개념적으로, **경쟁**은 수많은 자본의 상호작용으로 나타나고 실현되는 자본의 내적 본성, 그 본질적 규정, 외적 필연성인 내적 경향에 지나지 않는다.) (자본은 다수 자본으로만 존재할 수 있고 실제로 존재한다. 따라서 자본의 자기 규정은 수많은 자본의 상호작용으로 나타난다.)(G: 414)

《요강》에는 이와 비슷한 구절이 많은데, 여기서 자본 일반과 다수 자본의 구별은 내적인 것과 외적인 것의 대립 위에 그려진다.(예컨대, G: 443~444, 520, 552, 651, 657) 그런데 이 대립은 헤겔의 《논리학》에 나오는 내적인 것[내면]과 외적인 것[외면]의 범주에서 직접 유래한 것이다. 이 범주는 본질론에 나오는데, 맥태거트가 말했듯이 본질론의 "주된 특징은 현실의 이중성을 주장한다는 것이다. 즉, 현실은 내적 성격[내면성]과 외적 성격[외면성]이 있는데, 둘은 서로 구분될 수 있지만 서로 무관하지 않다."[15] 따라서 존재론과 달리 본질론의 규정들은 서로 무관하지 않다. 즉, 이제 그들의 상호 관계가 정립되는 것이다.

> 외면과 내면은 정립된 규정이어서, 이 두 규정은 저마다 단지 타자를 전제하고 자신의 진리인 이 타자 속으로 이행할 뿐 아니라 이 타자의 진리를 이루면서도 여전히 규정으로서 정립돼 있고 양자의 전체성을 나타낸다. 따라서 내면은 형식상으로 본질의 완성이지만, 내면으로 규정된 본질은 스스로 결함이 있어서, 자신의 타자인 외면과의 관계에 불과하다. 그러나 이 타자[외면]는 결코 단순한 존재나 구체적 실존에 그치는 것이 아니라, 본질이나 내면과의 관계다. 여기에 있는 것은 단지 양자의 상호 관계만이 아니다. 절대적 형식의 규정적 관계, 즉 각자가 직접적으로 자신의 대립물이고 저마다 제3자, 더 정확히 말하면 **양자의 통일**을 지향하는 공통의 관계도 있는 것이다.(GL: 461)

내면에서 중요한 점은 그것이 여전히 내적이라는 것이다. 내적인 것의 통일은 통일로서 드러나지 않는다. 따라서 내적 통일은 언뜻 무관해 보이는 외적 실재와 부합한다. 찰스 테일러는 다음과 같이 썼다.

실재가 (숨겨져 있다는 의미에서) 순수하게 내적으로 있는 상태와 실재가 (어떤 필연적 연관과 내적으로 관계하는 것이 아니라, 자신에게 외적이라는 의미에서) 순수하게 외적으로 있는 상태 사이에 균형 잡힌 연결점이 생겨난다. 본질이 (내적으로) 숨겨질수록 실재는 순수하게 외적으로 연관된다. 그것이 바로 헤겔이 말한 내적인 것과 외적인 것의 직접적 통일이다.[16]

이제 우리는 이것이 《요강》에서 마르크스가 한 주장과 어떻게 부합하는지를 알 수 있다. 자본주의 생산양식에서는 생산자들 사이에 직접적인 사회적 연관이 전혀 존재하지 않기 때문에, 이 생산양식이 재생산될 수 있으려면 반드시 존재해야 하는 관계들이 경쟁에 의해 작동하게 된다. "경쟁은 다수 자본이 자본의 내재적 규정들을 서로 강요하고 자신에게도 강요하는 방식일 뿐이다."(G: 651) 헤겔의 범주들은 자본 일반과 다수 자본의 관계를 개념화하는 데 도움이 됐을 뿐 아니라, 자본 일반에서 다수 자본으로 이행할 수 있게 해 주기도 했다.

가치가 자본의 기초를 이루기 때문에, 따라서 자본은 반드시 반대 가치와의 교환을 통해서만 존재하기 때문에, 그것은 반드시 자기들끼리 반발한다. 그러므로 **보편적 자본**, 즉 교환 대상인 낯선 자본들과 마주 대하지 않은 자본 — 그리고 현재 관점에서 보면, 자본은 임금노동자나 자신 말고는 어떤 것과도 마주 대하지 않는다 — 이란 완전히 허튼소리다. 자본의 상호 반발은, 실현된 교환가치인 자본에 이미 내재한다.(G: 421n)

이 말의 경제적 내용은 매우 분명하다. 서로 자율적이지만 상호 의존적인 생산자들이 생산수단을 통제하는 상황이 노동가치론의 전제라는 것이다. 그러므로 유통 과정에서 자기 생산물의 가치를 실현하고자 하는 자본가는 다른 경쟁 자본가들, 즉 '다수 자본'과 마주 대하게 된다. 그러나 마르크스는 헤겔의 다른 범주, 즉 반발과 견인[밀치기와 당기기]이라는 범주에 의존해서 이것을 개념화한다. 이 범주는 헤겔《논리학》의 존재론에 나오는데, 존재론은 아직 본질론의 접합된 구조가 아니라 표면적 관계들을 다룬다. 다수 자본과 함께 우리는 경쟁의 영역으로 진입한다 — 마르크스는 후속 원고들에서 만약 우리가 경쟁의 영역에서 출발하게 되면 생산관계의 내적 구조가 아니라 피상적 현상에 사로잡히고 말 것이라고 끊임없이 주장하는데, 이 문제는 뒤에서 더 자세히 설명하겠다. 존재론의 영역에서 유한한 실재의 부정성은 한계로서 — 즉, 어떤 것을 그 타자와 구별해 주는 것으로서 — 정립될 수 있을 뿐이다. 우리가 사는 세계는 존재하는 것들의 세계이고, 그것들의 독특함은 그것들을 서로 구분해 주는 한계에 있다. 이것이 뜻하는 바는 존재하는 것들의 필연적 통일(이것이 필연적인 이유는 타자와의 관계야말로 존재가 자신을 차별화하는 방식이기 때문이다)은 그 상호작용에서 비롯한다는 것이다. 하나에서 다수가 생겨나고, 다수의 통일은 상호 반발과 견인 속에 있다. 마찬가지로, 마르크스가 볼 때 자본의 통일은 서로 경쟁하는 '다수 자본'의 상호작용 속에 있다.

그러나 이런 범주들의 사용이 아무 문제가 없는 것은 아니다. 헤겔에게 외(면)적인 것은 무개념적begrifflos인데, 서로 연관된 두 가지 의미에서 그렇다. 첫째, 외적인 것은 아직 개념이 되지 않은 것이다 — 그 본질을 이루는 내적 연관들이 분명히 드러나지 않았고 따라서 실재는 서로 아무 관계가 없는 것으로 나타난다. 이것은 아마 외면성의 인식론적 의미라고 부를 수 있을 것이다. 그러나 외면성은 개념의 외화이기도 하다 — 개념이 실재로 이행하는, 그래서 자기소외되는(자연에서 그러듯이) 지점이기도 하다. 이것은 말하자면 외면성의 존재론적 의미다. 물론 헤겔에게 이 두 의미는 사실 분리할 수 없는 것들이다. 분명히 드러나서 외면성의 구조를 밝히 보여 주는 내적 연관들은 동시에 개념이 실재를 자기의식적 정신의 통일로 복귀시킬 때 사용하는 수단이기도 하다. 그러나 이 두 의미와 마르크스의 관점을 구분하는 것이 중요하다. 마르크스는 1857년 서설과 《자본론》 1권의 독일어 2판 후기에서 이 점을 분명히 했다.

그러나 마르크스 자신이 항상 그런 구분을 하는 것은 아니다. 때로는 다수 자본의 영역, 즉 경쟁의 영역이 마치 (앞에서 자세히 설명한) 자본 일반 개념의 실현처럼 보이기도 한다. "경쟁은 단지 자본의 본성 안에 있는 것을 현실로 표현하고 외적 필연성으로 정립할 뿐이다."(G: 651) 마르크스가 《요강》에서 흔히 의지하는 매우 헤겔적인 표현, 즉 "전제를 정립한다(setzen die Vorauβetzung)"에서도 비슷한 모호함이 드러난다. 헤겔이 몰두한 작업 하나는 논리학의 자기 정당화, 즉 논리학을 어떤 전제에도 의존하지 않는 '절대적 학문'으로 만드는 것이었다. 그래서 헤겔의 《논리학》은 구별되거나 매개되지 않은 순수한 추상적 통일인 '존재'에서 시작한다. 그러나 '규정적 부정'의 활동 덕분에 바로 이 존재에서 모든 범주가 전개될 수 있고, 이 규정적 부정은 모든 개념에 내재하는 결함 덕분에 작동한다. 이 과정이 내용의 자기 전개인 이유는 그것이 내적 모순에 의해 움직이기 때문이다. 그러나 여기에는 (추상적 출발점에 구체적 내용과 합리적 증거를 모두 제공하는 데 필요한) 다양한 규정들의 점진적 정립이 포함된다. 이것은 내적 분화 과정만은 아니고, 전제들의 정립을 통해 출발점이 이성적 근거를 갖추게 되는 과정이기도 하다. 변증법의 동그라미 운동이 보여 주는 이 과정을 통해 존재는 그 구체적 내용을 산출함과 동시에 사후적 정당화도 달성하는 것이다.

이런 진전을 거치며 [논리학의] 시원[출발점]은 직접적이고 추상적인 어떤 것으로 규정됐을 때 갖고 있던 일면성을 잃게 된다. 이제 그것은 매개된 것이 되고, 따라서 학문[논리학]의 전진 운동은 직선에서 **동그라미**로 바뀐다. — 또, 시원을 이루는 것은 아직 전개되지 않고 내용이 없는 것이기 때문에 처음에는 결코 참다운 의미에서 인식된 것이 아니다. 오직 학문, 그것도 완전히 전개된 학문만이 그것을 완전히 인식할 수 있다. 즉, 내용으로 충만하고 참다운 근거로 뒷받침되는 인식이 가능해지는 것이다.(*GL*: 49)[17]

헤겔의 정립 개념은 외면성 개념과 똑같이 모호하다. '정립하다'라는 용어는 헤겔보다 약간 선배인 피히테의 철학 저작에서 중요한 구실을 하는데, 피히테가 발전시킨 절대적 주체(성) 이론에서는 자아가 자신과 그 타자인 비아非我를 모두 정립한다. 디터 헨리히는 다음과 같이 썼다.

'정립한다Setzen'는* 말은 풍부한 함의가 있어서 피히테는 거듭거듭 그런 함의를 갖고 장난친다. 예컨대, … 정립한다는 것은 뭔가를 구성한다constitute는 것, 즉 헌법constitution을 제정해서 처음으로 국가를 건설한다는 것을 의미한다. … '정립하다'와 관련된 다른 단어로는 '법칙Gesetz'이 있고, 또 다른 단어로는 통치자나 고위 성직자가 '임명된다'고 할 때의 '임명Einsetzung'도 있다.[18]

마이클 인우드는 헤겔 자신의 어법에 핵심적 모호함이 있다고 지적한다. "어떤 것이 정립됐다gesetzt는 말은 두 가지 함의가 있는데, 특정

———
* 정립定立은 조정措定이라고도 한다.

맥락에서는 어느 하나가 우세할 수 있다. 첫째, 정립된 것은 암시적이거나 즉자적인 것이 아니라 명시적이거나 겉으로 드러난 것이다. … 둘째, 정립된 것은 다른 것의 산물이거나 다른 것에 의존하는 것이다. … 그런 정립은 물리적일 수도 있고 관념적일 수도 있다."[19] 따라서 전제를 정립한다는 것은 두 개념 사이의 의존을 말하는 것 이상일 수 있다. 즉, 그것은 실제로는 정립된 개념의 지시 대상을 만들어 내는 것일 수 있다. 패트릭 머리는 마르크스가 헤겔을 따라서 전제가 없는 과학을 구상한 것은 아니라고 옳게 지적한다.

마르크스는 헤겔식 체계 변증법의 동그라미를 그대로 가만 놔두지 않는다. 그는 헤겔식 체계 변증법의 '전제 없음'에 반대하고, 과학에는 전제들이 있다고 주장한다. 마르크스와 엥겔스는 《독일 이데올로기》에서 그런 전제들을 간략히 설명한 바 있다. 그런 전제들은 자연에 의해 주어지는데, 그것들 자체는 모종의 더 어마어마한 체계 변증법의 '결과'로서 통합되는 것이 아니다. 그것들은 《자본론》에 다시 등장해서, 마르크스가 엄격한 헤겔식 체계 변증법과 분명히 갈라섰음을 증명해 (주고 빈번하게 재확인해) 준다(적어도 마르크스는 미심쩍어 하면서 헤겔을 이해했다).[20]

사실 더 나아가서 마르크스의 이론은 단지 자연만 전제하는 것이 아니라, 그가 이론적으로 그 실제 '전제들'만큼이나 독립적으로 존재한다고 여기는 모든 관계와 메커니즘도 전제한다고 주장할 수 있다. 그러나 전제를 정립한다는 헤겔식 용어법을 마르크스가 포기한 것은 아니다. 특히, 《요강》의 다음과 같은 중요한 구절을 보면 그 점을 알 수 있다.

자본이 생성되고 등장하는 조건과 전제들은 자본이 아직 존재하지는 않만 생성되고 있다는 것을 전제한다. 그러므로 이런 조건과 전제들은 실재적 자본, 즉 자본의 실재에서 출발해 자기 실현 조건들을 스스로 정립하는 자본이 등장하면 사라진다. … 처음에는 자본의 생성 조건으로서 나타났던 — 따라서 자본이 자본으로서 하는 행동에서 유래할 수 없는 — 이런 전제들이 이제는 자본의 자기 실현 결과로서, 실재의 결과로서, 자본에 의해 정립된 것으로서 — 자본의 등장 조건으로서가 아니라, 자본의 현존 결과로서 — 나타난다. 자본은 생성되기 위해 더는 전제들에서 출발하는 것이 아니라, 자본 자체가 전제됐고 자기 자신에서 출발해서 자기 보존과 성장의 조건들을 만들어 낸다.(G: 459~460)

여기서 마르크스가 제기하는 실질적 요점은 자본축적을 다루는 《자본론》 1권 7~8편["자본의 축적 과정"과 "이른바 시초 축적"]에서 상당히 더 발전한다. 《요강》에서 그는 1857년 서설에서 이미 주장한 바, 즉 범주들을 그 역사적 기원에 따라서가 아니라 자본주의 생산양식의 작동에서 하는 구실에 따라 연구해야 한다는 주장을 확실히 보강한다. "따라서 부르주아 경제의 법칙들을 설명하려고 생산관계의 실제 역사를 서술할 필요는 없다. 그러나 이 법칙들을 역사적으로 스스로 생성된 것으로서 올바르게 파악하고 연역하는 것은, 항상 이[자본주의] 체제의 뒤에 놓인 과거를 가리키는 최초의 방정식들 — 예컨대 자연과학의 경험적 수치들 같은 — 로 이어진다."(G: 460~461) 이런 성찰은 마르크스가 전자본주의 생산 형태들을 논의한 《자본주의적 생산에 선행하는 형태들》보다 앞선 것이다.[21]

그러나 "자본이 자신의 전제들을 만들어 낸다"는 이런 생각은 여전히 남아 있다. 《자본론》 1권에 나오는 다음 인용문에서 마르크스는 헤겔의 용어를 사용하지 않은 채 그런 생각을 다시 표현한다.

사회의 한쪽 끝에는 노동조건이 자본의 형태로 집중되고 다른 쪽 끝에는 자신의 노동력 말고는 팔 것이 전혀 없는 사람들이 나타나는 것만으로는 충분하지 않다. 또 그 사람들이 자발적으로 자신을 팔 수밖에 없다는 것만으로도 충분하지 않다. 자본주의 생산이 발전함에 따라 교육·전통·관습에 의해 자본주의 생산양식의 요구를 자명한 자연법칙으로 여기는 노동계급이 발전한다. 일단 자본주의 생산과정의 조직이 완전히 발전하면, 그것은 모든 저항을 분쇄한다. 상대적 과잉인구의 끊임없는 창출은 노동의 수요·공급 법칙이, 따라서 임금이 자본의 증식 요구에 알맞은 범위 내에서 유지되게 만든다. 경제적 관계의 말 없는 강제[stumme Zwang]를 통해 자본가는 노동자를 확실히 지배할 수 있게 된다. 물론 직접적인 경제외적 강제[Außerökonomische, unmittelbare Gewalt]도 여전히 사용되지만, 오직 예외적 경우에만 그런다. 보통의 사정에서는 노동자를 '생산의 자연법칙'에 맡겨 두면 된다. 즉, 생산조건 자체에서 생겨나고 생산조건에 의해 보장되고 한없이 지속되는, 자본에 대한 노동자의 의존에 맡겨 두면 되는 것이다. 그러나 역사적으로 자본주의 생산이 발생하던 시기의 사정은 그렇지 않았다. 신흥 부르주아지는 임금을 '규제'하기 위해, 즉 임금을 이윤 획득에 적합한 수준으로 억누르기 위해, 노동일을 연장하기 위해, 또 노동자의 의존 상태를 정상적 수준으로 유지하기 위해, 국가권력이 필요했고 실제로 국가권력을 이용했다. 이것이 이른바 시초 축적의 본질적 측면이다.(C I: 899~900)

그렇다면 이것은 자본주의 경제 관계의 정상적 작동이 그 경제 관계의 재생산조건을 만들어 내는 경향이 있다는 생각이다. 그런데 에드워드 톰프슨은 《요강》의 구절들을 보고 불안해졌다. 왜냐하면 그는 자본이 그 전제들을 정립한다는 생각에서 "유기적 구조주의 … (궁극적으로 말해서, 자기 전개하는 자본이라는 이념)"를 발견하는데, 이런 유기적 구조주의에서는 "많은 활동과 관계(권력·의식·성性·문화·규범 등의 관계)"가 배제된다고 보기 때문이다.[22] 마르크스는 바로 앞 인용문에서 노동을 자본에 종속시키는 데서 "경제적 관계의 말 없는 강제"가 직접적 강압을 대체한 이유를 설명하려고 경제적 메커니즘 ─ 노동 예비군 ─ 과 더 광범한 사회화 과정("교육·전통·관습")을 모두 이야기했다. 이 주장이 설득력이 있으려면, 그리고 톰프슨의 이견을 다룰 수 있으려면 훨씬 더 많은 논의가 필요하지만(특히 사회화 과정에 대해서는 더 그렇다), 그것은 어쨌든 "자기 전개하는 자본이라는 이념"에 의존하지 않는 주장이라는 것은 확실하다.[23] 심지어 《요강》의 구절은 자본주의의 역사적 형성의 유물遺物과 물리학의 경험적 상수常數들을 절묘하게 비교하기도 하는데, 이것은 전제들의 정립이 곧 개념에서 실재로의 운동이라는 견해를 완전히 넘어서는 것이다. 역사적 잔재들의 존재는 소재를 다루기가 쉽지 않음을 보여 준다. 그러나 개념과 실재가 융합해서 전제를 정립한다는 헤겔의 생각은 혼동의 잠재적 근원이다.[24]

마르크스는 때때로 헤겔의 범주들에 지나치게 의존하는 것이 오해를 낳을까 봐 우려하기도 했다. 예컨대, 1859년 《비판》의 《원본》에서는 헤겔이 좋아한 또 다른 용어 voraussetzen(앞에 두다, 전제하다는 뜻)을 사용해서 다음과 같이 썼다.

여기서 매우 확실해진 사실은 서술의 변증법적 형식은 자신의 한계를 인식할 때만 올바르다는 것이다. 단순 유통을 살펴보면, 자본의 일반적 개념이 드러난다. 왜냐하면 부르주아 생산양식 안에서는 단순 유통 자체가 자본에 의해 전제된 것으로서 또 자본을 전제하는 것으로서만 존재하기 때문이다. 자본의 일반적 개념을 설명한다는 것은 자본을 무슨 영원한 관념의 실현으로 만드는 것이 아니라, 현실적 실재에서 단지 필수적 형태인 자본이 어떻게 교환가치를 창조하는 노동으로 흘러들어 가야 하는지, 교환가치에 의존하는 생산으로 흘러들어 가야 하는지를 보여 주는 것이다.(CW 29: 505)

이 구절이 특히 흥미로운 이유는, 어떤 점에서는 가장 헤겔다운 마르크스, 즉 자본을 화폐에서 연역하려고 하는(이 시도는 다음 절에서 비판하겠다) 마르크스를 보여 주는 텍스트에 나오기 때문이다. 이런 구절들에서 비록 우려를 표명하기는 했지만 그렇다고 해서 마르크스가 헤겔의 범주들을 포기한 것은 결코 아니다. 예컨대, 더 나중의 원고들을 편집해서 만든 《자본론》 2권에 나오는, 정치경제학자들을 비판하는 다음 구절을 살펴보자. "그들은 가치의 유통에서 나오는 경제적 형태 규정[die ökonomische Formbestimmtheit]과 물질적 속성을 혼동한다. 그 자체로는 결코 자본이 아니고 일정한 사회적 조건에서만 자본이 되는 물건들이 그 자체로 그리고 그 본성상 특정 형태의 자본, 즉 고정자본이나 유동자본이 될 수 있다고 생각하는 것이다."(MⅡ: 164. 번역 수정)[25] 이사크 루빈이 지적했듯이, 마르크스는 자신이 생각하는 경제적인 것(특정한 생산관계를 구성하는 형태와 기능)의 특징을 나타내기 위해 형태 규정이라는 헤겔식 개념을 끊임없이 사용한다.[26] 그래서 《1861~1863년 원고》에서 마르크스는 "형태 규정[Formbestimmtheit], 일정한 사회적 생산관계"라고 분명히 말한다.(CW 30: 117. 번역 수정) 또, 리카도가 고정자본과 유동자본을 다룰 때 혼란에 빠진 것을 비판하면서 다음과 같이 지적한다. "여기서 문제가 되는 것은 사물들을 포괄하는 정의[Definitionen]가 아니라, 일정한 범주[bestimmte Kategorien]로 표현되는 일정한 기능[bestimmte Funktionen]이다."(CⅡ: 303. 번역 수정)

그렇지만 마르크스의 논의의 전반적 구조는 처음에 채택한 헤겔식 형태들에서 점차 바뀐다. 2장에서 봤듯이 프레드 모즐리는 헤겔의 보편/특수/개별이라는 범주들을 렌즈 삼아 《자본론》을 해석한다. 이런 해석은 마르크스가 리카도를 비판할 때 헤겔의 《논리학》이 도움이 됐다는 사실을 강조하는데, 이 점에서는 매우 유익하지만 한계도 있다. 마르크스가 보편/특수/개별의 범주들을 가장 분명하게 거론하는 《요강》의 인용문을 보면 개별성이라는 범주 아래 "(1) 신용으로서 자본. (2) 주식자본으로서 자본. (3) 화폐시장으로서 자본"이 나온다.(G: 275) 그러나 《자본론》 3권은 이런 식으로 끝나지 않는다. 오히려 금융과 신용을 5편에서 다루고, 이어지는 6편에서는 지대를, 7편에서는 계급 소득의 다양한 형태를 다룬다. 그래서 자크 비데는 다음과 같이 썼다.

따라서 마르크스가 초기 계획에서 예상한 것과는 반대로, 이 보편/특수/개별의 범주들은 설명을 체계화하고 다양한 계기들 사이의 위계질서를 규정하는 데 사용되지 않았다. 진정한 보편적 관계는 존재하지 않고 오히려 지배적이고 포괄적인 관계가 존재한다. 특수성은 어디에나 존재하지만, 다양해서 특수성으로 통일될 수 없고, 따라서 이론적으로 적절하지 않다. 개별성은 서로 다른 다양한 관계로 분해돼서 사라진다.[27]

모즐리 자신도 이 점을 사실상 인정하면서 다음과 같이 썼다. "헤겔의 개별성에서 특수한 형태는 보편적인 것의 참된 본성이 완벽하게 구현된 것이다. 반면에 마르크스에게 신용자본은 자본의 진정한 본성의 대립물이다. 즉, 자본의 가장 물신적인 형태다. 왜냐하면 이자가 노동이나 생산과정과 아무 상관없이 자본 자체에서 나오는 것처럼 보이게 만들기 때문이다."[28] 다시 말해, 《자본론》에서 마르크스는 금융시장을 헤겔이 말한 구체적 보편으로 여기지 않는다. 이자 낳는 자본에서는 자본의 전형적 공식 M-C-M′이 M-M′으로 줄어든다. 즉, 자본은 생산수단과 노동력에 투자되지 않고도 증식하는 것처럼 보인다(그러나 오직 노동력만이 생산수단을 이용해 상품을 생산함으로써 새로운 가치를 창출한다). "이자 낳는 자본에서 자본 관계는 가장 외면적이고[äußerlichte] 물신적인 형태에 도달한다. 여기서는 M-M′의 관계가 나타나는데, 이것은 양극을 매개하는 과정 없이 스스로 더 많은 화폐를 생산하는 화폐, 자기 증식하는 가치다."(CIII: 515. 번역 수정) 마르크스는 앞서 살펴본 인용문에서 다음과 같이 설명한다. "이제 자본의 물신적 성격과 이 자본 물신성의 표상이 완성된다. M-M′에서는 자본의 무개념적[begrifflose] 형태, 즉 생산관계의 전도와 사물화[Verkehrung und Versachlichung]가 극에 달한다."(CIII: 516)

　따라서 헤겔이 말한 구체적 보편, 즉 "자신의 반정립[타자]에서도 틀림없이 자신을 잃지 않고 존립하는 것"과 달리 《자본론》에 나오는 금융시장은 '개념이 없음'이 그 특징이다. 이것은 헤겔의 《논리학》과 마르크스의 《자본론》 사이에 근본적인 구조적 차이가 있다는 것을 보여 준다. 《논리학》의 운동은 내(면)화의 운동이다. 실재의 근거를 이루는 내적 연관은 존재의 외화에서 시작돼 본질로 발전한다. 이 내적 연관은 점차 분명해져서 《논리학》 3권에서는 개념의 정신적 통일로서 나타난다. 개념이 이 과정을 자기 형성으로 회고하며 파악하는 것, 즉 기억 Erinnerung을* 통해 이 내(면)화는 달성된다. 그래서 헤겔은 다음과 같이 썼다. "그것들[형식과 질료 — 캘리니코스]의 근원적 동일성의 회복은 그것

―――――

*　Erinnerung은 회상이라고도 한다.

들이 거쳐 나온 외화 과정을 기억[Erinnerung]하며 내면화하는 것이다."
(GL: 393) 《정신현상학》도 똑같은 길을 거친다. 절대정신이 그동안 거쳐 온 다양한 형태의 의식(이나 정신)을 회고하며 살펴보는 것으로 끝나는 《정신현상학》의 마지막 문단에서 헤겔은 다음과 같이 말한다. "목표가 되는 절대지, 즉 자신이 정신임을 아는 정신은 지나온 길에서 온 갖 정신이 어떤 모습을 하고 어떻게 자신의 왕국을 구축했는지를 기억[Erinnerung]한다." 이 다양한 형태의 의식이 역사적으로 전개된 것과 그것들이 《정신현상학》에서 철학적으로 "개념 파악된 체계", 이 둘을 종합한 것이 "개념적으로 파악된 역사이고, 이 개념적 역사가 절대정신의 내면적 기억이자 골고다의 언덕을* 이룬다[die begriffne Geschichte, bilden die Erinnerung und die Schädelstätte des absoluten Geistes]."[29]

이와 대조적으로 《자본론》은 점진적 **외화** 과정의 구조로 돼 있다. 이 것은 마르크스가 《자본론》 3권에서 끊임없이 되돌아가는 주제다. 그래서 3권 끄트머리에서 그는 유통과 경쟁이 현실을 왜곡하는 효과를 찬찬히 살펴본다.

> 2권에서는 당연히 이 유통 영역을 (유통 영역에서 생겨나는) 여러 형태 규정[Formbestimmungen]과 관련해서만 서술해야 했고, 이 영역에서 일어나는 자본 형태의 지속적 발전[예컨대, 고정자본과 유동자본]을 보여 줘야 했다. 그러나 현실[Wirklichkeit]에서는 이 영역은 경쟁의 영역이고 낱낱의 경우를 보면 우연의 지배를 받는다. 즉, 유통 영역에서 (우연적 사건들을 통해

---

* 골고다의 언덕은 예수가 십자가에 못 박힌 곳을 가리키는 말로, 《정신현상학》을 국역한 임석진은 고난과 시련의 "수난사受難史를 되새겨 주는 의미에서 '세계사의 노동'을 의미하는" 것으로도 볼 수 있다고 한다.

관철되고 우연적 사건들을 규제하는) 내적 법칙은, 오직 이 우연적 사건들이 아주 많이 겹칠 때만 볼 수 있다. 따라서 개별적 생산 담당자 자신은 이 내적 법칙을 볼 수도 없고 이해할 수도 없다. 더욱이, 직접적[unmittelbaren] 생산과정과 유통과정의 통일인 현실적[wirkliche] 생산과정은 새로운 형태들[Gestalten]을 만들어 내는데, 이 형태들에서는 내적 연관의 맥락이 점차 사라지고[mehr und mehr die Ader des innern Zusammenhangs verlorengeht] 각 생산관계는 서로 독립적으로 되고 가치의 구성 요소들은 서로 독립적 형태로 굳어진다.(CⅢ: 966~967. 번역 수정)

"내적 연관의 맥락"이 사라지는 것은, 생산과정에서 만들어진 잉여가치가 결정적으로 경쟁 때문에 변형되고 분할되기 때문이다. 따라서 《자본론》 3권 1편[잉여가치가 이윤으로 전환하고 잉여가치율이 이윤율로 전환]에 나오는 이윤율 — 총투하자본 대 잉여가치의 비율 — 은 이런 외화 과정의 첫걸음이다.

잉여가치에서 자본과 노동의 관계는 완전히 드러난다. 그러나 자본과 이윤의 관계, 즉 자본과 잉여가치의 관계에서는 잉여가치가 한편으로는 유통과정에서 상품의 비용가격 이상으로 실현되는 초과분으로서 나타나고 다른 한편으로는 총자본에 대한 비율을 통해 더 분명히 드러나는 초과분으로서 나타나므로 자본은 자기 자신에 대한 관계로서 나타난다. 이 관계에서는 최초의 가치액으로서 자본은 자신이 정립한 새로운 가치와 구별된다. 마치 자본은 이 새로운 가치를 생산과정과 유통과정을 거치는 자신의 운동 중에 만들어 내는 것처럼 우리 의식에 나타난다. 어떻게 이런 일이 일어나는지는 이제 신비하게 여겨지고, 자본 자체에 내재하는 숨은 속성에서 비롯한 것처럼 보인다.

자본의 가치 증식 과정을 추적하면 할수록, 자본 관계는 더 신비하게 여겨지고 그 내부 구조의 비밀은 더 숨겨진다.(CⅢ: 139)

이 외화 과정은 결정적으로 유통과정에서 생겨나는 새로운 형태들의 결과다.

앞서 봤듯이, 유통과정에서 잉여가치의 생산과 가치 일반의 생산은 다음과 같이 새로운 특징을 띠게 된다. 즉, 자본은 자기 변형의 순환을 통과하고, 마침내 말하자면 내적인 유기적 삶에서 외적인 삶의 관계 속으로 들어가는데[aus seinem innern organischen Leben in auswärtige Lebensverhältnisse], 이 관계에서 서로 대립하는 것은 자본과 노동이 아니라, 한편으로는 자본과 자본, 다른 한편으로는 또다시 단순한 구매자와 판매자로 만나는 개인들이다.(CⅢ: 135)[30]

가치가 생산가격으로 바뀌는 전형은 ―《자본론》 3권 2편[이윤이 평균이윤으로 전환]에 나오는데, 앞서 봤듯이 이 전형 이론 덕분에 마르크스는 리카도를 결정적으로 넘어설 수 있었다 ― 이 과정에서 한 걸음 더 나아간 것이다. 이제 자본은 그 크기에 비례해서 잉여가치를 취득하고, 생산에서 잉여가치를 실제로 뽑아내는 것은 더한층 은폐된다. "생산가격은 이미 상품 가치가 완전히 외화한, 언뜻 보기에 무개념적 형태[ganz veräusserlichte und prima facie begrifflose Form]이고, 그러므로 속물적 자본가의 의식에, 따라서 속류 경제학자의 의식에도 들어 있는 형태다."(CⅢ: 300. 번역 수정) 그리고 잉여가치가 산업·상업 이윤과 지대, 이자로 분할되면서 이런 외화는 계속된다. 삼위일체 공식 ― 에 따르면 이 수입 형태들은 서로 다른 '생산요소들'의 생산적 기여에 상응한다 ― 은 이 과정의 이데올로기적 정점이다. 마르크스는《자본론》3권 7편 "수입들과 그 원천"의 [48장 삼위일체 공식] 결론 시작 부분에서 다음과 같이 말한다.

자본-이윤(또는 더 적절하게는 자본-이자), 토지-지대, 노동-임금이라는 이 경제적 삼위일체는 가치와 부 일반의 구성 요소들과 그 원천 사이의 연관을 나타내는데, 바로 여기서 자본주의 생산양식의 신비화, 사회관계의 사물화 [Verdinglichung], 물질적 생산관계와 그 역사적·사회적 규정[geschichtlich-sozialen Bestimmtheit]의 직접적 결합이 완성된다. 그것은 마법에 걸려 온통 뒤죽박죽 전도된 세계이고, 이 세계에서 자본 도련님과 토지 아가씨는 사회적 인물임과 동시에 직접적인 단순한 사물로서 유령처럼 출몰한다[die verzauberte, verkehrte und auf den kopf gestellte Welt, wo Monsieur le Capital und Madame la Terre als soziale Charaktere und zugleich unmittelbar als blosse Dinge ihren Spuk treiben].(CIII: 968~969. MIII: 830. 번역 수정)[31]

《자본론》3권의 부제로 마르크스 자신이 선호한 "Gestaltungen des Gesamtprozeßes(총과정의 형태들)"은 바로 이런 점에 비춰서 이해해야 한다. 3권에서 마르크스는 생산의 자본 관계가 외화하는 형태의 독특한 모습들을 분석하는 데 몰두한다. 물론《자본론》3권은 미완성이다. 그러나 우리는 마르크스가 3권을 어떻게 끝내려고 했는지를 안다. 그는 1868년 4월 30일 엥겔스에게 보낸 편지에서 다음과 같이 썼다. "마지막으로는 앞서 말한 세 가지, 즉 임금·지대·이윤(이자)이 지주·자본가·임금노동자라는 세 계급의 소득원이므로 이 모든 것의 운동과 해체가 귀결되는 결론인 **계급투쟁**을 다룰 것이네."(CW 43: 26*) 따라서

---

* 25의 오타인 듯하다.

《자본론》은 개념의 통일로 끝나는 것이 아니라, 계급투쟁을 향해 열려 있다.

《자본론》을 '헤겔식'으로 해석하는 많은 사람들의 약점 하나는 헤겔 자신이 후세대인 마르크스와 마찬가지로 정치경제학을 주의 깊게 연구했으며 시민사회에 대한 복잡한 분석을 발전시켰다는 사실을 무시한다는 것이다. 헤겔은 시민사회라는 영역에서는 근대적 개인들의 한없이 커지는 주관적 욕망이 실현될 수 있지만 이 때문에 빈부의 불안정한 양극화가 나타나기도 한다고 분석했다. 헤겔의 논리학은 그 때문에 사회철학에서 분리된다.[32] 헤겔은 《법철학》에서 다음과 같이 주장한다. "시민사회는 그 내적 변증법 때문에 자기 테두리를 넘어서서 — 즉, 무엇보다 이 특정한 사회를 넘어서서 — 밖으로 진출할 수밖에 없고, 그래서 자기네처럼 생계 수단[자본재]이 남아돌 만큼 풍부하지 않거나 창조성[기술] 등이 대체로 후진적인 외국에서 소비자를, 따라서 자국에 필요한 생계 수단을 구할 수밖에 없다." 이 과정의 결과로 온갖 "유동성과 위험과 몰락"이 뒤따르는 국제무역이 발전하고, 시민사회의 과잉인구를 내보낼 식민지가 개척된다. "인간의 욕망은 동물의 본능처럼 닫혀 있는 동그라미[제한된 것]는 아니어서, 인간은 자신의 욕망을 표상과 반성을 통해 부풀려 나가고 이를 악무한적으로[한도 끝도 없이] 펼쳐 나간다. 그러나 다른 한편으로 생활상의 결핍이나 궁핍도 마찬가지로 한도가 없다. 결국 이 혼란 상황은 국가의 강제적 개입으로만 다시 조화를 이룰 수 있다." 따라서 헤겔은 근대 시민사회에 고유한 경제적·사회적 모순들이 있다고 보면서도(스미스와 리카도는 이 모순들을 간과했다) 국가가 ("객관정신"이므로 "개인[Individuum]은 오직 국가의 일원일 때만 객관성과 진리와 인륜성을 지닌다") 이런 적대 관계들을 적어도 억제할 수 있는 화해의 계기라고 주장한다.[33] 마르크스의 정치경제학 비판과 사뭇 다르게, 헤겔이 말한 시민사회의 변증법은 국가가 "조화"를 확립하는 것으로 끝난다.

이렇게 헤겔의 《논리학》이나 《법철학》과 근본적인 구조적 차이가 있음을 감안하면, 마르크스가 헤겔의 범주들에 의지한 것은 일종의 철학적 '재활용cannibalisation'으로 이해하는 것이 가장 좋다. 마르크스의 정치경제학 비판은 단지 정치경제학자들의 이론만 겨냥한 것이 아니고, 그런 이론들이 전제하는 과학 개념을 비판하는 것도 함축하고 있었다. 오직 헤겔만이 그런 과학 개념과 거기에 포함된 인식론을 비판했다. 그래서 마르크스는 헤겔의 《논리학》에서 범주들을 뽑아내서 작업했지만 매우 실용적인 방식으로 그렇게 했다. 이 점은 마르크스가 헤겔에게 가장 큰 빚을 진 원고인 《요강》에서도 마찬가지인데, 거기서 마르크스는 《논리학》의 존재론에 나오는 범주(반발과 견인)와 본질론의 범주(내면과 외면)에 의지해서 자본 일반과 다수 자본의 관계를 개념화한다. 그리고 후속 원고들에서 자신의 개념들을 수정하고 재정식화하면서 마르크스는 점점 더 《논리학》에서 멀어졌다. 따라서 보편/특수/개별의 변증법이 마르크스가 자신의 방법과 리카도의 방법의 차이를 심사숙고하는 데 도움이 된 것은 명백하지만, 앞서 봤듯이 마르크스가 《1861~1863년 원고》를 쓸 무렵에는 보편/특수/개별의 변증법이 더는 청사진 구실을 하지 않았다.

추상에서 구체로 상승하기

마르크스가 1857년 서설에서 "과학적으로 가장 올바른 방법"으로 내세운 "추상에서 구체로 상승하기"라는 공식은 그 글에서 일종의 표어 구실을 한다(비록 《논리학》에 나오는 그 출처 덕분에 엄청 난 반향이 있는 표어이긴 하지만). 내가 이미 말했듯이, 그것은 사실 《1861~1863년 원고》의 확대된 방법론적 논의에 비춰 볼 때 마르크스 가 《자본론》에서 실제로 어떻게 작업을 진행하는지를 정확히 요약해 준다. 그러나 이것은 더 정확히 무엇을 의미하는가?

《자본론》의 방법은 사실상 점차 복잡한 규정들을 점진적으로 도입 하는 그런 방법이다. (《자본론》 해설자들은 때때로 추상/구체의 대립 과 단순/복잡의 대립을 구별하지만, 나는 과연 그렇게 할 수 있는지 의 심스럽다.) 제라르 뒤메닐은 이 과정을 일컬어 "단계적으로 투여하는 추상화, … 구성 요소를 하나씩 쌓아 나가는 구체화"라고 했고, 프레 드 모즐리는 "핵심 변수들의 순차적 규정"이라고 했다.[34] 그래서 마르크스 는 《자본론》 1권 1편을 상품과 화폐로 시작한 다음 2편에서는 자본이 라는 더 복잡한 범주를 도입한다. 이 과정은 후속 원고들에서도 계속 되다가 《자본론》 3권의 외화 형태들을 탐구하는 부분에서 절정에 달 한다. 앞에 나오는 더 추상적인 개념들은 뒤에 나오는 더 구체적인 개 념들을 설명하는 데 도움이 된다. 이 점은 《자본론》의 전반적 구조에 서 매우 분명히 드러난다. 즉, 자본의 유통(2권)이나 생산과 유통의 통 일(3권)보다는 직접적 생산과정에서 이뤄지는 가치와 잉여가치의 형성, 그리고 자본의 축적(1권)에 설명의 우선순위가 있다. 더욱이, 《자본론》 3권의 연구 대상인 구체적 형태들은 그 자체의 조건에서, 즉 경쟁의 관 점에서만 살펴보면 신비하게 여겨진다. 예컨대, 이윤율을 논하는 다음 구절을 보자.

상대적으로 잉여가치와 잉여가치율은 우리가 조사해야 할 보이지 않는 본질[das Unsichtbare und das zu erforschende Wesentliche]인 반면, 이윤율과 따라서 잉여가치의 이윤 형태는 눈에 보이는 표면적 현상[der Oberfläche der Escheiningen zeigen]이다.

개별 자본가에 관한 한, 그의 유일한 관심사는 상품 생산에 투하한 총자본 대 잉여가치(자신의 상품을 판매해서 얻는 초과 가치분)의 비율이라는 것은 매우 분명하다. 그는 자본의 특수한 구성 요소들과 이 초과 가치분 사이의 특정한 비율이나 내적 연관[inner Zusammenhang]에 대해서는 관심이 없을 뿐 아니라, 이 특수한 비율과 내적 연관을 은폐하는 것이 실제로 그에게 이롭다.

비용가격을 넘는 상품 가치의 초과분은 직접적 생산과정에서 생겨나지만 유통과정에서만 실현된다. 그런데 그것이 현실적인 경쟁의 세계, 즉 현실의 시장[in der Wirklichkeit, innerhalb der Konkurrenz, auf dem wirchlichen Markt]에서만큼이나 유통과정에서 생겨나는 것처럼 보이는 것은, 이 초과 가치분이 실현될지 안 될지 그리고 어느 정도로 실현될지가 시장 상황[Marktverhältnissen]에 달려 있기 때문이다.(CⅢ: 134. 번역 수정)

여기서 나타나는 매우 중요한 요점 하나는 이윤율과 관련된 신비화가 개별 자본가의 관점에서 볼 때는 실용적이라는 것이다. 이 주제 — 자본 관계라는 현상의 외화 형태들이 실재적이고 필연적이라는 것 — 는《자본론》3권에서 되풀이되는데, 이 문제는 다음 절에서 다시 살펴보겠다. 여기서 더 직접적 관련이 있는 문제는 우리가 설명할 수 있는 "눈에 보이는 표면적 현상"에 비하면 잉여가치는 "보이지 않는 본질"이라는 것이다. 따라서 앞에 인용한 구절에서 마르크스가 생산가격은 "언뜻 보기에 무개념적" 형태라고 말했다는 사실을 주의해야 한다. 다시 말해, 그런 외화 형태들이 일단 마르크스의 가치론 안에 놓이게 되면 그들의 개념을 얻게 된다. 즉, 우리는 그것들을 설명할 수 있게 된다. 마르크스가 가치와 생산가격을 구별한 것의 의의는 그 구별 덕분에 가치법칙이 어떻게 시장 현상들을 지배하는지를 이해하는 데서 전진할 수 있었다는 것이다.

따라서 이 방법에 바탕을 둔 설명은 자본주의 생산양식 이론을 구성하는 개념들의 체계 안에 정확히 놓인다는 것과 의미가 비슷하다. 여기서 강조하고 싶은 것은 추상과 구체의 구별(과 사실은 모든 규정들의 구별)이 **개념들** 사이의 구별이라는 점이다. 앞 절에서 말한 대조로 되돌아가서 보면, 마르크스의 외면성은 인식론적 개념이지 존재론적 개념이 아니다. 서로 다른 규정들의 관계는 개념과 그 개념의 현실화 사이의 관계가 아니라, 개념 체계의 서로 다른 수준 사이의 관계다. 이런 의미에서 《자본론》 3권 7편에 나오는 관계들 — 삼위일체 공식 등 — 은 더는 외면적 관계가 아니다. 《자본론》에서 그것들은 그 필연성을 입증하는 더 광범한 개념적 연관들 안에서 서로 엮여 있다. 그것들의 외면성은 리카도의 가치론을 거부한 속류 경제학자들이 정치경제학의 대상으로서 그것들을 분리하고 정의한 데서 비롯한다. 내적 연관과 외적 연관의 구별은 마르크스의 이론 안에서 개념들이 차지하는 위치와 관계있다. 총과정Gesamtprozeß에 대한 이 개념적 파악은 헤겔의 기억Erinnerung 같은 것이 아니다. 왜냐하면 여기서는 개념과 실재의 융합이 아니라 분리가 존재하기 때문이다.

더 일반적으로는 추상과 구체도 마찬가지다. 추상과 구체는 개념들에 내재한 속성이 아니다. 추상과 구체의 전형적 사례로서 가치와 생산가격 개념을 보자. 도대체 어떤 의미에서 가치는 추상적이고 생산가격은 구체적인가? 확실히 가치 개념이 생산가격 개념보다 더 **모호한** 것은 아니다. 그것은 가치란 무엇이고 상품이 그 가치대로 팔린다는 것은 무슨 의미인지를 구체적으로 명시하는 확실한 개념이다. 또, 가치와 생산가격의 관계는 속屬과 종種의 관계도 아니다. 두 개념의 외연은 똑같지만, 그 차이는 생산가격의 경우 잉여가치가 자본에 배분되는 근거가 자신이 투하한 자본의 이윤율이 아니라 일반적 이윤율이라는 사실에 있다.[35] 그 관계는 또, 사고와 실재의 관계도 아니다. 즉, 추상(가치)이 구체적 실재(생산가격)의 이론적 모형을 제공하는 것도 아니다. 생산가격은 (1857년 서설에 나오는 용어를 빌리면) "사고 속의 구체"다. 즉, 이론 너머의 실재를 가리키는 어떤 것이 아니라 《자본론》의 이론적 담론의 용어들로 정의된 것이다. 추상과 구체는 이 담론 안에서 개념들이 차지하는 위치의 문제다. 그래서 비데는 다음과 같이 썼다. "추상/구체 관계는 이론이 제공하는 전체 사고 안에 있는 어떤 것으로 이해해야 한다. 그것은 이론 내부의 배열 관계인 것이다."[36]

따라서 추상에서 구체로 나아가는 운동이 사고 안에서 이뤄지는 것이라면, 마르크스의 이론적 담론은 어떻게 사실적 내용을 획득하는가? 헤겔의 해법, 즉 이 운동 자체가 규정적 부정을 통해 범주 자체에 내포된 내용을 전개한다는 대답은 제외해야 한다. 왜냐하면 그것은 헤겔의 절대적 관념론의 수단인 목적론에 의존하기 때문이다. 그러나 마찬가지로 마르크스의 방법도 고전적 과학 개념과 부합하지는 않는다. 왜냐하면 이론을 연역 체계로 이해하는 고전적 과학 개념에서는 내용이 전제들에 내포돼 있고 따라서 전제에 포함된 포괄적 법칙 아래 특수한 것들을 포섭하면 내용이 분명히 드러난다고 보기 때문이다. 결국 "단계적으로 투여하는 추상화" 과정은 각 단계에서 그때까지 제시되지 않았던 새로운 내용을 도입한다. 더 정확히 말하면, 마르크스는 오늘날 《자본론》으로 전해져 내려오는 원고들을 쓸 무렵에는 헤겔과 고전적 과학 개념에 공통된 생각, 즉 과학의 내용은 그 출발점에 내포돼 있다는 생각을 거부했다.

이런 진행 방법은 마르크스가 처음부터 사용한 것이 아니라 나중에 성취한 것이다. 방법론적 전환은 마르크스가 화폐와 자본의 관계를 논할 때 가장 분명히 드러난다. 《요강》과 1859년 《비판》의 《원본》 둘 다에서 그는 자본을 화폐에서 연역적으로 추론하려 한다. 두 텍스트 모두에서 (《원본》의 매우 많은 소재는 《요강》에서 넘어온 것이다) 마르크스는 화폐의 다양한 기능과 형태에 대한 분석을 다음과 같은 말로 마무리한다.

> 부를 보편적으로 대표하는 물질인 화폐는 유통에서 나오고, 그 자체로 더 높은 단계의 교환이자 특수한 교환 형태인 유통의 산물이다. … 그것은 유통에서 독립적이지만, 이 독립성은 유통의 독자적 과정일 뿐이다. 화폐는 유통으로 다시 들어가는 것과 꼭 마찬가지로 유통에서 나온다. [유통과 관련이 없다면 그것은 화폐가 아니라 단순한 자연 대상인 금이나 은일 것이다.] 화폐의 이런 특징[규정]은 유통의 결과이자 전제다. 화폐의 독립성 자체가 유통과의 관계 중단이 아니라, 유통과의 **부정적**[소극적] 관계다. 이것은 M-C-C-M의 결과인 그 독립성에서 비롯한다.(G: 216~217)

따라서 여기서 화폐는 자본의 일반 공식 M-C-M′의 초기 버전에서 나타나는, 자기 증식하는 가치의 자율적 형태를 띤다. 마르크스가 이런 생각을 완전히 발전시킨 것은 《원본》 2장(화폐)의 결론부인 6절 "자본으로 이행"에서다. 그의 주장은 다음 구절에 요약돼 있다.

> 보편적 부의 형태, 독립적이 된 교환가치인 화폐는 양적 운동, 즉 자기 증식 말고는 다른 어떤 운동도 할 수 없다. 개념상 그것은 모든 사용가치의 총괄이다. 그러나 항상 일정한 규모의 가치, 일정액의 금과 은에 불과한 화

폐의 양적 한계는 그 질과 모순된다. 바로 그 때문에, 자신의 한계를 넘어서려는 끊임없는 충동이 화폐의 본성에 뿌리박혀 있다. … 따라서 고정된 부富, 부의 보편적 형태, 가치로 여겨지는 가치인 화폐는 그 양적 한계를 넘어서려는 끊임없는 충동이고, 끝없는 과정이다. 화폐 자체의 생존 능력은 오로지 다음과 같은 점에 있다. 즉, 그것은 교환 과정 자체를 통해 **끊임없이 자기 증식**할 때만 사용가치와 구별되는 자기중심적 가치[für sich geltender Wert]로서 자신을 보존한다. 적극적 가치는 오직 잉여가치를 정립하는 가치뿐이다.(*CW* 29: 495, 496)

그렇다면 마르크스의 생각은 화폐가 자본의 형태를 띨 때만, 따라서 잉여가치 추출을 통해 양적으로 끊임없이 증식하려 할 때만 부의 보편적 형태라는 화폐의 구실을 지속할 수 있다는 것이다. 이 과정에는 (마르크스가 《요강》과 《원본》에서 주장하듯이) 노동력의 구매와 착취가 필수적이다.

[자본으로서 — 캘리니코스] 화폐는 이제 객체화한 노동이고, 그것은 화폐 형태를 띠는지 아니면 특수한 상품 형태를 띠는지와 무관하다. 사물화한 노동의 존재 방식 가운데 어떤 것도 자본과 대립하지 않지만, 그것들 각각은 가능한 존재 방식으로 나타난다(그것은 화폐 형태에서 상품 형태로 이행하는 단순한 형태 변화를 통해 그런 존재 방식을 취할 수 있다). 사물화한 노동의 유일한 대립물은 **사물화하지 않은** 노동이고, 객체화한 노동의 대립물은 **주체적** 노동이다. 또는, 공간 속에 존재하는 과거 노동의 대립물은 시간 속에 존재하는 산 노동이다. 현재 존재하는 사물화하지 않은(따라서 아직 객체화하지 않은) 노동으로서 그것은 힘·가능성·능력으로서만, 살아 있는 주체의 **노동능력**으로서만 존재할 수 있다. 독립적이고 확고하게

자족적인 객체화한 노동인 자본의 대립물은 살아 있는 노동능력 자체이고, 따라서 화폐는 오직 자본 소유자와 살아 있는 노동능력의 소유자, 즉 노동자 사이의 교환을 통해서만 자본이 될 수 있다.(CW 29: 502)

주의할 점은 이 주장이 실제로는 가설적 추론의 형식을 취하고 있다는 것이다. 즉, 만약 화폐가 부를 보편적으로 대표하는 기능을 하려면, 그렇다면 자기 증식하는 가치의 형태를 띠어야 한다(자기 증식하는 가치 자체는 노동자의 산 노동을 얻어야 한다). 다시 말해, 여기서 연역은 조건적인 것이지 헤겔의 《논리학》에 나오는 것처럼 우리로 하여금 한 규정에서 다른 규정으로 계속 나아가게 만드는 개념의 자기 전개 같은 것이 아니다. 어쨌든 이 주장은 1859년의 《비판》에서는 사라지고, 마르크스가 《비판》의 상품에 관한 장과 화폐에 관한 장의 연속으로 의도했던 《1861~1863년 원고》에서는 매우 짧게 나타날 뿐이다. 이 원고는 자본의 일반 공식으로 시작하는데, 여기서 마르크스는 그 공식을 논하면서 다음과 같이 매우 헤겔적인 표현을 사용한다. "교환가치, 즉 화폐의 양이 증가할수록 그것은 그 개념과 더 일치하게 된다."(CW 30: 19)

그러나 《자본론》 1권 2편 "화폐가 자본으로 전환"에는 이런 개념의 자기 전개 비슷한 것이 전혀 없다. 마르크스는 자본의 일반 공식 M-C-M′을 분석하고 나서 자본의 자기 증식에 대한 주류 [경제학의] 설명(특히 양도이윤 개념)을 비판적으로 살펴보면서, 이것은 상품이 그 가치 이상으로 팔리는 특정한 경우에만 적용될 수 있을 뿐 일반적이지는 않다고 주장한다. 이런 분석 끝에 그가 내린 결론은 다음과 같다. "화폐가 자본으로 전환하는 것은 상품 교환의 내재적 법칙을 바탕으로 전개돼야 하고, 따라서 그 출발점은 등가물의 교환이 돼야 한다."(비록 자본가가 순환에서 나올 때는 처음에 투자한 돈보다 더 많은 돈을 갖게 되지만 말이다.) "이것이 바로 문제의 조건이다. 여기가 로도스 섬이다. 여기서 뛰어 보라!(Hic Rhodus, hic salta!)" (CI: 268~269)[37] 문제의 해결책은 "그 사용가치가 가치의 원천이 되는 독특한 속성을 가진 상품, 따라서 그것의 현실적 소비가 곧 노동의 객체화(Vergegenständlichung)[따라서 가치의 창출]인 그런 상품"의 존재에 있는데, "화폐 소유자는 시장에서 그와 같은 특수한 상품을 실제로 발견한다. 그것은 바로 노동능력(Arbeitsvermögen), 다시 말해 노동력(Arbeitskraft)이다."(CI: 269).

화폐가 자본으로 전환되는 것에 관한 이런 설명에서 주목할 만한 점은 마르크스가 처음에는 M-C-M′을, 다음에는 노동력의 구매와 판매를 새로운 규정으로 잇따라 도입하면서 그것들을 선행 규정에서 연역하려는 시도를 결코 하지 않는다는 것이다. 비데는 그 점을 다음과 같이 지적했다. "그 방법은 더는 형태들의 변증법도 아니고 논리적 연역도 아니다. 그것은 '공식' M-C-M′에 포함된 '일상적 경험'에 의지하고, 1편에서 얻은 범주들을 바탕으로 이 경험을 비판해서 새로운 규정들, 즉 자본주의 생산관계의 규정들을 서술하는 수단을 제공할 수 있는 독특한 진행 방법이다."[38] 사실 여기서 비데의 표현 방식에는 문제가 있는데, "화폐와 자본 사이의 내적이고 필연적인 연관을 밝혀 내야 한다"는 미하엘 하인리히의 주장을 감안하면 그 점을 아주 쉽게 이해할 수 있다. 하인리히는 《자본론》 1권에서 마르크스가 화폐에서 자본을 연역하지 않은 것을 비판한다. "이것을 빠뜨리는 바람에 마르크스는 … 시장경제와 자본을 분리된 것으로 설명하는 해석들을 부추기게 됐"고,[39] 이 때문에 "'사회주의 시장경제' 비슷한 것"으로 통하는 문을 열어 줬다는 것이다.[40]

하인리히는 비데의 작업을 염두에 뒀을 수 있다. 특히 《자본론》 연구의 후속 작업으로 비데가 《자본론》 1권 1편 "상품과 화폐"는 시장경제의 일반론을 제시하는 것이고 자본주의는 시장경제의 실현 가능태 가운데 하나일 뿐이라는 주장을 발전시킨 것을 겨냥했을 수 있다.[41] 그러나 이것은 《자본론》의 대상이 자본주의 생산양식이라는 마르크스 자신의 견해와 명백히 모순된 해석이다. 그래서 마르크스는 앞서 2장에서 살펴본 토런스의 견해, 즉 가치법칙은 자본이 축적되기 전에만 존재한다는 견해를 분명히 거부하면서 다음과 같이 썼다.

> 모든 생산물은 오직 상품 형태만 취한다. 그것은 모든 생산물이 교환가치로 바뀌어야 한다는 사실, 그리고 생산에 필요한 요소들이 모두 상품으로서 생산에 투입된다는 사실의 결과다. 다시 말해, 생산물은 오로지 자본주의 생산과 함께, 그리고 자본주의 생산의 토대 위에서만 상품이 된다.(CW 32: 265)

다음 인용문에서 강조된 문장은 《자본론》 1권 1편이 나머지 세 권 전체와 마찬가지로 자본주의를 다룬 것이라는 사실을 마르크스가 분명히 밝히는 많은 구절 가운데 하나다.

> 자본 형성과 자본주의 생산의 전제 조건, 출발점은 어느 정도까지는 생산물이 상품으로 바뀌고, 상품 유통과 따라서 화폐 유통이 발전하는 것, 따라서 상업도 어느 정도 발전하는 것이다. 바로 그런 전제 조건으로서 우리는 상품을 다룬다. 왜냐하면 우리는 자본주의 생산의 가장 단순한 요소인 상품에서 출발하기 때문이다. 다른 한편으로, 생산물, 즉 자본주의 생산의 결과도 상품이다. 자본주의 생산의 요소로서 나타나는 것이 나중에는 자본주의 생산 자체의 결과임이 드러난다. 오직 자본주의 생산의 토대 위에서만 상품은 생산물의 일반적 형태가 되고, 이 생산이 발전하면 할수

록 더 많은 상품 형태의 생산물이 생산요소로서 생산과정에 투입된다.(*CW* 32: 300~301. 마지막 문장의 강조는 추가된 것)

따라서 마르크스가 《자본론》 1권 1편에서 분석하는 경제 관계 유형은 오직 자본주의 생산양식이 지배적인 곳에서만 우세하다. 더욱이, 《자본론》의 범주들은 모두 그 대상이 자본주의 생산양식이다. 즉, 하나의 전체로서 자본주의 생산양식이 그 대상이다. 1857년 서설에서 마르크스가 구체적인 것을 일컬어 "많은 규정과 관계의 풍부한 전체", "많은 규정의 통합, 따라서 다양한 것들의 통일"이라고 한 말을 떠올려 보자.(*G*: 100, 101) 그 함의는 특정한 범주들을 실재적 전체와 분리하고 그 전체에서 추상된 지시 대상들과 결부하는 것은 잘못이라는 것이다. 그 범주들은 자본주의 생산양식을 **집합적**으로 나타낸다. 《자본론》 1권 1편에 나오는 범주들이 그렇다는 것은, 예컨대 마르크스가 3권 5편에서 금융시장을 분석할 때 사용한 범주들이 그렇다는 것과 마찬가지다. 후자의 범주들이 어떤 점에서는 그 선행 범주들에 내포된 것인지 아닌지는 아무 관련이 없다. 왜냐하면 모든 범주의 지시 대상이 똑같기 때문이다. 그러므로 마르크스가 화폐에서 자본을 끌어내려고 시도하지 않았기 때문에 시장 사회주의를 배제하지 못하게 됐다는 하인리히의 주장은 잘못이다. 마르크스의 방법과 관련해서, 화폐에서 자본으로의 이행에 특별한 것은 전혀 없다. 분석의 각 단계에서 마르크스는 새로운 규정, 즉 추가적 내용을 도입하고 그래서 자본주의 생산양식을 전체로서 이해하는 데 도움이 되는 규정을 제시한다.

알튀세르는 이 점을 매우 잘 표현했다.

마르크스의 사고는 결코 개념의 **자동** 생산에 의해 진행하지 않고, 오히려 개념의 위치에 의해 진행한다. 즉, 이 위치에 의해 열리고 닫히는 이론적 공간의 탐구(분석)에서 시작해서, 그 뒤 새로운 개념의 위치에 의해 이론적 장場을 확대하는 등의 과정이 계속되면서 지극히 복잡한 이론적 장들이 구성되는 것이다.[42]

마르크스가 전통적 연역이든 헤겔식 연역이든 연역적 진행을 한 것이 아니라면, 특정한 규정들은 어떻게 서로 연결되는가? 한 규정에서 다음 규정으로 나아가는 것은 순전히 자의적인가?[43] 이 물음의 답은, 한 규정을 제시할 때마다 생겨나는 문제가 다음 규정에 의해 해결된다는 것이다. 일리엔코프는 화폐에서 자본으로의 이행을 이런 방법의 본보기로 다룬다.

헤겔 변증법의 명백하고 자명한 원리는 범주들의 체계 전체가 기본 개념의 내재적 모순에서 전개돼야 한다는 것이다. 전통적인 헤겔 논리학 추종자가 상품-화폐 유통에서 자본주의 상품 유통으로의 발전을 서술했다면, 그 논리학의 정신에 따라서 상품 영역의 내재적 모순들 때문에 가치가 자기 증식하는 가치로 되는 조건들이 만들어진다는 점을 입증해야 했을 것이다.

마르크스가 채택한 방법은 정반대다. 즉, 상품-화폐가 그 자체 안에서 아무리 오래 운동할지라도 상품의 전반적 교환가치를 증가시킬 수 없다는 것, 그 자체의 운동에 의해서는 유통에 투입된 화폐가 반드시 새로운 화폐를 가져오는 조건이 결코 만들어지지 않는다는 것을 보여 준다.

분석의 이 결정적 지점에서 사고는 다시 자본주의 상품 시장의 **경험들**로 되돌아간다. 상품-화폐 시장의 운동을 잉여가치의 생산과 축적으로 완전히 바꿔 놓는 경제적 실재는 바로 **이 경험**에서 발견된다. 노동력은 가치법직이 적용되는 영역에 속하면서도 동시에 가치법칙과 전혀 어긋나지 않고도 잉여가치를 창조하는 유일한 상품이다. 즉, 가치법칙과 완전히 모순될 수 있고 또 반드시 모순되는 그런 상품이다.[44]

프레드릭 제임슨은 마르크스의 방법을 더 일반적으로 설명했다.

《자본론》을 읽는 방법 하나는 ― 즉, 《자본론》의 개별적 분석과 명제를 전체의 구성 속에서 파악하는 방법은 ― 그 책을 수수께끼의 연속, 어려운 문제와 역설의 연속으로 보는 것, 그러나 적절한 순간에 그 해답이 나온다고 보는 것이다. 당연히 이 해답은 변증법적 해답이다. 그것은 처음의 기묘한 역설이나 이율배반을 무미건조한 합리적 폭로로 소멸시켜 버리지 않는다. 오히려 그 기묘한 문제를 기묘한 변증법적 해답 안에 새롭게 보존한다. 이 수수께끼들의 자세한 설명은 길이가 똑같지 않다. 즉, 그것들은 서로 겹쳐 있고, 예측할 수 없는 순간에 그 대단원의 막이 내리는데, 그 속에서 때때로 일부 수수께끼와 다른 수수께끼의 동일성이 뜻밖에 드러나기도 한다.[45]

경쟁, 현상, 과학

《자본론》은 문제들의 사슬이고 각 문제의 해답은 우리를 다음 문제로 넘어가게 만든다고 보는 이런 사고방식의 큰 장점은 《자본론》 저술과 관련된 철저한 창조적 과정을 정확히 포착한다는 것, 즉 마르크스가 분석을 발전시키고 개선하고 재정비하는 데 사용한 범주들의 끊임없는 구성과 재구성 과정을 제대로 포착한다는 것이다. 그 문제들의 사슬은《1861~1863년 원고》와《자본론》1권의 후속 원고들뿐 아니라, 마르크스가 원래 계획했지만 어쩔 수 없이 포기한 저작들로도 이어지고, 더 나아가서 그의 정치경제학 비판을 발전시키려 한 후세대 마르크스주의자들의 노력으로도 이어진다. 이 과정의 결과 하나는 마르크스의 한 작업 단계에서 중요했던 대립이 나중에는 덜 중요해진다는 것이다. 예컨대, 앞서 봤듯이《요강》에서는 매우 중요했던 자본 일반과 다수 자본의 구별을 보자. 로만 로스돌스키는 이 둘의 대조가《자본론》의 구조에도 계속 반영된다고 주장한다. "《자본론》1권과 2권은 근본적으로 '자본 일반'의 분석을 넘어서지 않는 반면, 3권에서는 경쟁·신용·주식자본이라는 논제들이 사실상 처음 계획했던 순서에 따라 분석에 편입됐다(비록 마르크스의 처음 의도만큼 그렇게 광범한 것은 아니었지만)."[46] 모즐리도 다음과 같이 주장한다.

마르크스는 1863년 이후의 최종 원고들에서 이 두 기본적 추상 수준을 유지했다. 그는 분명히 자신의 이론에서 잉여가치의 생산과 분배를 구별하는 것을 포기하지도 않았고 총잉여가치가 미리 결정된다는 중대한 수량적 전제도 결코 포기하지 않았다. 따라서 그는 자본 일반과 경쟁이라는 상응하는 추상 수준들도 결코 포기하지 않았다. 1863년 1월의 개요에서《자본론》3권에 추가된 주제들은 모두 잉여가치의 분배와 관련된 것인데, 이것들은 여전히 경쟁이라는 추상 수준에 속한다.[47]

모즐리가《자본론》1권의 잉여가치 생산과 3권의 잉여가치 분배(와 분할)를 폭넓게 대조한 것은 내가 보기에 옳은 듯하다. 그러나 경쟁이《자본론》3권에 국한된다는 생각은 인정하기 힘들다. 우선 한 가지 이유는 앞서 1장에서 살펴본《1863~1865년 원고》의 한 구절에서 마르크스는 《자본론》 3권이 신용과 경쟁에 관한 것임을 부인한다. "이런 자본주의 생산의 더 구체적 형태들은 첫째, 자본의 일반적 성격을 파악한 뒤에야 비로소 서술될 수 있고 둘째, 이 책의 범위를 벗어나는 것이므로 이 책의 속편을 쓴다면 거기에 속할 것이다. 그렇지만 이 절의 제목[자본의 가치 증가와 가치 감소. 자본의 풀려남과 묶임]에서 거론한 현상들은 여기서 일반적으로 다룰 수 있다."(MEGA2 Ⅱ/4.2: 178) 또 다른 이유는 《자본론》 1권에서 경쟁이 분석의 결정적 단계에서 설명을 도와주는 구실을 한다는 것이다. 1권에서 마르크스의 가장 중요한 구별 하나는 절대적 잉여가치와 상대적 잉여가치다. 잉여가치율을 높이는 이 두 방법은 각각 노동일을 늘리는 것, 그리고 노동일에서 노동력의 가치를 보전하는 데 들어가는 시간을 줄이는 것과 관계있다. 후자의 방법은 노동생산성을 높이는 데 필요한 생산과정의 기술 변화와 관계있으므로 노동이 자본에 실질적으로 포섭되는 것인 반면, 변화 없는 기술을 그대로 사용하는 직접생산자들이 자본에 임금노동자로 고용되는 것은 형식적 포섭일 뿐이다.(CI: 1023~1025. CW 34: 428~429)

그러나 생산성 증대는 정확히 어떻게 잉여가치율을 높이는가? 《자본론》 1권 12장 "상대적 잉여가치의 개념"에서 마르크스는 언뜻 보면 두 이야기, 즉 공식적 이야기와 비공식적 이야기를 한다. 공식적 이야기는 소비재 산업의 생산성 증대 효과에 초점을 맞춘다. 소비재 산업의 생산성이 증대하면 노동력의 가치가 감소하고 따라서(그에 따라 화폐 임금도 하락한다고 가정하면) 잉여가치율은 상승한다. 그러나 마르크스는 그다음에 이 주장을 부인하는 이상한 이야기를 한다.

자본의 일반적·필연적 경향은 그 현상 형태와 구별해야 한다.
자본주의 생산의 내재적 법칙이 개별 자본들의 외적 운동으로 나타나는 방식, 즉 경쟁의 강제 법칙으로 관철되고, 따라서 개별 자본가가 그것을 강력한 행동 동기로 의식하는 방식을 여기서 살펴볼 생각은 없다. 그러나 이 점만은 분명하다. 즉, 자본의 내적 본성이 파악된 뒤에야 비로소 경쟁을 과학적으로 분석할 수 있는데, 이것은 마치 천체의 외관상의 운동은 천체의 진정한 운동(감각적으로 직접 인식할 수 없다)을 잘 아는 사람에게만 이해되는 것과 마찬가지다. 그렇지만 지금까지 얻은 결과들만을 바탕으로 상대적 잉여가치 생산을 이해하려면, 다음 사항에 주의해야 할 것이다.(CI: 433)

그다음에 마르크스는 어떻게 특정 부문의 개별 자본이 기술혁신을 통해 생산비를 부문의 평균 이하로 떨어뜨릴 수 있는지를 보여 준다. 이것이 뜻하는 바는 그 자본이 생산한 상품의 개별 가치가 마르크스가 여기서는 사회적 가치라고 부르고《자본론》3권에서는 시장가치라고 부르는 것 이하로 떨어진다는 것이다. 다시 말해, 모든 부문에서 경쟁 때문에 특정 종류의 상품 생산에 필요한 사회적 필요노동시간이 되는 평균 효율의 표준이 수립되는데, 그것이 바로 그 상품의 시장가치다. 기술을 혁신한 자본이 이 시장가치대로 생산물을 판매한다면, 일반적 평균을 뛰어넘는 초과이윤을 얻을 것이다. 마르크스의 주장인즉, 그 자본은 실제로 충분한 시장을 확보하기 위해 시장가치보다는 낮고 개별 가치보다는 높은 가격을 매기겠지만 그래도 여전히 초과이윤을 얻는다는 것이다. 노동력의 가치는 창출된 총가치에 비해 하락하고, 따라서 개별 자본의 잉여가치율은 상승한다. 그러나 이런 이점은 일시적일 뿐이다. 왜냐하면 다른 자본들이 그 기술혁신을 모방해서 생산비를 낮출 수 있기 때문이다. 일단 이런 일이 충분히 큰 규모로 벌어지면, 그 부문의 효율 표준이 바뀌게 되고 시장가치는 떨어져서, 기술을 혁신한 자본의 초과이윤은 사라지지만 노동생산성의 더 높은 수준과 기술 발전은 반영된다. 그런데 마르크스는 다시 이 비공식적 이야기의 의미를 암묵적으로 부인하면서 다음과 같이 요약한다.

가치가 노동시간에 따라 결정된다는 법칙은 새로운 생산방법을 적용하는 개별 자본가로 하여금 자신의 상품을 그 사회적 가치 이하로 판매하도록 강요하고, 이 똑같은 법칙은 경쟁의 강제 법칙으로 작용해서 그의 경쟁자들로 하여금 새로운 생산방법을 도입할 수밖에 없게 만든다. 그러므로 이런 과정 전체를 거쳐 (생활필수품의 생산에 기여하는) 산업 부문에서 노동생산성이 증대해서 (노동력의 가치를 구성하는) 상품들의 가격이 하락할 때만 결국 일반적 잉여가치율은 영향을 받는다.(CI: 436)[48]

이런 단서들을 보면 마르크스는 자신의 분석에서 그렇게 일찍 경쟁에 설명적 구실을 부여한 것을 불편하게 느꼈음을 알 수 있다. 그래서 비데는 다음과 같이 말한다.

마르크스가 곤혹스러워한다는 것은 분명하다. 그는 여기서 경쟁을 다뤄야 할 필요성이 자신에게 강요되고 있는데도 그것에 저항하려 애쓴다. 그러나 [이런 필요성을] 부인하면서 나중의 계기를 참조하라고 말하지만, 그는 결국 부문 내 경쟁의 원리들을 완전히 설명하는 일에 정말로 빠져든다. … [《자본론》 1권] 4편 전체의 논지이기도 한 이 장[12장 — 캘리니코스]의 논지는 한 구절로 요약할 수 있다. 즉, 자본주의는 상대적 잉여가치를 추구하는 **역사적 경향**이 있다는 것이다. 다시 말해, 임금재 부문의 생산성 증대에 따라 노동력의 가치가 상대적으로 하락하는 경향이 있다. 왜냐하면 경쟁자들만큼 빠르게 생산성을 증대시키지 못하는 자본가에게는 미래가 없다는 사실로 말미암아 모든 부문의 자본가들 사이에 끊임없는 긴장이 존재하기 때문이다. 표현을 바꿔 말하자면, 자본가들 사이의 경쟁 관계는 차후의 범주가 아니라(차후의 범주가 등장할 자연스러운 장소는 3권일 것이다), 자본의 전체적 운동에 관한 설명, 즉 잉여가치 생산에 관한 설명에 처음부터 곧바로 포함된다는 것이다.[49]

알프레두 사드필류도 지적하듯이, 마르크스는 사실 두 종류의 경쟁을 다룬다.[50] 《자본론》 3권에서는 부문 간 경쟁을 다룬다 — 특히, 수익성의 등락에 따라 자본이 서로 다른 부문 사이를 오가면서 일반적 이윤율이 형성되는 것을 다룬다. 마르크스가 《1861~1863년 원고》에서 지대 문제와 결정적으로 씨름한 것을 논하면서 두셀이 강조한 것이 바로 이 [부문 간] 경쟁 형태다. "'경쟁'은, 그 과정에서 가격이 **평준화하고 균등해지고**(ausgleichen은 평준화하다, 균등하게 만든다는 뜻이다), 그래서 모든 생산 부문에서 '평균 수준'(Durchschnittsniveau)이 만들어지는, 자본 전체의 운동이다."[51] 그러나 마르크스는 부문 내 경쟁도 다룬다. 그것은 처음에는 차별화하는 힘이다. 즉, 혁신적 자본이 생산비를 부문의 평균 이하로 낮추고 그래서 경쟁자들보다 싸게 판매해서 초과이윤을 얻을 수 있을 때는 그렇다. 그러나 이것은 또한 시장가치로 나타나는 평균 효율의 새로운 표준이 수립되는 과정이기도 하다. 그래서 차별화가 결국은 (부문 내 다른 자본들의 대응을 통해) 균등화하는 힘구실을 하는 (그러나 더 발전된 생산 수준에서 그런 구실을 하는) 과정이기도 한 것이다. 따라서 《자본론》 3권 10장[경쟁에 의한 일반적 이윤율의 균등화. 시장가격과 시장가치. 초과이윤]에 나오는 가장 체계적인 시장가치 논의는 중요하다(4장 참조).
비데는 다음과 같이 말한다.

《자본론》을 정교하게 다듬는 과정에서 실제로 망가지는 것은 바로 '자본 일반'과 '다수 자본'의 접합을 넘어선 '다수'라는 개념이다. 이 개념이 사라지는 이유는 부문 내 경쟁과 부문 간 경쟁이라는 두 종류의 경쟁에 상응하는 두 종류의 다수로 나눠지기 때문이다. … 이 두 종류의 다수는 각각 도입되기에 적절한 계기가 있는데, 하나는 1권 4편[상대적 잉여가치의 생산]이고 다른 하나는 3권 2편[의 9장] [일반적 이윤율(평균이윤율)의 형성 — 캘리니코스]이다. 요컨대, 자본이라는 독특한 대상의 독특한 논리는 경쟁을 3권으로 추방할 것을 요구하는 것이 아니라, 이 '규정'의 더 복잡한 분배를 요구한다.[52]

따라서 마르크스가 나중의 원고들에서 실제로 한 일은 자본 일반과 다수 자본이라는 편제 원리를 고수한 것이 아니라, 자본 일반의 범위를 넓히는 것이었다. 그는 이 점을 불안해했는데, 십중팔구 두 가지 이유 때문이었을 것이다. 첫째, 마르크스는 계속해서 유통보다 생산에 분석의 우선순위를 뒀는데, 생산과정을 분석할 때 경쟁을 도입하면 이 우선순위가 손상되는 것처럼 보일 수 있었다. 둘째, 1장에서 봤듯이 마르크스는, 말하자면 후속 저작들로 미룬 소재를 《자본론》에서 다루는 것이 과연 정당한지 체계상의 확신이 없었다. 일부 해설자들은 《자본론》 3권 뒷부분에 나오는 다음 표현을 마르크스가 결국 경쟁이라는 주제를 제기하는 것을 정당화하고자 생각해 낸 타협이라고 본다. "경쟁의 현실적 운동은 우리의 [집필] 계획 밖에 있고, 우리는 오직 자본주의 생산양식의 내적 편제를 이른바 그 이상적 평균에서 보여 주기만 하면 된다."(CIII: 970)[53] 그러나 마르크스가 얼마나 모순된 감정을 느꼈든 간에 추상에서 구체로의 운동은 일련의 전체적 대립이 아니라 차츰차츰 구별하는 과정, 즉 새로운 규정이 도입될 때마다 분석이 점점 더 개선되는 과정이었다는 사실이 흐려져서는 안 된다. 이 방법에서는 생산이 유통보다 일반적 우선순위를 유지한다(비록《자본론》1권 12장에서 생산과 유통의 통일이 간단히 소개되긴 하지만). 그 결과 마르크스의 경쟁 개념에서 강조점이 매우 달라지게 된다.《요강》에서 경쟁은 흔히 자본의 내적 본성이 실현되는 것이었지만 이제는 자본축적의 일반적 경향이 경쟁에 의존한다는 생각으로 바뀐 것이다. 그런데 이 생각은 이 [3]장 앞부분에서 인용한 다음 구절을 보면 알 수 있듯이《요강》에서도 나타난다. "경쟁은 다수 자본이 자본의 내재적 규정들을 서로 강요하고 자신에게도 강요하는 방식일 뿐이다." 리카르도 벨로피오레가 썼듯이 "마르크스 견해의 독창성은, 후대의 용어로 '번역'한다면, 그가 미시경제학의 거시적·사회적 기초를 놓았을 뿐 아니라 [자본주의] 체제의 경향이 실현되는 미시적·경쟁적 메커니즘도 신중하게 분석했다는 점, 즉 그가 '거시'에서 '미시'로 또 '미시'에서 '거시'로 나아가는 순환 여행을 했다는 점이다."[54]

주의할 점은 마르크스가《자본론》1권 25장 "자본주의 축적의 일반 법칙" 2절[축적과 그에 따른 집적의 진행 과정에서 가변자본 부분의 상대적 감소]에서도 경쟁을 논한다는 것이다. 여기서 그는 자본축적이 어떻게 자본의 유기적 구성(불변자본과 가변자본의 비율) 상승으로 이어지는지, 또 자본의 집적과 집중으로 이어지는지를 분석한다. 후자의 과정은 각각 개별 자본의 크기가 커지는 것(집적)과 대자본이 소자본을 흡수하는 것(집중)을 말한다. 자본의 집적은 상대적으로 느린 과정이다. 또,

기능하고 있는 개별 자본의 증대는 새로운 자본의 형성과 낡은 자본의 분열에 의해 방해를 받는다. 그러므로 축적은 한편으로는 노동에 대한 지휘·감독과 생산수단의 집적 증대로 나타나고, 다른 한편으로는 다수의

개별 자본들의 상호 반발로 나타난다.

이렇게 사회적 총자본이 다수의 개별 자본으로 분열하는 현상, 즉 개별 자본의 상호 반발에 대한 반작용으로 개별 자본의 상호 견인이 일어난다. … 그것은 이미 형성된 자본의 집적이고, 그 자본들의 개별적 독립성의 파괴이며, 나아가서는 자본가가 자본가를 수탈하는 것이고, 다수의 소자본이 소수의 대자본으로 바뀌는 것이다.(CI: 776~777)

이미 《철학의 빈곤》에서 마르크스는 "독점이 경쟁을 낳고, 경쟁은 독점을 낳는다"고 썼다.(CW 6: 195) 그러나 이제 《자본론》 1권에서는 견인(=집적)·반발(=분열)과 집중 사이의 차이와 관계를, 예컨대 《1861~1863년 원고》에서보다 더 잘 설명한다. 프랑스어판 《자본론》 1권에서는 자본의 집중에 관한 논의를 훨씬 더 자세히 덧붙이는데, 여기서 마르크스는 자본의 집중을 단순한 집적, 즉 "축적에서 직접 나오거나 더 정확히 말하면 축적 자체와 동일한 것"(CI: 776)보다 훨씬 더 강력한 변형력으로 여긴다. 집중은 주식회사의 발전과 함께 조직적 변화를 요구하고, 철도 같은 분야들에 대규모 투자를 할 수 있게 해 준다. 그러나 그것은 또 "집중의 가장 강력한 두 지렛대인 경쟁과 신용"(CI: 778~779)에 의존한다. 따라서 여기서 다시 마르크스는 전에 《자본론》의 범위에서 제외했던 주제들을 제기한다. 그 이유는 역시 자본축적의 근본적 경향을 설명하는 데서 그 주제들이 하는 구실 때문이다.

그리고 이런 식으로[즉, 철도 회사들의 발전을 통해 — 캘리니코스] 집중은 축적의 작용을 강화하고 촉진함과 동시에 자본의 기술적 구성의 변혁(은 가변자본을 희생시켜서 불변자본을 증대시키고, 따라서 노동에 대한 수요

를 상대적으로 감소시킨다)을 확대하고 촉진한다.(CI: 780)[55]

마르크스가 《자본론》 1권에서 경쟁에 자리를 내주기로 견해를 바꾼 것은 상대적 잉여가치 논의의 또 다른 흥미로운 특징, 즉 개별 행위자들의 관심과 의도를 거론한다는 점과 관계있다. 혁신적 자본가는 초과 이윤을 얻으려고 신기술을 채택하지만, 다른 자본가들의 대응 때문에 그 기술은 널리 확산된다. 《자본론》 3권 3편[이윤율 저하 경향의 법칙]에서 마르크스는 기술혁신으로 자본의 유기적 구성이 높아져서 이윤율이 떨어지는데도 자본가들이 기술혁신을 하는 이유를 설명할 때 똑같은 메커니즘을 거론한다.

새로운 생산방법이 아무리 생산적이어도 또는 아무리 잉여가치율을 높일 수 있어도 만약 그것이 이윤율을 떨어뜨린다면 그 생산방법을 자발적으로 사용할 자본가는 아무도 없을 것이다. 그러나 이런 종류의 새로운 생산방법은 모두 상품을 싸게 한다. 그러므로 자본가는 처음에는 그 상품을 생산가격보다 높게, 어쩌면 그 가치보다 높게 판매할 수 있다. 그는 자기 상품의 생산비와 (더 높은 생산비로 생산되는) 다른 상품들의 시장가격 사이의 차액을 착복한다. 그럴 수 있는 이유는 후자의 상품들을 생산하는 데 드는 사회적 평균 필요노동시간이 새로운 생산방법을 사용하는 데 드는 노동시간보다 더 크기 때문이다. 그러나 경쟁 때문에 그 새로운 생산방법은 널리 확산되고 일반적 법칙에 종속된다. 그러면 이윤율이 낮아지게 된다(이윤율 저하는 아마 이 생산 분야에서 먼저 나타나고 그런 다음 차례로 다른 생산 분야로 확대될 것이다). 따라서 이윤율의 저하는 자본가들의 의지와 아무 관련이 없다.(CIII: 373~374. 거의 똑같은 구절이 《1861~1863년 원고》에도 있다. CW 33: 147~148 참조)

이런 사고방식은 마르크스가 자본을 자기 재생산하는 실체로 묘사하는 경향이 있다는 톰프슨의 비판에 대한 답변일 뿐 아니라,《자본론》에는 개별적 행위자들의 관심과 의도를 나타내는 "미시적 기초"가 없다고 주장하는 욘 엘스테르 같은 합리적 선택 이론가들에 대한 답변이기도 한데, 방법론적 개인주의자인 엘스테르는 사회적 구조를 개인적 행위들의 의도치 않은 결과로 환원하려 한다.[56] 그러나 마르크스가 상대적 잉여가치 논의에서 제시한 분석은 경제적 구조와 개인적 행위를 통합하면서도 어느 하나를 다른 하나로 환원하지 않는 데 도움이 된다. 비데는 다시 한 번 이 점을 다음과 같이 매우 잘 표현했다.

[자본주의] 체제를 구성하는 '개인들'의 이해관계 문제나 그 개인들(마르크스가 말했듯이, 그 소유자로 '의인화한'* 개별 자본들)을 짓누르는 강렬한 욕망의 문제와 연결되지 않는다면, 체제의 경향들과 지배계급의 이해관계에 대한 언급은 순전히 형이상학적일 것이다. 개인들의 행위 동기와 연결되지 않는다면, 또 경쟁 관계가 규정하는 강렬한 욕망이나 이해관계의 구조와 연결되지 않는다면, 자본주의에 일반적 경향 따위는 없다. 이것이 바로 특별 잉여가치 이론의 대상이다. 이 이론은 자본주의 구조의 주요 동역학을 이루는 것을 규정하는데, 바로 그것을 통해 자본주의에는 상대적 잉여가치라는 하나의 경향이 존재하게 된다. 이 규정은 부르주아지를 하나의 목표와 공통의 이해관계, 따라서 일반적 '경향'의 담지자로 만드는 일반적 계급 편성만큼이나 '내재적'이고 '본질적'이고 '원초적'이다.[57]

그러나 물론 "자본주의 구조의 주요 동역학"은 개별 행위자가 눈으

---

* 의인화personification는 인격화라고도 한다.

로 볼 수 없는 것이다. 경쟁이 가격의 움직임에 미치는 영향을 논하면서 마르크스는 《자본론》, 특히 3권에서 빈번하게 되풀이되는 주장을 강조한다.

이 모든 현상은 가치가 노동시간에 따라 결정된다는 것, 그리고 잉여가치는 무보수 잉여노동으로 이뤄진다는 것과 모순되는 것처럼 보인다. 그러므로 경쟁에서는 모든 것이 뒤집혀 있는[verkehrt] 것처럼 보인다. 표면에 보이는 경제 관계의 완성된 형태[Gestalt]는 그 관계의 실제[realen] 존재에서, 따라서 그것의 관념(을 통해서 경제 관계의 담지자와 당사자[Träger und Agenten]는 경제 관계를 파악하려 한다)에서도, 그 내재적이고 본질적인 그러나 은폐된 핵심 형태[Kerngestalt](나 그 핵심에 상응하는 개념)와 사뭇 다를 뿐 아니라 사실상 그것과 정반대다.(CⅢ: 310)

그러나 경쟁에서 마주치는 형태들은 뒤집힌 것이기도 하고 기능하는 것이기도 하다. 다시 말해, 그 형태들은 순전히 가상적인 것이 아니라 확실한 실재다. 이 점은 《자본론》 1권 맨 앞부분에서 마르크스가 상품 물신성을 설명하면서 다음과 같이 썼을 때 이미 암시한 바 있다.

유용한 물건이 상품이 되는 것은 오직 그것이 서로 독립적으로 작업하는 사적 개인들의 노동 생산물이기 때문이다. 이 사적 개인들의 노동을 모두 합친 것이 사회의 총노동을 이룬다. 생산자들은 자기 노동 생산물의 교환을 통해 비로소 사회적으로 접촉하기 때문에, 그들의 사적 노동의 독특한 사회적 성격도 오직 이 교환 안에서 비로소 나타난다. 다시 말해, 사적 개인의 노동은 오직 교환 행위가 노동 생산물 사이에, 그리고 (노동 생산물을 매개로) 생산자들 사이에 수립하는 관계를 통해서만 사회적 총노동의 일부로서 나타난다. 그러므로 생산자들에게는 그들의 사적 노동의 사회적 관계가 있는 그대로 나타난다. 즉, 그들이 작업 과정에서 맺는 직접적 사회 관계로서 나타나는 것이 아니라, 사람들 사이의 물(질)적(dinglich) 관계나 사물들 사이의 사회적 관계로 나타난다.(CI: 165~166. 강조는 추가)

다시 말해, 상품 생산자들을 지배하는 가치 관계가 (오해를 낳을 수 있는) "물건들의 사회적·자연적 속성[gesellschaftliche Natureigenschaften]"으로 나타나는(CI: 165) 이유는, 실제로 시장의 생산물 교환이 이 생산자들을 지배하기 때문이다.[58] 현상은 오해를 낳을 수 있지만 실재적인 것이기도 하다. 헤겔이 가상Schein(때로는 영어 illusory being으로 번역됐지만, 최근의 《논리학》 영역본에서는 shine으로 번역됐다)과 현상Erscheinung(영어로는 appearance나 phenomenon으로 번역된다)을 구분한 것이 여기서는 적절하다. 인우드는 다음과 같이 말한다. "가상은 본질Wesen과 상관관계가 있다. 본질은 보이거나 나타난다scheint. 그러나 본질 자체는 여전히 가상의 장막 뒤에 숨어 있다." 이와 달리

(1) 현상 역시 본질이 나타난 것이긴 하지만, 본질은 현상에서 자신을 완전히 드러내고 아무것도 숨기지 않는다. … (2) 현상은 가상과 마찬가지로 일시적이고 의존적이지만, 현상이 의존하거나 굴복하는 대상은 적어도 직접적으로는 본질이 아니라 다른 현상이다. 따라서 가상과 달리 현상은 다양하고 상호 의존적이고 변동하는 전체나 세계다. (3) 현상은 주로 '본질' 과 대조되는 것이 아니라 '개념'이나 '현실성'(개념이 완전히 구현된 것)과 대조되고, 필연적·합리적·안정적인 것이 아니라 우연적이고 순간적인 것이다.[59]

"본질은 현상해야, 즉 나타나야 한다."(*GL*: 418) 인우드가 썼듯이, 헤겔이 볼 때 "어떤 것의 본질이나 본성은 근본적으로 나타날 수밖에 없다. 그것은 그 나타남 때문에 본질이고, 나타남은 본질만큼이나 근본적이다."[60] 따라서 비록 개별적 현상들이 "우연적이고 순간적"이지만, 그것들의 존재 자체는 그렇지 않다. 마르크스 자신은 자본주의 관계들이 어떻게 나타나는지를 논할 때 가상과 현상이라는 헤겔의 범주를 모두 이용한다. 가상: "내적 연관"은 눈에 보이지 않고, 은폐돼 있는 등 현상의 이면에 있다고 마르크스는 많은 구절에서 말한다. 현상: 다양한 외화 형태들(이윤·이자·지대 등)은 서로 관련돼 있고, "뒤집힌 세계"를 형성한다. 그리고 그것들과 대조되는 것은 본질과 개념의 융합이다. 그점은 약간 앞에서 인용한 구절을 보면 알 수 있다. "경제 관계의 완성된 형태는 … 그 내재적이고 본질적인 그러나 은폐된 핵심 형태(나 그 핵심에 상응하는 개념)와 사뭇 다르다."[61]

자본주의 생산관계의 현상 형태들Erscheinungsformen, 즉 이자와 지대 같은 파생 범주들은 자본주의 생산관계의 진정한 본질을 체계적으로 오해하게 만들 수 있다. 즉, 다양한 수입 형태가 직접적 생산과정에서 잉여가치를 뽑아내는 데서 생겨난다는 사실이 사라져 버린다. 그러나 마르크스는 그렇다고 해서 이 형태들이 자의적이거나 환상적인 것은 아니라는 점을 보여 주고자 애쓴다. 그는 《자본론》 3권의 거의 마지막인 50장 "경쟁이 만들어 내는 가상[Der Schein der Konkurrenz]"에서[*] 일하는 자본가들로 하여금 산 노동이 창출한 새로운 가치를 "독립적이고 서로 무관한 수입 형태들, 즉 임금·이윤·지대"로 취급하게 만드는 서로 다른 메커니즘 다섯 가지를 서술한다.(CⅢ: 1007) 다음 구절을 보

---

* 국역본에는 "경쟁이 창조하는 환상"(김수행), "경쟁의 허상"(강신준)으로 돼 있다.

면 마르크스의 주장을 알 수 있다.

가치의 결정 자체가 각 생산 분야의 개별 자본가와 자본의 관심을 끌고
그들에게 결정적 영향을 미치는 것은, 노동생산성의 상승이나 저하에 따
라 상품생산에 필요한 노동량이 감소하거나 증가하는 것이 어떤 경우에는
기존의 시장가격에서 자본가가 초과이윤을 얻게 하는 반면 어떤 경우에
는 자본가에게 상품가격의 인상을 강제하는(왜냐하면 각각의 단위 생산
물이나 개별 상품에 더 많은 임금, 더 많은 불변자본, 따라서 더 많은 이
자가 할당되기 때문이다) 한에서다. 가치의 결정이 개별 자본가의 관심사
가 되는 것은, 가치의 결정이 자본가로 하여금 상품의 생산비를 높이거나
낮추게 하는 한에서다. 즉, 가치의 결정이 그를 예외적 처지에 놓이게 하
는 한에서다.
이와는 반대로 개별 자본가에게 임금·이자·지대는, 이윤 가운데 기능자
본가의 몫이 되는 부분(즉, 기업가 이득)을 그가 실현할 수 있는 가격을
규제하는 한계로 나타날 뿐 아니라, 재생산을 계속하려면 그가 반드시 판
매할 수 있어야 하는 상품가격을 규제하는 한계로도 나타난다. 임금·이
자·지대에 의해 그에게 개별적으로 주어진 비용가격을 넘는 보통(이나 그
이상)의 기업가 이득을 그가 가격에서 얻을 수만 있다면, 상품을 판매해
서 그 상품에 포함된 가치와 잉여가치를 실현할지 못 할지는 그에게 전혀
중요하지 않다. 그러므로 불변자본 부분을 제외하면, 임금·이자·지대는
그에게 상품가격의 한계를 결정하는 요소, 따라서 상품가격을 만들어 내
고 결정하는 요소로서 나타난다.(CⅢ: 1013)

자본가가 날마다 계산하고 결정하기 위해 가치와 잉여가치를 반드시
알아야 하는 것은 아니다. 임금·이윤·지대·이자 같은 범주들은 이데

올로기적 표상 구실을 함과 동시에 자본가에게 실천적 활동의 지침 구실도 한다. 삼위일체 공식에 대한 마르크스의 비난이 보여 주듯이 그런 범주들은 비록 상품 물신성의 정점을 나타내면서도 분명히 사회적 실재가 있다. 다음과 같은 매우 흥미로운 구절은 그 이중성을 잘 포착한다.

이 매우 소외된 형태[ganz entfremdeten Form]의 이윤에서, 그리고 이윤 형태가 그 내재적 핵심을 숨기는 것과 똑같은 정도로, 자본은 점점 더 물질적 형태[sachliche Gestalt]를 취하고 점점 더 관계에서 사물로 바뀐다. 그러나 그것은 사회적 관계를 구현하고 흡수하는 사물이고, 자기 관계에서 허구적 생명과 독립성[Selbständigkeit]을, 감각적·초감각적[sinnlich-übersinnlich] 실체를 획득한 사물이다. 이런 형태의 **자본과 이윤**에서 그것은 이미 만들어진 전제 조건으로서 피상적으로 나타난다. 그것은 그 현실성의 형태, 더 정확히 말하면 그 현실적 실존 형태[die Form seiner Wirklichkeit oder vielmehr seine wirkliche Existenzform]다. 그리고 바로 그 형태로 그 담지자들[Träger], 즉 자본가들의 의식 속에 살아 있고 그들의 표상[Vorstellungen] 속에 반영된다.(CW 32: 484. 번역 수정)

나는 여기서 [영어] 원문을 상당히 바꿨는데, 솔직히 별로 좋지 않은 번역의 위험을 무릅쓴 이유 하나는 마르크스가 "이윤의 매우 소외된 형태"를 헤겔의 현실성[Wirklichkeit] 범주와 연결시킨다는 것을 강조하기 위해서였다. 헤겔에게 "현실성은 **본질**과 **구체적 실존**의 통일이다. 형태 없는 본질과 **불안정한** 현상은 … 이 현실성을 통해 자신들의 진리를 간직한다."(GL: 465) 따라서 현실적인 것이 됐을 때 이윤과 그 밖의 수입 형태들은 자본주의 생산양식의 본질적 관계에 참가할 뿐 아니라, 그와 동시에 그런 관계들을 (잘못) 나타낸다. 비데는 이 점을 다음과 같이 잘 표현했다. "엄밀히 말하면 이데올로기는 환상이 아니라 기능으로서 도출된다. 즉, 이데올로기는 구조에 의해 정의된 기능, 다시 말해 경쟁 관계 속에서 행동하는 자본가의 기능에 함축된 범주 전체로서 도출된다."[62] 따라서 제임슨이 지적하듯이, 마르크스는 상품 물신성을 비판하면서

이데올로기적인 것의 위치를 여론이나 오류에서, 세계관이나 개념 체계에서 찾아내는 것이 아니라, 저 사이비 계획 과정, 즉 합리화·상품화·도구화 등에 의해 일상생활이 모든 수준(신체와 감각, 마음, 시간, 공간, 노동과정, 여가)에서 체계적으로 재조직되는 과정 자체에서 찾아낸다. … 이것은 어쨌든 주체 없는 과정이다.[63]

그러므로 《자본론》이 추적하는 외화 운동은 실재에서 환상으로 가는 것이 아니다. 마르크스는 오히려 개별 행위자들로 하여금 (실재의 내적 논리를 흐리는) 표상을 받아들이도록 부추기는 이 논리를 재구성하려 한다. 스튜어트 홀이 썼듯이 "사용되는 이데올로기적 범주들은 … 담론에서 설명하는 과정 내에서 우리가 차지하는 위치를 정해 준다."* 그 범

---

* 이 인용문 앞 구절은 다음과 같다. "똑같은 과정(자본주의 생산과 교환)을 서로 다른 이데올로기적 틀 안에서, 서로 다른 '표상[재현] 체계'를 사용해서 표현할 수 있다. 예컨대, '시장' 담론, '생산' 담론, '순환' 담론은 각각 체제를 서로 다르게 정의한다. 또 각 담론은 우리의 위치도 노동자·자본가·임금노동자·임금노예·생산자·소비자 등으로 서로 다르게 정해 준다. 따라서 각 담론은 우리를 사회적 행위자나 어떤 사회 집단의 일원으로서 그 과정과 특정한 관계를 맺는 위치에 두고, 우리에게 어떤 사회적 정체성을 규정한다."

주들은 전체에 대한 부분적·일면적 설명을 접합해서 우리가 그런 설명을 받아들이도록 거든다.[64] 따라서 이런 표상들에서 출발하는 것은 과학적 재앙이다. "속류 정치경제학은 이런 의식[즉, 개별 자본가의 의식 — 캘리니코스]을 독단적으로 표현할 뿐이다. 이런 의식은 그 동기와 관념의 측면에서는 여전히 자본주의 생산양식의 현상에 사로잡혀 있다."(CW 32: 486) "비판적 경제학자들", 특히 리카도의 장점은 "다양한 외적 형태와 대조되는 내적 연관을 파악하려" 한다는 점이다. 비록 앞서 봤듯이 "고전 경제학은 다양한 형태가 어떻게 생성되는지를 자세히 설명하는 데는 관심이 없고, 분석을 통해 그것들을 그 통일성으로 환원하려 하지만" 말이다. "왜냐하면 고전 경제학은 그것들을 주어진 전제로 여기고 그것들에서 출발하기 때문이다."(CW 32: 498, 499, 500) 마르크스 자신의 방법은 두 방법의 결함을 모두 극복하려고 만들어진 것이었다.

지금까지 말한 내용에 비춰 보면, 로자 룩셈부르크가 《자본론》 2권 3편의 재생산 표식을 비판하면서 "개별 자본들에 대한 분석은 … 《자본론》 1권에 나온다"고 주장한 것은 상당히 잘못됐다는 사실이 분명해진다.[65] 최근 자이루스 바나지도 똑같은 오류를 되풀이하며 다음과 같이 말했다. "《자본론》 1권은 (자본주의 생산) 기업을 고립된 실체로서, 개별 자본으로서 분석하는 내용으로 이뤄져 있다."[66] 일반적으로 《자본론》의 관심사는 사회적 총자본이다. 사회적 총자본과 개별 자본의 구분은 《자본론》 1권에 정립돼 있지 않다(예외는 앞서 봤듯이 12장에서 상대적 잉여가치를 분석하는 부분인데, 이에 대해 마르크스는 분명히 불안해한다). 마르크스가 매우 분명하게 밝히듯이, 개별 자본가는 사회적 자본의 의인화로서만 나타난다(5장 참조). 따라서 《자본론》 1권에서 개별 자본가들과 노동자들이 서로 마주 대할 때 그것은 "총자본,

즉 자본가계급과 총노동, 즉 노동계급 사이의" 관계를 예증하는 사회적 형태이고(CI: 344), 그 바탕에는 "각 개별 자본은 사회적 총자본의 일부일 뿐"이라는 사실이 놓여 있다.(CⅡ: 427)

《자본론》2권 1편[자본의 형태 변화와 그 순환]에 가서야 화폐·생산·상품 자본의 순환에 대한 분석을 바탕으로 개별 자본과 사회적 총자본의 구별이 정립된다. 마르크스는 상품자본의 순환($C'-M'-C{\cdots}P{\cdots}C''$ 또는 $C'{\cdots}C'$)을 논하는 과정에서 그런 구별을 한다.

$C'{\cdots}C'$은 타인의 수중에 있는 다른 상품들인 C(=L+mp)를 전제한다. 이 상품들은 유통 과정이 시작될 때 순환으로 들어와서 생산자본으로 전환된다. 그 뒤 이 생산자본의 기능의 결과로 C'이 다시 순환의 종결 형태가 된다.

그러나 순환 $C'{\cdots}C'$은 그 영역 안에 C(=L+mp) 형태로 존재하는 다른 산업자본을 전제하기 때문에 … 우리는 그 순환 자체를 다음의 것으로 고찰해야만 한다. 즉, 상품자본의 순환을 순환의 일반적 형태로, 다시 말해하나의 사회적 형태로 고찰해야 한다. 바꿔 말하면, 각 개별 산업자본(최초로 투자되는 경우는 제외)을 사회적 형태로 고찰하고, 따라서 모든 개별 산업자본에 공통된 운동 형태로 고찰할 뿐 아니라, 그와 동시에 개별 자본들의 총합, 즉 자본가계급의 사회적 총자본의 운동 형태로도 고찰해야 한다. 이런 운동에서는 각 개별 산업자본의 운동이 단지 부분적 운동으로만 나타나고, 이 부분적 운동은 또한 다른 산업자본들의 운동과 서로 연결돼 상호 제약하는 관계를 맺는다.(CⅡ: 176~177. 여기서 P는 생산, L은 노동력, mp는 생산수단을 뜻한다.)

이제서야 개별 자본들의 상호 관계가 정립됐으므로 사회적 총자본의 재생산을 분석할 수 있게 됐다. 그래서 마르크스는《자본론》2권 3편[사회적 총자본의 재생산과 유통]에서 그 분석을 진행하면서 다음과 같이 설명했다.

> 그러나 1편과 2편[자본의 회전]에서 다룬 것은 아직 여전히 개별 자본, 즉 사회적 자본 가운데 독립적인 한 부분의 운동이었을 뿐이다.
>
> 그러나 개별 자본들의 순환은 서로 엉키고 서로 전제가 되고 조건이 된다. 그리고 바로 이렇게 서로 엉킴으로써 사회적 총자본[gesellschaftlichen Gesamtkapitals]의 운동을 이룬다. … 이제 우리가 고찰해야 하는 것은 사회적 총자본의 구성 부분으로서 개별 자본들의 유통 과정, 즉 이 사회적 총자본의 유통 과정이다. 그런데 이 유통 과정은 전체로 보면 재생산 과정의 한 형태다.(CII: 429~430)

마르크스는 재생산 과정을 계속 분석해서 비록 이제는 사회적 생산의 두 주요 부문(1부문은 생산수단, 2부문은 소비수단)을 나누지만 개별 자본들을 일반적 형태들의 징표로 다룬다. 그는 유기적 구성이 다른 부문들 사이를 자본이 오가면서 일반적 이윤율이 형성되는 과정을 서술하는《자본론》3권 2편[이윤이 평균이윤으로 전환]에 가서야 자본들의 차이를 분명히 정립한다. 사회적 총자본은 여전히 마르크스의 연구 대상이지만, 이제 그는 사회적 총자본의 분화(잉여가치가 산업·상업 이윤, 이자, 지대 등으로 분할되기 때문이다)와 상호 경쟁하는 자본 단위들로의 개별화를 분석하는 데 필요한 개념적 도구들을 확보한다.

"단계적으로 투여하는 추상화"라는 이 지속적 과정을 통해 마르크스는 더 경험적인 소재를 자신의 분석에 끊임없이 통합한다. 두셀과 일리옌코프는 모두 마르크스가 한 규정에서 다른 규정으로 나아가는 이런 측면을 강조한다. 그리고 《자본론》을 아주 대충만 훑어봐도 그것이 가장 철저한(그리고 사실은 끝없는) 경험적 연구 과정에 바탕을 두고 있다는 사실을 분명히 알 수 있다. 그러나 경험적 소재를 구체적 규정들에 통합하는 작업은 무엇보다 마르크스가 자신의 분석에 새로운 내용을 추가하는 방법으로 봐야 한다. 그것은 결코 개별적 명제들을 직접 확증하는 것이 아니다. 내가 이미 강조했듯이, 《자본론》은 그 실제 대상, 즉 자본주의 생산양식을 하나의 전체로서 대면한다. 마르크스 자신이 1868년 7월 11일 쿠겔만에게 보낸 유명한 편지에서 이 점을 강조한다. 거기서 마르크스는 《독일 문예 중앙지》에 실린 《자본론》 1권 서평에 대해 다음과 같이 말한다.

그 사람[서평자]은 가치라는 것이 뭔가를 의미한다면 제 결론들을 인정해야 한다는 점을 수긍함으로써 가장 큰 양보를 하고 있습니다. 이 불행한 친구는 제 책에 비록 '가치'에 관한 장은 없지만 제가 제시한 실제 관계의 분석에는 실제 가치 관계의 증거와 증명이 포함된다는 사실을 이해하지 못합니다. 가치 개념을 증명할 필요가 있다고 떠드는 말들은 논의 주제뿐 아니라 과학적 방법에 대해서도 완전히 무지한 데서 나온 말일 뿐입니다. 1년은 말할 것도 없고 단 몇 주만이라도 노동을 중단한 국민은 모두 죽을 것이라는 사실은 삼척동자도 알고 있습니다. 또, 다양한 필요량에 상응하는 생산물의 양은 다양한 일정량의 사회적 총노동을 요구한다는 것 역시 삼척동자도 아는 사실입니다. 이렇게 사회적 노동을 일정한 비율로 **분배할 필요성**은 사회적 생산의 **특정 형태**에 의해 결코 폐지되는 것이 아니고 다만 그 **현상 형태**만을 바꿀 뿐이라는 것은 *자명합니다*. 자연법칙은 결코 폐지될 수 없습니다. 역사적으로 서로 다른 조건에서 바뀔 수 있는 것은 오직 이 자연법칙들이 관철되는 **형태**뿐입니다. 그리고 사회적 노동의 상호 연관이 개인적 노동 생산물들의 사적 교환으로 나타나는 사회 상태에서 노동의 이 비례적 배분이 관철되는 형태가 바로 이 생산물들의 **교환가치**입니다.

과학은 바로 가치법칙이 어떻게 관철되는지를 전개[설명]하는 데 있습니다. 따라서 법칙과 모순되는 것처럼 보이는 모든 현상을 처음부터 '설명'하고자 한다면, 과학에 앞서서 과학을 제시해야 할 것입니다. 리카도는 이제 막 전개[설명]돼야 할 모든 가능한 범주들이 가치법칙에 적합한지를 증명하기 위해, [《원리》의] 1장 가치론에서 그 범주들을 이미 주어진 것으로 전제했습니다. 그것이 바로 리카도의 오류입니다. … 내적 연관의 폭로에 직면해서 속류 경제학자는 현상에서는 사실들이 다르게 보인다고 주장하면서 마치 자신이 대단한 발견이라도 한 것처럼 생각합니다. 사실상 그는 현상에 집착하고 현상을 궁극적인 것으로 믿는다고 뻐기고 있습니다. 그렇다면 도대체 과학이 왜 필요하겠습니까?(CW 43: 68~69)

마르크스는 여기서 많은 이야기를 하고 있다. 첫째, 그는 상품을 생산하는 데 드는 사회적 필요노동시간에 따라 상품들이 교환된다는 가치법칙은, 사회적 필요를 충족시키려면 다양한 생산 부문에 노동이 할당돼야 한다는 초역사적 법칙이 자본주의에서 나타나는 특정 형태라고 설명한다.[67] 둘째, 이미 《1861~1863년 원고》에서 마르크스는 리카도의 추상적·연역적 방법을 비판하고, 이와 관련해서 체계적 오해를 낳을 수 있는 현상들에 집착하는 속류 경제학자들의 주장도 길게 비판한 바 있는데, 여기서 그 비판을 다시 확인하고 있다. 마지막으로, 마르크스는 전제가 참임을 밝히는 것이 타당성의 출발점 구실을 하지 않는 과학 개념을 제시하고 있다(《자본론》 서두에서 노동가치론이 증명돼야 한다고 주장한 서평자는 아마 그것을 요구했을 것이다). 그러나 그렇게 하려면 "과학에 앞서서 과학을 제시해야" 했을 것이다. 여기서 우리는 고전적인 연역적 과학 개념을 비판하며 "증명이 명제와 함께 온다"고 주장한 헤겔의 메아리를 듣는다. 그렇지만 여기서 헤겔의 도움은 제한적이다. 왜냐하면 헤겔에게는 다양한 규정들을 통한 개념의 자기운동만이 과학의 진리를 확립하기 때문이다. 마르크스도 "진리는 전체다"라고[68] 생각하지만, 여기서 진리는 이론이 실제 대상을 포착하는 데 성공함으로써 확립된다. "제가 제시한 실제 관계의 분석에는 실제 가치 관계의 증거와 증명이 포함됩니다."

마르크스는 이것이 무엇을 뜻하는지를 자세히 해명하지 않지만, 1862년 8월 9일 엥겔스에게 보낸 편지의 흥미로운 구절에서 그는 자신이 로트베르투스와 리카도의 지대론을 비판한 결과를 다음과 같이 설명한다.

I. 내가 **이론적으로** 증명한 것은 가치법칙을 위반하지 않은 절대지대의 가능성뿐이네. 이것은 중농학파의 시대부터 오늘날까지 되풀이되는 **이론적** 논쟁의 쟁점이네. …

II. 절대지대의 **존재**에 관한 한 그것은 어느 나라에서나 **통계적 해결책**을 요구하는 문제일 것이네. 그러나 지난 35년 동안 통계학자들과 실무자들은 대체로 절대지대의 존재를 주장한 반면, (리카도파) 이론가들은 매우 억지스럽고 이론적으로 취약한 추상에 의해 절대지대가 존재하지 않음을 논증하려 했다는 사실을 감안하면 순전히 이론적인 해결책도 중요하다고 해야겠지. 지금까지 내가 줄곧 발견한 사실은 그 모든 논쟁에서 이론가들이 항상 틀렸다는 것이네.(CW 41: 403)

따라서 여기서 우리는 헤겔의 제자이고 경험주의를 비판하는 마르크스가 "이론가들"에 맞서 "통계학자들과 실무자들"을 편드는 것을 보게 된다. 여기에는 엘리 자하르가 러커토시의 과학철학에 제공한 것과 매우 비슷한 확증 개념이 내포돼 있다. 러커토시는 스승인 칼 포퍼를 따라서, 과학 이론은 경험적으로 반증 가능한 가설들을 포함한다고 주장했다. 그러나 단일한 가설과 경험적 증거를 비교하는 포퍼의 경향은 비판했다. 러커토시의 주장인즉, 검증되는 것은 과학적 연구 프로그램, 다시 말해 이론들의 접합된 체계이고, 그 이론 체계의 암묵적 구조(또는 '발견법*')는 새로운 가설의 생성을 허용한다는 것이다. 어떤 연구 프로그램이 만약 '새로운 사실'을 예측하고 그 예측이 확증된다면, 그것은 경험적으로 진보적이다. 자하르는 "어떤 사실이 특정 가설을 지배하는 문제 상황에 속하지 않는다면 그 가설과 관련해서 새로운 사실로 여겨질 것"이라고 미묘한 차이를 덧붙인다.[69] 그런데 마르크스가 직면한 상황은 이런 것이 아니었다. 리카도의 가치론에서 변칙으로 제기된 것은 이미 알려진 경험적 현상, 즉 절대지대였기 때문이다. 그러나 앞서 살펴본 상대적 잉여가치 분석을 통해, 마르크스는 리카도 학파가 무시한 다양한 경험적 현상을 통합하는 방식으로 노동가치론을 재정식화함으로써 이런 변칙을 극복할 수 있었다. 그것이 자본주의 발전 과정 전체를 얼마나 잘 포착했는지는 내가 4장 이하에서 더 분명히 설명했기를 바란다.

그러나 마르크스의 경험적 초점은 다음과 같은 다니엘 벤사이드의 주장이나 그 비슷한 견해들에 비판적이라는 점은 강조해야겠다. "'영국 과학'의 영향을 받은 마르크스는 이상한 대상(자본)의 제약 안에서

---

* heuristic. 사전적 의미는 "추론과 과거 경험을 사용해서 스스로 문제와 해답을 찾아 나가는 방법"인데, 캘리니코스는 러커토시를 따라서 "법칙을 발견할 수 있게 해 주는 이론 구조"라는 의미로 사용하는 듯하다.

[심층적이고 세부적인] 인식을 하려면 또 다른 인과관계, 서로 다른 법칙들, 또 다른 일시성, 요컨대 다른 방식의 과학이 필요하다고 생각했다. '독일 과학'이 바로 그것이었다."[70] 《자본론》의 "이상한 대상"을 파악하려면 매우 복잡한 개념화 형태가 필요했다는 벤사이드의 말은 옳고, 그는 또 마르크스와 나중에 발터 베냐민 같은 사람들이 발전시킨 역사적 일시성이라는 독특한 개념도 매우 잘 설명했다.[71] 그러나 "독일 과학" 운운했을 때 벤사이드의 함의는 마르크스가 19세기 초의 독일 자연철학에 의지했다는 것이다. 그러나 벤사이드가 한 말을 역추적해 보면 이런 인상은 사라져 버린다. 마르크스는 1866년 2월 20일 엥겔스에게 보낸 편지에서 다음과 같이 농담한다.

여보게, 자네도 알다시피 내 책과 같은 저작에는 세부적 결함이 많을 수밖에 없네. 그러나 그 **구성**, 구조는 독일 과학[deutsche Wissenschaft]의 큰 업적인데, 이 점은 독일인 개인이라면 인정할 수 있을 걸세. 왜냐하면 그것은 결코 그의 장점이 아니라 오히려 독일 국민에게 속하는 것이기 때문이지. 이것이 훨씬 더 흐뭇한 이유는 그렇지 않았다면 독일 국민은 세상에서 가장 *어리석은* 국민이었을 것이기 때문이네. …

쇤바인은 대기 중에서 연소하는 불길은 모두 대기 중에서 일정량의 질소를 질산암모늄으로 바꾼다는 것, 모든 부패 과정에서는 질산과 암모니아가 모두 생긴다는 것, [식물에서] 수분의 단순한 증발은 식물의 영양소도 형성시키는 수단이라는 것을 (실험으로) 입증했네.

마지막으로, 리비히는 다음과 같은 사실을 발견하고 "기뻐서 소리쳤네." "석탄이나 나무 1파운드의 연소는 이 1파운드의 나무나 특정 조건에서는 석탄을 재생산하는 데 필요한 원소들을 대기 중으로 돌려보낼 뿐 아니라, 연소 과정은 **즉자적으로**"(헤겔의 범주를 주의하게나) "대기 중에서 일정량의 질소를 빵과 고기의 생산에 필수적인 영양소로 변형시킨다."

나는 독일인이라는 것이 자랑스럽네. 이 '심오한' 사람들을 해방시키는 것이 우리의 의무라네.(CW 42: 232. 번역 수정)

여기서 마르크스는 자신이 헤겔의 범주들에 여전히 충실하다는 것을 보여 준다. 사실《자본론》자체에서도 그렇다. 그는 예컨대, "근대 화학의 분자설"을 "헤겔이《논리학》에서 발견한 법칙, 즉 단순한 양적 차이가 일정한 점에 도달하면 변증법적 전환에 의해 질적 차이로 바뀐다는 법칙"의 사례로 인용한다.(CI: 423)[72] 그러나 마르크스가 인용한 "독일 과학"의 사례들은 결코 낭만주의적인 기묘한 과학에서 유래한 것이 아니라(벤사이드는《자본론》의 구조가 헤겔의《자연철학》을 본뜬 것이라고 넌지시 말한다) 마르크스 당대의 경험적이고 수학적인 자연과학의 특수한 사례들에서 유래한 것이다. 마르크스는 통계학자들의 경험적 자료와 정치경제학자들의 형식적 수량화를 (자본주의 생산양식이라는 복잡한 전체를 파악하는 데 필요한 점점 더 복잡한 범주들을 꾸준히 도입하는) 개념적 명료화와 통합할 수 있는 독특한 과학 개념을 구축하려 했다고 보는 것이 가장 좋다.

결론적으로, 지금까지 내가 한 이야기는 마르크스가 자신의 방법을 구축할 때 헤겔에게 의지하면서도 점차 헤겔에서 멀어졌다는 것이다. 이런 생각, 즉 특정한 방법론적 헤겔주의에 관한 생각은 헤겔이 비난한 '내용과 형식의 분리'에 의존한다는 비판을 받을 수 있다.[73] 이것은 까다로운 주제다. 왜냐하면 형식과 내용의 통합에 관한 헤겔 자신의 설명은 절대이념의 자기 전개라는 변증법적 방법 개념과 분리될 수 없기 때문이다.[74] 그렇지만 형식과 내용을 통합한다는 이상은 내가 보기에 변증법적이기도 하고 유물론적이기도 한 마르크스주의적 사고에 필수적인 것이다. 바로 이런 식으로 사고는 그 대상의 윤곽을 완전히 깊숙이 포착해서, 마르크스가 일찍이 《헤겔 국가론 비판》에서 말한 "특수한 대상의 특수한 논리를 발견"할 수 있다.(*EW*: 159) 마르크스는 (1858년 2월 1일) 엥겔스에게 보낸 편지에서 "정치경제학을 헤겔의 방식으로 자세히 설명하려는" 라살의 계획을 냉소적으로 논평하면서 이런 이상을 확인한 바 있다. "라살은 대가를 치르고 난 뒤에야, 비판이 과학을 이끌어서 변증법적 서술이 가능해지도록 하는 것과, 이미 완성된 추상적 논리 체계를 단지 그런 체계의 모호한 관념에 적용하는 것은 서로 완전히 다른 일이라는 사실을 깨닫게 될 것이네."(*CW* 39: 261) 내가 볼 때 《자본론》은 그 형식이 여전히 헤겔적이라면 이런 이상을 실현하지 못했다고 비난받을 수 있다. 다시 말해, 마르크스가 단순히 《논리학》의 범주들을 넘겨받아서 자본주의 경제 관계에 적용함으로써 결국 형식과 내용을 분리시켰다면 그럴 수 있다.[75] 그러나 바로 이것이 마르크스가 하지 않은 일이다. 내가 보여 줬듯이, 《요강》에서도 그는 헤겔의 대립물을 '재활용'해서 자신의 목적에 맞게 이용한다. 《자본론》을 쓸 때쯤 그는 자신의 범주들을 철저하게 재가공해서 자신만의 독특한 개념 체계로 만들었다. 이 끝없는 조정과 손질의 목표는 자본주의 경제 관계들을 개념적으로 파악할 수 있는 일련의 범주들을 개발하는 것이었다. 다시 말해, 마르크스의 목표는 (변증법적 사고가 추구하는) 형식과 내용의 조절이었다. 이제 이런 조절의 윤곽을 좀 살펴보자.

4장
_____
가치

어디에서 시작할 것인가?

1881년 1월 이후 완성된 말년의 저작 "바그너에 대한 주석"에서 마르크스는 다음과 같이 단언한다. "나는 '개념들'에서 출발하지 않는다. 따라서 '가치 개념'에서도 출발하지 않는다. … 나의 출발점은 오늘날의 사회에서 노동 생산물이 나타나는 가장 단순한 사회적 형태, 즉 '상품'이다."(CW 24: 544) 리카도의 《원리》는 1장 '가치에 관하여'로 시작하지만, 《자본론》 1권의 첫 장은 "부르주아 사회의 경제적 세포", 즉 "자본주의 생산양식이 지배하는" 곳에서 부富의 "기본 형태로 나타나는 상품"을 다룬다.(CI: 90, 125) 다니엘 벤사이드가 재치 있게 썼듯이 "스피노자의 출발점은 신이고 마르크스의 출발점은 상품이다."[1] 이런 시작 방식은 (3장에서 살펴본) 쿠겔만에게 보낸 편지에서 마르크스가 옹호한 방법을 보여 준다. 즉, 마르크스의 과제는 노동가치론을 처음부터 입증하는 것이 아니라, 자본주의 경제 관계가 형성되고 재생산되는 복잡한 형태들을 가치법칙이 어떻게 규제하는지를 보여 주는 것이었다. 그러나 상품에서 시작하는 방식은 마르크스의 가치 개념에서 나타난 변화도 보여 준다. 가치가 더는 상품에 내재하는 자연적 실체 비슷한 것이 아니라, 자본주의를 하나의 전체로 접합하는 관계망으로 다뤄진다. 4장의 주된 목표는 마르크스의 가치론을 자세히 설명하는 것이 아니라 — 오늘날 마르크스의 가치론을 다루는 좋은 입문서는 많다 — 두 가지 쟁점을 명확히 하는 것이다. 즉, 마르크스가 《자본론》 1권 1장에서 자신의 가치론을 처음으로 설명한 (유명하지만 문제가 있는) 방

식과 나중에 가치형태를 두고 벌어진 논쟁을 살펴보는 것이다.[2]

마르크스도 인정하듯이 "어떤 학문이든 항상 처음 시작하기가 어렵다."(CI: 89) 《자본론》 1권은 확실히 그렇다. 많은 독자와 마찬가지로, 마르크스도 첫 장 때문에 고심했다. 원고의 교정쇄를 살펴본 엥겔스가 1867년 6월 10일[*] 마르크스에게 보낸 편지에서 "특히 두 번째 전지全紙는 자네가 큰종기를 참으며 쓴 흔적이 역력하더군"이라고 쓰며(CW 42: 381) 1장이 모호하다고 불평하자 마르크스는 그 대책으로 '가치형태'라는 부록을 덧붙였다. 《자본론》 1권 2판(1872)에서 마르크스는 1장을 대폭 수정해서 4절로 나눴는데, 제3절은 초판의 부록을 고쳐 쓴 것이었다. 프랑스어판에서는 또 다른 수정이 이뤄졌는데, 이에 대해 마르크스는 (1878년 11월 15일) 니콜라이 다니엘손에게 보낸 편지에서 다음과 같이 말했다. "프랑스어판에서 저는 때때로 — 주로 1장에서 — 서술을 'aplatir[단조롭게 하도록 — 캘리니코스]' 강요당하기도 했습니다." (CW 45: 343) 마르크스의 기준으로도 이것은 몹시 힘든 수정 과정이었다. 과연 그 문제들은 얼마나 심각한가?

나중에 엥겔스가 상대적 잉여가치를 다룬 4편의 교정쇄들에 대해 불평하자 마르크스는 (1867년 8월 24일 보낸) 답장에서 자신의 중요한 지적 성과라고 여긴 것을 다음과 같이 개략적으로 설명했다.

내 책에서 가장 요긴한 것은 첫째, (사실들의 이해가 모두 이 점을 바탕으로 하는데) 노동이 사용가치로 표현되느냐 교환가치로 표현되느냐에 따른 **노동의 이중성**(바로 1장의 강조점이네)과 둘째, 잉여가치를 그 특수한 형태들인 이윤·이자·지대 등과 독립해서 취급한 점이네. 이 점은 특히 2권

---

[*] 16일의 오타인 듯하다.

[《자본론》 2권과 3권을 모두 가리킨다 — 캘리니코스]에서 분명히 드러날 걸세. 고전 정치경제학은 특수한 형태들을 일반적 형태와 끊임없이 뒤섞어 버리는데, 그 때문에 고전 정치경제학이 특수한 형태들을 취급한 것을 보면 완전히 뒤죽박죽이네.(CW 43: 407~408)

둘째 요점은 이미 우리가 2~3장에서 접한 바 있다. 그것은 마르크스가 리카도를 비판하는 데서 결정적으로 중요했을 뿐 아니라, 《자본론》 3권에서 잉여가치의 분할과 그에 따르는 자본주의 경제 관계의 외화 과정을 서술하는 데서도 매우 중요했다. 그러나 첫째 요점도 리카도를 뛰어넘는 데서 결정적으로 중요했다. 마르크스는 한편으로는 가치법칙과 그 외화 형태들 사이의 '중간고리'를 설명하려고 개발한 훨씬 더 분명한 범주들을 잇따라 도입해서, 다른 한편으로는 가치론의 더 추상적인 출발점을 발전시켜서 리카도를 뛰어넘었는데, 그 출발점은 추상적인 사회적 노동과 구체적인 유용한 노동의 구별이었다.

한편으로, 모든 노동은 생리적 의미에서 인간 노동력의 지출이고, 이 동등한 인간 노동 또는 추상적 인간 노동이라는 속성을 통해 상품의 가치를 형성한다. 다른 한편으로, 모든 노동은 분명한 목적에 따라 특수한 형태로 인간 노동력을 지출하는 것이고, 이 구체적 유용 노동이라는 속성을 통해 사용가치를 생산한다.(CI: 137)

따라서 추상적 노동과 구체적 노동은 각각 가치와 사용가치에 상응한다. 여기서 주의할 점은 마르크스가 언급하는 것이 교환가치가 아니라 가치라는 점이다. 1장에서 마르크스는 애덤 스미스의 전통적 구분을 더 복잡하게 만드는데, 스미스는 "특정한 물건의 효용과 … 그 물건을 소유해서 갖게 되는, 다른 물건들을 구매할 수 있는 능력"을 구분한 뒤 "전자를 '사용가치', 후자를 '교환가치'라고 부를 수 있다"고 썼다.[3] 리카도가 《원리》 1장에서 강조하듯이, 교환가치는 상품의 상대가격에 상응한다. 마르크스는 《자본론》 1권 1장 서두에서 이런 교환가치 개념을 받아들인다. "교환가치는 먼저 양적 관계, 즉 하나의 사용가치가 다른 종류의 사용가치와 교환되는 비율로 나타난다."(CI: 126) 그러나 그다음에는 교환가치와 가치를 구분하고 교환가치를 가치 아래 두는데, 여기서 가치는 상품을 생산하는 데 필요한 사회적 필요노동시간으로 이해된다. 그는 1장 3절에서 가치형태를 논하는 도중에 다음과 같이 썼다.

한 상품의 가치는 '교환가치'로 표시(Darstellung)됨으로써 독립적으로 표현된다. 이 장의 첫 부분에서 우리는 흔히 말하는 대로 상품은 사용가치이자 교환가치라고 이야기했지만, 이것은 엄밀히 말하면 틀렸다. 상품은 사용가치 또는 유용한 대상이자 '가치'인 것이다. 상품은 그 가치가 상품의 현물 형태와 다른 독특한 현상 형태를 띠게 되면서 비로소 그런 이중적인 것으로 나타나는데, 이 독특한 현상 형태가 교환가치다. 상품은 하나만 따로 떼어 놓고 볼 때는 교환가치라는 형태를 띠지 않고, 종류가 다른 제2의 상품과 가치 관계나 교환 관계를 맺을 때만 그런 형태를 띤다.(CI: 152)

가치를 교환가치와 사용가치 둘 다와 구분함으로써 마르크스의 분석은 두 방향을 향하게 된다. 한 방향에는 상품들의 교환 관계가 있는데, 이것은 가치의 현상 형태Erscheinungsform로서, 그 절정은 다른 모든 상품의 가치를 나타내는 보편적 등가물 구실을 하는 독특한 상품, 즉 화폐다. 이것은 가치형태라는 문제의식에서 다뤄지는 부분이기도 하지만(뒤에서 살펴보겠다), 마르크스 화폐론의 기초이기도 해서 《자본론》

세 권 전체의 분석에도 중대한 영향을 미친다. 다른 방향에서는 추상적 노동/가치와 구체적 노동/사용가치의 구분이 《자본론》 1권의 담론 전체를 구성한다. 이 점은 1권 7장에 나오는 개념, 즉 자본주의의 직접적 생산과정을 "노동과정과 가치 증식 과정[Verwertungsprozeβ]의 통일"로 보는 개념에서 가장 결정적으로 드러난다. 여기서 통일의 요소들은 한편으로 사용가치를 만들어 내는 구체적 유용 노동, 다른 한편으로 가치와 잉여가치를 창출하는 추상적인 사회적 노동이다.(CI: 304) 그 구분은 더 세부적 기능도 한다. 예컨대, 8장을 보면 생산수단을 사용하는 구체적 노동은 생산수단의 가치를 생산물로 옮길 뿐이지만 추상적 노동은 자본가와 노동자에게 분할되는 새로운 가치를 창출한다. 이 모든 발전 때문에 마르크스는 초기의 주장들을 수정한다. 예컨대, 그는 1859년 《비판》에서는 다음과 같이 썼다. "엄밀한 의미의 사용가치는 경제적 형태 규정과 무관하기 때문에 정치경제학의 고찰 범위 밖에 있다. 사용가치는 그 자체가 형태 규정인 곳에서만 이 범위에 속한다." (Con: 28) 이와 달리 《자본론》의 담론에서는 사용가치와 (사용가치를 생산하는) 구체적 노동이 필수적 구실을 한다.⁴

이런 식으로 마르크스가 추상적 노동과 구체적 노동의 구별을 발전시킨 것은 앞서 2~3장에서 살펴본 방법에 대한 그의 전반적 사고방식과 잘 맞는다. 그러나 유명한 《자본론》 1권 1장 1절에서 마르크스가 교환가치와 사용가치에서 추상적 노동과 구체적 노동으로 옮겨 가는 것은 어떻게 이해해야 하는가? 여기서 그는 두 상품이 등가물로 취급된다면 [예컨대, 1쿼터의 밀과 X킬로그램의 철 속에는 양자에 공통된 어떤 것이 같은 크기로 들어 있다는 뜻이고, 따라서] "두 상품은 어떤 제3의 것과 동등한데, 이 제3의 것 자체는 전자도 후자도 아닌 어떤 것이다. 그러므로 두 상품은 모두 교환가치인 한에서는 이 제3의 것으로 환원될 수 있어야 한다"고 주장한다.(CI: 127) 마르크스는 [사용가치를 논의에서] 제외하는 방법으로 전진한다. 왜냐하면 사용가치들은 질적으로 서로 다를 수밖에 없기 때문이다. 이 이질성은 사용가치에 내재한다. 사용가치는 인간의 특정 필요를 충족시키는 것에 불과하므로, 사용가치와 (그 사용가치를 생산하는) 구체적 노동은 모두 상품들을 서로 비교할 수 있게 해 주는 '제3의 것' 구실을 할 수 없다. 이렇게 [사용가치를] 제외함으로써 마르크스는 생산물에 지출된 추상적인 사회적 노동이 그 생산물들을 서로 등가물로 만드는 것임을 확인한다. "이제 노동 생산물들에 남아 있는 것을 살펴보자. 각각의 노동 생산물에 남아 있는 것은 똑같이 허깨비 같은 객체성[gespenstige Gegenständlichkeit], 즉 동질적 인간 노동의 응고물, 다시 말해 지출된 인간 노동 ― 그 지출 형태와는 무관하다 ― 의 응고물뿐이다"(CI: 128. 번역 수정)

이것을 노동가치론의 '증명'으로 해석하는 주장은 별로 설득력이 없다는 점을 말해 둬야겠다(예컨대, 한계효용학파의 주요 이론가인 오이겐 폰 뵘바베르크가 그렇게 주장했다).[5] 제외하는 방법을 통해 마르크스가 여기서 추구한 것은 상품들을 서로 비교할 수 있게 해 주는 것, 즉 상품에 공통된 추상적 속성을 찾는 일이었다. 그러나 왜 추상적 노동을 떠올렸을까? 왜 한계효용학파처럼 유용성으로 곧장 나아가지 않았을까? 다시 말해, 특정한 사용가치의 구체적 특성이 아니라, 욕망 충족이라는(또는 더 현대적으로 말하면, 선호 만족이라는) 모든 상품의 공통된 속성으로 나아가지 않았을까? 이 다른 속성을 채택했다면, 모리스 돕의 말처럼 경제 분석의 초점이 "생산관계"에서 "상품과 소비자 심리의 관계"로 옮겨 갔을 것이다.[6] 이런 반박을 물리치는 가장 효과적인 방법은 마르크스의 전반적 접근 방식처럼 자본주의 관계들을 하나의 전체로 접합해서 그 복잡성을 점차 포착하는 일련의 규정들을 발전시키는 것이다. 공정하게 말하면, 이것은 어려운 과학적 저서의 첫머리에서 극복하기는 힘든 점이지만, 마르크스는 자신이 시작한 방법이 불러일으킬 오해들을 마치 즐기는 듯하다. 《자본론》 1권의 교정쇄를 본 엥겔스가 제기한 또 다른 이견에 답하면서 마르크스는 3권에서 그 문제가 해결될 것이라고 설명한다(1867년 6월 27일자 편지).

> 속물들과 속류 경제학자들의 **사고방식**이 어떻게 생겨나는지가(즉, 그들의 머릿속에 항상 반영되는 것은 오직 관계들의 직접적 **현상 형태**뿐이고 그 **내적 연관**은 반영되지 않기 때문이라는 점이) 여기서 드러날 걸세. 그런데 관계들의 내적 연관이 곧바로 반영된다면, 분명히 과학은 전혀 필요 없겠지.
> 지금 내가 그런 모든 이견을 **미리부터** 논박하고자 한다면, 나는 변증법적 설명 방법 전체를 망가뜨릴 것이네. 오히려 이 방법의 장점은 저들이 아무 때나 어리석은 말을 떠들어 대도록 자극하는 **함정**을 끊임없이 판다는 것이네.(CW 43: 390)

속류 경제학자들만 마르크스의 함정에 빠진 것은 아니었다. 1장의 여러 판본은 여전히 어렵고 불만족스러운 텍스트로 남아 있다. 따라서 알튀세르의 충고, 즉 《자본론》 1권을 처음 읽을 때는 1편 '상품과 화폐'를 건너뛰고 나머지를 끝까지 다 읽은 다음 다시 1편에서 시작하라는 말은 옳다.[7] 사람들은 흔히 알튀세르가 1장에 나오는 헤겔주의의 잔재를 싫어해서 이런 말을 했다고 비난하지만, 그래도 이 권고는 상식적이라는 장점은 있다. 마르크스 자신도 한 통신원에게 조언하기를 시초 축적을 다룬 8편부터 읽어 나가라고 했다.(1877년 3월 19일 볼만 부인에게 보낸 편지. CW 45: 211~212) 그러나 우리는 1장과 씨름해야 한다.

어려움의 근원 하나는 마르크스가 1장 내내 나지막하게 논쟁을 계속한다는 점이다. 이사크 루빈은 이 점을 가장 먼저 알아차린 사람이다.

마르크스가 《비판》에서는 교환가치에서 가치로 자연스럽게 넘어갔다면, 《자본론》에서는 반대로 (마치 반대자들이 제기할 이견을 예상한다는 듯이) 특정 지점에 머물러 있는 것처럼 보인다. 두 책에 공통된 진술을 한 뒤 마르크스는 다음과 같이 지적한다. "[교환가치는 하나의 사용가치가 다른 종류의 사용가치와 교환되는 비율로 나타나고, 이 비율은 때와 장소에 따라 끊임없이 바뀐다. 그러므로] 교환가치는 우연적이고 순전히 상대적인 것처럼 보이고, 따라서 상품의 고유한 가치, 즉 상품과 분리할 수 없는 내재적 교환가치라는 것은 일종의 형용모순처럼 보인다. 이 문제를 좀 더 자세히 살펴보자."(CI: 126)

여기서 마르크스가 염두에 둔 논적은 상대적 교환가치 말고는 아무것도 존재하지 않는다는 것을, 가치 개념은 정치경제학에서 완전히 불필요하다는 것을 입증하고 싶어 하는 사람임을 알 수 있다. 마르크스가 암시한 이 논적은 누구인가?[8]

그 답은 셰필드의 상인이자 급진적 소책자 지은이인 새뮤얼 베일리다. 베일리는 리카도를 비판했고, 이른바 한계혁명 덕분에 주류 경제학을 지배하게 될 주관적 가치론의 선구자였다.[9] 루빈은 마르크스의 '제3의 것' 주장이 베일리의 문제를 해결했다고 넌지시 말하지만, 이것은 너무 성급한 듯하다. 베일리는 《자본론》 1권 1장에서 줄곧 유령 같은 존재로 남아 있고, 마지막 각주에서 다음과 같이 언급되는 영광을 누린다. "만약 리카도 학파 사람들이 베일리에게 약간 조잡하고 설득력 없는 답변을 했다면, 그 이유는 그들이 리카도 자신의 저작에서 가치와 가치형태, 또는 교환가치 사이의 내적 연관[inneren Zusammenhang]에 대한 해명을 전혀 찾을 수 없었기 때문이다."(CI: 177 n 38) 따라서 베일리는 1장의 처음과 끝을 장식한다. 《1861~1863년 원고》에서 베일리에 관한 훨씬 더 확대된 논의를 보면 분명히 드러나듯이, 마르크스는 베일리가 리카도 학파의 이론적 급소를 찌른 호적수라고 평가했다. 이 점을 제대로 이해하려면 우리는 다시 리카도로 돌아가야 한다.

리카도는 1823년 9월에 죽기 몇 주 전에 쓴 글 "절대적 가치와 교환 가능한 가치"에서 이 둘을 명확히 구분한다(《원리》에서는 이 구분이 암묵적이었다). "교환 가능한 가치"는 리카도가 상품의 "비례적 가치" 또는 상대가격이라고 부른 것으로, "어떤 상품이 일정량의 다른 상품을 지배할 수 있는 힘"이다. "절대적 가치"는 대체로 어떤 상품을 생산하는 데 필요한 노동량으로서, 상대가격을 규제하는 기능을 한다. 상대가격의 변화는 절대적 가치의 적절한 지표가 되지 못한다. "무엇이든 가치가 있는 것은 다른 모든 상품의 가치를 비교할 수 있는 좋은 척도지만, 다른 시간과 장소에서 절대적 가치의 변화를 나타내는 데는 아무 쓸모가 없을 것이다."(RIV: 398, 396) 리카도가 고심했으나 끝내 해결하지 못한 문제는, 그가 보기에 절대적 가치의 변화를 정확히 나타낼 수 있는 '불변의 가치척도'를 결코 찾을 수 없다는 것이었다. 왜냐하면 순생산물[잉여가치]이 임금과 이윤으로 분배되는 데서 변화가 일어나면 모든 상품의 가치가 달라지기 때문이다. 그리고 이런 변화는 2장에서 봤듯이, 서로 다른 생산 부문에서 자본의 유기적 구성이 다른 데서 비롯한다.

베일리가 주장한 주관적 가치론은 리카도의 절대적(또는 내재적) 가치 개념을 직접 겨냥한다. "근본적으로 가치는 어떤 대상에 대한 존중을 뜻하는 듯하다. 그것은 엄밀히 말하면 정신이나 감정이 만들어 낸 효과다." 이런 개념에 따르면, 가치를 상대가격으로 환원하는 것은 정당하다. "상품의 가치를 나타내거나 표현할 수 있는 것은 오직 다른 상품의 양뿐이다." 여기서 베일리가 이끌어 낸 결론은, 노동생산성의 변화와 상대가격의 변화 사이에 인과관계가 있다고 전제하는 가치척도를 찾으려는 생각 자체가 잘못됐다는 것이었다.

가치는 동시대 상품들 사이의 관계다. 왜냐하면 그런 것들만이 서로 교환될 수 있기 때문이다. 그리고 우리가 어느 한 시점의 상품 가치와 다른 시점의 그 상품 가치를 비교한다면, 그것은 이 서로 다른 시점에서 그 상품과 어떤 다른 상품의 관계를 비교하는 것일 뿐이다. 그것은 한 시점의 어떤 고유한 독립적 성질과 다른 시점의 똑같은 성질을 비교하는 것이 아니라 비율들의 비교, 즉 서로 다른 두 시점에 서로 교환되는 상품들의 상대적 양을 비교하는 것이다.[10]

베일리는 "비교 수단이라는 의미의 가치척도는 오직 똑같은 시점에 존재하는 상품들 사이에서만 쓸모가 있다"고 주장한다. 이런 의미에서 이해하면, 가치척도는 문제가 되지 않는다. 더 정확히 말하면, 가치척도라는 문제는 시장에서 실천적으로 끊임없이 해결되는 그런 문제다. "[가치 측정 — 캘리니코스] 과정의 필수 조건은 상품들이 공통분모로 환원돼야 한다는 것인데, 이것은 언제든 쉽게 이뤄질 수 있다. 더 정확히 말하면, 우리가 언제든 쉽게 할 수 있다. 왜냐하면 기록되는 것은 상품들의 가격, 즉 상품들과 그 화폐가치의 관계이기 때문이다."[11] 놀랍게도, 마르크스는 《1861~1863년 원고》에서 베일리의 이런 주장에 동의한다.

베일리의 책은 단 하나의 긍정적 장점이 있다. 즉, 그는 **가치척도를** 더 정확히 정의한 최초의 인물이라는 것이다. 사실, 가치척도는 화폐의 기능 가운데 하나다. 즉, 특수한 규정적 형태의 화폐다. 상품들의 가치를 측정하려면 — 외재적 가치척도를 정하려면 — 다른 상품들의 측정 기준이 되는 상품의 가치가 반드시 변하지 않아야 하는 것은 아니다. … 예컨대, 화폐의 가치가 변하면 그것은 다른 모든 상품과의 관계에서도 똑같은 정도로 변한다. 그러므로 상품들의 상대적 가치는 화폐의 가치가 여전히 변함없다는 듯이 아주 정확히 화폐로 표현된다. 따라서 '불변의 가치척도'를 찾는 문제는 제거된다.(CW 32: 320)

그러나 가치척도는 문제가 되지 않는다는 베일리의 말이 옳다고 하더라도 그것은 "훨씬 더 심오하고 중요한 문제를 은폐한다."

상품들의 교환가치가 독립적으로 제3의 상품, 배타적 상품인 화폐로 표현되려면, 상품들의 가치가 이미 전제돼야 한다. 그러면 문제는 상품을 양적으로 비교하는 것뿐이다. 상품들의 가치와 가치에서 상품들의 차이를 이런 식으로 나타낼 수 있으려면 가치가 상품을 질적으로 동등하게 만들듯이 상품을 똑같은 것으로 만드는 — 상품을 가치로 만드는 — 동질성이 이미 전제돼 있어야 한다.(CW 32: 320, 321)

따라서

'불변의 가치척도' 문제는 사실 가치 자체의 개념과 본질, 다른 가치일 수 없고, 따라서 가치 변동에 종속될 수 없는 것의 정의를 찾으려는 작업에 붙인 그럴싸한 이름이었을 뿐이다. 그것은 특별히 상품생산에서 나타나는 노동시간, 사회적 노동이었다. 노동의 양은 아무런 가치를 갖지 않고, 상품도 아니지만, 상품을 가치로 변형시키는 것이고, 상품의 공통된 실체다. 그것의 표현체인 상품은 질적으로 동등하고 양적으로만 다르다. 상품은 일정량의 사회적 노동시간의 표현으로서 [나타난다 — 캘리니코스].(CW 32: 322)

마르크스가 거듭 불평했듯이, 리카도가 이렇게 혼동한 이유는 "오직 가치의 크기에만 관심이 있었"기 때문이다.(CW 32: 318) 리카도와 베일리가 서로 방식은 달랐지만 모두 이해하지 못한 것은 교환가치가 "인간 노동이라는 동일한 사회적 실체"로[*] 환원된다는 것만이 아니었다.(CI: 138) 마르크스의 손에서 가치론은 새로운 문제를 다루게 되는데, 그 문제의 본질은 (대체로 영어로 쓰인) 다음과 같은 구절에서 마르크스가 지적한 내용을 보면 알 수 있다. 마르크스가 보기에 베일리는 가치를 거리 개념에 비유하며 가치의 상대적 성격을 강조하고, 거리라는 것은 오직 두 대상 사이의 관계로만 이해할 수 있다고 주장한다.

어떤 물건이 다른 물건과 멀리 떨어져 있다면, 그 거리는 사실 두 물건 사이의 관계다. 그러나 그와 동시에 그 거리는 두 물건 사이의 이 관계와는 다른 어떤 것이기도 하다. 그것은 공간의 차원이고, 비교 대상 이외의 다른 두 물건의 거리도 나타낼 수 있는 어떤 길이다. 그러나 이것이 다는 아니다. 거리를 두 물건 사이의 관계라고 말할 때, 우리는 물건들을 서로 멀리 떨어져 있는 것으로 만드는, 물건들 자체에 '고유한' 어떤 것, 어떤 '속성'을 전제한다. A라는 음절과 식탁table 사이의 거리는 얼마인가? 이것은 터무니없는 물음일 것이다. 두 물건의 거리를 말할 때, 우리는 두 물건의

---

* 영어 원문은 "identical social substance"지만, 독일어 원문은 "derselben gesellschaftlichen Einheit"여서 국역본 《자본 1-1》(길, 2008)에는 "동일한 사회적 단위"로 번역돼 있다.

공간적 차이를 말한다. 따라서 우리는 두 물건이 동시에 공간에 포함돼 있다고, 즉 공간 내의 두 점이라고 생각한다. 우리는 두 물건을 모두 공간의 존재로서 동등화한다. 그리고 그것들이 공간의 관점에서 볼 때 동등해진 뒤에야 우리는 그것들을 공간의 서로 다른 두 점으로 구별한다. 공간에 속해 있다는 것이 두 물건의 공통점이다.

그러나 서로 교환되는 대상들의 이 공통점은 무엇인가? 이 교환은 그 대상들 사이에 자연적으로 존재하는 관계가 아니다. 마찬가지로, 그 대상들과 인간의 필요 사이에 자연스럽게 형성되는 관계도 아니다. 왜냐하면 그것들이 교환되는 양을 결정하는 것은 그 유용성의 정도가 아니기 때문이다. 따라서 그들의 동일성은 무엇인가? 즉, 그것들이 일정한 기준에 따라 서로 교환될 수 있게 해 주는 것은 무엇인가? 그것들은 무엇으로서 서로 교환될 수 있는가?(CW 32: 330)

다시 말해, 노동 생산물이 상품 형태를 띨 수 있게 해 주는 것은 무엇인가? 즉, 사용가치들의 교환 비율이 상대가격으로 나타나게 만드는 것은 무엇인가? 그것은 더는 시간의 흐름에 따른 상대가격의 변화를 측정하는 문제가 아니다. 리카도가 그토록 집착한 이 문제는 이제 마르크스의 이론에 흡수되고, 그래서 《자본론》 1권은 "자본주의 생산 양식이 지배하는 사회에서 부는 '상품의 방대한 집적'으로 나타난다"는 말로 시작하게 되는 것이다.(CI: 125) 마르크스는 베일리에게 치명타를 날린다.

이런 맥락에서 리카도는 허구주의자가 아니지만, 베일리는 다음과 같은 점에서 물신주의자다. 즉, 베일리는 가치를 … 객체들의 상호 관계로 여기지만, 그것은 사실 객체 속에서 재현되고 객체로 표현된 사람들 사이의 관계, 사회적 관계, 사람들과 그들의 상호 협력적 생산활동 사이의 관계일 뿐이다.(CW 32: 334. 두 번째 강조는 내가 추가한 것)

여기서 고전파 정치경제학에 대한 마르크스의 유명한 불만이 드러난다.

[고전파 경제학의 근본 결함 하나는 상품 분석, 특히 상품 가치의 분석에서 (가치가 교환가치로 되게 하는) 가치형태를 찾아내지 못했다는 점이다.] 애덤 스미스와 리카도 같은 고전파 경제학의 가장 뛰어난 대표자들조차 가치형태를 전혀 중요하지 않은 것 또는 상품 자체의 성질과 아무 관계가 없는 것으로 취급한다. 그 이유는 고전파 경제학이 오로지 가치 크기의 분석에 주의를 기울이기 때문만은 아니다. 문제의 핵심은 더 깊은 곳에 있다. 노동 생산물의 가치형태는 부르주아 생산양식에서 가장 추상적이면서도 가장 보편적인 형태이고, 바로 이 형태에 의해 부르주아 생산양식은 사회적 생산의 특수한 유형이 되고, 그래서 역사적·일시적 성격을 띠게 된다.(CI: 174 n 34)

리카도 학파든 그들을 비판한 주관적 가치론자들이든 가치 관계의 기묘함을 이해하지 못했는데, 이 생각은 마르크스가 《자본론》 1권 초판을 다음과 같이 수정한 인상적 구절에서 찾아볼 수 있(지만, 이 구절은 2판에는 나타나지 않는)다.

사용가치를 사상하면 노동 생산물은 그 가치 존재[Wertsein]로 환원된다. 또는 노동 생산물을 특정한 물건으로, 따라서 특정한 유용물(사용가치)로도 만드는 물리적 속성을 모두 무시하면 그것은 가치 객체성[Wertgegenständlichkeit]으로 고정된다. 이제 남은 것은 환상적 객체성

[phantastische Gegenständlichkeit]이다. 즉, 추상적 인간 노동의 객체성, 추상적 인간 노동의 객체적 형태다. 다시 말해, 액체 상태의 인간 노동이 아니라 응고된 상태의 인간 노동, 운동 형태의 인간 노동이 아니라 정지 형태의 인간 노동이다.(*MEGA2* Ⅱ/6: 32)

그 기묘함은 상품이 "초자연적 속성[übernatürliche Eigenschaft], 다시 말해 순전히 사회적[rein Gesellschaftliches] 성격의 가치"를 지닌 채 나타난다는 데 있다.(*C*1: 149) 마르크스는 심지어 가치 객체성을 상상 속의 것이라고 말하기도 한다. "상품을 ― 그 교환가치라는 의미에서 ― 노동의 물질화라고 이야기할 때, 우리는 상품의 물질적 실재와 아무 관계없는 상상 속의[eingebildete] 것, 즉 상품의 순전히 사회적인 존재 방식에 대해 말하는 것일 뿐이다. 다시 말해, 상품을 일정량의 사회적 노동이나 화폐로 여기는 것이다."(*CW* 31: 26~27) 허깨비 같은, 환상적, 상상 속의, 초자연적 등의 다양한 형용사는 모두 상품의 가치 속에 응축돼 있으면서 시장에서 교환되는 객체들의 속성으로 나타나는 것이 사회적 관계의 연관이라는 사실을 전달하고자 의도된 말들이다. 이것이 바로 가치형태다.

가치형태와 화폐

그러나 마르크스가 말하는 가치형태에는 모호함이 있다. 어쨌든《자본론》1권 1장 3절 "가치형태 또는 교환가치"에서 그는 상품들 사이의 네 가지 관계를 분석하는데, 두 생산물의 상호 교환이라는 단순한 형태에서 시작해 "모든 노동 생산물을 무차별적 인간 노동의 단순한 응고물로 표시하는" 보편적 등가물인 화폐 상품의 분화에서 끝난다.(CI: 160) 그러나 마르크스를 독특하게 해석하는 이른바 가치형태론의 창시자로 여겨지는 루빈은 이 분석이 가치형태 문제의 핵심이라고 생각하지 않는다. "우리가 말하는 가치형태는 가치의 발전 과정에서 나타나는 다양한 형태, 예컨대 초보적 형태, 확대된 형태 등이 아니라, 그 사회적 형태의 관점에서 이해되는 가치, 즉 형태로서 가치다."[12] 루빈은 《자본론》 초판의 다음 구절을 지적한다.

> 상품들이 가치로서 ─ 인간 노동의 응고물로서 ─ 서로 인정되는 형태는 결국 그 사회적 형태다. 따라서 상품의 사회적 형태와 가치형태 또는 교환 가능성의 형태는 동일한 것이다. 상품의 현물 형태가 동시에 그 가치형태이기도 하다면, 상품은 다른 상품들과 직접 교환 가능한 형태, 따라서 직접적인 사회적 형태를 띠게 된다.[13]

따라서 가치형태의 주된 특징은 상품의 "교환 가능성 형태"다. 이것은 또 상품의 교환 가능성 조건에 대한 설명을 요구한다 ─ 마르크스가 베일리를 비판할 때 쓴 용어를 빌리면, 서로 떨어져 있는 상품들의 거리를 측정할 수 있는 공통의 공간을 확인해야 한다. 이 설명을 하려면 생산관계를 언급해야 한다. 마르크스와 마찬가지로 루빈도 경제형태와 생산관계를 결부시킨다. "정치경제학의 기본 개념이나 범주는, 사람들 사이의 다양한 생산관계 형태를 특징짓고 (사람들 사이에 다양한 생산관계를 확립시키는) 사물들에 의해 결합되는 기본적인 **사회적·경제적 형태들**을 나타낸다."[14]

그렇다면 상품에 교환 가능성 형태를 각인시키는 자본주의 생산관계란 무엇인가? 《자본론》 1권 첫머리에서 분명히 드러나듯이, 자본주의 생산양식은 일반화한 상품생산 체제다. 다시 말해, 자율적이지만 상호 의존적이고 전문화한 생산자들의 체제이고, 그 재생산은 생산자들이 자신의 생산물을 시장에서 서로 판매하는 데 달려 있다. 각 생산 단위 안에서 이뤄지는 노동의 사회적 성격은 이 생산 단위들이 시장에서 하는 경쟁적 상호작용을 통해 확립된다. 마르크스가 이 점을 분명히 하는 곳은 《자본론》1권 초판의 부록 "가치형태"에 나오는 긴 구절이다. 거기서 그는 등가형태를 논하면서 특정 상품이 화폐로 변모하는 근거를 살펴본다.

노동 생산물은 그것이 서로 독립적으로 수행되는 별개의 사적 노동의 산물이 아니라면 상품이 되지 않을 것이다. 이 사적 노동의 사회적 상호 연관이 물질적으로 존재하기 위한 조건은, 그런 사적 노동이 자연스럽게 발전한 사회적 분업의 일부여야 하고, 따라서 그 생산물을 통해 다양한 종류의 필요 ― 그 전체(Gesamtheit)는 마찬가지로 자연스럽게 발전한 사회적 필요들의 체계(naturwüchsiges System der gesellschaftlichen Bedürfnisse)로 이뤄진다 ― 를 충족시켜야 한다는 것이다. 그러나 서로 독립적으로 수행되는 사적 노동의 이 물질적인 사회적 상호 연관은 그 생산물의 상호 교환을 통해서만 매개되고 따라서 실현된다. 따라서 사적 노동의 생산물은 그것이 가치형태를 띨 때, 따라서 다른 노동 생산물과 교환 가능한 형태를 띨 때만 사회적 형태를 띤다. 그것이 직접적인 사회적 형태를 띠는 경우는 그 자체의 구체적 또는 자연적 형태가 동시에 그것과 다른 상품의 교환 가능성의 형태이거나 다른 상품(anderer Ware)에 대한 가치형태로 여겨질 때뿐이다. 그러나 … 노동 생산물이 이렇게 되는 것은 오직 그것과 다른 상품의 가치 관계를 통해서 그것이 등가형태를 띠거나 아니면 다른 상품에 대해 등가물 구실을 하는 경우뿐이다.

그 등가물은 다른 상품과 직접 교환 가능한 형태를 띠는 한 직접적인 사회적 형태를 띠고, 그것이 다른 상품에 대한 가치의 실체로서, 따라서 등가물로서(als Gleiches) 여겨지는 한 이런 직접적 교환 가능성을 가진다. 그러므로 그 안에 포함된 일정한 유용 노동도 직접적인 사회적 형태의 노동으로, 즉 다른 상품에 포함된 노동과 동등한 형태를 갖춘 노동으로 여겨진다. … 따라서 … 등가물에 포함된 일정한 구체적 노동은 추상적 인간 노동의 일정한 실현 형태 또는 현상 형태로 여겨지기 때문에, 그것은 다른 노동과 동등한 형태를 띠게 되고, 따라서 비록 그것이 사적 노동이기는 하지만 그래도 직접적인 사회적 형태의 노동이다. 바로 이 때문에 그것은 다른 상품들과 직접 교환 가능한 생산물로 나타난다.[15]

따라서 상품 생산자들이 자기 재생산을 위해 시장에 가서 생산물을 교환할 필요성 때문에, 서로 다른 구체적 유용 노동들이 추상적인 사회적 노동의 단위들로 탈바꿈하는 것이다. 이 구절에서 마르크스가 묘사한 노동의 동등화는 현실적 과정이다. 그래서 그는 1859년 《비판》에서 다음과 같이 썼다. "이 환원[구체적 노동이 추상적 노동으로 환원되는 것 — 캘리니코스]은 하나의 추상으로 나타나지만, 그것은 사회적 생산과정에서 날마다 일어나는 추상이다."(Con: 30)[16] 더욱이 그는 몇 쪽 뒤에서 이 환원이 생산뿐 아니라 교환과도 관련된다고 단언한다.

이 특수한 사용가치로 나타나는 다양한 개인 노동은 그 안에 포함된 노동시간에 비례해서 서로 실제로 교환됨으로써만 일반적 노동이 되고, 이 형태로 사회적 노동이 된다. 말하자면 사회적 노동시간은 이 상품들에 잠재적 상태로 존재하고 교환 과정에서만 비로소 드러난다. 출발점은 사회적 노동으로 여겨지는 개인들의 노동이 아니라, 반대로 사적 개인들의 특수한 노동, 즉 교환 과정에서 처음의 성격이 지양됨으로써만 일반적인 사회적 노동으로 입증되는 노동이다. 따라서 일반적인 사회적 노동은 완성된 전제 조건이 아니라 생성되는 결과다. 그래서 새로운 어려움이 생겨난다. 즉, 한편으로 상품들은 물질화한* 일반적 노동시간으로서 교환 과정에 들어가야 하고, 다른 한편으로 개인들의 노동시간은 교환 과정의 결과로서만 일반적 노동시간으로 물질화한다는 것이다.(*Con*: 45)

마르크스는 약 15년 뒤에 《자본론》 1권의 프랑스어판에서 다음과 같이 쓰면서 똑같은 점을 재확인한다. "극히 다양한 생산물을 동등한 기반 위에 함께 올려놓는 교환에서만 이런 환원이 일어난다."[17] 마르크스가 여기서 확인한 어려움이 가치형태론 논쟁의 핵심 쟁점인데, 이 문제는 나중에 다시 살펴볼 것이다. 여기서는 내가 보기에 루빈이 강조한 방법의 핵심 강점이자 약점에 집중하겠다. 루빈은 마르크스가 유감스럽게 《자본론》 1권 2판에서 추상적 노동을 "생리적 의미에서 인간 노동력의 지출"이라고 말한 것 때문에 생겨난 오해를 강력하게 그리고 성공적으로 비판한다.

마르크스의 가치론에서 구체적 노동을 추상적 노동으로 탈바꿈시키는 것은 일반적 측정 단위를 발견할 목적으로 추상(화)하는 이론적 행위가 아니다. 이런 탈바꿈은 현실적인 사회적 사건이다. 이 사회적 사건의 이론적 표현, 즉 서로 다른 노동 형태의 **생리적 동등성**이 아니라 **사회적 동등화**가 추상적 노동의 범주다.[18]

---

* 영어 materialised의 독일어 원문은 vergegenständlichte이므로 '객체화한' 또는 '대상화한'이라는 뜻도 있다.

루빈이 추상적 노동을 사회적 동등화 과정의 결과로 개념화한 것은 앞서 3장에서 살펴본 "쿠겔만에게 보낸 편지"에서 마르크스 자신이 설명한 것과 매우 비슷한 가치법칙 해석, 즉 시장가격의 변화에 따라 서로 다른 생산 단위와 부문에 사회적 노동이 분배되는 메커니즘으로 가치법칙을 해석하는 견해와 잘 들어맞는다.

노동생산성의 향상은 생산에 필요한 추상적 노동의 양을 변화시킨다. 그 결과 노동 생산물의 가치가 변화한다. 생산물의 가치 변화는 또 다양한 생산 부문 간 사회적 노동의 분배에 영향을 미친다. 노동생산성 ─ 추상적 노동 ─ 가치 ─ 사회적 노동의 분배, 이것이 상품경제의 도식이다. 여기서 가치는 (이탈과 교란이 끊임없이 일어나는) 국민경제의 다양한 부문 사이에 사회적 노동이 분배되도록 균형을 잡는 규제자 구실을 한다. 가치법칙은 상품경제의 균형 법칙이다.[19]

그러나 마지막 문장에서 분명히 드러나듯이 루빈의 분석은 대부분 단순상품생산, 즉 생산 단위들이 시장을 위해 생산하지만 직접생산자들(장인이나 농민)이 생산수단을 통제하기 때문에 노동력은 상품이 아닌 경제에 관한 것이다. 그의 책 끝부분에 가서야 루빈은 특별히 자본주의 경제 관계에 주목하면서, 가치가 생산가격으로 바뀌는 문제와 관련해서 다음과 같이 주장한다. "자본주의 사회에서 **노동의 분배는 자본의 분배에 의해 규제된다**."[20] 이것은 명쾌한 정식화라고 할 수 있지만, 그 두 과정 ─ 가격 변동에 따라 노동이 각 생산 단위와 부문에 배정되는 과정과 자본이 여러 생산 부문 사이를 오가는 과정 ─ 을 이렇게 분리 가능한 것으로 취급할 수 있을까? 3장에서 봤듯이, 마르크스는 그렇게 생각하지 않았다.

존 윅스는 자본주의 생산양식이 지배하는 곳에서만 가치법칙은 작용한다고 강력하게 주장했다.

먼저, 개별 생산자들이 저마다 생산수단을 소유한 경우를 생각해 보자. 단순화를 위해서, 생산에 사용된 투입물이 교환과 무관한 자급자족적 노동과정 내에서 생산된다고 가정한다. 확실한 사례는 자기 생산물의 일부를 판매하는 자급자족적 농민일 것이다. 이 경우에는 노동과정의 최종생산물만이 상품이다. 생산수단은 설비와 경상 투입물 모두 각 생산자가 생산한 것이고 경쟁의 규율에 얽매이지 않는다. 생산수단을 위한 노동시간의 표준적 지출을 조직하는 사회적 메커니즘은 전혀 없다. 그런 경우에, 경쟁의 기능은 기껏해야 시장에서 균일한 판매 가격을 강요하는 것이다. 가격은 "사용가치의 교환을 위한 형식적 계기일 뿐"이다.

이런 가설적 상황은 상품생산이 아니다. 교환은 과정이 끝날 때까지 나타나지 않는다. 노동과정의 모든 측면은 교환과 무관하게 결정된다. 생산수단이 교환되지 않기 때문에, 생산자는 생산수단에 일정량의 노동시간을 지출할 직접적 필요가 전혀 없다.[21]

사실상 윅스의 말은 단순상품생산이라는 조건에서는 로버트 브레너가 말한 '시장 의존'이 존재하지 않는다는 것이다. 브레너는 이 개념을 다음과 같이 설명한다.

(… 생산수단까지는 아니더라도) 생계수단이* 조금이라도 있다면, 그리고 직접생산자들을 쥐어짜서 생계를 확보할 능력이 조금이라도 있다면, 경제

———

* 생계수단means of subsistence은 생활수단이라고도 한다.

적 행위자들은 시장에서 투입물을 구매할 필요가 없을 것이다. 그들이 필수적 투입물을 시장에서 구매할 필요가 없다면, 생존하기 위해 시장에서 판매할 필요도 없을 것이다. 생존하기 위해 시장에서 판매할 필요가 없다면, 그들은 경쟁의 제약에 종속되지도 않을 것이고 그들의 생존 자체도 경쟁적 생산에 의존하지 않을 것이다. 마지막으로, 그들이 경쟁의 제약에 종속되지 않는다면, 거래에서 얻는 이익을 추구해서 이윤을 극대화하려고 하지도 않을 것이고, 따라서 수요에 맞게 전문화·축적·혁신을 추구하거나 이 생산 라인, 저 생산 라인을 돌아다니려 하지도 않을 것이다.[22]

이것은 사실, 직접생산자들이 브레너가 말한 의미에서 "시장 의존적"인 곳에서만 가치법칙은 존재한다는 주장일 수 있다. 웍스의 주장은 이런 시장 의존이 생산수단 자체가 상품인 곳에서만 존재하고, 이런 상황 자체는 직접생산자와 생산수단의 분리를, 따라서 자본주의 경제 관계의 보편화를 전제한다는 것이다.

가치는 오직 생산물 전체, 모든 투입물이 화폐화할 때만 가격의 규제자 구실을 할 수 있다. 이런 일이 일어나기 전까지는 생산물은 완전한 상품이 아니고, 생산물에 지출된 모든 구체적 노동시간은 화폐로 대체되지 않아도 된다. 그리고 이런 일은 오직 자본주의 생산이 발전할 때만 일어난다. … '가치'는 자본주의 관계 아래서만 가격을 규제하고, 자본주의 사회에서만 분석 도구로 쓰일 수 있다.[23]

이 점을 달리 설명하면, 자본주의 생산관계는 두 가지 분리를 포함한다고 할 수 있다. 첫째는 생산자들 사이의 분리다. 즉, 생산자들은 자율적·전문적·상호의존적 생산 단위로서 시장에서 생산물의 교환을 통해 상호작용한다. 둘째는 직접생산자들과 생산수단 소유자들의 분리다. 이것은 노동력이 상품으로 변모한다는 것을 의미한다. 비록 마르크스는 이 두 가지 분리를 《자본론》의 서로 다른 부분 — 각각 1권의 1편과 2편 — 에서 분석하지만 둘은 사실 상호 의존적이다. 다시 말해, 노동력이 상품으로 변모하는 것은 일반화한 상품생산 체제에서만 가능하다. 따라서 오직 이런 상황에서만 소비 수단은 노동자들이 시장에서 임금으로 구매할 수 있는 객체가 된다. 또, 이와 관련해서 생산수단 자체가 상품이 되는 — 이것은 생산수단과 직접생산자의 분리를 전제로 한다 — 곳에서만 생산 단위들이 완전히 시장에 의존하게 되고 따라서 가치법칙에 종속된다. 따라서 앞서 인용한 루빈의 말을 수정하면, 가치법칙이 존재하는 곳에서 "노동의 분배는 자본의 분배에 의해 규제된다." 또는 알프레두 사드필류가 썼듯이 "사회적 생산양식으로서 자본주의, 사회적 노동 형태로서 임금노동, 생산물의 일반적 형태로서 상품 사이에는 서로 밀접한 관련이 있다."[24]

루빈은 단순상품생산에 집착하기 때문에 (나중의 일부 가치형태론자들과 달리) 화폐를 많이 거론하지 않는다.[25] 이런 맥락에서 루빈이 《자본론》 1권 1장 3절에 나오는 가치형태 논의의 중요성을 일축한 것은 잘못이다. 《자본론》 1권 초판에서 교환 가능성 형태를 언급할 때 마르크스가 주로 초점을 맞추는 것은 어떤 상품이 다른 상품들의 가치를 표현하는 등가물로서 기능하는 구실이다. 화폐는 이 기능을 일반적·상시적으로 하는 상품으로서 생겨난다. 이 화폐라는 구체적 형태를 통해 상품들은 서로 비교할 수 있게 된다(물론 그 이유는 상품이 모두 가치이기 때문이라고 마르크스는 신중하게 강조한다). 그리고 《자본론》 2판의 1장 3절 끝부분에서 마르크스는 보편적 등가물로 화폐를 도입한 덕분에 상품들의 교환 비율(상품에 구현된 추상적 노동을 반영하는)을 (화폐)가격으로 설명할 수 있게 된다. "한 상품(예컨대, 아마포)의 상대적 가치를 이미 화폐 상품 구실을 하는 상품(예컨대, 금)으로 표현하는 단순한 형태가 가격 형태다."(CI: 163)[26]

따라서 가격, 즉 "가치의 화폐적 표현"은 《자본론》의 맨 처음 장에서 이미 서술된다.(CW 34: 72) 그러므로 오늘날의 주요 가치형태론자인 미하엘 하인리히가 다음과 같이 주장하는 것은 기이하다. "가치가 생산가격으로 바뀌는 전형을 논할 때 비非화폐적 이론을 사용한 사람은 바로 마르크스 자신이다."[27] 마르크스가 《자본론》 3권 2편에서 가치의 전형을 논하기 오래전에 이미 가치는 화폐가격으로 바뀌었(고 실제로 파운드나 탈러를* 사용하는 사례들에 의해 끊임없이 예증된)다. 다른 곳에서 하인리히는 올바르게도 다음과 같이 말한다. "마르크스의 가치론은 **화폐적 가치론**이다. 가치형태 없이 상품들은 서로 가치로서 관계 맺을 수 없고, 오직 화폐 형태에 이르러서야 적절한 가치형태로 존재한다."[28] 후자의 견해는 오늘날의 다른 해설자들, 예컨대 프레드 모즐리의 견해와 비슷하다. 이른바 "'거시 화폐적' 관점에서 마르크스의 이론을 해석"하는 모즐리는 《자본론》 1권이 자본주의 경제 전체에서 생산된 화폐 총액의 증가분(ΔM), 즉 총잉여가치의 결정 문제를 주로 다룬다고 본다. 다시 말해, 1권은 대체로 **거시경제** 이론을 제시하고, 여기서 경제 전체의 총 화폐 이윤이라는 주요 거시경제 변수가 결정된다는 것이다.[29]

하인리히가 이렇게 이상한 일탈을 하게 된 이유 하나는 자본주의에는 단지 화폐가 아니라 화폐 상품이 필요하다는 것을 보여 주려 한 마르크스의 노력에 동의하지 않기 때문일 수 있다.

---

* Taler. 독일의 옛 화폐 단위.

마르크스는 화폐 상품이 존재하지 않는 자본주의 화폐제도를 상상할 수 없었지만, 화폐 상품의 존재는 결코 상품·화폐 분석의 필연적 결과가 아니었다. 상품 형태를 분석하는 틀 안에서 그는 보편적 등가물이라는 형태 규정을 전개했고, 교환 과정을 분석해서 상품 소유자들은 실제로 자기 상품을 하나의 보편적 등가물과 관련시켜야 한다고 결론지었다. 그러나 마르크스는 보편적 등가물이 하나의 특수한 상품이어야 한다는 것을 입증하지 않고 전제했을 뿐이다. 무엇이 보편적 등가물 구실을 할지는 (실제 물리적 상품이든 아니면 단지 지폐든 간에) 단순한 상품유통의 수준에서는 결정될 수 없다. … 자본주의 신용 제도를 고찰할 때에야 비로소 … 화폐 상품의 존재는 역사적 과도기의 상황이었을 뿐, 마르크스 자신이 분석하려 한 "자본주의 생산양식의 이상적 평균"과도 맞지 않는다는 것이 분명해진다.[30]

《자본론》1권 1장 3절 '가치형태'를 이렇게 해석하는 것은 의심스럽다. 왜냐하면 거기서 마르크스는 어떻게 교환 과정에서 특수한 **상품**(지폐나 신용화폐가 아닌)이 보편적 등가물 구실을 하게 되는지를 추적하려 하기 때문이다. 그러나 물론 마르크스가 틀렸을 수도 있다. 1971년 8월 미국 닉슨 정부가 달러와 금의 연계를 단절한 이후 많은 마르크스주의 경제학자들이 내린 결론은 마르크스가 화폐의 필요성과 화폐가 상품으로서 취하는 특수한 '역사적 과도기'의 형태를 혼동했다는 것이다.[31] 그러나 디미트리스 밀로나키스와 벤 파인은 다른 관점을 제시한다.

마르크스의 화폐론은 부분적으로는 상품화폐가 화폐의 상징들로 대체됐다는, 따라서 간접적으로 가치의 상징들로 대체됐다는 — 물론 그런 상징들이 인정받으려면 결국 국가의 개입이 필요하지만 — 생각에 바탕을 둔다. 역설이게도, 바로 이렇게 가장 현대적 형태로 대체됐기 때문에, 그래서 상품화폐나 금의 기능이 거의 중앙은행의 지급준비금으로 국한됐기 때문에, 많은 사람이 마르크스의 화폐론을 거부하게 됐다 — 진정으로 그것을 심사숙고했다면 말이다. 상품화폐가 더는 사용되지 않을 때 (가치론에 바탕을 둔) 상품화폐론이 어떻게 적절할 수 있겠는가[원문 그대로임 — 캘리니코스]. 반론으로 제기될 수 있는 주장은 마르크스의 화폐론이 상품화폐의 축출을 암시한다는 것이다. 왜 그런지는 그것의 이론적·실증적 맥락 속에서 분석돼야 하는데, 상품으로서 가치들의 단순한 상징적 유통을 넘어서 잉여가치의 상징적 유통, 때로는 허구적 유통도 그 분석에 포함돼야 한다. 그러나 이것은 마르크스의 금융 분석을 앞지르는 것이다. 비록 그것은 지금 발전하고 있는 금융 체제에 대한 고찰을 (그 금융 체제의 수익성을 좌우하는) 생산 체제의 한계 안에 고착시키지만 말이다. 따라서 … 마르크스의 화폐론·금융론은 논리적 분석과 역사적/실증적 분석의 뛰어난 결합이다 — 그것은 어떻게 (잉여)가치 관계가 논리적·실천적·우연적 과정으로서 화폐를 통해 표현되는지를 살펴본다.[32]

만약 밀로나키스와 파인이 옳다면, 마르크스의 상품화폐 개념은 그의 더 광범한 화폐론과 연계될 필요가 있는데, 이 화폐론 자체는 그가 금융시장과 경제 위기를 분석하는 방법에서 결정적으로 중요하다. 이 문제는 나중에 6장에서 다시 살펴보겠다. 하인리히식 가치형태론의 더 심각한 문제는, 비록 마르크스가 리카도의 실체론적 가치론과 얼마나 많이 단절했는지를 강조하는 것은 옳지만 그러면서 [마르크스의] 정치경제학 비판을 비실재론적인 것으로 만들어 버린다는 점이다. 상품의 가치를 인정하는 데서 교환이 하는 구실을 논하며 하인리히는 다음과 같이 주장한다.

추상적 노동의 바탕이 되는 이 추상을 완성하는 것은 교환이다(교환에 참여하는 사람들이 이 추상을 아는지 모르는지는 중요하지 않다). 그러나 이 추상이 실제로 이뤄진 다음에도 **추상적 노동**은 노동시간으로 측정될 수 없다. 왜냐하면 시계로 측정된 노동시간은 모두 특정한 **구체적 노동 행위**의 시간이기 때문이다. 이 시간은 특정 개인이 지출한 것이고, 생산물이 교환되는지 아닌지는 상관없다. 이와 달리 추상적 노동은 결코 '지출될' 수 없다. 추상적인 사회적 노동은 교환 속에서 구성되는 **사회적 유효성의 관계**(Geltungsverhältnis)다. 교환 속에서, 지출된 구체적 노동 행위들은 가치를 형성하는 추상적 노동의 일정량으로 **여겨진다**. 즉, 추상적 노동의 특정 량으로서, 그러므로 사회적 총노동의 한 요소로서 유효하게 되는 것이다.[33]

그러나 이런 해석은 추상적 노동이 노동력의 지출이라는 마르크스의 거듭된 주장과 정면으로 충돌한다. 마르크스가 말년에 쓴 "바그너에 대한 주석"의 다음 구절을 보라.

상품의 이 이중성은 그 상품을 생산한 노동의 이중적 성격[으로서 ─ 캘리니코스] 나타난다. 그것은 유용 노동, 즉 사용가치를 생산하는 구체적 노동 방식이자 추상적 **노동**, 즉 **노동력의 지출**인 노동이기도 한데, 이것은 노동력이 지출되는 '유용한' 방법과는 상관없다(나중에 생산과정의 서술은 이 '유용한' 방법에 의존한다).(*CW* 24: 546)

자크 비데는 노동력 지출 개념이 중요하다고 지적했는데, 《요강》 이후의 마르크스 경제학 원고에서만 나타나는 이 개념은 계급 지배 관계를 암시한다. "[상품을 생산하는 데 '사회적으로 필요한' 시간은 계급투쟁 속에서 결정된다. …] '사회적으로 필요한' 시간은 오직 '사회적으로 조절된'

지출 시간일 수밖에 없다. 이것은 어떤 사회에서든지 지출을 사회적으로 조절하는 원리, 즉 계급 관계를 의미한다. 왜냐하면 지출의 문제는 곧바로 지출에 대한 사회적 강요라는 문제를 불러일으키기 때문이다." 따라서 "양으로서 가치는 사회적으로 조절되는 노동력 지출의 양이라는 점 때문에, 정치적 차원을 포함하는 특정한 의미의 사회관계이기도 하다."[34] 그러나 하인리히가 사실상 거부하는 것이 바로 이 "양으로서" 가치라는 개념이다. 마르크스가 자신의 이론을 실증적·양적 이론으로 여겼고 가치 자체에 양적 차원이 있다고 생각했다는 것은, 때때로 그의 경제학 원고를 읽는 사람을 질리게 만드는 수많은 계산과 수치 등을 보면 분명히 알 수 있다. 그래서 비데는 다음과 같이 썼다. "《자본론》을 처음부터 끝까지 관통하는 분명한 의도는, 여러 종류의 크기들을 고려하고 계산이 가능한 동질적 공간을 구축해서 현대적 의미의 과학을 구성하겠다는 것이다."[35]

생산과 교환

많은 점에서 루빈은 오늘날의 가치형태론자들보다 뛰어나다. 루빈의 뛰어난 점 하나는 "추상적 노동은 그것이 창출하는 가치와 마찬가지로 질적 측면뿐 아니라 양적 측면도 있다"고 주장했다는 것이다.

추상적 노동의 두 가지 양의 동등성은 그것들이 사회적 총노동의 일부로서 동등하다는 뜻이다 ― 그 동등성은 노동 생산물의 동등화라는 수단에 의해 노동이 사회적으로 동등해지는 과정에서만 확립된다. 따라서 상품경제에서 두 가지 노동 지출의 **사회적 동등성** 또는 **추상적 노동 형태의 동등**

성은 교환 과정을 통해 확립된다고 할 수 있다. 그렇다고 해서, 노동의 물질적·기술적 측면과 생리적 측면을 구분해 주고, 교환 행위 전에 교환 행위와 무관하게 추상적 노동의 양적 결정에 인과관계적으로 영향을 미치는 양적 속성들을 확인할 수 없다는 말은 아니다. 그런 속성들 가운데 가장 중요한 것은 1) 노동 지출의 기간, 즉 노동시간의 양 2) 노동강도 3) 노동숙련도 4) 단위 시간 내 생산량 등이다.[36]

하인리히와 마찬가지로 루빈도 "두 가지 노동 지출의 사회적 동등성 또는 추상적 노동 형태의 동등성은 교환 과정을 통해 확립된다"고 주장한다. 앞서 봤듯이, 마르크스는 1859년 《비판》에서 이것을 "어려움"으로 묘사하는데, 아마 그 이유는 가치가 생산과정에서 창출된다는 노동가치론의 주요 논지와 모순되는 듯하기 때문일 것이다. 이 두 주장을 과연 조화시킬 수 있을까?

먼저 노동의 사회적 동등화는 오직 교환에서만 일어난다는 루빈의 주장이 틀렸음을 지적해 보자. 그는 가치법칙이 주로 단순상품경제를 규제하는 것으로 다루기 때문에, 자본주의 경제 관계의 지배가 어떻게 생산 내에서 노동의 사회적 동등화를 가능하게 해 주는지를 이해하지 못한다. 루치아 프라델라가 썼듯이 "산업혁명과 함께, 개인이 추상적 노동으로 환원되는 과정의 충분한 기술적 토대가 마련된다. 그래서 노동자의 행동은 내용이 없어지고 순전히 기계적·형식적으로 되는 반면, 육체적 기능과 정신적 기능은 분리된다."[37] 사드필류는 부문 간 경쟁과 자본가가 생산과정을 통제한 덕분에 생산에서 노동이 '표준화normalisation'한다고 분석했다.[38]

그러나 루빈이 주장한 가치론을 이렇게 교정한다고 해서 교환이 노동의 사회적 동등화에 기여하는 문제가 사라지지는 않는다. 이 문제에 답하려면, 마르크스가 가치를 어떻게 규정하는지를 더 자세히 살펴봐야 한다. 그는 《자본론》 1권의 앞부분에서 다음과 같이 썼다.

사회적 필요노동시간은 특정 사회의 표준적 생산조건 아래서 그 사회의 평균적 숙련도와 노동강도로 어떤 사용가치를 생산하는 데 걸리는 노동시간이다. … 그러므로 어떤 사용가치의 가치 크기를 결정하는 것은 오직 사회적으로 필요한 노동량, 즉 그것을 생산하는 데 사회적으로 필요한 노동시간이다.(CI: 129)

마르크스는 여기서 "특정 사회의 표준적 생산조건"이 무엇을 뜻하는지를 더 분석하지 않지만, 《자본론》 1권에서 사회적 필요노동시간은 해당 부문에서 일반적인 평균적 생산조건에 의해 결정된다고 가정한다. 그는 이 가정을 《자본론》 3권에 가서야 중단한다. 비데는 다음과 같이 썼다.

《자본론》의 계획에서 가장 놀라운 역설 하나는 이 유명한 '가치법칙'이 3권에 가서야, 더 정확히 말하면 3권 2편 10장에 가서야 정식으로 서술된다는 점이다. 여기서 마르크스는 가치가 생산가격으로 바뀌는 전형을 설명하려고 시도한다. 즉, 자본이 시장구조에, 다시 말해 가치법칙과 그것에 내재하는 경쟁 법칙에 바탕을 두고 있다는 사실에서 비롯한 자본의 속성들이 바로 그 전형의 원인이라고 설명한다.[39]

《자본론》 3권 10장의 제목은 "경쟁에 의한 일반적 이윤율의 균등화. 시장가격과 시장가치. 초과이윤"이다. 따라서 그것은 부분적으로는 9장에서 서로 다른 생산 부문 간 자본 이동에 따른 일반적 이윤율의 형성을 집중적으로 분석한 것의 연장이다. 그러나 10장의 중요성은 어떻게 부문 간 경쟁이 상품의 시장가치를 결정하는지를 논하는 데 있다. 마르크스는 먼저 그 범주를 다음과 같이 설명한다.

물론 서로 다른 생산 분야의 상품들이 그 가치대로 팔린다는 가정은 단지 이 가치를 중심으로 가격이 그 주위를 맴돌고 끊임없이 오르락내리락하면서 조정된다는 것을 의미한다. 그 밖에 **시장가치**(뒤에서 더 자세히 살펴보겠다)라는 것도 있는데, 이것은 서로 다른 생산자들이 생산한 특정 상품의 개별 가치와는 다르다. 이 상품들 가운데 일부의 개별 가치는 시장가치보다 낮을 것이고(즉, 그것들을 생산하는 데 필요한 노동시간이 시장가치로 표시된 노동시간보다 적다), 다른 것들의 개별 가치는 그보다 높을 것이다. 시장가치는 한편으로는 특정 분야에서 생산되는 상품들의 평균 가치로 봐야 하고, 다른 한편으로는 그 분야의 평균 조건에서 생산되고 그 분야 생산물의 대부분을 차지하는 상품들의 개별 가치로 봐야 한다. 가장 열악한 조건이나 가장 유리한 조건에서 생산되는 상품이 시장가치를 좌우하고 이 시장가치가 그대로 시장가격 변동의 중심이 되는 경우는 아주 예외적이다 ─ 그러나 이 경우에도 똑같은 종류의 상품들은 그 시장가격이 똑같다. 상품들이 평균 가치[즉, 두 극단 사이에 있는 물량들의 중간 가치]로 공급돼서 일상적 수요를 충족시킨다면, 개별 가치가 시장가치보다* 낮은 상품은 특별 잉여가치, 즉 초과이윤을 실현할 것이고, 개별 가치가 시장가치보다 높은 상품은 그 속에 포함된 잉여가치의 일부를 실현할 수 없을 것이다.(CⅢ: 279)

---

* 영어 원문은 market price(시장가격)이지만, 독일어 원문은 Marktwert(시장가치)이고 국역본 모두 그렇게 번역돼 있으므로 여기서도 시장가치로 옮겼다.

시장가치 개념을 서술한 직후에 "뒤에서 더 자세히 살펴보겠다"고 말한 것을 보면 마르크스의 논의가 개략적이라는 사실을, 단지 여기서만이 아니라 《자본론》 2권과 3권 전체에서 그렇다는 사실을 분명히 알 수 있다. 그렇다고 해서 시장가치 개념의 중요성이 달라지는 것은 아니다. 어찌 보면 그것은 《자본론》 1권 12장[상대적 잉여가치의 개념]에서 발전시킨 차액 이윤론을 요약한 것인데, 거기서 마르크스는 개별 자본들이 생산비를 부문 평균보다 낮추는 혁신을 통해 초과이윤을 얻고 그 덕분에 상대적 잉여가치를 뽑아낼 수 있음을 보여 준다(이 책 3장 참조). 그 단계에서 마르크스는 상품의 개별 가치와 사회적 가치의 차이를 말했는데, 이제는 후자의 이름이 시장가치로 바뀐 것이다. 이런 용어 변화는 십중팔구 마르크스가 《자본론》 3권 2편[이윤이 평균이윤으로 전환]에서 경쟁을 명시적으로 도입했음을 보여 주지만, 앞서 봤듯이 《자본론》 1권에서 그는 경쟁의 구실을 불편하게 여겼다. 마르크스가 시장가치 분석을 1권에 포함시키고(물론 나중에 보게 될 텐데, 그것은 자본 관계 자체가 정립된 후의 일이다), 거기서 가치법칙의 서술을 강화하는 것이 더 나았을지도 모른다. 그러나 이유야 어쨌든 그는 그렇게 하지 않았다(아마도 자본 일반과 다수 자본이라는 옛 도식의 영향이 남아 있었기 때문일 것이다).

그러나 여기서 가장 중요한 것은 마르크스가 "일상적 수요"를 언급한다는 점이다. 마르크스를 비판하는 사람들뿐 아니라 일부 마르크스주의자들(예컨대, 데이비드 하비)도 주장하는 바와 달리, 마르크스 자신의 가치론은 수요와 공급의 구실을 그저 무시하지 않는다. 오히려 《자본론》 3권 10장은 그 주제에 대한 마르크스의 가장 발전된 분석을 포함하는데, 여기서 수요와 공급의 서술은 사회적 필요노동시간이라는 개념의 문제로서 생각될 수 있다. 이제 이것은 단지 생산조건이나 노동의 특성과 관련해서만이 아니라, 특정 생산물에 대한 사회적 필요의 수준과 관련해서도 살펴봐야 한다. 그러나 자본주의 생산관계가 우세한 곳에서 사회적 수요는 어떻게 알 수 있는가? 서로 경쟁하는 자본들이 함께 생산을 통제한다는 사실을 감안하면, 이것은 오직 다양한 재화와 용역 사이의 유효수요 분배를 통해서만 가능하다.

마르크스는 수요와 공급이 종속변수라고 신중하게 강조한다.

여기서 … 잠깐 지적해 둘 것은, 수요의 원리를 규제하는 '사회적 필요'는 기본적으로 서로 다른 계급들의 상호 관계와 그들의 상대적인 경제적 지위에 따라 제약받는다는 것이다. 즉, 첫째로 총잉여가치와 임금의 비율에 따라, 둘째로 잉여가치 자체가 분할되는 각 부분들(이윤·이자·지대·조세 등) 사이의 비율에 따라 제약받는다. 그러므로 수요와 공급의 관계가 작용하는 기초를 해명하지 않은 채 수요와 공급의 관계만으로는 아무것도 설명할 수 없다는 것이 여기서 다시 드러난다.(CⅢ: 282)

이것은 가치법칙의 서술이 수요와 공급에서 시작될 수 없는 이유를 설명해 준다. 왜냐하면 후자는 잉여가치의 비율과 분배로 나타나는 자본주의 사회의 계급 관계에 의해 결정되기 때문이다. 그러나 수요는 특정 생산물의 시장가치가 결정되는 것을 설명하는 데서 필수적 구실을 한다.

상품에 사용가치가 있다는 말은, 그 상품이 어떤 사회적 필요를 충족시킨다는 것을 의미할 뿐이다. 우리가 개별 상품만을 다룰 때는 그 특정 상품에 대한 필요가 이미 존재한다고 가정하면 됐고, 충족시켜야 할 사회적 필요의 양적 크기를 더 자세히 연구할 필요는 없었다. 그 필요량은 이미 상품 가격에 반영돼 있었다. 그러나 우리가 한편으로는 어떤 생산 분야 전체의 생산물과 다른 한편으로는 사회적 필요를 다뤄야 할 때는 이 사회적 필요량이 근본적으로 중요한 요인이 된다. 따라서 이제는 사회적 필요의 크기, 즉 그 양을 살펴보는 것이 필수적이다.(CⅢ: 286)

10장의 다른 곳에 나오는 다음 구절은 비록 약간 얼버무리기는 하지만, 시장가치를 결정하는 데서 수요가 하는 구실에 대한 마르크스의 확고한 견해를 보여 주는 듯하다.

그러나 한편으로 어떤 사회적 상품에 지출된 사회적 노동의 총량, 즉 사회의 총노동력 중에서 이 상품을 생산하도록 배정된 부분, 따라서 이 상품의 생산이 총생산에서 차지하는 비율과, 다른 한편으로 사회가 이 특정 상품으로 충족시키고자 하는 필요의 크기 사이에는 아무런 필연적 연관이 없고 단지 우연적 연관이 있을 뿐이다. 어떤 상품 종류의 개별 상품(또는 일정량)이 그것의 생산에 필요한 사회적 노동을 포함할 뿐이고 이 측면에서 보면 그 상품 종류 전체의 시장가치는 단지 [사회적] 필요노동을 나타낼 뿐이라고 해도, 이 상품이 당시의 사회적 필요량을 초과해서 생산된다면 사회적 노동시간의 일부는 낭비된 것이고 이 상품량은 실제 거기에 투입된 것보다 훨씬 적은 사회적 노동량을 시장에서 나타낼 것이다. … 그러므로 이 상품은 그 시장가치 이하로 팔릴 수밖에 없고, 심지어 그 중 일부는 아예 팔리지 않을 수도 있다(거꾸로, 특정한 종류의 상품에 지출된 사회적 노동량이 그 상품으로 충족될 사회적 필요의 크기보다 너무 적다면 그 반대 현상이 일어날 것이다). 그러나 어떤 상품의 생산에 지출된 사회적 노동량과 충족돼야 할 사회적 필요의 크기가 일치해서, 생산량이 (수요가 불변일 때) 일상적 재생산 규모와 일치한다면 상품은 그 시장가치대로 팔릴 것이다. 상품은 그 가치대로 교환되거나 판매되는 것이 합리적이고 자연적인 상품 균형 법칙[das Rationelle, das natürliche Gesetz ihres Gleichgewichts]이다. 따라서 이 법칙을 바탕으로 괴리를 설명해야지 거꾸로 그 괴리에서 균형 법칙을 도출해서는 안 된다.(CⅢ: 291)

다른 곳에서 마르크스가 분명히 하듯이, 여기서 작용하는 것은 다양한 사용가치에 대한 사회적 필요에 비례해서 다양한 생산 분야에 사회적 노동을 배정하는 가치법칙이다.

개별 상품의 사용가치는 그 자체로 사회적 필요를 충족시키는지 아닌지에 달려 있지만, 사회적 총생산물의 사용가치는 그 생산물이 특정 종류의 생산물에 대한 사회적 필요(양적으로 규정되는)에 적합한지 아닌지, 따라서 양적으로 규정되는 이 사회적 필요에 맞게 적절한 비율로 노동이 각 생산 분야에 배분되는지 아닌지에 달려 있다.(CⅢ: 774)

경쟁 과정은 각 생산물의 안정된 수요 수준(계급에 따른 분배 관계를 감안한)을 충족시키는 데 필요한 생산조건을 확립한다. 따라서 이 생산조건들(단순화를 위해 평균 조건이라고 부르자) 사이에 형성된 밀접한 연관을 통해, 그리고 마르크스가 "일상적 수요"라고 부른 것을 통해 "두 가지 노동 지출의 사회적 동등성은 … 교환 과정을 통해 확립된다." 이 밀접한 연관이 유지되는 한, 이 종류의 상품들은 그 시장가치대로 판매된다. 루빈은 다음과 같이 썼다. "시장가치는 서로 다른 생산 부문 간 이론적으로 정의된 균형 상태에 상응한다. 상품들이 그 시장가치대로 판매된다면 균형 상태는 유지된다. 즉, 특정 부문의 생산은 다른 부문을 희생시키며 확대되거나 축소되지 않는다."[40] 이런 상황에서는 덜 효율적인 조건에서 상품을 생산하는 데 들어간 노동의 일부는 낭비된다. 즉, 그것은 사회적 유효성을 인정받지 못한다. 반대로, 더 효율적인 조건에서 상품을 생산하는 데 들어간 노동은 평균 조건에서 수행된 노동의 똑같은 양보다 더 많은 가치를 창출한다. 그리고 이것은 더 효율적인 생산자들이 얻는 초과이윤에 반영된다. 이런 경우들은 시장가격이 시장가치보다 낮은 경우들과 다르다. 왜냐하면 후자의 조건에서는 '일상적 수요'를 충족시키는 데 필요한 것보다 더 많은 상품이 생산되기 때문이다. 사드필류는 다음과 같이 썼다. "초과 공급은 상품이 그 사용가치의 일부를 상실했다는 것, 팔리지 않은 상품은 그 사용가치 전체를 상실했다는 것, 각 상품의 가치가 하락했다는 것 — 가치가 가격을 규정하는 것이 아니라 그 반대라는 것 — 을 의미하지 않는다."[41]

물론 '일상적 수요'의 수준은 변할 수 있는데, 그 이유는 다음과 같이 다양하다. 즉, 소득 수준과 분포가 바뀔 수도 있고, 노동생산성이 상승하거나 하락할 수도 있고, 혁신 덕분에 생산물의 종류가 재조정될 수도 있고, 기타 등등. 그러면 생산조건과 수요 수준 사이의 균형 상태가 바뀔 것이다. 더욱이, 이와 연관돼서 시장가격의 변동으로 새로운 시장가치가 확립되면 경제적 행위자들은 변동의 어느 시점에서 가격과 시장가치가 괴리되는지를 구별하기가 힘들어질 것이다. 그러나 이것은 일반화한 상품생산 체제, 즉 자율적이지만 상호 의존적인 자본들의 경쟁적 상호작용에 의해 규제되는 체제의 필연적 특징이다. 그런 체제에서는 "한편으로 어떤 사회적 상품에 지출된 사회적 노동의 총량 … 과 다른 한편으로 사회가 이 특정 상품으로 충족시키고자 하는 필요의 크기 사이에는" 우연적 연관만이 존재한다. 마르크스는 《자본론》의 다른 곳에서 균형에 대해 다음과 같이 말한다. "자본주의 생산의 자연발생적 형태[naturwüchsigen Gestaltung]에서는 균형 자체가 하나의 우연일

뿐이다."(CII: 571)[42]

마르크스의 가치론에 대한 이런 해석은 가치를 관계로 이해해야 한다는 것을 분명히 보여 준다. 사드필류는 다음과 같이 주장한다.

노동의 동등화, 가치와 가격의 결정은 세 단계를 거치는 실제 과정의 결과다. 첫째, 개별 노동들은 똑같은 종류의 상품을 생산하면서 표준화한다. 둘째, 똑같은 종류의 상품을 생산하는 개별 노동들은 과거에 지출된 노동이든 서로 다른 기술을 사용한 노동이든 모두 동기화synchronisation한다. 셋째, 상품이 관념적 화폐와 동등해짐에 따라 서로 다른 종류의 노동은 동질화homogenized한다.[43]

여기서 동기화는 마르크스가 분석한 단일 시장가치의 형성과 일치한다.

서로 다른 시점에 또는 서로 다른 기술을 사용해서 똑같은 상품을 생산하는 노동들 사이의 동등성은, 가치가 구체적 노동에 의해 상품에 초역사적으로 구현된 실체이기 때문이 아니다. 그것은 가치가 자본주의 생산에 의해 확립되고 자본주의 생산을 통해 재생산되는 사회관계라는 사실에서 비롯하는 것이다. … 가치의 사회적 실재가 함의하는 바는 오직 산 노동만이 가치를 창출한다는 것이다.[44]

동질화 — 상품에 가격을 매겨서, 화폐 차원에서 구체적 노동들을 동등화하는 것 — 는 자본주의 생산이 시장에서 자본들의 경쟁적 상호작용을 통해 규제된다는 것을 분명히 보여 준다. 자본가들이 노동력의 지출을 통제하는 상황은 상품 가격이 초과이윤까지는 아니더라도 적어도 평균이윤은 실현해 주는 상품생산을 지향한다. 그렇게 해서 가치는 마르크스가 "관념적 화폐 또는 가치척도"라고 부른 것의 단위인 가격 형태로 생산을 규제한다.(CI: 204) 따라서 생산은 교환을 지향하고, 생산과 교환의 통일에서 추상적 노동의 본질은 결정된다. 리카르도 벨로피오레는 다음과 같이 썼다.

가치를 구성하는 사회적 필요노동시간SNLT은 단지 '기술적' 평균이 아니다. 왜냐하면 사적 노동의 사회성, 따라서 측정 대상인 동일한 크기는 결국 시장 교환에서 확정되기 때문이다. 그러므로 사회적 필요노동시간은 사후적으로만 알 수 있다.

핵심은 생산과 유통의 '통일'이다. 그래서 추상적 노동은 최종 교환을 전제하는 것이기도 하고 최종 교환 안에서 완전히 실현되는 것이기도 하다. 상품이 화폐와 교환되는 이유는 이미 양적으로 서로 비교할 수 있는 것이기 때문이(라고 마르크스는 말한)다. 가치로서 상품은 객체화한 추상적 인간 노동으로 여겨지고, 상품이 객체화한 추상적 인간 노동으로 여겨지는 이유는 상품이 사전적인 관념적 화폐이기 때문이고 화폐는 노동으로 생산된 상품이기 때문이다. 따라서 객체화한 추상적 인간 노동으로서 가치는 교환에서 지속되는 동등화의 전제 조건이다. 그러나 추상적 노동은 관념적 화폐인 상품들이 현실적 화폐로 바뀌는 실제 교환에서만 완성된다고 마르크스는 덧붙인다.[45]

리카도의 실체론적 가치 개념을 넘어서 나아갈 때 마르크스의 가치론은 변증법적 균형을 유지하면서, 가치를 구현된 노동으로 환원하지도 않고 교환 속으로 해소시키지도 않는다. 그 결과는, 가치를 자본주의 생산양식의 구성 요소인 두 가지 분리 — 한편으로 자본들의 경쟁적 상호작용, 다른 한편으로 생산과정에 존재하는 자본과 임금노동의 적대 관계 — 에 포함된 사회관계로 이해하는 가치론이다. 유감스럽게도 오늘날 아주 많은 마르크스주의 담론은, 이 유연한 관계를 딱딱하게 경직시켜서 자본이나 노동이라는 집단적 주체의 속성들로 만들려고 한다. 다음 장에서는 이 문제를 비판적으로 살펴보겠다.

5장

노동

산 노동과 자본

《자본론》은 매우 분명한 의미에서 노동에 관한 책이다. 마르크스에게 추상적 노동은 가치의 실체이고, 따라서 산 노동은 새로운 가치의 원천이며, 이 새로운 가치에서 취득하는 잉여가치는 임금노동자들이 수행하는 잉여노동을 나타낸다. 그러나 오늘날 《자본론》에 관한 논의들은 흔히 임금노동을 하찮은 것으로 취급한다. 5장에서는 이렇게 임금노동을 하찮게 취급하는 몇 가지 견해를 비판적으로 평가할 것이다. 먼저, 자본이 관계라는 점을 무시한 채 산 노동을 절대화하는 엔리케 두셀의 견해를 살펴보겠다. 그다음에는 자본 관계에서 임금노동이 하는 본질적 구실을 다른 것으로 대체하는 경향이 있는 오늘날의 마르크스주의 저술가 몇 사람을 살펴보겠다. 마지막으로, 마르크스가 자본을 헤겔의 절대이념 비슷한 주체로 여겼다는 유력한 생각과 모이시 포스톤의 결론, 즉 우리가 《자본론》을 분석한다고 해서 반드시 노동계급을 자력 해방과 인류 해방의 집단적 행위 주체로 봐야 하는 것은 아니라는 주장을 자세히 살펴보겠다.

두셀은 마르크스가 1867년 8월 24일 엥겔스에게 보낸 유명한 편지 (4장 서두에서 살펴봤다)에 다음과 같은 해설을 달았다.

> 마르크스는 잉여가치 범주나 추상적 노동과 구체적 노동의 구별을 자신의 가장 위대한 발견이라고 생각했지만, 이 두 발견은 모두 다음 사실에 의존한다는 것이 내 개인적 확신이다(단언컨대, 이 점은 그 무엇보다 중요

하고, 어쩌면 마르크스 자신도 완전히 의식하지 못했을 수 있다). 그것은 바로 가치가 '없는' 가치'의' 실체인 산 노동과 가치가 '있는' 객체화한 노동의 차이다.[1]

여기서 두셀이 논평하는 대상은 《1861~1863년 원고》에 나오는 다음 구절이다.

지금까지 말한 것은 **노동의 가치**가 아니라 **노동능력의 가치**일 뿐이다. 왜냐하면 더 많은 노동과 더 적은 노동의 직접 교환은 상품 교환의 법칙과 모순되고, 그 형태, 즉 노동이 능동적인지 아니면 객체적인지는 전혀 상관없기 때문이다. 더욱이 일정량의 **객체화한 노동**의 가치는 그 안에 객체화한 노동량에 의해 측정되는 것이 아니라, 똑같은 상품을 재생산하는 데 필요한 산 **노동**의 평균량에 의해 측정된다는 점에서 더 그렇다. 다른 한편으로, 즉자·대자적 상품 개념은 과정으로서 노동 — 즉, 상품의 가치 — 을 배제한다. 과정으로서 노동은 실제로는 가치의 실체이고 척도이지 가치가 아니다. 오직 객체화한 노동으로서만 그것은 가치다. 그러므로 자본 일반을 고찰할 때 — 여기서 전제는 상품들이 그 **가치대로** 교환된다는 것이다 — 노동은 오직 **노동능력**으로서만 기능할 수 있다. 이 노동능력 자체가 노동의 객체적 형태다.

그러나 생산과정에서 이 매개는 사라진다. 우리가 자본과 노동의 교환이라는 형식적 과정을 무시하고 생산과정에서 실제로 무슨 일이 일어나는지를, 그리고 생산과정의 결과로서 무엇이 나타나는지를 살펴본다면, 일정량의 산 노동이 더 작은 양의 객체적 노동과 교환되고 그 과정의 끝에서는 일정량의 객체화한 노동이 더 작은 양의 객체화한 노동과 교환된다[는 것을 알 수 있다].(CW 34: 71)

산 노동 ― 산업자본이 순환할 때마다 수행되면서 새로운 가치를 창출하는 노동 ― 과 죽은(또는 객체화한) 노동 ― [산업자본의] 순환 전에 수행되고, 새로운 생산물을 만드는 데 쓰이고 노동자들에게 소비 되는 상품들의 가치로 나타나는 노동 ― 의 구별은 정말로 마르크스 의 분석에 근본적인 것이다. 그래서 《자본론》 1권에서 그는 생산수단 의 가치로 표현되는 죽은 노동에 초점을 맞추면서(이 생산수단의 가치 는 산 노동이 그 생산수단을 사용해서 생산물을 만들 때 새로운 상품 으로 이전된다) 다음과 같이 썼다. "자본은 죽은 노동인데, 이 죽은 노 동은 흡혈귀처럼 산 노동을 흡수해야만 활기를 띠고 산 노동을 더 많 이 흡수할수록 더욱 활기를 띤다."(CI: 342. 일반적으로는 CI, 8장 [불 변자본과 가변자본] 참조) 그러나 두셀은 마르크스의 담론에 나타나는 이 명백한 특징을 확대해서 훨씬 더 야심 찬 주장을 내놓는다. "마르 크스의 분석의 진실은 타자의 '현실적 현실성wirkliche Wirklichkeit'에 의존 하고 거기서 시작되는데, 그 타자는 자본과는 다른 실제의 산 노동이 다. 즉, 가치의 창조자인 산 노동, 단지 자본가만이 아니라 모든 인간 의 부富 일반의 원천인 산 노동이다."[2] 산 노동이 자본과 다르고 자본 과 대립한다는 것은 마르크스의 주장에서 근본적이다(물론 《자본론》 과 1875년의 "고타 강령 비판"에서 마르크스는 노동이 "모든 인간 부 의 원천"이라는 생각을 분명히 거부한다).[3] 그러나 두셀은 더 나아간다. "자본의 '전체성'과 관련해서 산 노동이 '외재적'이라는 것은 마르크스 의 담론을 완전히 이해하는 데 conditio sine qua non[필수 조건 ― 캘 리니코스]이다."[4]

두셀은 이런 해석을 뒷받침하는 근거로, 마르크스가 《요강》에서 처 음 썼고 《1861~1863년 원고》에서 약간 고쳐서 다시 쓴 인상적 구절을 인용한다.

재산과 노동의 분리는 자본과 노동의 교환을 위한 필수 법칙으로서 나타난다. 자본도 아니고 객체화한 노동도 아닌 노동능력은 첫째, 부정적으로는 다음과 같이 나타난다. 그것은 원료도 아니고, 노동수단도 아니고, 생산물도 아니고, 생계수단도 아니고, 화폐도 아니다. 그것은 모든 노동수단, 생계수단과 분리되고 노동의 객체성 자체와도 분리된 노동, 단지 가능성일 뿐이다. 이 완전한 헐벗음, 대상이 전혀 없는 이 **노동의 가능성**. 절대적 빈곤인 노동능력, 즉 객체적 부의 완전한 배제. 이 노동능력이 소유한 객체성은 오직 노동자 자신의 신체적 실존, 그 자신의 객체성뿐이다.

둘째, 긍정적으로는 다음과 같이 나타난다. 객체화하지 않은 노동, 노동 자체의 비非객체적·주체적 실존. 객체로서가 아니라 활동으로서 노동, 가치의 살아 있는 원천으로서 노동. 그것은 일반적 부의 현실성인 자본과 달리 일반적 부의 일반적 가능성이고, 행위 속에서 자신을 입증한다. 노동은 한편으로는 객체로서 절대적 빈곤이고, [다른 한편으로 — 캘리니코스] 주체로서, 활동으로서 노동은 부의 일반적 가능성이다. 이것은 자본에 의해 반정립反定立으로서, 자본의 객체적 실존으로서 **전제된** 노동이고, 다른 한편으로는 그것 자체가 자본을 전제하는 그런 노동이다.(*CW* 30: 170~171. *G*: 295~296과 비교해 보라.)

두셀은 다음과 같이 주장한다.

현실이자 범주로서 '산 노동'이 '임금노동', 즉 자본의 전체성에 이미 포섭된 노동과 똑같은 것이라고 말할 수 있을까? 포섭된 것으로서 임금노동은 자본의 내재적 규정이[고 따라서 자본의 전체성에 바탕을 둔]다. 그러나 아직 전체화하지 않는 동안 산 노동은 현실성(마르크스에게 가장 절대적인 현실성)이고, 자본 전체의 모든 현실성 상실을 가늠하는 척도이며, [자본의] 외부에 있다. 이렇게 노동자를 육체(불쌍하고, 헐벗은 몸의 신체적 실존)로, 사람으로, 자본의 비非존재로 보는 형이상학적 견해(존재나 존재론적 성찰을 뛰어넘는)에 대해 우리는 그것을 '외재성'이라고, 자본과는 다른 타자의 타자성이라고 부른다. 자본의 전체성이 아닌 '타자'라는 것은 여전히 외재성 안에[원문 그대로임 ― 캘리니코스] 있다는 것이다. 다른 한편으로, 이 외재적 타자성에서 마르크스의 이론적 비판은 시작된다.[5]

여기에 사용된 철학적 언어를 보면, 두셀이 단지 《자본론》과 그 원고를 공부하는 뛰어난 학생이 아니라 중요한 해방신학자이기도 하다는 사실이 새삼 떠오른다.[6] 노동자가 고통받는 신체라는 주제는 오늘날의 다른 [마르크스] 해설자들도 제기했다. 예컨대, 마시밀리아노 톰바는 다음과 같이 썼다. "《자본론》에서 말하는 부당성은 산 노동을 지배하는 죽은 노동이 신체에 가하는 부당성이다. 그것은 신체를 괴롭히는 부당성이다."[7] 데이비드 맥낼리는 "형태 ― 정확히 말하면 가치형태 ― 영역에서 신체와 그 노동의 영역으로 넘어가는 여정"이 《자본론》 1권 2편[화폐가 자본으로 전환] 끝부분에서 시작된다고 말한다.[8] 그러나 이 마지막 진술은 명백히 틀렸다. 마르크스는 [1권 1편 1장에서] "가치형태, 따라서 상품형태, 그리고 그것이 더욱 발전한 화폐형태나 자본형태 등의 특수성"을 이야기한다.(CI: 174 n 34) 자본형태는 《자본론》 1권 2편에서 제시되지만, 그 뒤에도 계속 새로운 규정들 ― 불변자본과 가변자본, 절대적 잉여가치와 상대적 잉여가치, 축적 ― 이 꾸준히 추가된다. 1권의 많은 부분에서 마르크스가 주목하는 것은 사실 노동자들의 노동·고통·투쟁이지만, 이런 행동과 격정은 (마르크스가 계속 도입하는) 일련의 형태 규정이 제공하는 개념적 틀 안에서 검토된다. 더욱이 마르크스는 노동자의 신체를 강조하는 것이 육체노동과 정신노동의 분리를 비판하기보다는 반영한다고 생각했을 수 있다(그는 육체노동과 정신노동의 분리가 공산주의에서 극복될 것이라고 봤다).

두셀은 매우 옳게도 마르크스의 분석 틀 안에서 산 노동이 중요한 구실을 한다고 주장한다. 실제로 마르크스는 생기론의* 느낌이 강하게 들 정도로, 산 노동은 자본주의적 과정에 생기를 불어넣는 활력이라고 말할 때가 있다. 예컨대,《요강》앞부분에서 마르크스는 자신의 가치론 범주들을 구성하면서 다음과 같이 썼다. "노동은 형태를 만드는 살아 있는 불이다. 그것은 살아 있는 시간 동안 사물들을 형성하는 것으로서, 사물들의 일시성·한시성이다."(G: 180**) 10년 뒤《자본론》1권에서는 생산수단이 생산과정에서 사용되지 않는다면 활력을 잃고 상태가 나빠질 것이라고 썼다.

> 산 노동은 이 사물들을 가져다가 죽은 상태에서 소생시켜, 단지 가능성만 있는 사용가치에서 현실적이고 효과적인 사용가치로 전환시켜야만 한다. 이 사물들은 노동의 불에 단련되고 노동 조직체의 일부로 동화되고, 노동 과정에서 그것들의 개념과 직분에 맞는 기능을 수행하게끔 활기가 주입된다. 그래서 이 사물들은 실제로 새로운 사용가치의 형성 요소로서 합목적적으로 소비된다.(CI: 289~290)[9]

더 분석적인 시각에서 자크 비데는 다음과 같이 주장한다. "마르크스는 임금 관계 외부에서 노동을 먼저 고찰하는 이 작은 걸음을 내딛으면서 리카도를 넘어서기 시작했다."[10] 결정적으로, 이런 전환 덕분에

---

* vitalism. 생명 현상의 유물론적 설명에 반대해서, 생물에는 무생물과 달리 목적을 실현하는 특별한 생명력 또는 활력이 있다는 이론. 활력설活力說이라고도 한다.

** 361의 오타인 듯하다.

마르크스는 임금 관계가 착취로 이뤄졌다고 개념화할 수 있었는데, 자본이 노동력의 지출을 지휘·감독해서 잉여가치를 뽑아내는 것이 바로 착취다. 그러나 노동과 임금노동을 구별한다고 해서 곧 두셀처럼 산 노동을 초역사적 범주, 사실상 절대적·원초적 범주로 취급하는 것이 옳다는 말은 아니다. 두셀은, 예컨대 다음과 같이 쓴다. "'산 노동(따라서 자본) 개념의 발전'에서 첫걸음은 절대적이고 단순한 최초의 범주(따라서 '구성할 수 없는' 범주, '개념화의 대상'이지만 선험적으로 규정할 수 없는 범주)인 산 노동 자체에서 출발하는 것이다."[11] 이렇게 산 노동을 실체화하는 것은 두셀 자신의 철학적 집착을 반영하는 듯하다. 그러나 마르크스의 저작들에는 두셀의 견해를 정당화할 만한 내용이 전혀 없다. 오히려 마르크스의 저작에서 산 노동(또는 객체화하지 않은 노동)은 죽은 노동(또는 객체화한 노동)의 대립물로 서술되고, 둘은 각각 가치의 측면에서는 (노동력에 투자되는) 가변자본과 (생산수단에 투자되는) 불변자본에 상응한다. 다시 말해, 산 노동은 자본 관계를 구성하는 일련의 규정들에 속한다.[12]

외재성이라는 더 광범한 주제로 말하자면, 노동이 자본이 아니라는 것이 곧 노동이 자본 관계의 외부에 있다는 말은 아니다. 이 점은 두셀이 인용한 구절에서도 나타나는데, 그 구절에서 마르크스는 노동능력이 부정적이기도 하고(절대적 빈곤) 긍정적이기도 하다(산 노동)는 이 중성을 지적하고 나서 다음과 같이 결론짓는다. "이것은 자본에 의해 반정립으로서, 자본의 객체적 실존으로서 전제된 노동, 다른 한편으로는 그것 자체가 자본을 전제하는 그런 노동이다." 따라서 노동능력과 자본은 서로 상대방을 전제한다. 이런 정식화는 마르크스가 《임금노동과 자본》에 썼고 《자본론》 1권에서 인용한 다음과 같은 유명한 구절을 생각나게 한다. "자본은 임금노동을 전제하고 또 임금노동은 자본을 전제한다. 즉,

그것들은 서로 제약하면서 동시에 서로 상대방을 성립시킨다."(CW 9: 214, CI: 724 n 21) 자본의 자기 증식이 자율적 과정이 되려면 직접생산자들과 생산수단을 분리할 수 있어야 하는데, 이 역사적 전환은 착취 과정을 통해 끊임없이 재생산된다. 노동능력은 단지 자본의 외부에 있는 불쌍하고 헐벗은 두 발 달린 동물이 아니라, 노동자가 생산수단을 직접 이용하지 못하도록 자본이 끊임없이 둘[노동자와 생산수단]을 분리시킬 것을 전제하는 역사적 결과다. 이 관계의 필연적 결과는 바로 노동능력이 임금노동의 형태를 띠고 노동능력의 가치는 노동의 가치나 가격 형태를 띤다는 것이다. 이 절의 서두에 인용한 《1861~1863년 원고》의 구절 몇 단락 뒤에서 마르크스는 다음과 같이 썼다.

이 형태에서 노동의 가치, 가격은 특수한 표현인데, 이것은 가치 개념과 완전히 모순된다. 그러나 이 모순은 존재한다. 그것은 우리가 발전시킨 일련의 중간 요소들을 통해 매개된다. 현실에서 그 관계는 매개되지 않은 것처럼 나타난다. 그러므로 임금은 일정량의 산 노동의 가치나 가격으로 나타난다.(CW 34: 72)

두셀은 산 노동이 자본의 외부에 있다는 생각을 뒷받침하는 근거를 노동능력Arbeitsvermögen과 노동력Arbeitskraft의 구분에서 찾으려 한다.

전에는 자본에 의해 소외되고 포섭되고 자본의 일부에 불과했던 노동 '능력capacity' 또는 '가능성'이 그 행위, '현실성', 그것의 효과적 사용으로 바뀐다. 잠재력potency이 행위act가* 되는 것이다. 오직 그 순간에만 '능력'은 '력power'이 되고, 노동능력은 이제 '노동력'이 되는 것이다. 그렇다면 이 새

---

* act는 스콜라 철학에서 구현형具現形, 즉 잠재력이 구현된 형태라는 뜻도 있다.

롭고 독특한 범주는 바로 노동의 효과적 현실화를 뜻한다. 즉, 노동이 이제는 효과적으로 생산하는 힘이 된 것이다.[13]

두셀처럼 탁월하고 박식한 마르크스 해설가가 이토록 공상적인 주장을 하는 것은 이상하고 약간은 애처롭기까지 하다. 처음에 '노동능력' 개념을 발견한 마르크스는 《요강》부터 《1863~1865년 원고》까지 그 용어를 쓰다가 《자본론》 1권에서 '노동력'으로 바꿨다. 《1861~1863년 원고》에서 그는 노동자에 대해 다음과 같이 썼다. "노동자가 제공하고, 판매해야 하는 유일한 상품은 바로 그의 살아 있는 노동능력, 자신의 살아 있는 신체에 존재하는 노동능력이다(여기서 능력은 결코 포르투나fortuna, (행)운fortune으로 봐서는 안 되고 잠재력potency, 뒤나미스 δυναμις로 봐야 한다*)."(CW 30: 37) 그러나 《자본론》 1권에서 마르크스가 노동력을 서술한 것을 보면, 그는 이 두 표현 사이에 아무 차이가 없다고 봤음이 분명하고, 하나가 다른 하나보다 더 잠재력이나 가능성과 가깝다는 주장을 뒷받침할 근거가 전혀 없음을 알 수 있다.

[화폐 소유자는 시장에서 특수한 상품을 발견하는데, 그것은 바로] 노동능력(Arbeitsvermögen), 즉 노동력(Arbeitskraft)이다.
노동력 또는 노동능력이라는 것은 살아 있는 인간의 신체 속에 있는 육체적·정신적 능력 전체인데, 인간은 온갖 종류의 사용가치를 생산할 때마다 그것을 운동시킨다.(CI: 270)

---

* fortune은 로마 신화에 나오는 운명의 여신 포르투나에서 유래한 말로 (행)운·재산 등의 뜻이 있고, 뒤나미스는 아리스토텔레스가 가능태라는 뜻으로 사용한 말인데 그는 질료가 뒤나미스에, 형상은 엔텔레케이아(현실태)에 해당한다고 봤다.

임금노동을 하찮게 취급하기

자본 관계를 구성하는 형태 규정들에서 산 노동을 뽑아내어 그 형태 규정들과 산 노동을 대립시키려는 두셀의 의심스러운 시도는 오늘날 비판적 사상가들이 임금노동을 무시하거나 하찮게 취급하는 흔한 경향의 한 사례다. 마이클 리보위츠는 이런 경향에서 예외인데, 왜냐하면 그는 마르크스가 필요의 사회적 상대성을 스스로 강조한 것의 중요성을 충분히 깨닫지 못했고 따라서 임금노동이 자본과 대등한 자율적 힘이라는 점을 개념화하지 못했다고 주장하기 때문이다. 그 결과 마르크스는 《1844년 경제학·철학 원고》에서 보여 준 자신의 통찰을 계속 고수하지 못했다는 것이다.

> [청년 마르크스에게는] 주제가 하나가 아니라 둘이었다. 그의 초기 개념들에 무슨 결함이 있든 간에 마르크스는 두 측면과 그들의 관계가 자본주의의 분명한 특징이라고 봤다. 즉, 자본주의의 관계들 안에는 자본으로서 자본주의의 관계들과 임금노동으로서 자본주의의 관계들, 그리고 이 둘의 상호 관계가 포함된다는 것이었다.[14]

비데는 마르크스가 《자본론》에서 분석한 노동력의 가치와 가격을 내가 보기에 훨씬 더 만족스럽게 논하면서, 이 개념들에 계급투쟁이 내장돼 있음을 보여 준다.

> 노동력에 적용된 가치/가격 관계의 특이성은 다음과 같은 '기묘한 효과'로 나타난다. 즉, Zwischenbewegung['부차적 변동들': CI: 658~659 참조 — 캘리니코스]이라는 의미에서 가격의 변동은 가치의 변동에 반작용한다는

것이다. 사실 노동자들의 저항은 노동력의 가치 감소에 따라 노동력의 가격도 자동으로 감소하는 것을 막는 브레이크 구실을 해서 노동계급의 생계수단의 양이 증대하도록 촉진한다. 따라서 노동자들의 저항은 가치 자체와 그것의 변동을 수정하는 한 요소로서 분석될 수 있다. 그런 브레이크는 (생산성을 저하시키는 경향이 있는) 가치에 증가 원리를 새겨 넣는데, 적어도 노동자들의 저항이 새로운 '생활수준'이라는 지속적 효과를 결정하는 한에서는 그런다. 그리고 가치의 크기에 대한 이런 반작용은 가치의 개념에 대한 반작용이기도 하다.[15]

그러나 더 흔한 현상은 《자본론》에 나타난 임금노동의 중요성을 깎아내리는 것이다. 흔히 이것을 정당화하는 논거로 데이비드 하비가 발전시킨 '탈취에 의한 축적' 개념을 들먹이는데 ─ 이런 "약탈·사기·폭력에 바탕을 둔 축적"의 기능은 "매우 낮은 비용으로(어떤 경우에는 전혀 비용을 들이지 않고) 자산(노동력을 포함해서)을 방출하는 것"이다 ─ '탈취에 의한 축적'은 단지 자본 관계의 전제 조건들이 존재할 수 있게 해 준 '시초' 축적이나 '본원적' 축적의 핵심 요소(흔히 마르크스가 이렇게 주장했다고들 한다)가 아니라, 자본주의 역사 내내 자본주의의 고질적 특징이었다는 것이다. 하비가 이 개념을 처음 제시했을 때[2003년]는 신중하게 다음과 같이 강조했다. "확대재생산[임금노동 착취에 바탕을 둔 자본축적 ─ 캘리니코스]과 탈취에 의한 축적이라는 두 측면은 유기적으로 연결돼 있고, 변증법적으로 얽혀 있다."[16] 그러나 최근에 하비는 덜 신중해졌다.

그러나 두 과정[하비는 구체적으로 명시하지 않지만, 아마 임금노동 착취에 바탕을 둔 '정상적' 축적과 탈취에 의한 축적을 뜻할 것이다 ─ 캘리니코스] 사이에는 공통점과 함께 상호 보완적 측면도 있는데, 이것은 바로 룩셈부르크가 이들 사이의 "유기적 관계"라고 불렸던 것이 아닐까 싶다. 잉여가치의 추출은 어쨌든 탈취에 의한 축적의 특수한 형태인데, 왜냐하면 그것은 바로 노동과정에서 가치를 생산할 수 있는 노동자의 능력을 소외시키고 취득하고 탈취하는 것이기 때문이다.[17]

이것은 내가 보기에 형편없는 변화다. 하비가 다른 곳에서 인정하듯이, 《자본론》 1권에 나오는 마르크스의 분석은 상품들이 그 가치대로 교환된다고 체계적으로 가정한다.[18] 당시 마르크스 주위의 급진적인 사상가들(예컨대, 프루동과 그 추종자들)은 착취를 자본가가 시장의 법칙을 부당하게 조작한 결과로 여겼다. 마르크스가 자본 관계를 설명한 의도는 착취가 (노동력조차 상품으로 탈바꿈하는) 일반화한 상품생산 체제의 '정상적' 특징임을 보여 주려는 것이었다. 앞서 3장에서 봤듯이, 마르크스는 하비가 확대재생산이라고 부른 것을 시초 축적과 뚜렷이 다른 것으로 다룬다(그렇다 해도 우리는 시초 축적이 다양한 형태로 현재까지 계속된다는 것을 인정할 수 있다).

자본주의 생산과정의 조직이 일단 완전히 발전하면, 그것은 모든 저항을 분쇄한다. 상대적 과잉인구의 끊임없는 창출은 노동의 수요·공급 법칙이, 따라서 임금이 자본의 증식 요구에 알맞은 범위 내에서 유지되게 만든다. 경제적 관계의 말 없는 강제를 통해 자본가는 노동자를 확실히 지배할 수 있게 된다. 물론 직접적인 경제외적 강제도 여전히 사용되지만, 그것은 예외적 경우일 뿐이다.(CI: 899)

하비처럼 잉여가치 추출을 탈취에 의한 축적에 포함시키면 마르크스 이전의 견해, 즉 현대적 착취를 "약탈·사기·폭력"의 결과로 보는 견해로 퇴보할 위험이 있다. 분명히 이것은 마이클 하트와 토니 네그리가 이끄는 오늘날 급진 좌파의 공통된 생각이다. 하트와 네그리는 다음과 같이 주장한다. "오늘날 자본축적은 점차 생산과정의 외부에서 이뤄지고 있다. 그래서 착취는 **공통적인 것의**＊ 수탈이라는 형태를 띤다." 따라서 "노동력 착취와 잉여가치 축적은 이윤의 관점에서가 아니라, **자본주의적 지대**의 관점에서 이해해야 한다"는 것이 하트와 네그리의 결론이다.[19] 이런 주장과, 자본을 임금노동과 대립하는 관계에서 구성된 것으로 보는 마르크스의 견해를 비교해 보라.

> 자본이 오직 관계로서 가치의 생산자가 되는 것은, 임금노동을 지배하는 강제력으로서 잉여노동을 강요하거나 상대적 잉여가치를 생산하도록 노동의 생산력을 자극하는 한에서다. 두 경우 모두 자본이 가치를 생산하는 것은, 노동 자체의 객체적 조건들이 노동에서 소외돼 노동을 지배하는 힘으로서 나타날 때뿐이다. 즉, 임금노동 자체의 한 형태로서만, 임금노동의 조건으로서만 자본은 가치를 생산한다.(CW 30: 399)

자본을 외부의 강제력으로 다루면서 하트와 네그리는 자본을 공통적인 것들 위에 군림하는 '슈퍼 주체'로 탈바꿈시킨다. 자원을 가차 없이 약탈하는 것이 현대 신자유주의 세계화의 중요한 측면이라는 것은 확실하지만, 자본이 관계임을 무시하면 오늘날 자본축적의 독특한 형태를 전혀 이해할 수 없다. 특히 지난 세대에 동아시아에서 세계시장을

＊　하트와 네그리에 따르면 "공통적인 것the common"은 한편으로는 "사적 소유의 지배와 신자유주의 전략들에 대립하고 다른 한편으로는 공적 소유의 지배, 즉 국가의 통제와 규제에 대립하는 것"으로서, "개방적 접근과 집단적이고 민주적인 결정 및 자주관리로 정의되는 부의 한 형태(또는 부를 관리하는 한 방식)"이다.

겨냥해 생산하는 산업자본주의가 성장한 데서 드러나는 자본 관계의 엄청난 확장을 이해하지 못하게 된다. 또, 자본과 노동의 **상호 의존**도 파악하지 못하게 된다. 자본과 노동의 상호 의존은 노동자 착취로만 나타나는 것이 아니라, 생산과정을 방해하고 마비시키고 통제할 수 있는 노동자들의 집단적 능력으로도 나타나기 때문이다.

하비는 또, 오늘날 좌파 사상가들이 자본에 노동이 형식적으로 포섭되는 것과 실질적으로 포섭되는 것을 구분한 마르크스의 주장을 논할 때 보이는 이상한 경향의 대표적 사례이기도 하다. 하비는 다음과 같이 썼다.

> 이른바 선대제도[객주제도]에서는 상인자본가가 원료를 노동자의 오두막집으로 가져다주고 나중에 완성된 생산물을 모아 온다. 노동자들은 상인자본가의 감독을 받지 않고 노동과정은 오두막집 안에서 이뤄진다(여기에는 흔히 가족노동이 동반되고 생계를 보조해 주는 농업도 병행된다). 그러나 오두막집에 사는 사람들은 화폐소득을 상인자본가에게 의존했고, 자신들이 만든 생산물을 소유하지 못했다. 이것이 마르크스가 말한 형식적 포섭이다. [그러나] 노동자가 임금을 받으려고 공장 안으로 들어오면 그때부터 노동자와 노동과정은 모두 자본가의 직접 감독을 받게 된다. 이것이 실질적 포섭이다. 따라서 형식적 포섭은 공장 밖에서 [노동자의] 의존적 상태를 가리키고, 실질적 포섭은 공장 안에서 자본가의 감독을 받는 것을 가리킨다.[20]

따라서 하비의 주장대로라면, 노동이 자본에 실질적으로 포섭될 때만 직접생산자들은 자본가에게 고용된 임금노동자가 된다. 이것은 마르크스를 오해한 놀라운 사례다. 마르크스가 형식적 포섭과 실질적 포섭을 처음으로 구분한 것은 《1861~1863년 원고》와 《1863~1865년 원고》(특히, 이른바 《자본론》 1권 '6장' "직접적 생산과정의 결과")에서였다. 거기서 마르크스는 둘의 구분을 대체로 (노동시간을 늘려서 착취율을 높이는) 절대적 잉여가치와 (노동생산성 향상에 의존하는) 상대적 잉여가치의 구분에 상응하는 것으로 다룬다. 그러나 실질적 포섭과 형식적 포섭은 모두 임금노동을 전제한다. 이 점은 둘의 구분이 처음으로 완전히 전개된 《1861~1863년 원고》의 다음 구절을 보면 분명히 알 수 있다.

[자본에 노동이] 형식적으로 포섭된다는 말은 개별 노동자가 독립적 상품 소유자로서 노동하는 것이 아니라 자본가의 소유인 노동능력으로서, 따라서 자본가의 명령과 감독을 받으며 노동한다는 것, 또 자신을 위해서가 아니라 자본가를 위해서 노동한다는 것이다. 더욱이, 노동수단도 이제 더는 그의 노동을 실현하는 수단으로서 나타나지 않는다. 오히려 그의 노동이 노동수단의 가치 증식 — 즉, 노동을 흡수하는 — 수단으로서 나타난다. 이런 특징이 생산양식이나 생산과정의 사회적 관계에 어떤 변화도 일으키지 않은 채 존재할 수 있는 한 그것은 형식적이다.(CW 30: 262)

그러나 실질적 포섭에서는

자본주의 생산양식이 이미 노동의 실체를 장악해서 탈바꿈시켰다. 이제 자본에 노동자가 포섭되는 것은 단지 형식적이지 않다. 즉, 노동자가 누군가 다른 사람을 위해 낯설고 이질적인 명령과 감독을 받으며 일하는 데서 그치지 않는다는 것이다. 또, 상황이 더는 단순협업의 경우와 같지도 않다. 단순협업에서는 노동자가 다른 많은 노동자와 **똑같은** 노동을 똑같은 시간에 함께 하면서 협력하지만, 그의 노동 자체는 여전히 변함이 없고 단지 일시적 연계가 형성될 뿐이며 이 근접성은 그 본성상 쉽게 해소될 수 있고, 대다수 단순협업은 오직 특정 기간에만 예외적 요구들(예컨대, 곡물 수확이나 도로 건설 등)을 충족시키기 위해 이뤄질 뿐이다. 상황은 또 매뉴팩처, 즉 공장제 수공업의 가장 단순한 형태와도 다르다. 가장 단순한 형태의 매뉴팩처에서 주된 목표는 많은 노동자를 동시에 착취하고 고정 자본 등을 절약하는 것이다. 그리고 거기서 노동자는 오직 형식적으로만 전체의 일부가 되지만(그 전체의 머리는 자본가다) 생산자로서 그는 다른 많은 노동자가 자신과 함께 똑같은 일(예컨대, 신발 제조 등)을 하고 있다는 사실에 더는 영향을 받지 않는다. 그의 노동능력이 단지 (작업장을 형성하는) 전체 구조의 일부 기능에 불과한 것으로 바뀌면서 그는 전혀 상품 생산자가 아니게 된다. 그는 오직 일면적 작업을 하는 생산자일 뿐이고, 이 작업은 대체로 그 생산물을 통해서만 작업장의 전체 구조와 연결된다. 따라서 그는 작업장의 살아 있는 구성 성분이고, 자신의 노동 방식을 통해 스스로 자본의 부속물이 된다. 왜냐하면 그의 기술은 오직 작업장에서만 발휘할 수 있고, 자본의 현존으로서 노동자와 맞서는 구조 속의 한 연결 고리로서만 그럴 수 있기 때문이다. 원래 그가 자본가에게 팔아야 하는 것은 상품이 아니라 상품을 생산하는 노동이었다. 왜냐하면 그는 자신의 노동능력을 실현할 객체적 조건들을 소유하지 못했기 때문이다. 이제 그는 자신의 노동능력을 팔아야 한다. 왜냐하면 그의 노동능력은 자본에 팔려야만 계속 노동능력이 되기 때문이다. 따라서 그는 이제 자본주의적 생산에 포섭되고, 자본의 통제 아래 떨어진다. 단지 그에게 노동수단이 없기 때문만이 아니라, 그의 노동능력 자체, 노동의 성격과 방식 자체 때문이다. 이제 자본은 객체적 조건들만 수중에 갖게 된 것이 아니라, 주체적 노동의 사회적 조건들, 노동자의 노동이 계속 노동이게끔 해 주는 조건들도 갖게 된 것이다.(*CW* 30: 279~280)

따라서 자본에 노동이 실질적으로 포섭되는 것은 하비의 주장과 달리, 직접생산자들이 "임금을 받으려고 공장 안으로 들어오"고 그들과 "노동과정이 모두 자본가의 직접 감독을 빋게" 되는 깃과 관계없다. 이 것은 이미 노동이 자본에 형식적으로 포섭됐을 때 벌어진 일이다. 이 와 달리 "노동이 자본에 실질적으로 포섭되면서 생산양식 자체, 노동 생산성, (생산과정 내) 노동자와 자본가의 관계에서 완전한 변혁이 일 어나고 노동자와 자본가의 사회적 관계도 완전히 변혁된다."(CW 34: 107~108) 스티븐 마글린이 공장의 기원을 연구한 선구적 문헌에서 다 음과 같이 주장한 것은 마르크스가 형식적 포섭과 실질적 포섭을 개념 화한 것과 완전히 일치한다.

노동자들이 공장에 결집한 것은 선대제도의 자연스런 결과였다(말하자면, 그 내적 모순의 결과였다). 그것은 대규모 기계류의 기술적 우수성과는 거 의 또는 전혀 상관이 없었다. 공장이 사업 묘책이 되고 성공의 열쇠가 된 것은 노동자들을 대신해서 자본가들이 생산과정을 통제한 덕분이었다. 즉, 규율과 감독 덕분에 기술적 우수성 없이도 비용이 낮아질 수 있었고 실제로 낮아졌던 것이다.[21]

그렇다고 해서, 노동이 임금노동으로 탈바꿈하지 않고도 자본에 포 섭되는 경우들을 마르크스가 무시했다는 말은 아니다. 그는 다음과 같 이 말했다.

[내가 … 말하고 있는 것은 자본에 노동이 형식적으로 포섭되는 것과 실질적으 로 포섭되는 것 사이의 과도적 형태들, 따라서 특별히 자본주의적인 생산방식으 로 이어지는 형태들이 아니라] 자본 관계가 아직 형식적으로 존재하지 않는, 즉 자본이 생산적 자본 형태로 발전하기 전에, 또 노동 자체도 임금노동의

형태를 띠기 전에 이미 노동이 자본에 착취당하는 형태들이다. 그런 형태들은 부르주아 생산양식에 선행하는 사회구성체들에서 찾아볼 수 있다. 다른 한편으로, 그런 형태들은 부르주아 생산양식 안에서 끊임없이 재생산되고 부분적으로는 부르주아 생산양식 자체에 의해 재생산된다.(CW 34: 117)

마르크스는 인도 농민이 면화 수확물을 고리대금업자에게 저당잡힌 것을 예로 든다. 사람들은 때때로 마르크스가 농민의 조건에 무관심했다거나 심지어 적대적이었다고 비난한다.[22] 그러나 마르크스는 19세기 중엽의 경제학자 리처드 존스가 "제임스 스튜어트 경 이래로 모든 영국 경제학자에게는 없던 것, 즉 생산양식들의 **역사적** 차이에 대한 인식"을 보여 줬다는 이유로 격찬했다.(CW 33: 320) 존스의 주요 연구 주제 하나는 자본/임금노동자 관계의 역사적 특수성이었는데, 그것은 대다수 생산자들이 여전히 농민이던 당시 세계에서는 비교적 드문 일이었다.[23] 《자본론》 3권에서 자본주의 지대의 기원을 논할 때 마르크스는 소규모 자작농에 관한 논의를 크게 확대하는데, 바로 이 맥락에서 그는 다음과 같은 유명한 말을 한다. 자본주의에서 "대토지 소유"는 "생명의 자연법칙에 의해 규정된 사회적 물질대사의 상호 의존적 과정에 회복할 수 없는 균열을 불러일으키는 조건들을 만들어 낸다[einen unheilbaren Riß hervorrufen in dem Zusammenhang des gesellschaftlichen und durch die Naturgesetze des Lebens vorgeschriebnen Stoffwechsels]."(CⅢ: 949)

마르크스가 살펴본 과도적 형태들에서 제기되는 문제 하나는 노동이 자본에 포섭된다는 말의 의미가 무엇인가 하는 것이다. 이 문제는 오늘날의 주요 마르크스주의 역사학자인 자이루스 바나지의 저작에서 제기됐다. 그는 자유로운 임금노동을 자본주의 생산관계가 존재하기 위한 필요충분조건으로 취급하려는 시도들을 강하게 비판하면서, 그런 시도들을 특히 로버트 브레너의 작업에서 영감을 얻었다고 주장하는 마르크스주의 학파와 연결시킨다. 바나지는 다음과 같이 썼다.

> **역사적으로 자본축적의 특징은 생산구조가, 그리고 잉여가치 생산에 사용되는 노동 형태와 노동조직 형태들이 상당히 유연했다는 것이다. [그러나] 자유로운 노동자로 여겨지는 개별적 임금노동자를 유일한 축적 기반으로 보는 자유주의적 자본주의 개념은, 노예노동과 집단적 (가족) 노동이라는 노동력 단위들도 [자본축적에] 기여했다는 사실을 지워 버림으로써 자본주의의 역사를 많이 삭제한다.**
>
> 여기서 더 나아가, 자본주의는 임금노동에 **바탕을 둔** 다양한 착취 형태를 통해 작동한다고 생각하는 것은 확실히 마르크스주의 이론의 발전일 것이다. 다시 말해, 임금노동을 분익소작, 노동 임차, 각종 채무 노동 등과 함께 많은 착취 형태 가운데 하나로 보는 것이 아니라, 이 특정한 개별적 착취 형태들은 고용주가 유급 노동을 채용하고 착취하고 통제하는 방식들일 수 있다고 보는 것이다. 이 말은 **모든** 분익소작농, 노동 임차인, 채무 노동자가 임금노동자라는 것이 아니라, 이런 '형태들'이 자본 속에[원문 그대로임 — 캘리니코스] 포섭된 노동을 반영할 수 있다(그런 방식에서는 임금을 받고 노동력을 '판매'하는 행위가 더 복잡한 제도들 속에서 매개되고 어쩌면 위장되기도 한다)는 것이다.[24]

바나지가 이렇게 주장하는 바탕에는 단지 자신의 역사 연구만이 아니라 그가 1977년에 처음 발표한 생산양식들에 관한 유력한 논의도 깔려 있다. 그의 핵심 논지는 "역사적으로 특정한 착취 형태들의 '사회적 형태'와 '기능'은 생산관계에서 비롯하고 생산관계는 그런 사회적 형태와 기능에 의해 매개되거나 그것들 속에 구현돼 있다"는 것이다. 이런 논지를 바탕으로 그는 "몇몇 생산 시대에 공통된" "단순한 범주"의 임금노동과 "'구체적' 범주"의 임금노동, 즉 "가치를 생산하는 추상적 노동, 따라서 자본주의 생산의 요소들을 이미 정립한 노동"인 임금노동을 구분한다.[25] 그러나 바나지는 이런 이론적 주장의 영향력을 크게 강화하고자 전자본주의 사회들, 예컨대 고대 후기의 지중해 동부 지역에 임금노동이 광범하게 존재했다는 것을 보여 준다.[26] 그가 착취 형태들은 특정 생산양식의 경향들(마르크스가 운동 법칙이라고 부른 것)을 지탱하는 데서 어떤 구실을 하는지와 관련지어서 이해해야 한다고 강조한 것은 옳다. 그러나 만약 임금노동이 자본주의 전에도 존재한다면, 과연 어떤 조건에서 그것은 자본주의의 운동 법칙을 지탱하는, "가치를 생산하는 추상적 노동"이 되는가? 바나지와 마르크스가 모두 동의하듯이, 자본에 포섭된 비非임금노동 형태들에 대해서도 똑같은 질문을 할 수 있을 것이다.[27] 내가 아는 한 바나지의 유일한 대답은 자본에 노동이 포섭되는 것이 산 노동의 형태를 띤다는 것뿐이다.[28] 이 말이 옳은지 나는 잘 모르겠다. 노동에 가치 창조 능력을 부여하는 것은 (앞서 4장에서 봤듯이, 사드필류가 말한 표준화·동시화·동질화 과정을 통해) 노동이 추상적인 사회적 노동으로 변형된다는 사실이다. 그리고 죽은 노동과 산 노동의 대립은 이런 변형을 전제한다. 그러나 우리가 바나지의 정식화를 받아들인다고 하더라도 이것은 문제를 후퇴시키는 것일 뿐이다. 왜냐하면 앞서 봤듯이, 산 노동은 (자본 관계의 구성 요소라고 마르크스가 주장하는) 규정들 가운데 하나이기 때문이다. 문제는 과연 어떤 조건에서 우리는 이 규정들이 존재한다고 단언할 수 있느냐 하는 것이다.

한 가지 대답은 앞서 4장에서 잠깐 언급한 로버트 브레너의 시장 의존 개념이 제공한다. 브레너는 "자본주의의 사회적 소유관계"에는 "두 가지 규정적 요소"가 있다고 주장한다.

경제적 행위 주체들이 생계수단과 분리돼야 한다. 개별적 경제주체들이 비록 생산수단 — 도구와 기술 — 을 소유할 수는 있지만 충분한 생산수단, 즉 자신들이 생존하는 데 필요한 것을 직접 생산할 수 있게 해 주는 것을 모두 소유하고 있어서는 안 된다. 이것이 보통 뜻하는 바는 최소한 그들이 토지소유권은 빼앗겨야 한다는, 즉 적어도 그들의 노동이나 도구와 결합됐을 때 생존에 필요한 것을 모두 제공할 수 있는 토지는 소유하지 못해야 한다는 것이다.[29]

이런 조건이 둘째 요구 사항, 즉 직접생산자들한테서 잉여노동을 뽑아낼 강제 수단이 경제주체들에게 없어야 한다는 것과 결합되면, 경제주체들이 자신을 재생산할 수 있는 방법은 오직 시장을 위해 최대한 효율적으로 생산하는 것밖에 없게 된다. 생산수단이 아니라 생계수단과 분리되는 것을 첫째 조건으로 내세움으로써 브레너는 마르크스의 형식적·실질적 포섭보다 더 광범한 포섭 개념을 제시한다. 왜냐하면 (앞서 봤듯이) 형식적 포섭과 실질적 포섭은 모두 임금노동을 전제하기 때문이다. 이 점이 역사적으로 중요한 이유는 브레너가 연구한 사례, 즉 네덜란드 북부에서 자본주의가 발전한 사례 때문이다. 브레너는 중세 말기에 그 지역에서 일어난 생태계 변화 때문에 농민들은 시장에 의존할 수밖에 없었고 이런 시장 의존이 경제적 전문화와 생산성 향상을 촉진했다고 주장한다.[30] 마르크스도 임금노동의 경제적 내용을 논할 때(다음 인용문에서 임금노동과 노예제를 대조하면서 주장하듯이) 노동자의 시장 의존 때문에 노동은 더 생산적이고 다재다능해져서 더 광범한 필요를 충족시킬 수 있게 됐다고 강조한다.

노예의 최소 임금은 그의 노동과 무관한 고정불변의 크기로 나타난다. 그러나 자유로운 노동자의 **노동능력의 가치**와 그에 상응하는 **평균임금**은 이렇게 미리 정해진 제한된 것으로, 그의 노동과 무관한 것으로, 오로지 그의 신체적 필요에 따라 결정된 것으로 나타나지 않는다. 모든 상품의 가치와 마찬가지로 여기서도 계급 전체의 **평균**[임금]은 거의 불변이다. 그러나 이 평균은 **개별** 노동자에게는 직접적 현실로 나타나지 않고, 그의 임금은 이 최저치보다 높거나 낮을 수 있다. **노동의 가격은 노동능력의 가치보다 낮아질 때도 있고 높아질 때도 있다.** 더욱이, 노동자의 개인적 **특성**을 반영하는 편차의 여지가 있기 때문에(*좁은 한계 안에서*) 노동자의 근면성, 기술, 힘 등에 따라 부분적으로는 **서로 다른 노동 부문**에서, 부분적으로는 똑같은 노동 부문에서 임금 차이가 나타난다. 사실 이 차이는 부분적으로는 노동자 자신의 개인적 실적에 따라 결정된다. 따라서 임금 수준은 노동자 자신의 노동과 개인적 자질에 따라 달라지는 것으로 나타난다. 이 점은 특히 성과 임금이 지급되는 곳에서 분명히 드러난다. … 비록 이 때문에 자본과 노동의, 잉여노동과 필요노동의 일반적 관계가 바뀌는 것은 아니지만, 그래도 개별 노동자에게 그 관계는 자신의 개인적 실적에 따라 다르게 나타난다. 노예가 힘이 세다거나 특별한 기술이 있다면 **노예를 사는 사람**에게 노예의 가치는 올라가겠지만, 이것은 노예 자신에게는 아무 상관 없는 일이다. 그러나 자유로운 노동자는 사정이 다르다. 왜냐하면 그의 노동능력의 소유자가 그 자신이기 때문이다.

이 노동능력의 더 높은 가치는 그 노동자 자신에게 지급돼야 하고, 이것은 더 높은 임금으로 표현된다. 그러므로 특수한 노동은 생산비가 더 많이 들고 더 발전된 노동능력이 필요한지 아닌지에 따라 임금격차가 크게 나타난다. 그리고 이 때문에 한편으로는 개인적 차이의 여지가 생기고 다른 한편으로는 개인이 스스로 노동능력을 발전시키도록 자극받는다. 확실히 대부분의 노동은 거의 *미숙련* 노동으로 구성돼야 하고, 따라서 대부분의 임금은 단순한 **노동능력**의 가치에 의해 결정돼야 하지만, 개인들이 특별한 힘이나 재능 등에 의해 더 높은 노동 영역으로 올라가는 것은 여전히 가능하다. 이것은 마치 이런저런 노동자가 스스로 자본가가 되거나 타인 노동의 *착취자*가 될 수 있는 추상적 가능성은 여전히 남아 있는 것과 마찬가지다. 노예는 특정한 주인의 재산이다. 노동자가 자신을 자본에게 팔아야 하는 것은 사실이지만, 특정 자본가에게 팔아야 하는 것은 아니다. 따라서 일정한 범위 안에서 노동자는 누구에게 자신을 팔지를 선택할 수 있고 주인을 바꿀 수도 있다. 이 모든 차이 덕분에, 자유로운 노동자의 노동은 노예노동보다 더 집중적이고 더 연속적이고 더 유연하고 능숙해진다. 노동자들 스스로 완전히 다른 역사적 구실을 할 수 있게 된다는 것은 더 말할 나위도 없다. 노예는 생계 유지에 필요한 생계수단을 (그 종류와 양이 정해진) **자연물 형태**로, 즉 **사용가치**로 받는다. 자유로운 노동자는 **화폐 형태, 교환가치 형태**, 부의 추상적인 사회적 형태로 받는다. … 자유로운 노동자에게 노동의 목적과 결과는 전통적이고 지역적으로 제한된 사용가치가 아니라 **추상적 부, 교환가치**다. 화폐를 자기 마음대로 사용가치로 바꾸고 그 화폐로 자신이 원하는 상품들을 구매하는 것은 노동자 자신이다. **화폐 소유자**, 상품 구매자인 노동자와 상품 판매자의 관계는 다른 모든 구매자와 상품 판매자의 관계와 똑같다. 노동자는 그 존재 조건(과 그가 얻는 화폐의 제한된 가치 크기) 때문에 화폐를 상당히 한정된 범위의 생계수단에 쓸 수밖에 없다. 그래도 여기서 약간의 변동은 가능한데, 예컨대 신문은 영국 도시 노동자의 필수적 생계수단에 포함될 수 있다. 노동자는 어느 정도 저축하고 재산을 모을 수도 있다. 그는 또, 술 마시는 데 임금을 낭비할 수도 있다. 그러나 그럴 때조차 그는 자유로운 행위 주체로서 행동하는 것이고, 자기 방식대로 돈을 내는 것이다. 즉, 임금을 지출하는 방식의 책임을 그 자신이 지는 것이다. 그는 주인이 필요한 **노예**와 달리 스스로 자기 삶의 주인이 되는 법을 배운다. … 임금노동자에게 노동의 목적은 오직 임금, 화폐, 일정량의 교환가치이고, 여기서는 사용가치의 특수한 성격이 모두 사라지기 때문에, 그는 자기 노동의 내용, 따라서 자기 활동의 특수한 성격에 전혀 관심이 없다. … 따라서 분업 때문에 그의 노동능력이 완전히 일면적으로 되지 않는 한, 자유로운 노동자는 노동능력과 노동 활동의 변화로 더 나은 임금을 받을 수 있다면 원칙적으로 그런 변화를 기꺼이 받아들이려 한다. … [그 노동자가 이렇게 다재다능한 변화에 다소 무능함이 입증되더라도 그는 여전히 다음 세대는 그럴 수 있으리라 생각하고, 다음 세대 노동자들은 새로운 산업 분야나 성장하는 산업 분야에 얼마든지 분포할 수 있고 또 적응할 수 있다.] 이런 다재다능함, 노동의 특수한 내용과 부문 간 자유로운 이동에 대한 이 완전한 무관심은, 낡은 길드제 등의 흔적에 비교적 얽매이지 않은 상태에서 임금노동이 발전한 북아메리카에서 특히 두드러진다. 따라서 이런 다재다능함과 노예노동의 획일적·전통적 성격은 확연히 다르다. 노예노동은 생산의 필요에 따라 변화하지 않고 오히려 생산 자체가 (처음 도입된 후 전통에 따라 세습된) 노동 방식에 적응할 것을 요구하기 때문이다. 이런 현상들을 미국의 모든 저술가는 남부의 노예노동과 북부의 자유로운 임금노동의 차이를 보여 주는 사례로 지적한다(케언스 참조).[31] 새로운 노동 형태가 끊임없이 발전하고, 이런 변화가 지속되고 ― 그 결과 사용가치는 다양해지고, 따라서 교환가치도 실제로 발전한다 ― 따라서 **사회** 전체에서 분업이 발전하는 것은 자본주의 생산양식의 산물이다. 자본주의 생산양식은 자유로운 수공업 길드 제도에서 시작하지만, 특정한 수공업 분야가 경직된다고 해서 벽에 부닥치지는 않는다.(CW 34: 436~438. 이 내용은 대체로 CW 34: 100~102; C I: 1031~1034의 요점을 되풀이한 것이다.)

마르크스가 여기서 묘사하는 것은 임금노동이 촉진하는 경제적 행동 방식들, 즉 구체적 노동이 추상적 노동으로 변형되는 것을 뒷받침하는 데 필수적인 행동 방식들이다. 그리고 "가치를 생산하는 추상적 노동"은 바로 이런 변형을 전제한다. 우리는 마르크스의 말을 임금형태가 제공하는 틀 안에서 시장 의존은 효율적이 된다는 것이라고 해석할 수 있다. 그렇다면 직접생산자가 시장을 위한 효율적 생산에 전문화하고 그렇게 해서 (생산력을 집약적으로 발전시키도록 만드는) 경제적 강제에 얼마나 종속되는지에 따라 노동이 자본에 포섭되는 것을 판단할 수 있을 것이다. 마르크스는 위에서 자세히 설명한 이유들 때문에, 이것이 보통은 자본가가 임금노동자들을 고용하는 형태를 띨 것이고 그 노동자들 자신은 임금형태 자체를 통해 비슷한 강제에 종속될 것이라고 생각했다.[32] 따라서 그는 인도의 면화 생산자를 매우 제한된 형태의 포섭 사례로, 즉 자본 관계의 특징인 생산성 향상과 기술혁신을 낳을 가능성이 낮은 경우로 봤다.

고리대금업자는 그의 자본의 가치 증식이 소외된 노동의 취득을 통해 직접 일어나는 한은 자본가로서 기능하지만, 그 형태에서는 실제 생산자가 자본가에게 노동을 판매하는 사람이 되는 것이 아니라 그의 채무자가 된다. 이 형태는 자본주의 생산이 도입되면서 생산자의 착취율을 높이고 한없이 끌어올리는데 ─ 비록 처음에는 노동이 순전히 형식적으로 자본에 포섭되더라도 ─ 그 결과 노동생산성이 향상되고 분명한 자본주의 생산양식으로 이행하게 된다. 그것은 오히려 노동을 무익한 것으로 만들고 가장 불리한 경제적 조건 아래 두는 형태, 자본주의적 생산방식 없는 자본주의적 착취와 독립적 소小소유의 생산방식을 노동수단들에서 결합하는(그러나 이 생산방식이 저발전 상태에 제공하는 장점은 없는) 그런 형태다. 여기서는 사실 생산수단이 더는 생산자의 것이 아니게 되지만 **명목상으로는** 그에게 포섭돼 있고, 생산방식은 여전히 똑같은 소규모 독립적 기업의 관계들 속에 남아 있지만 그 관계들은 이미 **엉망이 돼 있다.**(CW 34: 118~119)

앞 장에서 인용한 존 윅스의 단순상품생산 논의가 강조하는 바는, 생산수단이 상품으로 변모하지 않고 자본이 생산수단을 취득하지 않은 곳에서는 어떠한 시장 의존 형태든 한계가 있다는 것이다. 이런 변형이 일어나지 않는다면, 그래서 자본의 이동성 그리고 여러 생산 분야를 창조하거나 재구성하는 자본의 능력이 크게 향상되지 않는다면, 마르크스가 임금노동을 논하면서 강조한 추상적인 사회적 노동의 실제 조건들은 지탱될 수 없다. 물론 마르크스가 이런 형태와 결부시킨 경제적 내용의 임금노동이 아닌 다른 시장 의존 사례들도 존재할 수 있다. 한 사례는 브레너가 연구한 중세 말과 근대 초의 네덜란드 북부 지역이고, 다른 사례는 찰리 포스트가 미국 자본주의의 발전에서 북부와 서부의 소농들이 한 구실을 연구한 것이다.[33] 이런 사례들에 귀를 기울이는 것이 특히 중요해 보이는 이유는 현대 자본주의에서 농업의 경제 관계들이 겪고 있는 변화들 때문이다.[34] 그렇다고 해서 마르크스가 형식적 포섭과 관련짓고 실질적 포섭과는 훨씬 더 관련지은 노동의 특성들, 그리고 자본주의 생산이 지배적인 곳에서 기술혁신이 일어나려면 반드시 필요한 노동의 특성들은 자본과 임금노동이 맞설 때만 완전히 존재한다고 마르크스가 생각했다는 사실에는 변함이 없다.

최근에 마르셀 판데르린던은 현대적 노동을 개념화하는 다른 방식을 제시했다.

경제적(또는 경제 외적) 강제 아래 다른 사람에게 자신의 노동력을 판매하(거나 고용되)는 노동력 담지자는 모두 서발턴* 노동자 계급에 속한다. 그가 스스로 노동력을 판매하거니 고용하는지는 아무 상관없다. 또, 그 자신이 생산수단을 소유하는지 아닌지도 상관없다.

판데르린던이 지적하듯이, 결국 "서발턴 노동자" 계급은 "동산 노예, 분익소작농, 소小장인, 임금노동자를 포함하는 다종다양한 집단"이다. 그가 이 더 광범한 개념(판데르린던은 하트와 네그리를 따라서 "이 '다중'"이라고 부른다)을 주장하는 주된 논거는 이 다양한 직접생산자 범주들 사이의 경계가 모호해서 구분하기가 어렵다는 것이다.[35] 이것은 물론 사실이다. 실제로, 물리적 세계뿐 아니라 사회적 세계 일반에서도 사물들 사이의 경계를 정하는 것은 꽤 어려운 일이다. 우리가 구성하는 개념들은 흔히 불합리한 경계선처럼 보이는 것을 따라 세계를 나눈다. 그 이유는 그것이 여러모로 우리의 목적에 이바지하기 때문이다. 판데르린던의 "서발턴 노동자"라는 혼성 개념에서 사라진 것은 바로 마르크스가 그토록 강조한 경제형태 규정들의 차이다. 이것은 단지 형태를 위한 형태의 문제가 아니다. 마르크스의 방법 덕분에 우리는 물리적 강압이 아니라 경제적 강제의 결과로 직접생산자들한테서 잉여노동을 뽑아내는 사례들을 구분할 수 있다. 그렇게 함으로써 마르크스는 자본에 노동이 포섭되는 것을 (그가 자본주의 생산양식의 특징이라고 주장한) 생산력의 집약적 발전과 연관짓는다. 판데르린던을 비롯한 많은 사람들이 나열한 다른 모든 노동 범주들은 이 핵심 사례(옳건 그르건 마르크

---

* subaltern. 원래 영국 군대에서 소위·중위 같은 하급 장교를 가리키는 말인데, 그람시는 파시스트 정권의 감옥에서 검열을 피하려고 노동계급의 대용어로 썼고, 포스트식민주의 이론에서는 사회적·정치적·지리적으로 식민지나 본국의 헤게모니 권력 구조 밖에 있는 하층민이나 종속 집단을 뜻한다.

스가 임금형태와 연관짓는)를 중심으로 형성될 수 있다. 마르크스에게 동의하지 않는 사람들은 이 연관 문제를 다룰 필요가 있다. 그렇다고 해서 자본에 종속된 생산자들의 스펙트럼이 단순한 임금노동자보다 더 넓다는 바나지와 판데르린던의 지적이 틀렸다는 말은 아니다. 착취에 맞선 투쟁의 성공은 흔히 자본에 종속된 광범한 계층을 동원하는 데 달려 있을 수 있다. 특히 제3세계에서 그렇다. 그러나 효과적 정치 전략은 행위자들이 생산관계에서 차지하는 위치의 차이가 특정 상황에서는 이해관계의 차이로 발전할 수 있음을 망각해서는 안 된다.[36]

자본의 가짜 주체성

자본이 관계라는 점을 무시하는 방법 하나는 노동과 자본의 관계에서 노동을 추상해서 자본을 외부의 힘으로 탈바꿈시키는 것이다. 또 다른 방법은 자본 자체에 초점을 맞추면서, 자본을 자율적 주체로 취급하는 것이다.[37] 이 견해의 주요 주창자는 크리스 아서일 텐데, 그는 다음과 같이 말한다. "가치형태론의 핵심적 성과는, 가치형태가 어느 지점까지 발전하면 자기 증식하는 가치가 되면서 자기 관계로서 구성되고 생산과 (생산에 딸린) 소비의 세계를 접수한다는 통찰이다." 오늘날의 가치형태론자들을 비실재론자라고 비판한다면 아서는 아마 그런 비판을 받아들일 것이다. 왜냐하면 그는 "가치는 아무것도 아닌 것", "순전히 공허한 것, 자기 밖의 어떤 것과도 관계 맺지 않은 직접성", 산 노동을 붙잡아서 자기 목적에 맞게 바꾸려 하는 유령이라고 생각하기 때문이다.

자기 증식하는 가치는 자기 생산의 내부에서 **변증법적** 부정(즉, 물질적 측면을 그 안에 보존하는 것)을 통해 실제 생산노동 영역을 파악하는 데서 자신을 정립한다. 따라서 노동이 상품들 속에 자신을 구현하고, 그래서 상품들을 가치로 구성하는 것이 아니다. 오히려 가치형태가 노동과정을 성공적으로 통제할 때, 생산에서 자신을 구현하고, 생산의 목적을 가치 창출에 종속시키고, 자신의 타자화일 뿐 아무것도 아닌 것으로서 정립된 생산물 속에 자신을 실현한다.[38]

헤겔의 절대이념과 자본 사이에 상동相同 관계가 있다는 아서의 주장은 리카르도 벨로피오레의 논지이기도 한데, 벨로피오레는 루초 콜레티가 이미 다음과 같이 말했다고 지적한다.

상품은 물론 자본과 국가도 실재의 실체화 과정을 나타낸다. 그런데 이런 성질의 특정 실재들은 우리가 헤겔 《논리학》의 실체화 과정의 구조를 파악하지 못하면 충분히 이해할 수 없다는 것이 우리의 논지다. 다시 말해, 마르크스가 헤겔의 변증법을 비판한 것과 자본을 분석한 것은 서로 결합돼 있다. 전자를 이해하지 못하면 후자도 이해할 수 없다.[39]

사실 다른 선례들도 있다. 예컨대, 테오도어 아도르노는 자본이 주체라는 생각에는 동의하지 않았지만, 어떤 의미에서 헤겔의 변증법은 질적인 것이 추상적 노동 단위로 환원되고 상품 물신성이 자본주의를 지배하는 것을 반영한다고 주장했다. "모든 존재는 개념에 의해 매개된다는 이론을 주장하면서도 헤겔은 결정적인 어떤 것은 현실 속에 있다고 봤다. [인류의 운명이 어떻게 전개될지를 결정하는 법칙은 교환법칙이다. 그러나 이 법칙은 단순히 직접적인 것이 아니고 개념적인 것이다.] 교환 행위는 서로 교환되는 생산물을 그 등가물로, 추상적인 어떤 것으로 환원한다는 것을 의미한다."[40] 아도르노는 프랑크푸르트학파의 창설에 기여했는데, 오늘날 그 학파의 전통을 따르는 이론가인 모이시 포스톤은《요강》과《자본론》을 연구한 인상 깊은 책에서 게오르크 루카치가《역사와 계급의식》에서 프롤레타리아를 역사의 주체-객체 동일자로 봤다고 비판했다. 그러나

마르크스는 … 자본을 스스로 운동하는 실체이자 주체로 분명히 묘사한다. 그러면서 마르크스는 헤겔이 말한 의미의 역사적 주체가 자본주의에 실제로 존재한다고 시사하지만, 그 주체가 프롤레타리아 같은 특정 사회집단이나 인류라고 여기지는 않는다. 오히려 마르크스는 객체화하는 실천 방식들로 구성되고 자본(과 따라서 가치)의 범주로 파악되는 사회관계들의 구조라는 면에서 그 주체를 분석한다. 그의 분석은 자본주의를 특징짓는 사회관계들이 매우 독특하다는 것, 즉 그 사회관계들은 헤겔이 정신에 부여한 속성들을 갖고 있다는 것을 시사한다. 따라서 바로 이런 의미에서 헤겔이 생각한 역사적 주체가 자본주의에 존재하는 것이다.[41]

그렇다면 과연 어떤 의미에서 마르크스는 자본을 주체로 이해하는가? 《1861~1863년 원고》의 서두에는 자본을 주체로 취급하는 말이 많이 나온다. 예컨대, 마르크스는 자본의 공식을 두고 다음과 같이 지적한다.

[화폐M─상품C─화폐M에서 교환가치는 유통의 내용이자 목적 자체가 된다. 구매하기 위한 판매의 목적은 사용가치다. 그러나 판매하기 위한 구매의 목적은 가치 자체다.]
여기서 두 가지 점을 강조해야겠다. 첫째, M─C─M은 **과정 중의 가치**, 즉 다양한 교환 행위나 유통 단계를 거치고 있는 동시에 그것들을 지배하는 과정으로서 교환가치다. 둘째, 이 과정에서 가치는 보존될 뿐 아니라 크기

가 커지고, 몇 곱절로 되고, 스스로 증가한다. 즉, 그것은 이 운동 과정에서 잉여가치를 창출한다. 따라서 그것은 자기를 보존할 뿐 아니라 **자기 증식하는 가치, 가치를 정립하는 가치다.**(CW 30: 12)

그 직후에 마르크스는 "자기 증식하는 가치" 개념을 주체로 발전시킨다. "[가치는 M—C—M의 형태 변화를 거치면서도 보존된다. 그러므로 그것은 이런 변화의 주체로서 나타난다. 그러므로 이 형태 변화는 그 자체의 과정으로서 나타난다. 다시 말해] 여기서 자신을 드러내는 가치는 과정 중의 가치, 과정의 주체다."(CW 30: 13) 이렇게 과정과 주체를 연결하는 언급은, 예컨대 다음과 같은 곳에서도 되풀이된다.

자본으로서 가치, 자기 증식하는 가치는 제2의 힘으로 고양된 가치다. 그것은 화폐라는 독립적 표현을 갖고 있을 뿐 아니라, 자기와 자기를 비교하(거나 자본가에 의해 비교되)고 한 시점의 자기(생산과정에 미리 전제된 가치의 크기)를 다른 시점, 즉 유통에서 복귀한 뒤 — 상품이 판매돼서 다시 화폐로 전환된 후 — 의 자기와 비교한다. 그러므로 가치는 서로 다른 두 시점에 똑같은 주체로서 나타나고, 참으로 이것은 자기 자신의 운동이고, 자본을 특징짓는 운동이다.(CW 30: 100)

그러나 마르크스는 개별 자본가가 주체라고 넌지시 말하는 것 같기도 하다.

화폐 소유자는 … M—C—M 과정을 거치며 돈, 즉 화폐 형태로 그가 소유한 가치를 얻는다. 이 운동은 그의 활동 내용이고, 따라서 그는 이렇게 규정된 자본의 의인화, 즉 **자본가로서만** 나타난다. 그의 사람됨(더 정확히 말하면 그의 지갑)이 M의 출발점이고, 또 복귀점이다. 그는 이 과정의 의식적 수단이다. 그 과정의 결과가 가치의 보존과 증대인 것과 마찬가지로 가치의 자기 증식, 즉 그 운동의 내용을 형성하는 것이 그에게는 의식적 목표처럼 보인다. 따라서 그가 소유한 가치의 총액을 늘리는 것이 그의 유일한 목표가 된다. 그의 목표는 일반적 형태의 부, 즉 교환가치를 점점 더 많이 취득하는 것이고, 그것이 유일한 추진 동기로 나타나는 한에서만 그는 자본가, 즉 M—C—M 운동의 의식적 주체다.(CW 30: 19)

따라서 자본의 주체는 둘이다. 하나는 자기 증식 과정 자체, 다른 하나는 개별 자본가다. 이 주제는 다음 구절에서도 되풀이되는데, 이 구절은 아서가 자본과 [절대]이념을 동일시하는 데 어느 정도 영향을 미쳤다.

생산과정에서 — 이것이 가치 증식 과정이고 따라서 미리 정립된 가치나 화폐의 자기 증식 과정인 한에서 — 가치(즉, 일반적인 사회적 노동이 객체화한 것), 과거의 노동은 자기를 보존하고 증대시키고 잉여가치를 정립한다. 그것은 교환을 통해, 산 노동의 상대적 취득을 통해, 즉 노동능력의 구매로 매개된 교환을 통해 이뤄진다. 따라서 그것은 과정 중의 가치로 나타나고, 그 과정 속에서 자기를 보존하고 유지한다. 따라서 그것은 자기 자신으로서 — 이 자기의 화신이 바로 **자본가**다 — 가치의 **자아**로서 나타난다. (산) 노동은 오직 수단으로만, 자본(가치)이 스스로 재생산하고 증가할 수 있게 해 주는 **행위능력**으로만 나타난다.(CW 30: 95~96)

여기서 마르크스가 자본가를 취급하는 것을 보면《자본론》1권 1판 서문에 나오는 다음과 같은 유명한 구절이 생각난다. "이 책에서 나는 [자본가와 지주 같은] 개인들을 경제적 범주의 의인화, 즉 특정한 계급

관계와 이익의 담지자(Träger)로만 취급한다."(CI: 92) 마르크스가 쓴 다음 구절은 개인 주체의 시위가 의존적인 것이라고, 즉 자본으로 구현된 객체적 생산조건에서 소외되고 그런 생산조건에 종속된 것이라고 시사한다.

[노동자는 — 캘리니코스] 자유롭다. 즉, 한편으로는 자신의 노동능력을 상품으로 처분할 수 있고, 다른 한편으로는 자신이 처분할 수 있는 다른 상품이 아무것도 없고 자신의 노동능력을 실현할 객체적 조건에서 자유롭고 그런 객체적 조건이 전혀 없다는 점에서 그는 자유롭다. 그러므로 단순한 주체로서 노동자가 자기 노동능력의 의인화에 불과하다는 것은, 화폐 소유자인 자본가가 객체화한 노동의 주체이자 창고, 자신에게 집착하는 가치의 주체이자 창고일 뿐이라는 것과 같은 의미에서 그렇다.(CW 30: 37~38)

여기서 마르크스가 간단히 언급한 모호한 말을 에티엔 발리바르는 강조했는데, 그것은 로마법과 근대 초기 정치사상에 나타난 주체 개념의 차이다. 전자는 다른 사람의 권력에 복종하는 개인이고, 후자의 철학적 주체 개념은 독일 관념론 전통에서 처음으로 분명히 표현됐지만 어떤 점에서는 17세기부터 등장한 (찰스 테일러의 표현을 빌리면) "자기 규정하는" 주체로서, 인식론적·정치적 권위의 원천이다.[42] 개별적 노동자와 자본가가 첫 번째 의미의 주체라는 것은 분명하다. 그러나 자본은 어떤가? 마르크스는 《자본론》 1권 4장 "자본의 일반 공식"에서 가치는 "과정의 주체"라는 생각, 심지어 "이 과정을 지배하는 주체[übergreifendes Subjekt]"라는 생각으로 되돌아가서, (포스톤이 강조한 구절에서) 다음과 같이 단언한다. "[단순 유통 C—M—C에서 상품의 가치는 기껏해야 그 사용가치와 무관한 화폐 형태를 띠지만, 자본의] 유통 M—C—M에서 가치는 과정 전체를 거치며 스스로 운동하는 실체[selbst bewegende Substanz]로 홀연히 나타난다. 이 실체에 대해 상품과 화폐는 모두 단순한 형태일 뿐이다."(CI: 255, 256) 앞서 2장에서 봤듯이, 실체를 주체로 탈바꿈시키는 문제의식이 헤겔의 작업에서 핵심적이었다. 디터 헨리히는 다음과 같이 썼다. 헤겔에게 "이 실체는 과정의 **근저에 있을 뿐인** 존재론적 원리다. [과정은 실체와 관련해서 일어날 수 있다.] 그러나 헤겔에게 **주체**는 능동적 자기 관계와 다름없다. [주체의 자기 지시 근저에는 아무것도 없고, 오직 자기 지시만이 있다. 이런 이유로 과정만이 있을 뿐, 과정의 근저에는 아무것도 없다.]"[43] 마이클 인우드에 따르면, 헤겔에게 "실체는 끊임없이 활동하면서 사건들을 만들어 내고 해소시킨다. 실체는 그 사건들 속에서 나타난다. 즉, '현상한다.' 그리고 사건들은 그 실체의 현상이다." 이와 달리 주체는 자신을 구별·분화하고 나서 그 통일성을 복원하는데, 그 과정에서 "의식과 행위능력"을 발전시킨다.[44] 여기서 우리는 자기 규정하는 주체의 전형적 사례를 본다.

그러나 《자본론》 1권에서 마르크스는 헤겔에게 그토록 중요한 실체와 주체의 구분을 약간 부주의하게 다루는 듯하다. 그래서 자본이나 가치를 실체이기도 하고 주체이기도 하다고 말한다. 프랑스어판에서는 주체로서 자본이라는 주제를 약간 무시한다. 그래서 방금 전에 인용한 《자본론》 1권의 세 구절 가운데 첫 번째에서는 "Subjekt eines Prozeßes[과정의 주체]"가 "une substance automatique[자동적 실체]"로 바뀌고, 두 번째에서는 "übergreifendes Subjekt[지배하는 주체]"가 삭제된다. "가치가 자본이 되면서 외관과 크기가 계속 변함에 따라, 무엇보다 그 속에서 자기동일성을 확인할 수 있는 독자적 형태가 필요해진다."[45] 여기서 실체에 관한 고전적 철학 논의를 약간 돌이켜 보는 것이 도움이 될 수 있겠다. 하나는 — 영국 경험주의자들이 주로 집착한 문제인데 — 실체가 다양한 변화를 겪으면서도 어떻게 그 동일성을 유지하는지와 관계있다. 로크는 개인의 농일성을 의식의 연속성과 동일시했는데(비록 머뭇거리면서 그러기는 했지만), 그런 동일성이 단일한 실체(물질적인 것이든 정신적인 것이든)의 존속에 의존하는가 아닌가 하는 문제를 붙잡고 씨름했다.[46] 이와 달리 흄은 실체 개념 자체를 해체해 버리면서, 자아는 "다양한 지각知覺의 묶음이나 집합일 뿐이고, 이 지각들은 상상도 할 수 없이 빠르게 서로 잇따르면서 영원히 흐르고 운동한다"고 단언했다.[47] 또 다른 실체 개념은 신과 자연을 유일 실체와 동일시한 스피노자의 분석에 나오는데, 그는 신과 자연이 자기원인causa sui이라고 주장했다. "내가 말하는 실체는 그 자체 안에 있고 그 자체에 의해 파악되는 것이다. 즉, 그 개념을 형성하는 데 다른 아무 개념도 필요하지 않은 것이 바로 실체다."[48]

이런 실체의 의미 차이는 마르크스가 말한 "과정 중의 가치"에서도 찾아볼 수 있다. 앞서 봤듯이, "자기 증식하는 가치"인 자본은 화폐에서 상품으로, 다시 (더 많은) 화폐로 형태 변화를 겪으면서도 자기동일성을 유지하는 그런 과정을 거친다. 마르크스는 화폐자본·상업자본·생산자본, 이 셋의 순환이 산업자본의 운동으로 통합돼 있다고 설명하는 《자본론》 2권에서 이런 형태 변화를 아주 자세히 살펴본다. 그리고 바로 이런 맥락에서 우리는 다음과 같은 매우 흥미로운 구절을 발견하게 된다.

자기 증식하는 가치인 자본은 단지 계급 관계(노동이 임금노동으로 존재하는 데 근거한 특정한 사회적 성격)만을 포함하는 것이 아니다. 자본은 하나의 운동이고 여러 단계를 통과하는 순환 과정[eine Bewegung, ein Kreislaufsprozess durch verschiedene Stadien]이기도 한데, 이 과정 자체는 순환 과정의 서로 다른 세 가지 형태를 포함한다. 따라서 자본은 정지 상태의 사물이 아니라 오직 운동으로만 이해할 수 있다. 가치의 자립화 [Verselbständigung]를 단순한 추상이라고 보는 사람들은 산업자본의 운동이 바로 이 추상의 현실화[diese Abstraktion in actu]라는 사실을 잊어버리고 있다. 여기서 가치는 여러 형태와 여러 운동을 통과하면서, 이 운동 중에서 자기를 보존함과 동시에 증대시킨다. 즉, 스스로 증식한다.(CII: 185)[49]

이 구절은 1877년 이후에 쓰였다. 따라서 마르크스가 생애 말년에 너무 단순한 가치론으로 후퇴하지 않았음을 다시 한 번 보여 준다. 여기서 자본은 "추상의 현실화", 즉 "영원히 흐르고 운동"하면서도 동일성을 계속 유지하는 자립적 운동이다. 자본이 이 다양한 단계를 거치면서도 자기를 유지하는 한에서 실체이자 주체라는 점을 감안하면, 과연 어떤 의미에서 우리는 "가치의 자립화"를 말할 수 있는가? 이 구절 바로 뒤에서 마르크스는 베일리가 "자본주의 생산양식의 특징인 가치의 자립화를 [경제학자들의 환상일 뿐이라며] 반대했다"는 이유로 비웃는다. 가치를 동시에 존재하는 교환가치로 환원하는 베일리는 "가치가 자본 가치 또는 자본으로서 기능하려면 오로지 가치가 '동시적으로'가 아니라 순차적으로 가치 순환의 여러 국면을 통해 자기동일성을 유지하고 서로 비교돼야만 한다는 것을 전혀 이해하지 못했다"는 것이다.(CII: 186). 따라서 여기서 자립화는 동일성 보존과 같은 것이다(매우 비슷한 표현은 CII: 233 참조). 내 생각에 여기서는 적어도 두 가지 다른 의미를 찾아낼 수 있다. 첫째는 앞서 3장에서 살펴본, 자본이 자신의 전제 조건들을 정립한다는 개념이다. 즉, 자기원인으로서 자본은 자기 재생산 과정의 구실을 하고, 이 과정이 되풀이될 때마다 자본/임금노동 관계는 유지된다는 것이다. 둘째는 그 과정의 필연적 논리가 — 무엇보다 가치법칙의 작용을 통해 — 개별적·집단적 행위자들에게 강요되는 방식이다.

여기서 빠져 있는 것은 행위 주체성, 즉 행동을 선도하는 주체라는 개념 ― 독일 관념론 전통에서 핵심적인 깃 ― 이다. 마르크스는 예컨대, 주체로서 자본capital-as-subject을 모종의 집단적 행위자로 여기라고 우리에게 요청하지 않는다. 대안이 될 수 있는 견해를 가장 강력히 지지하는 사람은 십중팔구 스타브로스 톰바조스일 것이다. 그는 마르크스가 "자본은 인간의 생활을 자본의 내재적 기준에 따라 조직하겠다는 독자적 의지를 가진 살아 있는 사회적 관계"로 봤다고 주장한다. 즉, 자본은 "육체(사용가치)와 영혼(가치), 자기 의지와 논리(이윤, 확대재생산 등)를 가진 살아 있는 유기체"라는 것이다. 톰바조스의 가장 설득력 있는 주장은 다음과 같은 말이다. "자본주의의 현실은 생물이다. 왜냐하면 (다른 어떤 이유보다도) 그것이 반응과 자기방어를 할 수 있기 때문이고, 스스로 발전할 수 있기 때문이다(그 사회적 대가 따위는 아랑곳하지 않는다). 그것은 인간의 통제를 벗어난 인간적 현실이다. 즉, 사회를 지배하고, 자기 목적에 인간을 종속시킨다. 바로 이런 이유들 때문에 그것은 생물이다."[50] 여기서 톰바조스가 제기하고 있는 것은 자기원인으로서 자본, 즉 자신의 전제 조건들을 정립하는 자본이라는 주제다. [자본이] 생명과 비슷하다는 것은 확실하다. 혼돈과 복잡성 이론이 등장한 것은, 자기를 유지하고 때로는 재생산할 수 있는 계系들이 자연에서 자생적으로 발전하는 방식을 연구하기 위해서였다. 이 연구는 또, 그런 계들이 초기 조건의 작은 변화에 민감하다(작은 변화가 계를 한 상태에서 다른 상태로 확 뒤집어 버릴 수 있다)는 것도 보여 줬다.[51] 마르크스가 개념화한 자본은 이런 의미에서 분명히 복잡계다. 그러나 자연에서 스스로 조직된 계들의 발전은 정확히 **자생적**이다. 즉, 아무도 그런 계를 계획하지 않았고, 계에는 '의지'나 '영혼'도 없다. 계는 주체가 아니고, 그 점은 자본도 마찬가지다.[52]

포스톤도 자본이 주체라는 견해를 지지하지만, 그는 자본에 의식과 행위 주체의 속성이 있음을 사실상 부정함으로써 자신의 주장을 스스로 약화시킨다.

그러므로 성숙기 마르크스의 비판은 더는 헤겔의 관념론적 변증법을 '유물론적'·인류학적으로 뒤집은 것이 아니라, 어떤 의미에서는 유물론적으로 '정당화'한 것이다. 마르크스가 은연중에 보여 주려 하는 것은 헤겔 변증법의 '합리적 핵심'이 바로 그 관념론적 성격이라는 점이다. 즉, 헤겔의 변증법은 사회관계의 구조들로 이뤄진 사회적 지배 방식의 표현인데, 그 사회관계들은 소외돼 있기 때문에 개인들에 대해 사이비 독립적 존재가 되고, 특유의 이중적 본성 때문에 변증법적 성격을 띠게 된다는 것이다. 마르크스에 따르면, 역사적 주체는 (자본주의 사회구성체를 이루고 있는) 사회적 매개의 소외된 구조다.[53]

따라서 여기서 '주체'는 구조로 재해석된다. 사실 포스톤의 마르크스 해석에서 가장 유력한 주제는 "자본주의는 추상적·비인격적 지배 체제"라는 것이다. 그는 다음과 같이 부연 설명한다.

추상적 노동으로 이뤄진 체제는 사회적 지배의 새로운 형태를 구현한다. 그 사회적 강제의 비인격적·추상적·객관적 성격은 역사적으로 새로운 것이다. 그렇게 추상적인 사회적 강제의 첫 규정은 개인들이 생존하려면 어쩔 수 없이 상품을 생산하고 교환해야 한다는 것이다. 이런 강제는 직접적인 사회적 지배의 기능이 아니다. 이 점은, 예컨대 노예나 농노의 노동과 다르다. 오히려 그것은 '추상적'이고 '객관적'인 사회구조의 기능이고, 추상적·비인격적 지배 형태를 나타낸다.[54]

이런 지배 형태에 대한 포스톤의 설명은 (비록 더 전통적인 마르크스주의 용어들로 서술되기는 했지만) 브레너의 시장 의존 개념과 거의 다르지 않은데, 그것은 경제적 행위자들이 자본주의에서 처한 상황, 즉 자신을 재생산하려면 시장을 위해 생산해야만 하고 경쟁력을 유지하려면 최대한 효율적으로 생산해야만 하는 상황을 가리킨다. 포스톤이 제시하는 자본주의의 모습은 알튀세르가 말한 '중심 없는' 전체 개념 그리고 주체 없는 과정으로서 역사 개념(여기서 개인들은 마르크스가 자본가들을 묘사한 것처럼 생산관계의 '버팀목' 구실을 한다)과 꽤 비슷하다. 포스톤은 "마르크스가 《자본론》에서 사회관계들의 구조를 역사적 특수성으로 분석한 것을 알튀세르는 객관주의적으로 '대문자 역사 History'로 초역사적으로 실체화했다"고 불평하지만, 그래도 알튀세르는 마르크스가 자본을 이해한 방식의 중요한 측면을 포착했을 수 있다.[55]

그렇다면 자본이 "실재의 실체화"라는 아서와 콜레티의 주장은 이제 어떻게 되는가? 아마도 이 문제는 전도顚倒라는 주제를 통해 살펴보는 것이 가장 유용한 듯하다. 콜레티는 다음과 같이 썼다. "마르크스가 보기에 자본주의가 모순된 이유는 그것이 실재이고 모든 실재는 모순되기 때문이 아니라, 자본주의가 거꾸로 뒤집힌 실재이기 때문이다(소외, 물신성)."[56] 온통 뒤죽박죽 전도된 세계(auf den Kopf gestellte Welt, verkehrte Welt)라는 주제는 1843년 3월의 《독일-프랑스 연감》 이래로 마르크스의 편지와 저작을 관통하고 있다.(CW 3: 139)[57] 《1844년 경제학·철학 원고》에서 전도는 이제 특별한 역사적 형태, 즉 노동과 자본의 전도라는 형태를 띠게 된다.

노동자가 객체를 많이 생산할수록 소유할 수 있는 것은 더 적어지고, 그만큼 더 그의 생산물, 즉 자본의 지배를 받게 된다. … 그 점은 종교에서도 마찬가지다. 인간이 신에게 더 많은 것을 귀속시킬수록 인간이 자신 안에 지니는 것은 더 적어진다. 노동자는 자신의 생명을 객체 속에 불어넣는다. 그러나 이제 그 생명은 노동자에게 속하는 것이 아니라 객체에 속하는 것이다. 그러므로 이런 활동이 커질수록 노동자가 소유하는 객체는 줄어든다. 그의 노동 생산물인 것이 그 자신이 아니게 된 것이다. 그러므로 이 생산물이 커질수록, 노동자 자신은 더 작아진다. 노동자가 자신의 생산물로 **외화**(Entäußerung)한다는 것은 그의 노동이 하나의 객체가 된다는 것을 뜻할 뿐 아니라, 그의 노동이 그의 **외부**에, 그에게서 독립해서 낯설게 존재한다는 것 그리고 자립적 힘으로서 그와 대립하기 시작한다는 것, 즉 그가 객체에 부여했던 생명이 그에게 적대적이고 낯선 것으로서 그와 대립한다는 것을 뜻하기도 한다.(*EW*: 324)

여기서 종교를 언급한 것은 전도라는 주제의 핵심 출처가 어디인지를 잘 보여 준다. 포이어바흐는 그리스도교에 대해 주어와 술어가 뒤바뀌었다고 비판했다. 그리스도교에서는 인간의 특징인 속성들, 따라서 인간의 유적 존재를 이루는 속성들이 모두 인간 자신의 상상의 산물인 신에게 투영된다는 것이다. 콜레티와 그의 스승인 갈바노 델라볼페가 강조했듯이, 마르크스는 전도라는 이 문제의식을 넘겨받아서 《헤겔 국가론 비판》에서* 국가와 시민사회에 적용했다.[58] 그리고 전도를 도구 삼아서, 《파리 원고》에서 시작된 정치경제학 비판을 발전시켰다. 앞서 인용한 1844년 [원고의] 구절과 《1861~1863년 원고》에 나오는 다음 구절을 비교해 보라.

---

* 《헤겔 법철학 비판》을 가리킨다.

노동이 임금노동이 되려면, 노동자가 비非소유자로서 노동하려면, 그가 상품을 판매하는 것이 아니라 자기 노동능력의 처분권을 판매하려면 ─ 판매할 수 있는 유일한 방식으로 그 노동능력 자체를 판매하려면 ─ 그의 노동이 실현될 수 있는 조건이 소외된 조건으로서, 낯선 힘으로서, 즉 낯선 의지의 지배를 받는 조건, 낯선 재산으로서 그와 맞서야 한다. 객체화한 노동, 보통 말하는 가치는 독자적 힘을 가진 존재로서, 자본으로서(자본의 수단이 자본가다) 노동자와 맞선다 ─ 따라서 그것은 자본가로서 노동자와 맞서기도 한다. … 그렇게 해서 객체화한 과거 노동은 살아 있는 현재 노동의 주권자가 된다. 주체와 객체의 관계는 전도된다. 이미 전제에서 노동자의 노동능력이 실현될 수 있는 객체적 조건이, 따라서 현실적 노동의 객체적 조건이 노동자에게 낯설고 독립적인 힘으로서 나타난다면(이 힘은 오히려 자기 보존과 증대의 조건으로서 산 노동과 관계 맺는다), 즉 노동을 더 많이 흡수하기 위해서만 노동에 몰입하는 도구이자 [노동의 ─ 캘리니코스] 원료이자 생계수단으로서 나타난다면, 그 결과에서 이 전도는 훨씬 더 두드러진다. 노동의 객체적 조건 자체가 노동의 산물이고, 교환가치의 시각에서 본다면 그것은 단지 객체적 형태의 노동시간일 뿐이다.

그러므로 두 방향 모두에서 노동의 객체적 조건은 노동 자체의 결과이고 자기 자신의 객체화며, 낯선 힘으로서, 독립적 힘으로서 노동과 맞서는 것은 그 자신의 객체화, 그 결과로서 노동 자체다. 반면에, 노동은 똑같은 무無객체성 속에서 단지 노동능력으로서 거듭거듭 그 낯선 힘, 독립적 힘과 맞선다.(CW 30: 112, 113)

그러나 그 연속성은 완전한가? 비데는 《자본론》 3권에 나오는 전도의 두 형태를 구별하면서, 그렇지 않다고 주장한다.

[여기서* 전도는 행위 주체들이 만들어 낸 표상과 실재의 관계를 특징짓는 것이 아니다. 오히려 실재는 현실적 생산관계의 구체적 수준에, '완성된' 형태에 (기능적으로) 적합하다. 따라서 '완성된' 형태와 '표상'이 함께 내적 본질의 전도를 나타낸다. '전도'라는 용어가 여기서 적합하지 않다는 점을 지적해야겠다. 왜냐하면 3권에서 정의된 관계들 자체는 1권에서 정의된 관계들이 '전도'된 것이 아니고, 다만 전반적 이론 구성의 다른 수준에 놓여 있을 뿐이기 때문이다.]

'전도', 또는 그런 이름이 어울릴 만한 것은, 이 수준에 특징적인 범주들이 '본질적' 의미에서 적용될 때, 즉 잉여가치 생산과 관련해서 적용될 때 비로소 나타난다. 그렇다면 '전도'라고 불리는 것은 비非노동자가 노동자로서 나타나고, 자본이 사물로서 나타나는 것 등의 사실이다.

요컨대, 그[전도라는] 관계는 3권의 실재 수준에 내재하는 표상들과 1권의 실재 수준 사이의 관계를 특징짓는다. 따라서 그것은 이데올로기적 현상, 표상 내의 전도, 표상과 (1권의) 실재의 불일치이지만, 이 표상은 (3권의) 실재 속에 근거가 있고 어떤 의미에서는 그 실재에 적합하다. 전도라는 주제를 이렇게 사용하는 것은 마르크스가 3권에서 제시한 이데올로기론과 완전히 일치한다.[59]

전도의 두 번째 형태는 앞서 인용한 《1861~1863년 원고》의 구절에 나오듯이 노동자와 자본, 주체와 객체의 전도다. "[《자본론》3권 2장에서

---

* 비데는 《자본론》 3권 12장에 나오는 전도와 2장에 나오는 전도를 구분하는데, 위의 "여기서"는 12장에 나오는 다음 구절을 가리킨다. "경쟁에서는 모든 것이 거꾸로 나타난다. 표면에 나타나는 경제 관계의 완성된 형태는 그 현실적 존재에서 따라서 그것의 표상에서도(경제 관계의 담지자들과 행위 주체들은 이런 표상을 통해 그 경제 관계를 이해하려 한다) 그 내재적이고 본질적인, 그러나 은폐된 핵심 모습(과 그에 상응하는 개념)과 전혀 다를 뿐 아니라 사실상 정반대다."

전도는 '경쟁'의 계기와 관련된 것이 아니라, 현실의 내적 관계들 자체에 속하는 것으로서 나타난다.* 선노는 '단순한 생산관계에서', 즉 잉여가치의 계기에서 존재한다. 전도는 서술에 반영된 이론적 건축물을 따라 전개되는 자본주의 생산관계의 본원적 특징을 이룬다. …] 여기서 이데올로기적 전도는 구조 자체의 전도를 반영할 뿐이다. [… 전도는 먼저 현실적 관계들을, 곧 본질적으로 전도된 세계의 현실성을 특징짓는다. 그러나 그것에 '상응하는' 표상을 특징짓기도 한다. 따라서]" 그것은 "이데올로기가 세계의 참 모습이라는, 지지할 수 없는 역설"을 만들어 낸다. 비데는 다음과 같이 주장한다. "마르크스는 주체 없는 과정을 서술할 필요성에 상응하는 '상세한' 이데올로기론의 필요성을 발견함에 따라 점차 이 도식[두 번째 전도 형태 — 캘리니코스]에서 벗어난다. 그 필요성은 행위 주체와 관련된 표상들을 서술의 각 단계에서 규정하는 데 있었다(행위 주체의 기능과 실천을 정의하는 것이 이데올로기론이다)."[60] 마르크스가 《자본론》에서 제시한 이데올로기론은 이데올로기적 표상들을 (자본주의 생산관계에서 특정 위치를 차지하는) 행위 주체들의 관점과 연관짓는 것이라는 비데의 말은 옳다(앞의 3장 참조). 이 점을 비데는 매우 잘 설명했다. 그러나 마르크스가 나중의 경제학 원고들에서 스스로 현실적 전도라는 주제에서 멀어졌다는 비데의 주장은 근거가 별로 확실치 않다. 예컨대, 《자본론》 1권에 나오는 다음 구절을 보자. 물론 이 구절은 엥겔스가 《자본론》 3권을 편집

---

* 비데가 인용하는 2장의 구절은 다음과 같다. "잉여가치가 이윤율을 통해 이윤 형태로 전환되는 방식은, 생산과정의 진행 중에서 이미 일어나는 주객 전도가 더 발전된 것일 뿐이다. 앞서 봤듯이, 생산과정에서 노동의 주체적 생산력은 모두 자본의 생산력으로 나타난다. 한편에서 산 노동을 지배하는 가치(또는 과거 노동)는 자본가로 의인화하고, 다른 한편에서 노동자는 단지 객체화한 노동력, 하나의 상품으로 나타난다. 이와 같은 전도된 관계는 생산의 단순한 관계에서도 필연적으로 그에 상응하는 전도된 관념, 역전된 의식을 발생시키는데, 이 의식은 진정한 유통과정에서 변형과 수정을 겪으며 더욱 발전한다."

할 때 사용한《1863~1865년 원고》보다 나중에 쓰인 것이다.

노동자는 객체적 부를 자본의 형태로, 즉 그를 지배하고 착취하는 낯선 힘의 형태로 끊임없이 생산한다. 마찬가지로 자본가는 노동력을 부의 주체적 원천이라는 형태로, 즉 노동자의 신체 속에만 존재하고 노동자 자신을 객체화하고 실현할 수단과 분리돼 있는 추상적 원천의 형태로 끊임없이 재생산한다. 요컨대, 자본가는 임금노동자를 생산한다.(CI: 716)

마르크스가 여기서 말하는 것과 앞서 인용한《파리 원고》나《1861~1863년 원고》에 나오는 구절들의 내용 사이에는 거의 차이가 없는 듯하다. 앞서 3장에서 간단히 언급한, 마르크스가 삼위일체 공식을 강력하게 비판하는《자본론》3권 끝부분의 구절을 더 자세히 살펴보자.

자본-이윤(또는 더 적절하게는 자본-이자), 토지-지대, 노동-임금이라는 이 경제적 삼위일체는 가치와 부 일반의 구성 요소들과 그 원천 사이의 연관을 나타내는데, 바로 여기서 자본주의 생산양식의 신비화, 사회관계의 사물화 [Verdinglichung], 물질적 생산관계와 그 역사적·사회적 규정[geschichtlich-sozialen Bestimmtheit]의 직접적 결합이 완성된다. 그것은 마법에 걸려 온통 뒤죽박죽 전도된 세계이고, 이 세계에서 자본 도련님과 토지 아가씨는 사회적 인물임과 동시에 직접적인 단순한 사물로서 유령처럼 출몰한다 [die verzauberte, verkehrte und auf den kopf gestellte Welt, wo Monsieur le Capital und Madame la Terre als soziale Charaktere und zugleich unmittelbar als blosse Dinge ihren Spuk treiben]. 이런 그릇된 현상과* 기만,

---

* 현상의 영어 원문은 appearance이고 국역본에는 모두 "외관"으로 돼 있는데, 독일어

각기 다른 부의 사회적 요소들 간의 자립화와 화석화, 사물의 의인화와 생산관계의 사물화[Versachlichung], 일상생활의 종교[diese Religion des Alltagslebens], 이 모든 것을 해체한 것이 고전파 경제학의 위대한 공적이다. 왜냐하면 고전파 경제학은 이자를 이윤의 일부로 환원하고 지대를 평균이윤의 초과분으로 환원함으로써 이 둘이 잉여가치라는 점에서 일치하게 했고, 또 유통과정을 단순한 형태 변화로 표현했고, 직접적 생산과정에서 상품의 가치와 잉여가치를 노동으로 환원했기 때문이다. 그러나 고전파 경제학의 가장 훌륭한 대표자들조차 자신들의 비판으로 해체된 가상의* 세계에 거의 사로잡혀 있었다(이것은 부르주아적 관점에서는 어쩔 수 없었다). 그러므로 그들은 모두 많든 적든 일관성 없음, 반쪽짜리 진실, 풀리지 않는 모순[Wiedersprüche]에 빠졌다. 다른 한편으로, 현실의 생산 담당자들이 자본-이자, 토지-지대, 노동-임금이라는 이 소외되고 불합리한[entfremdeten und irrationellen] 형태에 완전히 만족하는 것도 아주 당연하다. 왜냐하면 그들은 바로 이런 가상의 형태[die Gestaltungen des Scheins] 속에서 활동하면서 날마다 그것과 부딪치기 때문이다. 그러므로 현실의 생산 담당자들의 일상적 관념[Alltagsvorstellungen]을 설교조로 또 거의 교조주의적으로 번역하면서도 어느 정도 이해할 수 있게 정리했을 뿐인 속류 경제학이 바로 이 삼위일체 공식(여기서 모든 내적 연관은 지워져 있다)에서 어리석은 자만심을 받쳐 주는 자연스럽고 명백한 토대를 발견한 것도 마찬가지로 당연하다. 이 삼위일체 공식은 또한 지배계급의 이익과도 일치한다. 왜냐하면 이 공식은 지배계급의 수입원이 자연적 필연

원문은 가상Schein이다.

* 가상illusion은 국역본에 "환상"(김수행)과 "외관"(강신준)으로 돼 있고, 독일어 원문은 Schein이다.

성과 영원한 정당성이 있다고 설교하면서 그것을 하나의 교리로 끌어올리기 때문이다.(CⅢ: 968~969. MⅢ: 830. 번역 수정)

따라서 잉여가치의 부분들을 생산요소들로 나누는 것은 "가상의 세계"에 속하는 "그릇된 현상과 기만"임과 동시에 "일상생활의 종교", "가상의 형태"이기도 하다(그 속에서 "현실의 생산 담당자들"이 활동한다). 비데는 가상과 현실의 이 이중성을 다음과 같이 해석한다.

여기에 현상Erscheinung이 가상Schein이 되는 것을 보여 주는 계기가 있다. 경쟁에 관한 범주들이 '현상'을 구성한다는 의미는, 본질적 구조가 사실상 더 구체적 구조 속에서 실현된다는 것이다. 예컨대, 가치법칙은 생산가격대로 교환이 이뤄지는 것을 통해 나타난다. 이것이 '가상'을 포함한다는 의미는, 이런 나타남의 순서가 내적 구조로 오해되고 따라서 그것에 잘못된 표상을 부여한다는 것이다. 바로 이 때문에 마르크스가 빈번하게 오류·혼동 등의 용어를 쓰는 것이다. 이런 가상은 나름대로 타당한 범주들의 부당한 사용이라는 의미에서 칸트의 초월론적 가상* 비슷하다.[61]

여기서 비데의 주장이 의도하는 바는 마르크스의 삼위일체 공식 비판을 자신이 말한 첫 번째 의미의 전도에 이데올로기적 표상으로서 포

---

* 칸트는 경험적 가상(떠오르는 달이 크게 보이는 것 같은 착각)과 논리적 가상(논리적 규칙을 잘못 사용해서 발생하는 오류 추리로 궤변이 대표적이다)은 우리가 주의력을 환기해서 막을 수 있지만 순수이성 자체에서 비롯하는 가상은 보통의 주의력 환기로 막을 수 없는 것이라고 해서 초월론적 가상이라고 불렀다. 이른바 이율배반을 포함한 우주론적 가상, 신학적 가상, 심리학적 가상이 그것들인데, 이런 초월론적 가상은 모두 이성이 스스로 만들어 내는 이념, 즉 이성의 주관적 원리를 객관적이라고 간주함으로써 발생한다고 한다.

함시키는 것이다. 그것은 말하자면 다음과 같은 생각이다. 경제적 행위자들은 생산관계에서 차지하는 위치 때문에 범주 오류를 저지르게 된다. 즉, 제한된 영역에서 타당한(거칠게 말하면, 자본가계급의 서로 다른 분파들이 잉여가치의 서로 다른 몫을 얻게 되는 과정에 의해 정의되는) 개념들을 자본주의 생산양식 전체에 적용하게 된다. 그러나 여기서 '가상'은 무엇인가? 그것을 가장 잘 포착한 것은 G A 코헨의 '자본 물신성' 설명인 듯하다. "[상품 물신성에서 다음과 같은 두 측면이 발견된다. (1) 교환가치와 상품의 물질적 토대가 분리된다. (2) 상품이라는 실체에 교환가치가 부착된다. 자본 물신성의 두 측면은 구분하기가 더 힘들다.] 첫째, 생산성은 물질적 생산 속에서 그 토대와 분리돼 교환가치 자체, 즉 자본에 귀속된다. 그다음에 생산성은 자본의 물리적 구현체인 노동력과 생산수단으로 되돌아간다. [노동력과 생산수단은 자본의 구현체이기 때문에 생산적인 것처럼 보이지만] 실제로 자본은 그것들 속에 구현됐기 때문에 생산적이다."[62] 이 점을 더 느슨하게 표현하면, 자본 물신성에는 마르크스가 말한 현실적 전도와 관련된 주어와 술어의 도치가 포함된다고 말할 수 있을 것이다. 어쨌든, 여기서 '가상'은 산 노동의 가치 창조력이 물리적 객체들에 속하는 것으로 나타난다는 것이다. 그러나 비데 자신이 인정하듯이, 가상은 자본주의 경제 현실의 "나름대로 타당한" 범주들에서 발생한다. 톰바조스는 그 점을 매우 설득력 있게 주장한다.

이데올로기와 허위의식은 사회관계의 '현실'에 나중에 추가되는 관념들이 아니다. 그것들은 잉여가치와 마찬가지로 이 관계의 일부를 형성한다. 상품 속에 자신을 숨기고, 이윤으로 자신을 위장하고, 이자와 혼동되고, 유통 시간을 갖고 장난치는 것, 요컨대 자신의 기원을 숨기는 것이 잉여가치의 본질적 특징이다.[63]

따라서 두 가지 의미의 전도를 분리하는 것은 비데가 시사하는 것보다 훨씬 더 어렵다. 이 점에서 다른 많은 해설자와 마찬가지로 콜레티가 "밀에 관한 노트"부터 《자본론》1권까지 마르크스의 정치경제학 비판 전체에 소외라는 문제의식이 영향을 미치고 있다고 말한 것은 옳다. 이런 연속성, 그리고 《자본론》에서도 마르크스는 일찍이 《파리 원고》에서 발전시킨 철학적 인류학에 의존한다는 사실을 보면, 청년 마르크스와 노년의 마르크스 사이에 '인식론적 단절'이 있다는 알튀세르의 논지는 틀렸음을 알 수 있다. 그러나 소외라는 문제의식의 지위는 바뀐다. 《1844년 원고》에서는 주로 인간 본성론이 설명의 부담을 지고 있는데, 이것은 분화(자본주의 아래서 소외된 노동)와 통일의 복원(공산주의)이라는 헤겔식 변증법을 보여 준다. 이런 종류의 역사적 변증법은 《자본론》에서도 완전히 사라지지 않았다. 《자본론》1권의 끝부분인 32장 "자본주의적 축적의 역사적 경향"에서 마르크스는 [자본주의적 사적 소유의 조종이 울리면] "수탈자들이 수탈당하게 될 것"이라고 예측한 직후에 다음과 같은 헤겔식 3단법을 제시한다.

자본주의 생산양식에서 생겨난 자본주의적 취득양식은 자본주의적 사적 소유를 낳는다. 이것은 소유자 자신의 노동에 바탕을 둔 개인적인 사적 소유의 첫 번째 부정이다. 그러나 자본주의 생산은 자연 과정의 필연성에 따라[mit der Notwendigkeit eines Naturprozesses] 자기부정을 낳는다. 이 것은 부정의 부정이다. 이 부정의 부정은 사적 소유를 부활시키지는 않지만, 자본주의 시대의 성과, 즉 협업과 토지 공유, (노동 자체의 산물인) 생산수단의 공유에 바탕을 둔 개인적 소유를 확립한다.(CI: 929)

그러나 이 과정의 주체는 더는 인간 본질이 아니라 소유 형태들이고, 이때 처음의 통일에서 첫 번째 부정으로의 이행은 시초 축적의 형태를 띤다. "자신의 노동으로 획득한 사적 소유, 말하지면 각자 독립적으로 노동하는 개인과 그 노동조건의 결합에 바탕을 둔 사적 소유는, 사실상 다른 사람의 노동이면서도 형식적으로는 자유로운 노동의 착취에 바탕을 둔 자본주의적 소유로 대체된다."(CI: 928) 이것은 《1844년 원고》에서 밝힌 것보다 초점이 훨씬 더 협소해진 변증법이다. 그리고 그 변증법은, 마치 대단원처럼 읽히는 32장에 이어서 33장 "근대적 식민 이론"에서는 마르크스가 점강법을 사용함에 따라 한층 약해진다. 33장에서 마르크스는 에드워드 기번 웨이크필드의 《영국과 미국》(1833)에 초점을 맞추는데, 이 책에 매료된 마르크스는 자신의 원고들에서 거듭거듭 거론한다.

그[웨이크필드]는 자본은 물건이 아니라, 물건들로 매개된 사람들 사이의 사회적 관계라는 사실을 발견했다. 그는 필이라는 사람이 5만 파운드어치나 되는 생계수단과 생산수단을 영국에서 호주 서부의 스완강 지역으로 가져가 버렸다고 개탄한다. 이 필이라는 사람은 통찰력도 있어서, 그 밖에도 노동계급의 남녀 성인과 아동 3000명도 데려갔다. 그러나 목적지에 도착했을 때 "필에게는 잠자리를 봐주거나 강물을 길어다 줄 하인이 한 명도 없었다." 불행한 필은 모든 것을 준비해 갔지만, 영국의 생산관계를 스완 강변으로 수출하는 것만은 잊어버린 것이다! (CI: 932~933)[64]

이 멋진 결론을 보면, 마르크스가 자본주의 생산관계의 일반적 특징을 보여 주는 사례로 식민지에 계속 집착했다는 것을 분명히 알 수 있다.(그는 다른 곳에서도 다음과 같이 썼다. "리카도와 그 밖의 영국 저술가들은 … 자국의 어디서나 볼 수 있는 것과 똑같은 현상, 즉 자본주의 생산이 농업을 지배하는 현상을 이 식민지들에서 전통적 관계에 맞선 투쟁 없이 더 분명한 형태로, 따라서 명료하게 목격했다." CW 31: 460) 그러나 그것은 32장에 나오는 웅장한 헤겔식 드라마를 상대적인 것으로 만들어 버리기도 한다. 프레드릭 제임슨은 "축소된 두 위대한 절정"에 대해 다음과 같이 썼다. "하나는 영웅적이고 하나는 우스꽝스럽다. 각각은 나름대로 [자본주의] 체제와 가치법칙의 종말 그리고 마르크스가 다른 곳에서 '전사前史의 종말'이라고 부른, 예측할 수 없는 미래의 시작을 예언한다."65 《자본론》 1권의 이 2중 결말은 마르크스의 담론이 얼마나 복잡해졌는지를 분명히 보여 준다. 즉, 단지 그가 다양한 수치를 사용하고 많은 참고 문헌을 원용했다는 점뿐 아니라, 자본주의를 하나의 전체로서 접합하려고 사용한 설명 방식이라는 의미에서도 복잡해졌다(예컨대, 앞서 3장에서 봤듯이 마르크스가 상대적 잉여가치와 이윤율 저하 경향을 논할 때 경쟁에 그리고 개별 자본가들의 이해관계와 의도에 설명의 중요성을 부여한 것을 생각해 보라.)66 그것은 《1844년 원고》에 영향을 미친 비교적 단순한 인류학적 변증법의 한계를 돌파했다. 따라서 소외라는 문제의식은 《자본론》에도 여전히 남아 있지만, 더는 핵심적 설명 구실을 하지 않는다. 물론 노동 자체는 핵심적이지만, 그 자체가 주된 설명의 부담을 지는 대립물들로 분화한다(추상적인 사회적 노동과 구체적 유용노동, 산 노동과 죽은 노동, 불변자본과 가변자본, 상대적 잉여가치와 절대적 잉여가치 등).

앨런 우드는 이 점을 다음과 같이 잘 표현했다.

그렇다면 초기의 미완성 유고와 달리 마르크스의 성숙기 이론에서는 소외가 기본적으로 설명하는 구실을 맡지 않는다. 그러나 마르크스가 성숙기 저작들에서 소외 개념을 그저 포기하는 것은 아니다. 오히려 소외 개념은 《요강》과 《자본론》, 그 밖의 많은 곳에서 여전히 쓰이고 있다. 내 생각에 이 저작들에서 마르크스가 사용하는 소외 개념은 더는 설명하는 구실을 맡지 않는다. 오히려 묘사하기나 진단하는 데 쓰인다. 마르크스는 현대 사회에 특히 널리 퍼져 있는 특정한 종류의 인간적 병폐나 역기능을 확인하거나 특징짓는 데 소외 개념을 사용한다. 그 병폐의 원인이 되는 온갖 다양한 현상들은 "자연스럽지 않은 분리"나 "자신이 만들어 낸 것의 지배를 받는 상황"의 이미지나 은유를 전형적으로 보여 준다.[67]

내가 보기에는, 마르크스가 자본 관계에 포함된다고 묘사한 주객 전도를 이런 은유들 가운데 하나로 다뤄야 한다. 물론 은유는 거짓 문장이지만, 그래도 우리가 세계를 다른 방식으로 볼 수 있게 해 주는 거짓 문장이다.[68] 노동자는 자신의 노동력을 판매한 결과로, (가치 창조력을 포함해서) 자신의 창조적 능력에 대한 통제권을 잃어버린다. 그러나 노동자가 잃어버린 통제권을 가져가는 상대방은 행위 주체라는 의미의 자본이 아닌데, 그 점은 우리가 자본의 행위능력을 유령 같은 것으로 생각하든 아니면 모종의 더 평범한 집단적 행위자의 그것이라고 생각하든 상관없다. 노동자의 노동력 사용을 통제하는 것은 보통 모종의 위계적 관리 체계다. 그렇지만 이 위계 체계를 지배하는 (최고경영자 CEO와 그 측근들을 포함한) 행위 주체들은 자율적 집단을 형성하지 않는다. 그들 자신도 경쟁적 축적의 의무에 종속돼 있다. 앞서 3장에서 우리는 마르크스가 《요강》에서 경쟁을 개념화하는 방식에 일부 문제가 있음을 살펴봤다. 그렇다고 해서 다음과 같은 공식으로 표현된 근본적 사실을 망각해서는 안 된다. "자본은 다수 자본으로 존재하고 다수 자본으로만 존재할 수 있다. 그러므로 자본의 자기규정은 다수 자본의 상호작용으로 나타난다."(G: 414)[69] 오만하게 세계에 자신을 강요하는 단일한 자본 따위는 존재하지 않는다. 노동자들과 자본가들이 똑같이 경험하는 소외 자체가, 내재적 중심이 없는 경제 관계들의 경쟁적 논리에 종속돼 있다는 데서 결정적으로 비롯한다. 영화 〈포인트 블랭크〉(1967)에서 (리 마빈이 연기한) 워커처럼, 기업 권력의 미로 속으로 깊이 들어갈수록 우리가 발견하는 것은 모든 권력의 원천인 은밀한 중심이 아니라, 관료들이 자리를 차지하고 있는 비非인격적 구조다.

자본의 주체성을 거부한 뛰어난 글에서 토니 스미스가 시사하듯이, 여기서 중요한 것은 정치학이다.

> 산 노동을 자본의 '외부에' 있는 자본의 '타자'라고 말하거나 자본의 관점에서는 산 노동이 '아무것도 아니다'고 강조하는 것은 틀리지 않다. … 그러나 거기서 멈추는 것은 중대한 오해를 낳을 수 있다. 산 노동은 항상 자본 '내부에' 있다. 근본적으로 노동의 집단적인 사회적 능력이 아닌(또는 집단적인 사회적 노동이 동원하는 자연·기계·과학의 힘이 아닌) 자본의 능력은 결코 존재하지 않는다. 마르크스의 사회적 존재론의 가장 심층 수준에 있는 것은 아무것도 아닌 자본, '가짜 주체'인 자본이다. 자본은 작업장 안팎에서 인간 행위 주체들의 창조적 능력을 자유롭게 풀어 줌과 동시에 왜곡하기도 하는 규율에 그들을 종속시키는, 사회질서의 지배 원리다. 그러나 자본 자체는 다른 물신숭배 대상과 마찬가지로 아무런 힘이 없다. 그렇지 않다고 생각하는 것은, 마르크스의 자본 개념이 없애 버리려고 한 신비화의 함정에 빠지는 것이다.[70]

노동의 주체성

자본의 가짜 주체성의 다른 측면은 산 노동의 잠재적 주체성이다.

만약 노동이 자본으로 하여금 노동의 능력을 사용하도록 허용하지 않는다면 자본의 한계들이 진짜로 드러날 것이다. 《사본론》의 성지(학)의 핵심이라는 이 문제는 7장에서 다시 살펴볼 것이다. 그러나 여기서는 자본을 주체로 다루게 되면 노동을 평가절하할 수 있다는 점을 강조해 둬야겠다. 이 점을 특히 잘 보여 주는 사람은 자본을 주체로 묘사하려고 가장 철저하게 시도한 포스톤이다. 그는 다음과 같이 대조한다.

근본적으로 서로 다른 두 가지 비판적 분석 방법이 있다. 하나는 노동의 관점에서 자본주의를 비판하는 것이고, 다른 하나는 자본주의의 노동을 비판하는 것이다. 노동을 초역사적으로 이해하는 전자는 자본주의에 특징적인 사회생활의 측면들(예컨대, 시장과 사적 소유)과 노동으로 이뤄진 사회적 영역 사이에 구조적 긴장이 있다는 것을 전제한다. 그러므로 노동은 자본주의 비판의 토대를 이루고, 노동의 관점에서 그 비판은 시작된다. 두 번째 분석 방법에 따르면, 자본주의의 노동은 역사적으로 특수하고 사회의 본질적 구조를 이룬다. 따라서 노동은 자본주의 사회 비판의 대상이다.[71]

후자의 비판 형태는 마르크스가 《요강》과 《자본론》에서 보여 준 것이고 전자는 포스톤이 말한 "전통적 마르크스주의"의 비판인데, 이것은 "정치경제학에 대한 비판이 아니라 비판적 정치경제학"이다. 즉, "분배 방식에 대한 비판"이다. "그 비판은 노동을 다룰 때는 '리카도식 마르크스주의'라고 부를 만하다." 그것은 포스톤이 (앞서 봤듯이) 《역사와 계급의식》에 표현된 루카치의 마르크스주의를 포함해서 갖가지 마르크스주의를 거의 모두 폐기 처분한 뒤에 남은 범주다. "따라서 [이 텍스트의 핵심 — 캘리니코스] 사상, 즉 프롤레타리아가 자본주의 이후의 가능한 사회생활 형태를 구현한다는 생각은, 그러나 자본주의가 근본적으로 생산수단의 사적 소유라는 측면에서 규정될 때 그리고 '노동'이 비판적 관점으로 고려될 때만 의미가 있다." 이와 달리

마르크스의 분석에 따르면, 프롤레타리아는 가치 규정적 생산관계의 본질적 요소이고, 그래서 자본주의가 발전함에 따라 시대에 뒤진 것이 되기도 한다. 그렇다면 자본주의를 극복하는 일은 프롤레타리아의 노동, 따라서 프롤레타리아 자체의 폐지라는 면에서도 이해해야 한다. 그러나 이것은 노동계급의 사회적·정치적 행동과 자본주의의 폐지 가능성 사이의 관계라는 문제를 매우 어렵게 만든다. 즉, 그것은 노동계급의 행동과 흔히 노동계급의 의식이라고 부르는 것이 여전히 자본주의 사회구성체의 경계 안에 머무른다는 것 ― 그리고 그 이유는 노동자들이 꼭 물질적·정치적으로 부패했기 때문이 아니라, 프롤레타리아의 노동이 근본적으로는 자본과 모순되지 않기 때문이라는 것 ― 을 의미한다.[72]

노동계급이 반자본주의 변혁의 행위 주체임을 부인하려고 마르크스가 정치경제학을 비판했다는 말을 들으면 마르크스는 깜짝 놀랄 것이다. 생애 말년(1879년 9월 16~18일)에 마르크스는 엥겔스와 함께 쓴 유명한 편지에서 독일 사회민주당 지도자들에게 다음과 같이 말했다.

거의 40년 동안 우리는 계급투쟁이 역사의 원동력이라고, 특히 부르주아지와 프롤레타리아 사이의 계급투쟁이 현대 사회혁명의 위대한 지렛대라고 강조했습니다. … 인터내셔널 창립 당시 우리가 내건 표어는 이렇습니다. "노동계급의 해방은 노동계급 스스로 성취해야 한다."(CW 45: 408)

또, ("나는 마르크스의 성숙기 저작들에서 상이하거나 모순된 경향

들의 가능성을 검토하지 않을 것"이라고 약간 얼버무리며 말한) 포스톤이, 두 가지 비판을 제시할 때는 마르크스의 이론적 담론에 내재하는 불일치를 들춰냈다고 넌지시 말하는 것도 그럴듯하게 들리지는 않는다.[73] 혼란은 포스톤 자신의 해석에 있다. 다음과 같은 그의 주장이 혼란의 근원 가운데 하나다.

> 마르크스는 이제[즉,《요강》과《자본론》에서 ― 캘리니코스] 인간 역사의 내재적 논리라는 사상과 모든 형태의 초역사적 변증법(자연을 포함하든 아니면 역사에 국한되든)을 무조건 거부한다. 마르크스의 성숙기 저작들에서 역사적 변증법은 주체·노동·자연이 상호작용한 결과도 아니고, 주체의 '노동'이 물질적으로 객체화한 것들이 그 노동 자체에 반성적으로 작용한 결과도 아니다. 오히려 그것은 자본의 사회적 형태들의 모순된 성격에서 비롯한다.[74]

이것은 마르크스가 노동과정을 "인간과 자연 사이의 물질대사를 위한 보편적 조건, 인간 생활의 영원한 자연적 조건"으로 개념화한(CI: 290) 것과 아주 분명하게 모순된다. 그래서 포스톤도 "사회적 노동과 관련된 두 종류의 사뭇 다른 필요"가 존재한다는 것을 인정할 수밖에 없었다.

> 어떤 형태의 노동은 인간의 사회적 실존 자체를 위한 필수적 전제 조건 ― 초역사적이거나 '자연적인' 사회적 필요 ― 이다. 이 필요 때문에 상품생산 노동의 특수성이 가려질 수 있다 ― 즉, 사람들은 자신이 생산한 것을 스스로 소비하지 않지만 그래도 그의 노동은 소비할 생산물을 얻는 데 필수적인 사회적 수단이라는 것 말이다. 이 후자는 역사적으로 결정된 사회적 필요다.[75]

이 점을 이해하려면 마르크스의 비판에서 초역사적 범주들과 역사적으로 결정된 범주들 사이의 관계에 관한 설명이 약간 필요하지만, 포스톤은 아무 설명도 하지 않는다. 어쨌든 그 구별은 포스톤의 주장, 즉 마르크스가 "자본주의의 노동을 비판했다"는 주장의 '파괴력'을 약화시킨다. 물론 마르크스는 **자본주의의** 노동을 비판한다. 이 점은《자본론》 1권에서 각각 매뉴팩처와 현대적 공업을 다룬 14장과 15장, 그 초안에 해당하는《1861~1863년 원고》(나중에 7장에서 다시 살펴보겠다)를 보면 분명히 알 수 있다. 그러나 마르크스가 이 비판에 노동 자체를 포함시키거나 자본주의에서 질 낮은 노동의 담지자들은 해방 세력이 될 수 없다고 일축한 것은 아니다. 포스톤은 이 마지막 주장을 위해 자신의 논의를 다음과 같이 전개한다.

> [노동자들은, 예컨대 노동조건·노동시간·임금 같은 쟁점에서 대체로 집단적 행동을 통해서만 자신들의 상품(노동력) 판매 조건을 어느 정도 통제하게 된다는 주장도 있다. 따라서] 노동자들의 집단적 행동과 부르주아적인 사회적 형식들이 대립한다는 생각이 널리 퍼져 있지만, 상품의 소유는 노동자들에게 집단적 형태로만 완전히 실현될 수 있다. 그렇다면 노동자들은 **집단적으로만** "부르주아적 주체"가 될 수 있다. 다시 말해, 노동력이라는 상품의 본성은 집단적 행동이 상품의 소유와 대립하지는 **않지만** 그 실현에 필수적이라는 것이다. 상품으로서 노동력이 실현되는 역사적 과정은 역설이게도 자본주의의 틀 안에서 집단적 형태들의 발전을 동반하는데, 그것들은 자본주의 사회 너머를 향하지 **않는다** — 오히려 자유주의적 자본주의에서 포스트자유주의적 자본주의로 전환하는 중요한 계기가 된다.[76]

이 논의에는 중요한 진실이 있다.《자본론》1권 10장 "노동일"은 집단적 노동계급 행동이 정치 개혁을 강요해서 자본으로 하여금 노동시간을 제한하게 만드는 과정을 묘사한다. 계급으로서 노동자들에게 이로운 그런 노동시간 제한 입법은 노동력의 안정적 재생산을 보장해 주지만 국가의 개입이 없으면 결코 실현될 수 없다(국가가 개입하지 않으면, 자발적으로 노동시간을 제한한 개별 자본은 그러지 않은 자본들에게 경쟁에서 밀릴 것이기 때문이다). 더욱이, 노동자들이 집단적 행동으로 생활수준을 향상시키면 노동자들의 소비가 자본주의 재생산에서 하는 구실도 더 커질 뿐 아니라(하비가 매우 강조하는 점이다) 노동자들이 스펙터클 사회의* 욕망하는 주체들로 탈바꿈하는 과정도 촉진된다.[77] 그러나 노동자들의 조건 개선은 — 파업 행동을 통해서든 아니면 부분적으로 노동자 운동의 압력을 받아 시행된 정치 개혁의 결과든 간에 — 모순된 효과를 낸다. 그래서 널리 인정되는 사실은 복지국가의 발전이 "탈상품화" 과정을 동반한다는 것이다 — 다시 말해, 노동계급 소비의 상당 부분은, 임금 소득에서 얻는 화폐로 구매하거나 가정 내에서 가사 노동으로 생산한 서비스가 아니라 사회보장 수급권에 따라 제공되고 세금으로 돈을 대는 서비스의 소비다. 따라서 국가가 복지를 제공하면 노동자들이 노동시장에 덜 의존하게 돼서 자본의 노동 지배가 약해질 수 있다. 그러므로 빈민들이 저임금 일자리를 받아들이게 만드는 것이, 복지국가를 재편하려는 신자유주의 정책의 가장 뚜렷한 목표들 가운데 하나다.[78]

《1861~1863년 원고》의 인상적인 구절에서 마르크스는 총과정의 신비화한 표상들은 자본가의 존재와 흐름을 같이하지만 노동자들의 생

---

* 자본주의의 상품 물신성이 일상의 모든 영역을 일종의 구경거리(스펙터클)와 소비 대상으로 만들면서 노동과 삶을 소외시키는 사회.

활 조건은 노동자들로 하여금 그 조건을 거부하고 저항에 나서도록 자극한다고 주장한다.

> 자본 관계에서 — 그것을 아직 자본의 유통 과정과 독립적으로 고찰하는 한 — 근본적으로 특징적인 것은 (이미 화폐에서 나타나듯이) 신비화, 뒤집힌 세계, 주객 전도다. 전도된 관계와 상응해서 전도된 개념, 도치된 의식이 이미 현실적 생산과정 자체에서 반드시 생겨난다. 그런 개념과 의식은 현실적 유통 과정의 변형과 수정에 의해 완성된다. 그러나 자본가로서 자본가는 이런 자본의 운동 자체일 뿐이다. 그는 현실 속에 있지만 의식 속에도 있다. 자본 관계의 긍정적이고 우세한 측면이 그에게서 나타나기 때문에, 그는 이런 모순들에서 그저 편안함을 느낄 뿐이다. 그런 모순들이 자본가를 방해하지 않는 반면, 정반대 쪽에서 똑같이 전도된 관념에 사로잡힌 임금노동자는 억압된 측면으로서 실제로는 관계 전체에 맞서, 따라서 그에 상응하는 관념·개념·사고방식에 맞서 저항하도록 내몰린다.(CW 33: 73~74)

포스톤은 마르크스가 계급투쟁에 근본적이라고 생각한 것을 무시하는데, 계급투쟁은 그 목표가 아무리 협소한 분배 개선이라 해도 노동계급이 정치적 주체로 탈바꿈하는 데 도움이 되고, 노동계급의 집단적 행동은 부르주아 이데올로기를 전복하는 경향이 있다. 이 점은 1853년 7월 〈뉴욕 트리뷴〉에 실린 마르크스의 글에서 분명히 드러나는데, 그는 [영국] 프레스턴에 집중된 섬유 노동자들의 대중 파업을 거론하며 다음과 같이 말했다.

> 나는 … 현재의 산업 구조에서는 노동계급의 정신을 고취하고, 그들을 하나의 큰 조합으로 결속해서 지배계급의 침투에 맞서게 하고, 노동자들이

무관심하고 생각 없고 그저 살찐 생산도구로 전락하는 것을 막아 줄 필수 적 수단은 임금의 새로운 등락과 그에 따른 주인과 하인의 끊임없는 충돌 이라고 확신한다. 사회가 계급들의 적대감 위에 세워진 상태에서 노예제 를 말로만이 아니라 실제로도 막으려고 한다면 우리는 [계급] 전쟁을 받 아들여야 한다. 파업과 노동조합의 진가를 알려면, 사소해 보이는 그 경제 적 결과에 눈이 멀어서는 안 되고 무엇보다 그 도덕적·정치적 결과를 제 대로 봐야 한다. 주기적으로 되풀이되는 순환 속에서 현대 산업이 새로운 불경기·번영·경기과열·위기·침체·곤경의 큰 국면들을 잇따라 겪지 않는 다면, 그에 따른 임금의 등락과 마찬가지로 임금과 이윤의 변동에 민감하 게 반응하는 주인과 하인의 끊임없는 전쟁이 없다면, 영국과 유럽 전체의 노동계급은 상심하고 마음이 약해지고 기진맥진해서 저항하지 못하는 대 중이 될 것이고, 그들의 자력 해방은 고대 그리스·로마 노예들의 해방처럼 불가능한 일로 입증될 것이다.(CW 12: 169)

마르크스가 거의 20년 뒤인 1871년에 파리코뮌을 칭송한 것은 — 그러나 파리코뮌의 목표와 지도부는 강력히 비판했다 — 노동계급의 투쟁이 투쟁 참가자들을 "자력 해방"의 집단적 행위 주체로 탈바꿈시 키는 "도덕적·정치적 결과"를 그가 얼마나 높이 평가했는지를 분명히 보여 준다. 물론 그는 이 문제(나중에 7장에서 다시 간단히 다룰 것이 다)에서 틀렸을 수 있고, 이 점은 포스톤이 역사의 쓰레기통에 버린 다 른 "전통적 마르크스주의자들" — 루카치뿐 아니라, 예컨대 로자 룩셈 부르크, 레온 트로츠키, 발터 베냐민 같은 다양한 인물들 — 도 마찬 가지다. 그러나 마르크스가 실제로 무엇을 생각했는지는 매우 분명한 듯하다.[79]

6장

경제 위기

경제 위기와 혁명

경제 위기* 문제는 《자본론》과 그 원고들을 공부하는 사람들에게 특별히 어려운 것이다.[1] 어쨌든 1857~1858년의 경제 위기 — 미하엘 크레트케가 "이런저런 방식으로 세계시장에 이미 통합됐거나 적어도 세계시장과 연결된 모든 지역에 영향을 미친 최초의 세계적 경제 위기"라고 말한 — 에 자극을 받아서 마르크스는 《요강》을 쓰기 시작했다.[2] 더욱이, 앞서 1장에서 봤듯이 마르크스는 이 연구 도중에 발전시킨 6부작 계획의 마지막 책에서 세계시장과 경제 위기를 다루려 했다. 여기에는 자본주의 생산양식의 모든 모순이 집약된 것이 경제 위기라는 생각이 반영돼 있었다. 그래서 마르크스는 《1861~1863년 경제학 원고》에서 다음과 같이 썼다. "세계시장의 위기에서 부르주아적 생산의 모든 모순이 통째로 폭발한다."(CW 32: 163) 물론 마르크스는 6부작의 마지막을 쓰지 못했고, 이윤율 저하 경향의 맥락에서 경제 위기를 논하는 《자본론》 3권 3편은 완결된 이론의 서술이라기보다는 여전히 진행 중인 연구임이 분명하다. 사이먼 클라크는 심지어 다음과 같이 주장한다. "경제 위기를 다룬 마르크스의 저작들은 실제로 단편적이고 혼란스럽다. 그것들을 그의 저작 전체와 따로 떼어 놓고 보면 딱히 흥미롭지도

---

* 마르크스(주의) 관련 논의에서는 crisis를 '공황'으로 번역하는 것이 더 적합하다는 견해도 있지만, 이 책에서는 정치 위기와 경제 위기의 상호작용에 관한 마르크스의 논의나 panic을 '공황'으로 번역할 필요성 등을 감안해서 crisis를 (경제) 위기로 옮겼다.

않고, 일관되고 엄밀한 경제 위기론을 찾아볼 수도 없다."[3]

마르크스가 경제 위기를 다룬 저작들을 연구해서 클라크가 쓴 학술서는 유익하지만 그 책의 목적은 논쟁, 즉 '일반적 위기[론]'에 집착하는 이른바 '정설 마르크스주의'를 논파하고 다음 사실을 입증하려는 것이다. "마르크스의 연구 초점은 경제 위기가 파국을 부르는 사건이라는 것이 아니라, 자본주의가 사회적 존재를 상시적 불안정에 빠뜨리는 내재적 위기 경향이 있다는 것이다. 이런 관점에서 보면, 마르크스는 '포스트모던 상황'을 다룬 최초의 가장 급진적 이론가였다."[4] 일시적인 지적 유행에 이렇게 양보하는 유감스런 태도는 제쳐 두더라도, 클라크의 우상파괴식 비판은 경제 위기를 마르크스의 사상에서 적절하게 자리매김하지도 못하고 《자본론》의 분석 논리를 제대로 파악하지도 못한다. 다니엘 벤사이드는 마르크스의 경제 위기론을 다룬 가장 뛰어난 저작 하나에서 다음과 같이 말했다. "마르크스는 자본이 생산되고 유통되고 재생산되는 과정의 서로 다른 논리적 계기들에서 경제 위기의 결정 요인들을* 만들어 낸다. 그가 서술하는 것은 긍정적이고 일관되고 완전한 이론이 아니라, 연속적 접근을 통한 부정적 이론이다."[5] 달리 말하면, 《자본론》에 나오는 경제 위기론은 명료하고 완결된 이론이 아니라, 경제 위기가 자본주의 생산양식에서 차지하는 위치에 관한 다차원적 개념이라고 할 수 있다. 이 6장에서 나는 마르크스의 경제학 저작들에 나오는 경제 위기의 결정 요인 6개를 확인할 것이다. 그중에 둘 — 상품 교환과 현대 자본주의 신용 제도에 내재하는 경제 위기의 형식적 가능성, 체제의 재생산에 필요한 두 주요 생산 부문 사이의 교환 조건 — 은 [경제 위기를] 가능하게 하는 조건들이다. 다른 둘 — 임금률과

---

* determination은 맥락에 따라 '결정 요인'이나 '규정'으로 옮겼다.

산업예비군 증감 사이의 상호작용, 고정자본의 회전 — 은 영향을 미치는 요인들이다. 마지막으로, 이윤율 저하 경향과 금융시장의 주기적 거품·공황 사이의 상호작용은 경제 위기에서 작용하는 결정적 인과관계 메커니즘을 이룬다.

그러나 마르크스의 사상 전체에서 경제 위기의 위치는 어디쯤인가? 이윤율 저하에 관한 마르크스의 생각이 어떻게 발전했는지를 연구한 헤이르트 뢰턴과 피터 토머스는 최근 발표한 글에서 다음과 같이 주장했다. 마르크스가 이 주제를 처음으로 다룬 《요강》에 나오는 "위기의 수사학"을 보면 1840년대에 청년헤겔학파 동료들과 함께 정치 위기(특히 프로이센 구체제의 정치 위기)에 집착한 것이 떠오른다. 1843~1844년에 쓴 《헤겔 법철학 비판》 서문에서 마르크스는 단지 정치적 해방뿐 아니라 "인간의 완전한 회복"도 목표로 삼는 혁명을 실행할 수 있는 보편적 계급을 프롤레타리아에서 발견한다.(EW, 256) 뢰턴과 토머스는 다음과 같이 주장한다.

> [1848년] 《공산당 선언》이 출판됐을 때 일어난 혁명들이 실패하자, 패배한 '48세대'는 이 '세계사적' 주체의 부활에 계속 희망을 걸려고 했다. 혁명적 정치를 포기하는 동시대인들이 자꾸 늘어나는 상황에서, 위기라는 주제(의 기억)를 고수하는 것은 그들의 가장 강력한 심리적 버팀목 가운데 하나가 됐다.[6]

따라서 위기는 여기서 주로 정치적 개념, 심지어 심리적 개념의 구실을 하고 프롤레타리아는 철학적 범주의 구실을 한다는 것이다. 이런 해석은 1844년 이후 마르크스의 발전, 즉 전보다 더 엄밀한 사회적·경제적 프롤레타리아 개념이 포함된 더 광범한 역사·혁명 이론을 정식화한 것을 무시한다.[7] 더 중요한 점은 뢰턴과 토머스가 1848년 이후 마르크스와 엥겔스의 사상에서 경제 위기가 하는 특정한 구실, 그러나 여전히 정치적인 구실을 제대로 인식하지 못한다는 점이다. 1850년 9월 마르크스와 엥겔스는 공산주의자동맹과 관계를 끊었는데, 그 이유가 된 견해 차이를 마르크스는 다음과 같이 단언했다.

《공산당 선언》의 유물론적 관점은 이제 관념론으로 바뀌어서, 혁명을 현실 상황의 산물이 아니라 의지적 노력의 결과로 보고 있다. 우리는 노동자들에게 "여러분은 상황을 변화시키고 권력 행사에 적합하도록 스스로 훈련하려면 15년, 20년, 50년의 내전을 거쳐야 합니다" 하고 말하지만, 그것[공산주의자동맹]은 "우리는 지금 당장 권력을 장악해야 한다. 그러지 않으려면 집에 가서 잠이나 자는 게 낫다" 하고 말한다.(CW 10: 626)

몇 달 뒤 마르크스와 엥겔스는 혁명의 패배를 경제순환의 운동 속에서 살펴보면서 자신들의 정치적 입장을 확고하게 다지려 했다. 1847년 영국에서 시작돼 유럽 대륙으로 확산된 경제 위기가 1848년의 봉기 물결에 도움이 됐듯이, 그 뒤의 경기회복, 즉 미국 캘리포니아와 호주에서 금광이 발견되고 서구 열강의 중국 침투로 제국이 세계적으로 확장된 덕분에 가능해진, 그러나 이번에도 영국을 거쳐 대륙으로 확산된 경기회복은 혁명의 패배를 확정지었다. 이제 마르크스와 엥겔스는 진정한 공산주의자라면 혁명적 의지나 모호한 민주적 미사여구를 과시하려 들어서는 안 되고 생산양식의 운동에 의존해야 한다고 주장했다.

따라서 경제 위기로 말미암아 대륙에서 먼저 혁명이 일어나지만 그래도 그 혁명의 기초는 항상 영국에 있다. 격렬한 폭발은 당연히 부르주아 유기체의 심장부보다는 말단부에서 일어날 수밖에 없다. 왜냐하면 말단부보다 심장부[즉, 런던 — 캘리니코스]에서 소성 가능성이 더 크기 때문이다. 다른 한편으로, 대륙의 혁명이 영국에 얼마나 영향을 미치는지는 이 혁명이 실제로 부르주아적 삶의 조건에 얼마나 도전하는지 또는 부르주아 정치 구조에 얼마나 타격을 가하는지를 나타내는 척도이기도 하다.

이런 전반적 호황기에는 부르주아 사회의 생산력이 부르주아적 [사회]관계 안에서 최대한 왕성하게 발전하기 때문에 진정한 혁명에 대해서는 아무 말도 할 수 없다. 진정한 혁명은 현대적 생산력과 부르주아적 생산 형태라는 두 요인이 서로 충돌하는 시기에만 가능하다. … 새로운 혁명은 새로운 경제 위기의 결과로만 가능하다. 그러나 새로운 경제 위기가 확실한 것만큼이나 새로운 혁명도 확실하다.(CW 10: 509~510)[8]

따라서 경제 위기는 부르주아 사회의 생산력과 생산관계의 모순(마르크스가 1840년대 중반의 저작들에서 역사적 변화의 원동력으로 인정한 것)의 표현이기도 하고 "부르주아적 삶의 조건에 도전하는" "진정한 혁명"의 촉진제이기도 한 것으로 해석되고 있다. 마르크스가 1850년대 저작들에서 경제 위기와 사회·정치 혁명의 이런 상호작용에 집착했다는 것은 분명하다. 예컨대, 1853년 5~6월에 쓴 〈뉴욕 트리뷴〉 기사에서는 중국의 태평천국운동 때문에 세계경제가 불안정해질 수 있다고 추측하면서, 자신과 엥겔스가 1850년에 정립한 연관 관계를 재확인한다.

18세기가 시작된 이래로 유럽의 중대한 혁명 가운데 상업·금융 위기가 선행하지 않은 혁명은 하나도 없었다. 1789년 혁명도 그랬고 1848년 혁명도 마찬가지였다. 사실 날마다 보다시피 지배 세력과 피지배 세력이, 국가와 사회가, 다양한 계급들이 서로 충돌할 위험이 커지고 있을 뿐 아니라, 기존 열강들 사이의 갈등도 갈수록 고조돼서 군주들이 칼을 빼 들고 최후 수단에 의지해야 할 상황이 되고 있다. … 그렇지만 유럽 열강의 갈등이 아무리 고조되더라도, 외교적 전망이 아무리 어두워 보이더라도, 이런저런 나라의 열혈 분파들이 어떤 운동을 전개하더라도, [경제적] 번영의 바람이 불면 군주들의 분노와 민중의 격분은 모두 누그러질 것이 확실하다. 전반적 상공업 위기 때문에 일어난 것이 아니라면 전쟁도 혁명도 유럽을 서로 싸우게 할 수 없을 것이다. 그런 위기의 신호는 으레 그렇듯이 세계시장에서 유럽의 공업을 대표하는 영국에서 가장 먼저 나타날 것이다.(CW 12: 99)

당시 쓴 기사들에서 마르크스는 경기변동을 계속 추적해서 다음번 경제 위기의 발생을 예측하려 했다. 그가 처음에 예측한 연도는 1852년이었다. 1854년 중반 무렵 영국이 불경기였다는 조지프 슘페터의 말이 옳다면 마르크스가 아주 틀린 것은 아니지만, 진정한 세계적 경제 위기가 닥친 것은 1857년의 금융공황 때였다.[9] 앞서 2장에서 봤듯이, 1850년대 초에 마르크스의 경제학 연구는 특히 화폐론과 금융론에 집중됐지만, 여기에는 정치적 이유도 있었다. 예컨대, 신문 기사들에서 마르크스는 프랑스의 선구적 투자은행 크레디 모빌리에를 특별히 주목해서 다뤘는데(CW 15: 8~24, 130~135) 그 덕분에 '가공의 신용 제도'에 대한 비판을 발전시킬 수 있었고 이것은 《자본론》 3권 5편의 훨씬 더 정교한 금융시장 분석으로 이어졌다.(CW 16: 33~34) 그러나 마르크스가 크레디 모빌리에에 관심을 보인 것은 그와 엥겔스가 나폴레옹 3세(1848년 혁명의 무덤을 판 작자) 정권을 비판한 것(《루이 보나파르트의 브뤼메르 18일》이 가장 유명하다)이나 프랑스의 전략적인 정치적 중요성을 높이 평가한 것과 관계있었다. 즉, 경제 위기가 영국에서 시작될 수 있지만(물론 1857년에는 공황이 미국에서 시작됐다), 프랑스에서 혁명을 촉발할 것이라고 생각한 것이다. 생시몽주의자들인 페레르 형제가 창업한 크레디 모빌리에는 [나폴레옹 3세] 정권과 유착해서 은행 예금을 산업 기업들(특히 철도 회사들)에 투자했는데, 데이비드 하비는 프랑스 제2제국 시대의 파리를 연구한 걸작에서 크레디 모빌리에의 사업 행태가 "오늘날 우리가 '국가독점자본주의'로 알고 있는 것의 계획적 발전"이라고 말했다.[10] 그래서 1857년 말에 마르크스는 경제 위기가 프랑스에 미친 영향이 비교적 작은 이유를 설명하고자 크리스마스 날에 쓴 〈뉴욕 트리뷴〉 기사와 엥겔스에게 보낸 편지 둘 다에서 국가와 사적 자본의 상호 침투를 거론했다(경험적 변화와 그 정치적 함의는 CW 14*: 413~418과 CW 40: 228~232를 비교해 보라).[11]

이 특별한 수수께끼를 푸는 일은 경제 위기의 진행을 추적하는 훨씬 더 큰 작업의 일부였다. 마르크스는 약간 앞서(1857년 12월 18일) 엥겔스에게 보낸 편지에서 다음과 같이 썼다.

나는 엄청나게 일하고 있네. 새벽 4시까지 일하는 것이 규칙이 돼 버렸다네. 내가 하는 작업은 이중적인 것이네. 1. 정치경제학의 개요 정리(이 문제를 근본적으로 파고드는 것은 독자를 위해서뿐 아니라, 나 자신도 개인적으로 이 악몽에서 벗어나기 위해 절대적으로 필요하네).

2. 현재의 경제 위기. 이에 관해서는 〈트리뷴〉에 기사를 써 보내는 것 말고는 자료 정리만 하고 있는데, 그것만 해도 상당이 많은 시간이 걸린다네. 아마 봄 무렵에는 우리가 함께 이 문제를 다룬 소책자를 써서 독일 독자

---

* 15의 오타인 듯하다.

들에게 우리가 아직 건재하다는 것, 전혀 변함없다는 것을 알려 줘야 한다고 생각하네. 나는 영국·프랑스·독일 관련 자료를 모으는 커다란 책 세 권을 만들기 시작했네. 미국 관련 자료는 모두 〈트리뷴〉에서 구할 수 있으니 나중에 모으기만 하면 될 걸세.(CW 40: 224~225)

따라서 마르크스는 두 가지 일을 병행하고 있었다. 하나는 《요강》을 쓰는 것이었고, 다른 하나는 경제 위기를 실증적으로 연구하는 데 필요한 자료를 모으는 것이었다. 그래서 미하엘 크레트케는 다음과 같이 썼다.

10월 초에 1장 '화폐에 관한 장'을 쓰기 시작했을 때 마르크스는 경제 위기를 다룬 책을 쓰는 일도 나란히 진행하기 시작했다. 그것은 사실 또 다른 작업 ― 세계적 경제 위기의 추이를 아주 자세히 연구하는 일 ― 이었다. 실증적 연구자로서 그는 세계 각지에서 일어난 경제 위기 자료들을 모아서 정리하고, 다양한 출처를 이용해 통계표를 작성하고, 더 많은 증거를 찾는 일 등을 하느라 [1858년] 1월 말까지, 십중팔구 2월 초까지 계속 바빴다 ― 그러면서도 '자본에 관한 장'을 쓰고 있었다. 따라서 마르크스가 《요강》 원고를 쓰는 동안 무엇보다도 헤겔의 《논리학》을 공부하고 있었다는 전통적 생각은 잘못됐다. 동시에, 그는 정치경제학의 기본 원리들에 대한 변증법적 서술 방식을 실험하고 있었고 여전히 진행 중인 경제 위기에 대한 전면적인 실증적 연구도 계속하고 있었다. 경제 위기를 다룬 책을 쓰려고 한 것은 신문 기사 작성에 도움이 되리라는 생각 때문만은 아니었다. 그것은 이론에도, 즉 현대의 주기적 경제 위기 현상을 합리적으로 설명하는 데도 중요했다. 마르크스는 이것이 정치경제학을 체계적으로 비판하는데 꼭 필요한 부분이라고 생각했다.[12]

물론 마르크스의 다른 많은 계획과 마찬가지로 그 소책자도 출판되지 않았다. 그러나 "경제 위기에 관한 책"은 《메가2》로 출판되면 500쪽에 이를 것이고, 마르크스가 이 세계적 경제 위기를 실증적으로 연구하는 데 관심이 있었음을 입증해 줄 것이다. 이 경제 위기는 마르크스와 엥겔스의 1848년 이후 분석에 함축된 정치적 충격파를 일으키지 못했고, 결국 엥겔스가 1857년 11월 14일자 편지에서 내비친 희망은 꺾이고 말았다.("1848년에 우리는 '이제 우리의 시대가 다가오고 있다'고 말했고, 어떤 의미에서는 실제로 그랬네. 그러나 지금이야말로 우리의 시대가 제대로 다가오고 있네. 이제 죽기 살기로 덤벼들어야 하네." CW 40: 203) 그러나 마르크스가 엥겔스에게 "바로 지금 세계무역이 낙관적으로 바뀌고 있네"라고 인정한 바로 그 편지(1858년 10월 8일자)에서 마르크스는 대단히 흥미로운 세계사적 추측을 내놓았다.

부르주아 사회가 그들의 16세기를 두 번째로 경험했다는 것, 바라건대 첫 번째 16세기가 부르주아 사회를 탄생시켰듯이 두 번째 16세기는 그들의 종말을 알리게 되리라는 것을 부인할 수 없네. 부르주아 사회의 참된 과제는 적어도 대략적으로나마 세계시장을 형성하고 그 시장에 바탕을 둔 생산을 창출하는 것이네. 세계는 둥글기 때문에 캘리포니아와 호주의 식민지화, 중국과 일본의 개방은 이 과정을 완성시킬 듯하네. 우리에게 어려운 문제는 다음과 같은 것이네. 즉, 대륙에서는 혁명이 임박했고 게다가 그 혁명은 즉시 사회주의적 성격을 띨 것이지만, 훨씬 더 큰 지역에서는 부르주아 사회의 운동이 아직 상승세에 있으니 지구의 이 작은 귀퉁이에서 그 혁명은 어쩔 수 없이 *짓밟히지* 않겠는가?(CW 40: 346, 346~347)

이 구절은 마르크스가 자본주의 체제의 세계적 성격(그 체제의 미래는 유럽의 해안에서 멀리 떨어져 있다)을 가장 강력하게 단언하는 구절들 가운데 하나다. 혁명에 대한 그의 기대는 낙관적이기도 하고 ― "임박한" 대륙의 혁명은 "즉시 사회주의적 성격을 띨 것"이다(그는 이 예측이 1871년 파리코뮌으로 확증됐다고 주장하게 된다) ― 그런 혁명이 세계적 관점에서 보면 부차적 문제일 수 있는 한에서는 비관적이기도 하다. 그러나 1857~1858년의 경험은 마르크스가 1859년의 《비판》에서 "세계시장을 강타한 대폭풍"이라고 부른 것의 중요성을 분명히 보여 줬다. "부르주아 생산과정 속에 있는 모든 요소의 적대적 관계가 여기서 폭발한다."(Con: 182) 그래서 그는 정치경제학 비판을 세계시장과 경제 위기로 끝마치기로 결정했다. 그는 6부작의 마지막을 결코 쓰지 못했지만, 경제 위기에 관한 중요한 논의들은 《요강》, 《1861~1863년 원고》, 《자본론》 자체에 들어 있다. 이 책들을 살펴보면, 거의 일관성 있는 다차원적 경제 위기 개념과 자본주의 체제 안에서 경제 위기가 하는 구실을 확인할 수 있다.

경제 위기의 차원들

벤사이드가 말하듯이, 마르크스가 논한 경제 위기의 다양한 차원들은 그것들이 《자본론》에 나오는 규정들의 배열에서 차지하는 위치를 반영한다. 《1861~1863년 원고》에서 마르크스는 이 독특한 차원들의 분석이 추상에서 구체로 상승하는 방법을 따라야 한다는 점을 분명히 한다.

세계 상업 위기는 부르주아 경제의 모든 모순의 현실적 종합이자 강제적 조정으로 봐야 한다. 그러므로 이 위기에서 집중되는 개별적 요인들은 부르주아 경제의 각 분야에서 나타나야 하고 또 서술돼야 한다. 그리고 이 부르주아 경제의 각 분야를 깊이 파고들수록, 한편으로는 이 모순의 더 많은 측면들을 규명해야 하고 다른 한편으로는 그것의 더 추상적 형태들이 더 구체적 형태들 속에서 반복되고 거기에 포함돼 있다는 것을 입증해야 한다.(CW 32: 140)

그러나 경제 위기의 다양한 결정 요인들에 대한 마르크스의 논의에는 기존의 자본주의 이해, 즉 그가 1857년 여름에 경제학 연구를 다시 시작할 때 갖고 있던 이해의 흔적이 남아 있다.

1. 마르크스의 맨 처음 경제 위기론: 경쟁적 축적 때문에 생산은 시장의 한계를 넘어설 수밖에 없다

마르크스가 처음으로 경제 위기의 원인을 체계적으로 심사숙고하기 시작한 것은 《공산당 선언》과 《임금노동과 자본》 같은 1840년대 말의 저작들에서였다. 이미 여기서 그는 부르주아 사회의 체계적 경향, 즉 과잉축적과 과잉생산 경향을 발견한다. 클라크는 이 이론을 다음과 같이 탁월하게 요약했다.

마르크스는 자본주의 생산양식에서는 경쟁 압력 때문에 모든 자본가가 새로운 생산방식을 더 큰 규모로 도입해서 이윤을 늘리려 하므로 시장의 한계를 고려하지 않고 생산력을 발전시키는 내재적 경향이 있다는 것을 밝혀 냈다. 어떤 부문에서 생산을 발전시키는 계기는 생산물 수요에 따라 결정되는 것이 아니라, 생산력을 향상시켜 초과이윤을 얻을 기회에 의해 결정된다. 그 결과 자본주의 생산의 성장은 세계시장을 동시에 발전시키지만, 생산력은 비례의 요건과 관계없이 불균등하게 발전한다. 따라서 경쟁은 다양한 생산 부문에서 불비례를 발전시키는 끊임없는 경향을 강요한다.[13]

경제 위기를 이런 식으로 설명하는 이론은 마르크스보다 먼저 엥겔스가 이미 《영국 노동계급의 상황》(1845)에서 독자적으로 발전시켰다. 여기서 엥겔스는 5~6년 주기의 경기순환이 "공업의 본질인 경쟁과 이 경쟁 때문에 발생하는 상업 위기"를 반영한다고 설명했다.

오늘날처럼 생계수단의 생산과 분배가 규제되지도 않을뿐더러 필요 충족이 아니라 이윤을 위해서 이뤄지는 상황에서는, 모든 사람이 자신의 이익을 위해서만 일하는 체제에서는, 매 순간 혼란은 필연적으로 일어난다.[14]

클라크는 이 이론과 관련해 마르크스와 엥겔스 사이에 차이가 있다는 것을 강조한다. 엥겔스는 제조업 자본가가 자기 생산물의 시장을 가늠하려 할 때 고심하는 불확실성을 강조한다(이 불확실성 때문에 공급과잉과 경제 위기는 피할 수 없다).

엥겔스는 수요와 공급에 초점을 맞춰 경제 위기의 결정적 계기로 상업 위기를 강조했고, 또 경쟁이 계획으로 대체되면 자본주의의 위기 경향을 제거할 수 있다고 봤다. 그리고 이런 관점은 엥겔스의 저작에서 계속 나타나는 선입견이다. 반면에, 마르크스는 수요와 공급의 관계보다는 가치의 기초인 생산적 노동의 지출과 화폐 형태의 가치 실현 사이의 관계에 관심을 기울였다. 이 점은 엥겔스와 달리 마르크스가 은행·금융 위기의 세부 사항을 연구한 것에서 드러난다. 더욱이, 마르크스의 분석은 훨씬 더 급진적

이어서 경제 위기를 없애려면 경쟁을 폐지해야 할 뿐 아니라, 자본주의 생신의 사회석 형태도 폐지해야 한다는 것을 함축하고 있다.[15]

비록 이 말이 사실일 수 있지만, 시장의 한계를 넘어서 생산하게 만드는 경쟁적 축적 과정 때문에 경제 위기가 일어난다는 광범한 경제 위기 개념은 마르크스의 나중 저작들에서도 뚜렷이 나타난다. 이 점은 마르크스의 1850년대 신문 기사들에서 찾아볼 수 있는데, 예컨대 앞서 살펴본 "중국 혁명과 유럽 혁명"이라는 글에서 그는 다음과 같이 썼다.

> 놀랄 만한 호황 중에도 [영국에 ― 캘리니코스] 다가오는 산업 위기의 뚜렷한 징후를 찾아내기는 어렵지 않다. 캘리포니아와 호주[의 대두]에도 불구하고, 전례 없는 엄청난 이민에도 불구하고, 특별한 사건이 일어나지 않더라도 시장의 확대가 영국 제조업의 확대를 따라잡을 수 없는 때가 결국 오고야 말 것이고, 이런 불균형은 과거에 그랬듯이 새로운 경제 위기를 일으킬 것이 틀림없다.(CW 12:95~96)

마르크스는 이렇게 과잉축적과 과잉생산이 자본주의의 내재적인 경향이라는 생각을 결코 버리지 않았다. 그래서 이 생각은 《자본론》1권의 극히 중요한 15장 "기계와 대공업"에도 나오는데, 거기서 마르크스는 상대적 잉여가치를 추구하는 데 필요한 생산과정의 변형이 경기순환의 근저에 있다고 주장한다.

공장제가 갑자기 엄청나게 확대될 수 있고 그것이 세계시장에 갈수록 의존하게 됨으로써 필연적으로 다음과 같은 순환이 나타난다. 즉, 생산이 열병처럼 지나치게 확대되고, 그에 따라 시장에서는 상품이 넘쳐나게 되고, 그래서 시장이 조금이라도 수축하면 생산은 마비된다. 산업의 생애는 중간 정도의 활황, 호황, 과잉생산, 위기, 침체가 잇따르는 시기로 바뀐다. 기계제 경영으로 불확실해지고 불안정해진 노동자의 고용과 생활 조건은 이제 산업 순환의 이런 주기적 전환 때문에 일상적인 것이 된다.(CI: 580~582)

그러나 이런 식의 경제 위기론을 마르크스가 완전히 탐구한 때는 《1861~1863년 원고》에서 리카도의 축적론을 논하면서였다.(CW 32: 123~164) 리카도는 맬서스와 논쟁할 때 세의 법칙을 인정했는데, 세의 법칙에 따르면 (특정 생산물의 공급과잉과 달리) 일반적 과잉생산은 불가능하다. 왜냐하면 재화와 용역의 총생산은 그것들을 사는 데 필요한 소득을 창출하기 때문이다.

수요는 생산에 의해서만 제한되므로, 한 나라 안에서 사용되지 못하는 자본은 전혀 없다는 것을 세 씨는 아주 만족스럽게 보여 줬다. 소비하거나 판매하려는 목적 없이 생산하는 사람은 아무도 없고, 사람은 자신에게 당장 유용하거나 미래의 생산에 기여할 다른 상품을 구매할 의도 없이는 결코 판매하지 않는다. 그렇다면 생산함으로써 그는 필연적으로 자기 재화의 소비자가 되든지 아니면 다른 사람이 만든 재화의 구매자와 소비자가 되든지 한다.(R, I: 290)

그래서 리카도는 "생산물은 언제나 생산물이나 용역에 의해서 구매된다. 화폐는 교환이 이뤄지게 하는 수단일 뿐이다" 하고 가정한다.(R, I: 291~292) 마르크스가 볼 때 이런 주장은 리카도가 가치형태(앞서

4장에서 살펴본)를 이해하지 못한 것이 해로운 결과를 낳았음을 보여 주는 구체적 사례다.

리카도는 **상품** 형태가 생산물에서는 아무 차이가 없다고 생각하고, 더욱이 **상품유통**이 형태상으로만 물물교환과 다르고 이때 교환가치는 물건들이 교환되는 일시적 형태일 뿐이며, 따라서 화폐는 유통의 형식적 수단에 불과하다고 생각한다. 이런 생각은 사실상 다음과 같은 그의 전제에서 나오는 것이다. 즉, 부르주아 생산양식은 절대적 생산양식이고 따라서 더 상세한 특수 규정[Bestimmung]이 없는 생산양식이고 그 생산양식의 규정적 특성들은 순전히 형식적이라는 것이다. 그러므로 리카도는 부르주아 생산양식 자체 안에 생산력의 자유로운 발전을 가로막는 장벽이 존재한다는 것, 그 장벽은 경제 위기에서, 특히 **과잉생산** ─ 경제 위기의 기본 현상 ─ 에서 드러난다는 것을 인정할 수 없다.(CW 32: 156~157. 번역 수정)[16]

사실 마르크스의 주장은 경제 위기의 가능성이 상품의 기본적 형태 변화에, C─M─C라는 상품유통의 단순한 형태에 내재한다는 것이다. 화폐는 유통수단 이상의 것이고, 따라서 은행 제도를 통한 화폐의 축장이나 지급 흐름의 중단은 유통 과정을 방해할 수 있다.

예컨대, 구매와 판매 ─ 즉, 상품의 형태 변화 ─ 가 두 과정의 통일, 더 정확히 말해서 서로 대립하는 두 국면을 거치는 한 과정의 운동을 나타낸다면, 따라서 본질적으로 두 국면의 통일을 나타낸다면, 그 운동은 또 그만큼 본질적으로 이 두 국면의 분리이고 그것들의 상호 자립화다. 그렇지만 이 두 국면은 하나로 뭉쳐 있기 때문에, 상호 연관된 두 측면의 자립화는 오직 폭력적으로만, 파괴적 과정으로만 나타날 수 있다. 그것들의 통일, 서로 다른 측면들의 통일이 확실히 드러나는 것은 바로 경제 위기에서다. 서로 의존하고 서로 보충하는 이 두 국면이 상호 관계에서 지니는 자립성은 [경제 위기 때] 폭력적으로 파괴된다. 따라서 경제 위기는 서로 자립화한 두 국면의 통일을 분명히 보여 준다. 겉으로는 서로 관계가 없는 것처럼 보이는 요인들의 이런 내적 통일이 없다면 어떤 경제 위기도 없을 것이다. 그러나 [자본주의를] 옹호하는 경제학자는 그렇지 않다고 말한다. 그런 통일이 있기 때문에, 어떤 경제 위기도 있을 수 없다는 것이다. 또 모순되는 요인들의 통일은 곧 모순을 배제한다는 것을 의미할 뿐이라고 한다.(CW 32: 131)[17]

이런 주장을 바탕으로 마르크스는 경제 위기의 형식적 가능성 두 가지를 확인한다. 하나는 상품유통에 내재하는 판매와 구매의 분리에서 비롯한 것이고, 다른 하나는 화폐가 신용 제도 안에서 지급수단 기능을 못하게 되는 데서 비롯한 것이다. 후자의 가능성은 마르크스가 이미 1859년《비판》에서 제임스 스튜어트 경의 발상을 이용해서 분석한 바 있다. 화폐의 지급수단 기능은 판매자와 구매자가 상품을 주고받는 것과 돈을 주고받는 것이 서로 분리될 때 — 예컨대, 미래의 일정한 날짜에 지급할 것을 보증하는 환어음을 발행할 때 — 생겨난다. 환어음을 은행업자에게 제시하면, 어음인수 상사가 청구하는 이자를 뺀 할인 가격에 물품 대금을 현금으로 받을 수 있으므로 환어음 자체가 유통증권 구실을 한다. 이런 화폐 형태는 사적 행위자들 사이의 수평적 거래를 통해 발전한다. "[판매자는 현재 상품의 소유자로서 판매하는 반면에 구매자는 미래 화폐의 대리인으로서 구매한다. 판매자 쪽에서는 상품은 가격으로서 실제로 실현되지 않고 사용가치로서는 실제로 양도된다. 구매자 쪽에서는 화폐가 교환가치로서 실제로 양도되지 않고 상품의 사용가치에서 실제로 실현된다. 전에 가치 표장이 화폐를 대리했듯이 이제 구매자 자신이 상징적으로 화폐를 대리한다.] 전에 가치 표장의 일반적 상징성 때문에 국가가 강제 통용력을 보증했듯이, 이제 구매자의 개인적 상징성 때문에 상품 소유자들끼리 법적 강제력 있는 사적 계약을 체결한다."(*Con*: 140) 따라서 비록 지급수단으로서 화폐가 상품 거래의 자연발생적 결과지만 "신용 제도가 발전하면, 그러므로 부르주아 생산양식 일반이 발전하면, 화폐의 지급수단 기능이 점차 강력해질 것이다."(*Con*: 143) 여기서 경제 위기의 새로운 가능성이 생겨난다.

지급이 양의 크기와 음의 크기로서 서로 상쇄될 때는 화폐가 실제로 등장할 필요가 전혀 없다. 여기서 화폐는 한편으로 상품의 가격, 다른 한편으로 상호 채무의 크기와 관련해서 가치척도 기능만 할 뿐이다. 그러므로 이 경우에 교환가치는 명목상으로만 존재할 뿐 자립적으로 존재하지 않고 심지어 가치 표장의 형태도 띠지 않는다. 다시 말해, 화폐는 순전히 명목상의 계산화폐가 된다. 따라서 지급수단으로 기능하는 화폐는 모순을 내포한다. 즉, 한편으로 지급이 상쇄될 때 화폐는 순전히 명목상의 척도 구실만 하고 다른 한편으로 실제 지급이 이뤄져야 할 때는 일시적 유통수단이 아니라 보편적 등가물의 정태적 측면, 절대적 상품, 요컨대 화폐로서 유통에 들어온다는 것이다. 지급의 사슬과 지급의 인위적 상쇄 제도가 발달한 곳에서는 지급의 흐름이 강제로 중단되고 지급을 상쇄하는 제도가 붕괴하는 격변이 있을 때 화폐는 흐릿한 화학적 형태를 띠고 있던 가치척도에서 현금 또는 지급수단으로 갑자기 바뀐다. 부르주아적 생산이 발전한 상황에서, 즉 상품 소유자들이 이미 오래전에 자본가가 됐고 저마다 애덤 스미스를 잘 알고, 오직 금과 은만이 화폐라거나 화폐는 어쨌든 다른 상품들과 구별되는 절대적 상품이라는 미신을 거만하게 비웃는 상황에서는 화폐가 유통수단으로 나타나는 것이 아니라, [화폐] 축장자가 이해하는 바와 똑같이 교환가치의 유일하게 적절한 형태, 부의 유일한 형태로 갑자기 나타난다. … 세계시장 위기의 이 특별한 국면은 화폐 위기로 알려져 있다. 그런 순간에 사람들이 갈망하는 summum bonum[최고선 — 캘리니코스], 부의 유일한 형태는 화폐·현금이고, 화폐와 비교하면 다른 모든 상품은 — 사용가치라는 그 이유 때문에 — 쓸모없는 것, 단지 노리개와 장난감, 또는 우리의 마르틴 루터 박사가 말하듯이 단지 장신구와 탐욕으로 나타난다. 이렇게 신용 제도가 화폐 제도로 갑자기 탈바꿈하면, 실제로 존재하는 공황에 이론적 공포가 가중되고 유통 과정의 행위자들은 자신들의 관계를 둘러싼 알 수 없는 수수께끼에 위압당한다.(Con: 145~146)

마르크스가 화폐의 지급수단 기능, 그리고 신용 제도의 발전과 경제 위기의 전개에서 화폐가 하는 구실을 논의한 것을 살펴보면, 그가 양적 이론을 비판한(앞의 2장과 4장 참조) 덕분에 추가로 얻게 된 지적 자원들을 분명히 알 수 있다. 그렇지만 《1861~1863년 원고》에서 그는 이런 원인에서 비롯하는 경제 위기와, 판매와 구매의 분리에서 비롯하는 경제 위기가 모두 "단지 **형태들**, 즉 경제 위기의 일반적 가능성일 뿐이고, 따라서 형태들, 즉 현실적 경제 위기의 추상적 형태일 뿐"이라고 강조한다.(CW 32: 142) 이어지는 마르크스의 논의는 약간 불확실하다. 그는 다음과 같이 쓴다. "그러나 이제 잠재적 경제 위기의 추가적 발전을 다뤄야 한다 — 현실적[reale] 경제 위기는 자본주의 생산·경쟁·신용의 현실적[realen] 운동에서만 나타날 수 있다 — 경제 위기가 단지 상품과 화폐라는 자본의 현존재에 포함된 형태 규정들[Formbestimmungen]에서 발생하는 것이 아니라, 자본으로서 자본에 고유한 자본의 형태 규정들에서 발생하는 한 그래야 한다."(CW 32: 143. 번역 수정) 따라서 경제 위기의 설명은 (이 단계에서 마르크스가 자본 일반을 이론화할 때 의도적으로 제외한) 경쟁과 신용을 분석하는 데 달려 있었다(앞의 1장과 3장 참조). 몇 단락 뒤에서 그는 경제 위기를 생산의 수준이 아니라 유통과 재생산 수준에서 이해해야 한다고 말한 뒤 다음과 같이 덧붙인다. "현실적[wirkliche] 운동은 이미 존재하는 자본에서 시작한다. 여기서 현실적 운동은 발달한 자본주의 생산을 뜻하는데, 그것은 자신의 기초에서 시작하고 그 기초를 전제한다. 그러므로 재생산 과정과 거기서 더한층 발전하는 경제 위기 경향은 재생산에 관한 장에서는 부분적으로만 설명할 수 있고, '자본과 이윤'에 관한 장에서 더 자세히 설명해야 한다."(CW 32: 143) 이 장은 결국 《자본론》 3권이 된다. 《1861~1863년 원고》의 매우 단편적인 초안에는 이윤율 저하 경향에 관한 논의도 들어 있다(후술 참조).

어찌 보면 이런 설명은 경제 위기를 6부작의 마지막 책에서 다루기로 한 마르크스의 결정을 옹호한다. 왜냐하면 경제 위기 관련 규정들의 다양성을 분명히 보여 주기 때문이다. 그러나 《1861~1863년 원고》에서 마르크스는 경제 위기 논의의 나머지 부분에서 과잉생산 문제에 초점을 맞춘다. 그는 경제 위기가 생산 부문 간 불비례 때문에 일어난다고 설명하기를 꺼린다.

여기서 말하는 경제 위기는 불비례적 생산, 즉 각 생산 부문 사이에 사회적 노동이 분배될 때 나타나는 불비례에서 비롯하는 경제 위기가 아니다. 이 문제는 자본의 경쟁과 관련해서만 다룰 수 있다. 이런 맥락에서 이미 언급한 사실은, 그런 불비례로 말미암아 시장가치가 오르락내리락하면 한 생산 분야에서 다른 분야로 자본이 이동하거나 철수하고, 한 분야에서 다른 분야로 자본이 이전하는 일이 벌어진다는 것이다. 그러나 이 균등화 자체는 그 전제로서 균등화의 대립물을 이미 내포하고, 따라서 경제 위기를 포함할 수도 있다. 즉, 경제 위기 자체가 균등화의 형태일 수 있는 것이다. 리카도 등은 이런 형태의 경제 위기는 인정한다.(CW 32: 151)

여기서 불비례는, 특정 상품을 생산하는 데 배정된 사회적 노동량과 그 상품에 대한 사회적 필요(유효수요로 뒷받침되는)가 일치하지 않는 데서 비롯한다. 세의 법칙을 지지하는 사람들은 시장가격이 시장가치의 변화에 적응하려 할 때 경제 위기가 일어날 가능성을 부인할 필요가 없다(4장 참조). 그러나 그들은 일반적 과잉생산 위기의 가능성은 부인한다. 물론 마르크스는 그런 위기가 일어난다는 사실을 부인할 수는 없다고 생각한다. 그렇다면 일반적 과잉생산 위기는 왜 일어나는가? 마르크스의 대답을 보면, 그의 원고에서 흔히 나타나듯이 마르크스가 펜으로 글을 쓰면서 생각하고 있다는 것을 알 수 있다.

그 문제의 답으로, 생산의 끊임없는 확대가 … 시장의 끊임없는 확대를 요구하고 생산이 시장보다 더 빠르게 확대된다는 사실을 지적하는 것은 단지 설명돼야 할 현상을 표현하는 데 다른 용어들 — 추상적 용어들이 아니라 구체적 용어들 — 을 사용하는 것일 뿐이다. 시장은 생산보다 더 느리게 확대된다. 즉, 재생산 기간의 자본순환에서는 — 이 순환에서 자본은 그저 재생산되기만 하는 것이 아니라 확대된 규모로 재생산되므로 순환은 원형이 아니라 나선형을 그린다 — 시장이 생산에 비해 너무 협소하다는 것이 분명히 드러나는 때가 찾아온다. 이런 일은 순환의 마지막에 일어난다. 그러나 그것은 단지 시장이 공급과잉 상태라는 것을 의미할 뿐이다. 과잉생산이 분명해지는 것이다. 시장의 확대가 생산의 확대와 나란히 진행되면, 시장에서 공급과잉은 없을 것이고 과잉생산도 없을 것이다. 그러나 시장이 생산과 함께 확대돼야 한다는 것을 인정하는 것만으로도 과잉생산의 가능성을 인정하는 셈이다. 왜냐하면 시장은 지리적 의미에서 외부적으로 제한돼 있기 때문이고, 국내시장은 국내시장이면서 동시에 국외시장이기도 한 시장에 비해 제한돼 있고 국내·국외 시장도 세계시장에 비해 제한돼 있고, 그러나 이 세계시장은 또 [비록 — 캘리니코스] 그 자체는 확대될 수 있으나 매 순간에는 제한돼 있기 때문이다. 그러므로 과잉생산이 결코 일어나지 않으려면 시장이 확대돼야 한다는 사실을 인정하는 것은 곧 과잉생산이 일어날 수 있다는 점을 인정하는 것이기도 하다.(CW 32: 153~154)

마르크스는 축적 과정에서 시장보다 생산이 더 빠르게 확대된다는 사실을 그저 지적하기만 하는 것은 문제를 설명하기보다는 다시 서술하는 것일 뿐이라고 인정하는 듯하다. 사실 클라크는 이윤율 저하 경향의 중요성을 깎아내리려고 하지만, 다음과 같이 인정함으로써 자신의 노력을 약화시킨다. "마르크스는 단순한 불비례 위기론을 내놓지 않는다." 왜냐하면 "경제 위기 문제는, 생산 부문 간 비례 관계, 주로 생산수단을 생산하는 부문과 소비수단을 생산하는 부문 사이의 비례 관계를 깨뜨려서 경제 위기를 촉진하는 이윤율 저하 문제로 되돌아오기" 때문이다.[18] 마르크스 자신은 바로 위에서 인용한 구절의 약간 뒤에서, 과잉생산을 설명하려면 임금과 이윤을 더 자세히 살펴봐야 한다고 말한다. "생산력의 무제한 발전과 따라서 생산자 대중에 근거한 대량생산이 — 생산자 대중의 소비는 한편으로는 필수품의 범위 내로 제한돼 있고, 다른 한편으로는 자본가들의 이윤이라는 장벽에 막혀 있다 — 현대적 과잉생산의 기초[를 이룬다 — 캘리니코스]."(CW 32: 157~158) 이 말은 우리에게 《자본론》을 연상시키지만, 《자본론》에 나오는 경제 위기 논의를 살펴보기 전에 마르크스가 균형을 어떻게 다뤘는지를 잠시 짚고 넘어가는 것이 좋겠다.

마르크스가 세의 법칙을 비판한 것과 비슷한 주장을 한 경제학자들이 있었는데 — 리카도 당시에는 토머스 맬서스와 J C L 시몽드 드 시스몽디가 그랬고, 나중에는 물론 메이너드 케인스가 그랬다 — 그들은 자본주의에 균형을 유지하려는 내재적 경향은 없다고 주장했다(물론 마르크스는 맬서스를 칭찬하기는 매우 어렵다고 생각했다).[19] 그래서 벤사이드는 "판매와 구매의 괴리는 대칭과 균형의 원리가 아니라, 비대칭과 불균형의 원리다" 하고 썼다.[20] 그렇다고 해서 마르크스가 균형 개념 자체를 완전히 포기한 것은 아니었다. 그래서 앞서 4장에서 시장가치의 형성에 관한 그의 설명을 살펴볼 때 인용한 구절에서 마르크스가 다음과 같이 쓴 것이다. "상품은 그 가치대로 교환되거나 판매되는 것이 합리적이고 자연적인 상품 균형 법칙[das Rationelle, das natürliche Gesetz ihres Gleichgewichts]이다. 따라서 이 법칙을 바탕으로 괴리를 설명해야지 거꾸로 그 괴리에서 균형 법칙을 도출해서는 안 된다."(CⅢ: 289) 따라서 균형은 규제자 구실을 하고, 균형이 유지되는 곳에서는 가치법칙이 작용하고 상품은 그것을 생산하는 데 드는 사회적 필요노동시간에 따라 교환된다.

한편으로, 상품 생산자는 모두 사용가치를 생산해야 한다. 즉, 특정한 사회적 필요를 충족시켜야 한다. … 다른 한편으로, 사회가 자유롭게 처분할 수 있는 전체 노동시간 가운데 얼마만큼씩을 각각의 상품 종류에 지출할 수 있는지는 결국 상품의 가치법칙에 따라 결정된다. 그러나 다양한 생산 분야가 끊임없이 균형을 유지하려는 이 경향은, 이 균형의 끊임없는 교란에 대한 반동으로 작용할 뿐이다.(CⅠ: 476)

하비는 그 점을 다음과 같이 잘 표현했다.

마르크스와 (그보다 전이든 후든) 부르주아 정치경제학자들의 차이는 그가 균형은 **필연적으로** 깨질 것이라는 점과 경제 위기가 그 균형의 회복에서 결정적 구실을 한다는 점을 강조했다는 것이다. 자본주의 생산양식에는 적대 관계가 내포돼 있어서 체제가 끊임없이 균형 상태에서 멀어지게 된다. 사태의 정상적 경로에서 균형은 오로지 우연히 달성될 뿐이라고 마르크스는 주장한다.[21]

그렇다면 《자본론》에서 마르크스는 자본주의를 불균형으로 몰아가는 힘이 무엇이라고 주장하는가? 이 물음에 답하는 가장 좋은 방법은, 세 권 전체에 나오는 결정 요인들을 마르크스가 경제 위기를 논하는 맥락 속에서 살펴보는 것이다.

2. 《자본론》 1권: 산업예비군의 증감에 따라 조절되는 경기순환

앞서 봤듯이, 마르크스는 《1861~1863년 원고》에서 "자본을 다루는 1부 ─ 직접적 생산과정 ─ 는 경제 위기의 새로운 요소를 하나도 덧붙이지 않는다"고 주장한다.(CW 32: 143) 그런데 《자본론》 1권에서는 중대한 변화가 일어난다. 1권에서는 순환이 중요한 구실을 하는데, 처음에는 15장(기계와 대공업)에서, 그리고 특히 25장(자본주의적 축적의 일반 법칙)에서 그런다(마르크스는 프랑스어판에서는 25장 3절[상대적 과잉인구 또는 산업예비군의 누진적 생산]을 크게 늘렸다). 여기서 마르크스는 경기순환의 변동을 임금이나 산업예비군 규모의 변동과 체계적으로 관련짓는다.[22]

마르크스의 분석 범위가 이렇게 확장될 수 있었던 이유는 부분적으로나마 6부작 계획(자본의 이론과 임금노동의 이론을 분리한)을 포기했기 때문이고 6편 "임금"과 특히 19장[노동력의 가치 또는 가격이 임금으로 전환]을 도입했기 때문이다. 거기서 마르크스는 임금이 노동의 가치로 나타나는 형태를 "토지의 가치라는 말처럼 환상적 표현"임과 동시에 자본주의 생산관계의 현상 형태라고 서술한다.(CI: 677)[23] 25장에서 마르크스는 생산수단과 노동력의 관계가 불변자본 대 가변자본의 가치 비율로 반영된 자본의 유기적 구성 개념을 도입하고, 자본 관계에 내재하는 기술 변화의 과정이 생산에서 산 노동을 쫓아내므로 자본의 유기적 구성은 증가하는 경향이 있다고 주장한다. 그리고 이 때문에 산업예비군, 즉 정도는 다르지만 생산에 완전히 통합되지 않은 노동자층도 증가하는 경향이 있다. 그러나 이 경향은 지속적 흐름의 형태가 아니라 순환적 변동의 형태를 띤다.

현대 산업의 특징적 진행 과정, 즉 평균 수준의 활황, 생산의 급증, 경제위기, 침체로 이뤄진 10년 주기의 순환(더 작은 규모의 변동 때문에 중단되기도 하지만) 형태를 띠는 과정은 산업예비군 또는 과잉인구의 끊임없는 형성, 그것의 크고 작은 흡수와 재형성에 의존한다. 또, 이 산업 순환의 다양한 국면 자체가 과잉인구를 보충하기도 하고, 또 과잉인구를 재생산하는 가장 강력한 요인들 가운데 하나가 된다.(CI: 785)

똑같은 순환 운동이 임금의 변동도 규제한다. 그래서 마르크스는 다음과 같이 썼다. "축적률은 종속변수가 아니라 독립변수고, 임금률은 독립변수가 아니라 종속변수다."(CI: 770) 결정적으로, 산업예비군의 규모는 취업 노동자들의 협상 능력에 영향을 미치므로 이 협상 능력은 산업 순환의 단계에 따라 달라진다. 따라서 "임금의 일반적 변동은 오직 산업 순환의 주기적 변동에 따른 산업예비군의 팽창과 수축을 통해서만 규제된다."(CI: 790) 프랑스어판《자본론》1권에 추가된 인상적 구절에서 마르크스는 산업 순환, 생산력 발전, 산업예비군, 자본주의 생산의 세계화를 통합한다.

생산의 변덕스러운 확대는 생산이 갑자기 축소되는 주된 원인이다. 또 후자가 전자의 원인이 된다는 것도 사실이지만, 출발점을 이루는 생산의 과잉 확대가 자본의 지휘를 받는 산업예비군 없이도, 인구의 자연 증가와 무관한 노동자 공급 없이도 가능할까? 이 증가는 날마다 노동자를 거리로 내모는 아주 단순한 과정에 의해, 즉 노동을 더 생산적으로 만들어서 노동 수요를 감소시키는 방법의 적용에 의해 달성된다. 따라서 노동계급의 일부가 실업자나 반#실업자로 전환되고 끊임없이 새롭게 창출되는 일이 현대 산업의 운동에 전형적 형태로 각인된다.

천체가 일단 특정한 운동을 시작하면 끊임없이 그 운동을 되풀이하는 것과 마찬가지로, 사회적 생산도 확대와 축소가 번갈아 나타나는 이 운동을 시작하면 기계적 필연성에 따라 그 운동을 되풀이한다. 결과가 이제 원인이 되고, [따라서] 처음에는 불규칙하고 언뜻 우연적인 것처럼 보이는 다양한 우여곡절이 점점 더 정상적 주기성의 형태를 띠게 된다. 그러나 기계공업이 깊이 뿌리를 내려서 국내 생산 전체에 우세한 영향을 미치게 된 후에야, 또 기계공업 덕분에 대외 무역이 국내 교역을 추월하기 시작한 후에야, 세계시장이 신대륙·아시아·호주의 광대한 지역으로 잇따라 확대된 후에야, 마지막으로 충분히 많은 공업국이 세계시장의 경쟁에 참가한 후에야 비로소 끊임없이 재생산되는 순환이 시작될 수 있다. 이 순환에서 잇따라 나타나는 각 국면은 몇 년 동안 이어지고, 언제나 일반적 경제 위기에서 그 정점에 달하는데, 이 일반적 경제 위기는 한 순환의 종점이자 새로운 순환의 출발점이다.[24]

여기서 마르크스는 순환의 완전한 설명을 결코 제시하지 않는다. 더 특별하게는, 리카도의 영향을 받은 마르크스주의자들이 선호하는 경제 위기론, 즉 '임금 압박설'이나 '공급 중시 이론'을 제시하지 않는다 (그들은 임금 인상이 이윤을 압박해서 경제 위기가 일어난다고 생각한다).[25] 앞서 봤듯이, 임금은 경기순환이 매개하는 축적 과정에 반응하는 '종속변수'다. 그렇지만 마르크스의 산업예비군 분석은 자본주의 발전의 순환적 성격 — 더 정확히 말해서 그가 시스몽디한테서 가져온 은유적 표현을 빌리면, 나선형적 성격(CI: 727) — 과, 따라서 이 순환의 전환점인 경제 위기가 그에게 얼마나 중요했는지를 분명히 보여 준다.

3. 《자본론》 2권: 자본의 회전과 재생산

경제 위기는 2권에서 두 번 나오는데, 처음에는 2편에서 긍정적으로 나오고 다음에는 3편에서 부정적으로 나온다. 2편은 자본의 회전을 집중적으로 다룬다. 수익성을 결정하는 요인 하나는 투하자본이 회수되는 데 걸리는 시간이다. 공장 설비와 기계류에 투자된 고정자본은 몇 차례의 생산순환을 거치며 자본 회수가 이뤄진다. 왜냐하면 생산수단은 물리적으로 마모되고, 또 더 값싸고 더 효율적인 제품이 개발돼서 대체될 수 있으므로 마르크스가 "도덕적[무형의] 가치 감소"라고 부른 것을 겪기 때문이다.[26] 마르크스는 오랫동안 자본의 회전에 관심이 있었는데, 1858년 3월에는 엥겔스에게 보낸 편지에서 에르멘앤드엥겔스 회사는 자본의 회전 기간을 어떻게 계산하는지를 물어봤고, 1868년 4월 30일자 편지에서는 3권의 계획을 길게 설명하면서 다시 그 주제로 돌아갔다.(CW 43: 20~26) 그러나 《자본론》 2권에서 마르크스는 자본의 회전을 이용해서 경제 위기의 주기성을 설명한다.

자본주의 생산양식이 발전하면서 고정자본의 가치와 수명이 증대함에 따라 그만큼 산업의 수녕과 각 산업에 투하된 산업자본의 수명도 여러 해씩, 예컨대 평균 10년씩 늘어난다. 고정자본의 발전은 한편으로 고정자본의 수명을 늘리지만, 다른 한편으로는 자본주의 생산양식의 발전과 함께 꾸준히 증가하는 생산수단의 끊임없는 변혁을 통해 그 수명을 줄이기도 한다. 따라서 자본주의 생산양식의 발전과 함께 생산수단도 바뀔 뿐 아니라, 생산수단이 물리적 수명을 다하기 오래전에 도덕적[무형의] 가치 감소 때문에 생산수단은 끊임없이 대체돼야 한다. 지금 대공업의 가장 중요한 부문들에서는 이 수명의 평균 주기가 10년이라고 할 수 있다. 그러나 여기서 정확한 수치는 중요하지 않다. 중요한 것은 여러 번의 회전(자본은 고정자본 부분 때문에 여기에 묶여 있다)으로 이뤄지는 몇 년에 걸친 순환이 주기적 위기[Krisen]의* 물질적 기초 가운데 하나이고, 여기서 경기는 침체, 중간 정도의 활황, 지나친 호황, 위기의 시기를 차례로 통과한다는 점이다. 물론 자본이 투하되는 시기는 분명히 크게 달라서, 이 주기도 서로 일치하지 않는다. 그러나 경제 위기는 항상 새로운 대규모 투자의 출발점이다. 따라서 사회 전체의 관점에서 보면, 경제 위기는 대체로 다음번 순환의 새로운 물질적 기초이기도 하다.(CⅡ: 264)

그러나 클라크가 지적하듯이 마르크스는 "결코 고정자본의 대체 주기에 근거를 두고 경제 위기를 설명하지 않았다." 그렇지만

마르크스는 분명히 투자 순환 이론을 지향하고 있는데, 이 이론에서는 호황기의 투자 급증이 인플레이션과 불비례를 촉진하고 후자는 다시 투기와

---

* 영어 원문은 cycle, 즉 순환이지만 독일어 원문에 맞게 위기로 옮겼다.

화폐 불안을 유발하지만, 경제 위기는 고정자본을 대규모로 파괴해서 결국 회복의 기초를 놓는다고 본다. 그러나 마르크스는 이 단계에서 분석을 더 진척시키지 않는다. 주된 이유는 고정자본과 투자 순환의 문제가 신용 문제와 관련 있는데, 신용 문제는 아직 마르크스의 고찰 대상이 아니었기 때문이다.[27]

이런 한계에도 불구하고 예브게니 프레오브라젠스키는 마르크스의 고정자본 논의를 창조적으로 이용해서 독창적 경제 위기론을 발전시켰다.[28] 사실 《자본론》 2권은 마르크스주의 역사에서 마르크스의 작업을 완성하려 한 정치경제학자들이 경제 위기론을 제시할 때 가장 풍부한 원천이었다. 로자 룩셈부르크는 "그것은 경제 위기 문제를 해결하는 데 특별히 중요하다"고까지 말했다.[29] 이런 작업에 가장 큰 영향을 미친 것은, 마르크스가 두 주요 생산 부문(생산수단과 소비수단) 사이에 필요한 교환 [조건]을 구체적으로 명시해서 자본주의의 재생산조건을 밝히려 한 3편이었는데, 이 점은 부문 간 불비례로 경제 위기를 설명하려 한 루돌프 힐퍼딩의 작업이든 훨씬 더 야심 찬 자본주의 붕괴론을 내놓은 룩셈부르크나 헨리크 그로스만의 작업이든 마찬가지였다.[30] 비록 이 작업들이 촉발한 논쟁은 풍부하고 복잡하지만, 마르크스가 자신의 재생산 분석(《1861~1863년 원고》부터 《자본론》 2권의 다양한 원고를 거쳐 1870년대 말까지 끊임없이 집착한 문제)이 경제 위기를 설명하는 데 특별히 적절하다고 생각했다는 증거는 없다.

마르크스의 자본주의 재생산 이론에 관한 로만 로스돌스키의 논의는 내가 보기에 결정적이다. 그는 "룩셈부르크가 마르크스의 확대재생산 표식은 기술 진보로 말미암은 생산방법의 변화들 — 즉, 자본의 유기적 구성 증가, 잉여가치율의 상승, 축적률 상승 — 을 모두 무시한다는 사실을 지적했다"고 칭찬한다. 이런 변화들 가운데 하나라도 실현되면, 마르크스가 구체적으로 명시한 균형 조건은 파괴될 것이다. 그러나 로스돌스키는 계속해서 다음과 같이 말한다.

(룩셈부르크의 생각과 달리) 이런 재생산 표식의 '실패'에서 축적은 완전히 '불가능하다'는 결론이 나오는 것은 아니다. 단지 사회적 규모로 이뤄지는 생산력의 혁명은 모두 기존의 생산 부문 간 균형 상태를 끝장내고 온갖 종류의 경제 위기와 장애를 통해 새로운 일시적 균형으로 이어질 수밖에 없다는 결론이 나올 뿐이다.[31]

달리 말하면,《자본론》2권 3편에서 마르크스는 사실상 균형의 조건들이 반드시 충족될 것임을 암시하지 않은 채 균형의 조건들을 구체적으로 명시했다. 이 점은 내가 이미 부분적으로 인용한 구절에서 분명히 드러난다.

상품생산이 자본주의 생산의 일반적 형태라는 사실은 이미 화폐가 유통수단의 구실만 하는 것이 아니라 유통 영역 안에서 화폐자본의 구실도 한다는 사실을 포함하고, 또 그 사실은 이 생산양식에 독특한 정상적 교환 조건, 즉 단순재생산이든 확대재생산이든 재생산의 정상적 진행을 위한 조건들을 만들어 내고, 다시 이 조건들은 그만큼 재생산의 비정상적 진행 조건들로, 즉 경제 위기의 가능성으로 바뀐다. 왜냐하면 자본주의 생산의 자연발생적 형태[naturwüchsigen Gestaltung]에서는 균형 자체가 하나의 우연이기 때문이다.(CII: 570~571)

《자본론》2권에서 경제 위기에 관한 마르크스의 가장 유명한 말도 3

편에 나온다. 그것은 맬서스와 시스몽디가 이미 발전시킨 일종의 과소소비설을 거부하는 주장이다(룩셈부르크는 이 3편에 나오는 재생산 표식을 비판하면서 나름대로 과소소비설을 정교하게 발전시켰다).

경제 위기가 유효수요의 부족이나 유효소비의 부족* 때문에 일어난다는 말은 순전히 동어반복이다. 자본주의 체제는 극빈자와 사기꾼의 소비를 제외하면 지급 능력 있는 소비자 말고 다른 어떤 종류의 소비자도 인정하지 않는다. 상품이 팔리지 않는다는 사실은 상품에 대한 지급 능력이 있는 구매자, 즉 (그 상품의 구매가 결국 생산적 소비를 위한 것이든 개인적 소비를 위한 것이든) 소비자를 찾을 수 없다는 것을 의미할 뿐이다. 만약 누군가가 노동계급은 자신의 생산물 가운데 너무 적은 부분만을 받고 있으므로 그들의 몫을 늘려 주면, 즉 임금이 올라가면, 이 사회악이 제거될 것이라고 말함으로써 이 동어반복에 더 심오한 근거가 있는 것처럼 보이게 만들려고 한다면, 그에게는 다음과 같은 사실을 지적하기만 하면 된다. 즉, 경제 위기는 임금이 전반적으로 오르고 노동계급이 연간 생산물 가운데 소비용 부분에 대한 자신들의 몫을 실제로 더 많이 받는 바로 그런 시기에 항상 준비된다는 것이다. 건전하고 '단순한'(!) 상식의 지지자들이 보기에는 오히려 바로 그런 시기야말로 경제 위기에서 멀어지는 시기임이 틀림없다. 따라서 자본주의 생산은 사람들의 선의나 악의와 상관없는 조건들을 포함하고, 그 조건들은 노동계급의 상대적 번영을 일시적으로만

---

* 캘리니코스가 인용한 펭귄판의 원문은 "lack of effective demand or of effective consumption"인데, 프로그레스판의 원문은 "scarcity of effective consumption, or of effective consumers"이고 독일어 원문도 "Mangel anzahlungsfähiger Konsumtion oder an zahlungsfähigen Konsumenten", 즉 "지급 능력 있는 소비 또는 지급 능력 있는 소비자의 부족"이다.

허용하고, 그것도 항상 경제 위기의 전조[Sturmvogel]로만 허용하는 듯하다.(CⅡ: 486~487)

여기서 배경에 깔려 있는 것은 마르크스가 《자본론》 1권 25장에서 설명한 산업예비군 규모와 임금 수준의 변동과 경기순환 사이의 관계다. 흔히 해설자들은 이 구절을 《자본론》 3권 6편에 나오는 마찬가지로 유명한 다음 구절과 대립시킨다. 왜냐하면 두 구절이 서로 정반대 이야기를 하는 것으로 해석될 수 있기 때문이다. [3권에서 마르크스는 다음과 같이 주장한다.] 사회 전체가 "산업자본가와 임금노동자로만 이뤄져 있다"고 가정하고, 고정자본의 가치 감소, 신용 제도, 사기적 사업과 투기적 거래를 무시한다면

경제 위기는 오직 서로 다른 부문 간 생산의 불균형으로, 그리고 자본가들 자신의 소비와 축적 사이의 불균형으로만 설명할 수 있을 것이다. 그러나 실제로는 생산에 투하된 자본의 보충은 대부분 비생산적 계급들의 소비 능력에 의존한다. 그리고 노동자들의 소비 능력은 부분적으로는 임금을 규제하는 법칙들에 따라 제한되고, 부분적으로는 노동자들이 자본가계급에게 이윤을 가져다줄 수 있을 때만 고용된다는 사실 때문에 제한된다. 모든 현실적[wirklichen] 경제 위기의 궁극적 원인은 언제나 자본주의 생산의 추진력과 대비되는 대중의 빈곤과 제한된 소비이고, 이 추진력은 마치 사회의 절대적 소비 능력만이 생산력의 한계인 양 생산력을 한없이 발전시키려 한다.(CⅢ: 614, 615. 번역 수정)

여기서 마르크스는 《1861~1863년 원고》의 경제 위기 논의 지형으로 되돌아가는 듯하다. 왜냐하면 그가 처음에 인용한 두 요인 — 불균형과

과도한 절약 — 은 각각 리카도 학파와 맬서스가 경제 위기를 설명할 때 사용한 것들이기 때문이다. 그리고 "현실적 경제 위기"에 대한 마르크스 자신의 설명(에서는 그가 처음에 구체적으로 명시한 조건들이 유지되지 않는다)은 더 초기의 원고에 나오는 다음 구절과 가까운 듯하다.

> 과잉생산은 다음과 같은 자본의 일반적 생산 법칙에 특별히 좌우된다. 즉, 시장의 현실적 한계나 지급 능력으로 뒷받침되는 필요를 전혀 고려하지 않고, 생산력 [발전]이 설정한 한계까지 생산하는 것, 다시 말해 일정량의 자본으로 노동을 최대한 착취하는 것이다. 그리고 이것은 재생산과 축적의 끊임없는 확대를 통해, 따라서 수입을 끊임없이 자본으로 재전환하는 것을 통해 이뤄지지만, 다른 한편에서 생산자 대중은 여전히 평균 수준의 필요에 묶여 있고, 또 자본주의 생산의 본성에 따라 그 수준에 묶여 있을 수밖에 없다.(CW 32: 163~164)

나중의 《자본론》 3권 구절은 순환의 맥락에서 신용과 생산자본의 관계를 논하는 대목의 일부이고 원래 《1861~1863년 원고》(MEGA2 Ⅱ /4.2: 539~540)에서는 괄호 안에 들어 있다. 내 생각에 그 구절은 심사숙고 끝에 확립된 과소소비설을 옹호하는 것이라기보다는 마르크스가 경제 위기에 대한 이해를 심화시켜 나가는 사례로 보는 것이 가장 좋다. 왜냐하면 특히 《자본론》 2권에 나오는 모순된 구절이 상당히 더 나중인 1878년에 쓰인 원고에도 나오기 때문이다. 모리스 돕은 이런 점들을 지적하면서도 다음과 같이 조화시키려 한다. "문제의 구절에서 마르크스가 염두에 둔 것은, 논리적으로 실질임금 인상으로 이어지는 자본의 생산력 확대 경향과, 기존의 이윤율을 유지할 수 있는 수준으로 임금을 억제하려는 자본의 '욕망' 사이의 모순이었다."[32]

4. 《자본론》 3권: 이윤율 저하 경향과 금융 거품

우리는 이미 《자본론》 3권에 나오는 마르크스의 경세 위기 논의를 살펴보기 시작했다. 거기서 경제 위기는 주로 두 가지 결정 요인 수준에서, 즉 3편(마르크스가 붙인 원래 제목은 "자본주의 생산의 진행에서 이윤율이 경향적으로 저하하는 법칙"이다)과 5편 "이윤이 이자와 기업가 이득으로 분할. 이자 낳는 자본"에서 논의된다(5편에는 마르크스의 가장 광범한 금융시장 논의가 나온다).[33] 마르크스는 《요강》에서 처음으로 이윤율 저하 경향을 논했고, 《1861~1863년 원고》와 《1863~1865년 원고》에서도 그 문제를 다시 다룬다. 《요강》에서 그는 이윤율 저하 경향을 두고 다음과 같이 말했다. "모든 점에서 현대 정치경제학의 가장 중요한 법칙이고, 가장 어려운 관계들을 이해하기 위한 가장 본질적인 법칙이다. 그것은 역사적 관점에서 볼 때 가장 중요한 법칙이다. 단순하지만, 지금까지 결코 이해된 적이 없고 더욱이 의식적으로 표명되지도 않은 법칙이다."(*G*: 748. *CW* 33: 104도 참조). 물론 마르크스는 자본주의가 발전하면 이윤율이 떨어진다는 생각은 자신이 이론화하기 오래전에 이미 나타났다는 사실을 아주 잘 알고 있었다. 영국의 경제 저술가들은 17세기 말 이래로 당시 유럽에서 경제가 가장 발전한 네덜란드연방공화국의 이자율이 비교적 낮은 수준이고 (네덜란드를 추월하는 중이던) 영국 자체의 이자율도 낮아지는 추세라는 점에 주목했다. 그들은 대체로 그 이유를 부의 일반적 증대 때문으로 설명했다. 애덤 스미스는 (공업이나 상업에 투하된 자본의 수익을 나타내는) 이윤율과 (자금 대출에 대한) 이자율을 엄격하게 구별하고 자본축적과 자본가들의 경쟁 때문에 이윤율과 이자율이 모두 떨어지는 경향이 있다고 주장함으로써, 이 논의를 요약함과 동시에 뛰어넘었다.

자본의 증가는 임금을 올리고 이윤을 낮추는 경향이 있다. 많은 부유한 상인의 자본이 똑같은 사업에 투하될 때 그들의 상호 경쟁은 자연히 그 사업의 이윤을 낮추는 경향이 있다. 그리고 한 사회에서 모든 상이한 업종의 자본이 증가하면, 위와 똑같은 경쟁은 모든 업종에서 똑같은 효과를 낼 것이 틀림없다.[34]

나폴레옹 전쟁 말기[19세기 초]에 영국 정치경제학자들 사이에서 대논쟁이 벌어질 무렵에는 이 문제에 대한 그들의 생각이 바뀌었다. 이제 그들은 미국 같은 저발전 경제들보다 영국의 수익성이 낮은 것을 강조하고 네덜란드를 경제적 쇠퇴(흔히 자본 과잉 때문에 이윤율이 떨어진 탓으로 설명됐다)의 사례로 인용하는 경향이 있었다.[35] 리카도는 이윤율 저하를 다르게 설명했다. 2장에서 봤듯이, 그는 노동가치론을 이용해서 임금과 이윤이 반비례 관계라는 주장을 뒷받침했다. 임금을 좌우하는 것은 "노동자와 그의 가족을 부양하는 데 필요한 식량·필수품·편의품의 가격"이다.(R, I: 93) 리카도가 받아들인 맬서스의 '인구법칙'에 따르면, 인구는 식량 생산보다 더 빠르게 증가하는 경향이 있다. 리카도는 또, 인구법칙의 작용 때문에 임금은 물리적 생존비의 최저치를 넘지 못할 것이라는 맬서스의 견해에도 동의했다(이 견해는 마르크스가 《가치, 가격, 이윤》에서 비판한 '임금철칙설'이다). 그러나 리카도의 결론은 새롭게 창출된 가치에서 임금의 몫은 오르는 경향이 있다는 것이었다. "사회의 진보와 더불어 노동의 자연 가격은 항상 오르는 경향이 있다. 왜냐하면 노동의 자연 가격을 규제하는 주요 상품 하나가 그것을 생산하기 어려워짐에 따라 비싸지는 경향이 있기 때문이다."(R, I: 93) 리카도는 맬서스를 따라서 농업의 수확체감 때문에 시간이 흐르면 식량을 생산하는 데 더 많은 노동량이 투입돼야 할 것이라고 인정했다. 그 필연적 결론은 리카도의 가치론과 이윤론을 감안할 때, 이윤이 차지하는 가치의 몫이 줄어들게 된다는 것이었다.

그렇다면 이윤은 저하하는 자연적 경향이 있다. 왜냐하면 사회가 진보하고 부가 성장함에 따라서 필요한 식량의 추가분을 점점 더 많은 노동을 희생시켜 얻기 때문이다. 이런 경향, 말하자면 이윤의 이런 [저하] 추세는 다행히도 필수품 생산과 관련된 기계의 개량 덕분에, 그리고 전에 필요하던 노동의 일부를 덜 수 있게 해 주고 따라서 노동자에게 가장 중요한 필수품의 가격을 낮출 수 있게 해 주는 농학상의 발견들 덕분에 가끔 억제된다. 그러나 필수품 가격과 노동임금의 상승에는 한계가 있다. 왜냐하면 임금이 (앞서 말한 사례에서처럼) 차지농의 총수입액 720파운드와 같아지자마자 축적은 끝날 수밖에 없기 때문이다. 또 그렇게 되면 어떤 자본도 이윤을 전혀 낼 수 없고 추가 노동도 전혀 필요없을 것이고 따라서 인구도 최고점에 이를 것이기 때문이다. 물론 그런 때가 오기 훨씬 전에 매우 낮은 이윤율 때문에 모든 축적이 멈출 것이고, 나라의 거의 모든 생산물은 노동자들에게 지급되고 나서 지주들과 (10분의 1세를 비롯한) 각종 세금 징수자들의 소유가 될 것이다.(R, I: 120~121)

이런 '정체 상태' — 나중에 존 스튜어트 밀 같은 경제학자들은 그렇게 묘사했다 — 는 마르크스의 표현을 빌리면 "부르주아적 '신들의 황혼' — 최후의 심판"이었다.(CW 32: 172) 리카도는 이윤율 저하 문제를 노동가치론의 틀 안에서 다시 살펴볼 수도 있었지만, 그가 의존한 수확체감의 법칙은 지속적 영향을 미치며 신고전파의 '[한계]혁명'에서도 살아남았다. 그래서 한계효용가치론의 창시자 가운데 한 명인 스탠리 제번스는 1870년에 다음과 같이 썼다. "[애덤 스미스 시대부터 경제학자들의 사랑을 받아 온 학설이 있다. 사회가 진보하고 자본이 축적되면서 이윤율, 더 엄격히 말해서 이자율이 하락하는 경향이 있다는 것이다. 그들은 이 비율이 반드시 언젠가는 매우 낮아져서 축적을 더 이끌어 낼 유인이 사라진다고 생각했다. …] 우리의 이자율 공식이 보여 주듯이, 기술 진보 없이 자본축적이 계속된다면, 이자율은 반드시 0으로 떨어지는 경향이 있다. 역사적으로 이 결론을 확인시켜 줄 통계 사실도 충분히 많다. 여기서 생길 수 있는 유일한 의문은 이 경향의 실제 원인이 무엇인가 하는 것이다."[36]

제번스의 말이 흥미로운 이유는 수익성을 다룬 마르크스 자신의 저작들이 (이윤율 저하 경향이 존재한다는) 학문적 의견 일치를 배경으로 해서 쓰였다는 것을 분명히 보여 주기 때문이다. 제번스의 말은 또, 마르크스가 이 문제에 집착한 나머지 '퇴영적 경제학'을 구축하고 있었다는 조너선 스퍼버의 주장이 거짓말이라는 것도 보여 준다. 스퍼버는 마르크스가 "1860년대에 쓴 논문의 핵심 관심사와 방법은 19세기 첫 10년간의 상황에서 유래한 것이었다"고 주장한다.[37] 이런 식의 비판은 1810년대와 1820년대에 정치경제학자들이 벌인 논쟁의 비범한 과학적 우수성을 무시하는 것이고, 또 마르크스와 리카도의 매우 실질적인 차이도 고려하지 못하는 것이다. 마르크스와 리카도의 차이는 두 가지 주제로 요약할 수 있다. 첫째, 리카도는 맬서스의 인구론에 의존하면서 자신의 가치론과 이윤론을 자연주의적 틀 안에 가둬 버렸다. 그래서 마르크스는 "리카도가 경제학에서 유기화학으로 도피한다"고 썼다.(G: 754) 둘째, 리카도는 경제 위기론과 이윤율 저하 경향을 완전히 분리한다(그는 사실 경제 위기가 일반적 과잉생산 현상으로 존재한다는 사실 자체를 부인한다). 마르크스는 이미 《요강》에서 이윤율 저하 경향을 처음으로 설명할 때부터 이 두 가지 점에서 리카도와 근본적으로 달랐다. 첫째, 마르크스의 설명은 농업의 수확체감 때문에 수익성이 낮아진다는 가정에 의존하는 것이 아니라, 산 노동(임금노동을 고용하는 데 투하되는 가변자본)보다 죽은 노동(생산수단에 투하되는 불변자본)이 증대하는 것으로 나타나는 노동생산성 상승에 의존한다. 그러므로 리카도의 이윤론은 기술혁신이 없다고 전제하는 반면("우리는 농업에서 어떤 개량도 일어나지 않는다고 가정할 것이다." R,IV: 12), 마르크스는 자본주의의 기술적 역동성이 수익성 하락의 근원이라고 본다.

잉여가치가 똑같다고, 필요노동에 대한 잉여노동의 비율이 똑같다고 전제하면, 이윤율은 산 노동과 교환되는 자본 부분과 원료·생산수단의 형태로 존재하는 자본 부분 사이의 관계에 달려 있다. 따라서 산 노동과 교환되는 부분이 더 작을수록 이윤율은 낮아진다. 요컨대, 자본이 생산과정에서 직접적 노동보다 자본으로서 더 많은 자리를 차지할수록, 즉 상대적 잉여가치가 더 증대할수록 ─ 자본의 가치 창조력 ─ 이윤율은 떨어진다.(G: 747)[38]

둘째, 이윤율 저하 경향은 (마르크스가 역사적 변화의 원동력이라고 주장한) 생산력과 생산관계의 충돌을 표현하는 것으로 취급된다. 더욱이, 그것은 (전혀 과장하지 않고 말해서) 경제 위기와 관련 있고, 경제 위기 자체는 이 충돌의 징후로 해석되는데, 이 점은 특히 경제 위기 때의 자본 파괴에서 드러난다.

생산력 발전이 일정한 지점을 넘어서면 그것은 자본에 장애가 된다. 따라서 자본 관계는 노동 생산력의 발전에 장애가 된다. 이 지점까지 이르면 자본, 즉 임금노동은 길드 제도나 봉건제, 노예제가 사회적 부와 생산력의 발전을 가로막는 족쇄 구실을 하다가 제거된 것과 똑같은 관계에 들어서게 된다. 따라서 인간의 활동이 취하는 마지막 예속 형태, 즉 한편에 임금

노동이 있고 다른 한편에 자본이 있는 이런 예속 형태는 피부처럼 벗겨지는데, 이 벗겨짐 자체는 자본에 상응하는 생산양식이 발전한 결과다. 임금노동과 자본 자체가 이미 그전의 자유롭지 않은 사회적 생산 형태들이 부정된 것이고, 임금노동과 자본의 부정을 위한 물질적·정신적 조건들 자체는 자본의 생산과정의 결과다. 사회의 생산적 발전과 기존 생산관계가 갈수록 양립할 수 없게 된다는 점은 첨예한 모순, 경제 위기, 경기 위축에서 나타난다. 자본의 폭력적 파괴는 자본 외부의 관계들이 강요하는 것이 아니라 자본의 자기 보존을 위한 조건이고, 따라서 자본에게 이제 그만 더 높은 사회적 생산 단계에 자리를 내주고 퇴장하라는 충고의 가장 뚜렷한 형태다.(G: 749~750)

이 두 가지 특징은 모두 마르크스가 나중에 《1861~1863년 원고》와 《자본론》 3권에서 이윤율 저하 경향을 논할 때도 나타난다. 뢰턴과 토머스는 《요강》에서 "마르크스는 처음에 고전파 정치경제학의 '자연주의적' 전제들을 강력하게 비판하지만 결론에서는 의심스럽게도 정치 위기 이론을 정치경제학의 영역으로 옮겨 놓는다"고 주장한다.[39] 이것은 지나친 주장인 듯하다. 뢰턴과 토머스가 제시하는 주된 논거는 다음 구절이다.

이 모순들은 폭발, 격변, 경제 위기로 이어지는데, 여기서 자본은 노동의 일시적 중단과 자본의 대대적 파괴로 격렬하게 감소하다가 어느 지점에 이르면 다시 작동할 수 있게 된다. … 그러나 규칙적으로 되풀이되는 이 파국은 더 높은 차원에서 반복되는 파국에 이르고, 마침내 폭력적 전복에 다다른다. 자본의 발전된 운동에는 이 운동을 지연시키는 계기들이 존재하는데, 경제 위기에 의한 것이 아닌 계기들로는, 예컨대 기존 자본 일부의 가치가 계속 감소하는 것, 자본의 큰 부분이 직접적 생산 요인 구실을 하지 않는 고정사본으로 바뀌는 것, 자본의 큰 부분이 비생산적으로 낭비되는 것 등이 있다.(G: 750)

우리의 목적에 비춰 볼 때 결정적 문제는 마르크스가 여기서 자본의 "폭력적 전복"을 낳을 어떤 경제적 메커니즘을 상정하고 있는지 아닌지다. 마르크스가 그렇게 하고 있다는 증거는 전혀 없다. 오히려 방금 《요강》에서 인용한 두 구절 모두에서 마르크스는 나중의 원고들에서 더 충분히 발전시키는 생각을 이미 지향하고 있는데, 그것은 경제 위기가 "자본을 폭력적으로 파괴"해서 자본주의가 "다시 작동할 수 있게" — 즉, 자본주의의 발전 과정이 재개될 수 있게 — 해 준다는 생각이다. 룩셈부르크나 그로스만과 달리 마르크스는 결코 자본주의 붕괴론을 제시하지 않았다. 1859년 9월 〈뉴욕 트리뷴〉에 발표한 글에서, 즉 《요강》을 쓴 지 얼마 안 돼서 마르크스는 1844~1858년《영국의 통계 개요》를 근거로 다음과 같이 주장했다.

1797년 이후 영국의 수출 수익을 비교해 보면, 수학적으로 아주 명쾌하게 입증할 수 있는 생산 법칙이 하나 있다. 그 법칙은 이런 것이다. 즉, 과잉 생산과 과잉투기로 경제 위기가 일어나더라도 그동안 크게 확대된 일국의 생산력과 세계시장의 흡수력은 일시적으로만 최고점에서 떨어질 뿐 몇 년에 걸쳐 약간 오르락내리락하고 나면 이번 무역 주기에서 번영의 최고점이었던 생산 규모가 다음번 주기의 출발점이 된다는 것이다.(CW 16: 493)

따라서 경제 위기는 생산력의 성장을 완전히 중단시킨다기보다는 방해한다. 《1861~1863년 원고》의 중요한 각주에서 마르크스는 다음과 같이 썼다. "자본과잉, 자본축적으로 이윤율 저하를 설명할 때 애덤 스미스는 *영구적* 효과를 말하지만 이것은 틀렸다. 일시적 *자본과잉*, 과잉생산, 경제 위기는 이와 다른 것이다. *영구적 경제 위기는 존재하지 않는다.*" (CW 32: 128 n*) 물론 유명한 《자본론》 1권 32장 "자본주의적 축적의 역사적 경향"에서 마르크스가 다음과 같이 쓴 것은 사실이다. "자본주의적 생산은 자연 과정의 필연성에 따라[mit der Notwendigkeit eines Naturprozeßes] 자신의 부정을 낳는다."(C I: 929) 그러나 이 과정의 경제적 차원은 경제 위기가 직접 제공하는 것이 아니라, 경제 위기가 한 원인이 되는 자본의 집적과 집중 과정이 제공한다. 그리고 자본의 집적과 집중 과정 자체는 주로 계급 관계의 양극화를 통해 정치투쟁에 영향을 미친다.

> 이 전환 과정에서 생기는 이익을 모두 가로채고 독점하는 대자본가의 수가 끊임없이 줄어들수록 빈곤·억압·예속·타락·착취의 정도는 더욱 커진다. 그러나 그와 동시에 노동계급, 즉 끊임없이 수가 늘어나고 또 자본주의 생산과정 자체의 메커니즘을 통해 훈련되고 단결되고 조직되는 계급의 반란도 늘어난다.(C I: 929)

마르크스가 사회주의 혁명을 피할 수 없는 것으로 여기는 경향이 있었다는 점을 감안하면, 이것은 모종의 이윤율 저하 경향 이론 때문이 아니라, 앙리 베베르가 다음과 같이 말한 것을 반영한다. "마르크스와 엥겔스는 프롤레타리아가 혁명적 계급으로 구성되는 것을 물리적 현상 비슷한 '자연적 운동'에 비유했는데, 이 운동은 우리가 재촉하거나 지체할 수는 있지만 어떤 조건에서도 틀림없이 발전하는 그런 운동이다."[40] 이것은 확실히 문제가 있는 주장이지만, 그래도 마르크스의 이윤율·경제위기 이론과 직접 관련되는 것은 아니다.

그렇다고 해서 마르크스의 이론이 나중의 원고들에서 계속 발전하지 않았다는 말은 아닌데, 이 점은 뢰턴이 전에 매우 중요한 연구에서 입증한 바 있다(그의 연구는 나에게 많은 도움이 됐다).[41] 이런 발전은 다음의 세 영역에서 일어났다. (1) 자본의 유기적 구성, (2) 이윤율 저하 경향과 상쇄 경향들, (3) 이윤율 저하 경향과 경기순환의 관계.

(1) 《요강》에서 마르크스는 이윤율 저하 경향을 산 노동보다 죽은 노동이 증대하는 것으로 설명한다. 《1861~1863년 원고》에 와서야 그는 가치가 생산가격으로 바뀌는 전형의 맥락에서 자본의 유기적 구성 개념을 정식화한다(2장 참조). 원고의 훨씬 뒷부분에서 그는 다음과 같이 결정적으로 중요한 구분을 한다.

생산자본의 서로 다른 요소들 사이의 비율은 두 가지로 규정된다. **첫째**, 생산자본의 유기적 구성에 의해 규정된다. 여기서 말하는 유기적 구성은 기술적 구성을 의미한다. (다른 변화가 없는 한 노동생산성은 불변이라고 볼 수 있으므로) 노동생산성이 일정할 때, 산 노동(보수를 받든 안 받든)의 일정량 — 가변자본의 물질적 요소들로 표현되는 가변자본의 양 — 에 상응하는 원료와 노동수단의 양 — 불변자본의 물질적 요소들로 표현되는 불변자본의 양 — 은 모든 개별 생산 부문에서 규정된다. …

둘째, 그러나 만약 자본들의 유기적 구성이 일정하고 마찬가지로 그 유기적 구성의 차이에서 생겨나는 다른 차이들도 일정하다고 가정하면, 비록 기술적 구성이 동일하더라도 **가치 비율**은 달라질 수 있다. 그러면 다음과 같은 일이 일어날 수 있다. 1) 불변자본 가치의 *변화*, 2) 가변자본 가치의 *변화*, 3) 둘 다의 *변화*. 변화의 비율은 같을 수도 있고 다를 수도 있다.(*CW* 33: 305, 306)

여기서 마르크스는 자본의 구성을 세 가지로 구분하기 시작한다. 기술적 구성, 유기적 구성, 가치 구성이 그것이다. 벤 파인과 로런스 해리스는 다음과 같이 썼다.

기술적 구성TCC은 생산 기간당 사용된 생산수단 총량(즉, 고정자본은 사상한다)과 임금재 총량 사이의 비율이다. 그것은 물리적·물질적 수량 사이의 비율이고, 따라서 단일한 지표로 측정될 수 없다. 가치 구성VCC은 사용된 생산수단과 임금재의 현재 가치에 따라 기술적 구성을 측정한 것이다. 따라서 그것은 불변자본과 가변자본의 비율, 즉 C/V다. 이제 유기적 구성OCC을 살펴보자. … 그것은 생산수단과 임금재의 요소들이 '종전의 가치'로 평가될 때의 C/V다. 그러므로 유기적 구성의 변화는 기술적 구성의 변화에 직접적으로 비례하는 반면, 가치 구성의 변화는 그렇지 않다.[42]

《1861~1863년 원고》의 인용 구절은 마르크스가 이윤율 저하를 논하는 곳에서 200쪽쯤 뒤에 나온다. 《자본론》 3권에 와서야 비로소 이 개념들은 제대로 통합된다. 유기적 구성이 증가하고 이윤율이 저하하는 사례를 제시한 뒤 그는 다음과 같이 쓴다.

그러므로 이 장[13장]의 첫 부분에서 제시한 가설적 사례들은 자본주의 생산의 현실적 경향을 나타낸다. 자본주의 생산은 불변자본보다 가변자본을 점점 더 감소시켜서 총자본의 유기적 구성을 증가시킨다. 그 직접적 결과는 노동 착취도가 불변이거나 심지어 증대하는 경우에도 잉여가치율은 계속 하락하는 일반적 이윤율로 나타나게 된다는 것이다.(CⅢ: 318~319)

(2) 또,《자본론》3권에 와서야 마르크스는 이윤율 저하를 방해하는 요인들을 체계적으로 논의한다. 19세기 정치경제학자들의 공통된 견해는 이윤율이 떨어지는 경향만 있다는 것이었다. 그래서 앞서 봤듯이 리카도는 기술혁신이 농업의 수확체감을 상쇄할 수 있다고 인정한다. 존 스튜어트 밀은 "지금 같은 상황에서 이윤이 하락하는 경향에 상당히 대등하게 저항해서, 이 나라의 많은 연간 저축 때문에 이윤율이 최저 수준 가까이로 (그런 경향이 항상 있기 때문에 가만히 놔두면 아주 빠르게 도달하는 그런 최저 수준까지) 떨어지지 못하게 막는 상쇄 요인들"을 약간 자세히 논한다.[43]

《1861~1863년 원고》에서 마르크스는 단지 다음과 같이 말한다.

생산력은 발전한 반면 이윤율은 상대적으로 그리 확연하게 떨어지지 않았음을 감안하면, 틀림없이 노동 착취가 매우 많이 증대했을 것이고, 놀라운 것은 이윤율 저하가 아니라 이윤율 하락폭이 생각보다 크지 않다는 점이다. 그 이유는 부분적으로는 자본 간 경쟁을 다룰 때 고려해야 하는 상황들 때문일 수 있고, 부분적으로는 지금까지 몇몇 부문의 엄청난 생산력 증대가 다른 부문들의 훨씬 느린 생산력 발전에 의해 마비되거나 제한된 일반적 상황 때문일 수 있다. 그 결과는 — 사회적 총자본의 관점에서 살펴본 — 불변자본 대 가변자본의 일반적 비율이 어떤 눈에 띄는 생산 분야들에서는 우리에게 강한 인상을 줄 만큼 크게 하락하지는 않았다는 것이다.(CW 33: 101)

《자본론》3권에서 그는 상당히 더 나아가는데, 아마 그 이유는 이제 경쟁 수준에서 나타나는 현상들을 고려하기 시작했기 때문일 것이다.

지난 30년 동안 사회적 노동생산력이 엄청나게 발전한 것을 그전의 모든 시기와 비교해 보면, 특히 기계류를 제외하고도 사회적 총생산 과정에 투입된 고정자본의 엄청난 양을 감안하면, 지금까지 경제학자들을 괴롭힌 문제, 즉 이윤율 저하를 설명하는 문제가 아니라 오히려 이윤율 저하가 왜 더 큰 폭으로 또는 더 빠르게 일어나지 않았는지를 설명해야 하는 문제에 부딪힌다. 틀림없이 상쇄 작용을 하는 요인들이 일반 법칙의 효과를 가로막고 지양해서 이 법칙에 단지 경향의 성격만을 부여하는 것이 분명하다. 바로 그 때문에 우리가 일반적 이윤율의 저하를 경향적 저하[tendenziellen Fall]라고 표현하는 것이다.(CⅢ: 339)

그런 다음 마르크스는 여섯 가지 상쇄 요인을 열거하는데, 그것은 노동 착취도 증대, 노동력 가치 이하로 임금의 인하, 불변자본 요소들의 저렴화, 임금 인하 효과를 내는 상대적 과잉인구, 투입물[가변자본을 이루는 필요 생활수단이나 불변자본 요소들]의 가격을 떨어뜨리는 외국무역과 식민지에 투자된 자본의 구실(식민지에서는 자본의 유기적 구성이 본국보다 낮은 것이 보통이다), 주식자본의 증가(주식자본에서는 예상 수익을 이자율이 좌우하는데, 이자율은 이윤율보다 낮을 수밖에 없다)다. 이것은 분명히 이질적 목록인데, 아마 "이윤이 하락하는 경향"과 그것을 "상쇄하는 요인들"에 관한 밀의 논의에 영향을 받았을 것이다.[44] 그렇지만 헨리크 그로스만이 (여섯째 요인은 제외하고) 지적하듯이 "그것들은 모두 불변자본의 가치를 감소시키거나 아니면 잉여가치율을 증가시킨다는 사실로 환원될 수 있다."[45] 여기서도 마르크스는 글을 쓰면서 문제를 곰곰이 생각한다. 그러나 이윤율 저하 법칙이 하나의 경향이라는 개념은 대체로 심화하고 있다.

그러므로 일반적 이윤율을 떨어뜨리는 바로 그 원인들이 이 저하를 방해하고 시연시키고 부분적으로는 심지어 마비시키는 상쇄 효과를 불러일으킨다는 것이 대체로 드러났다. 이 상쇄 효과는 이윤율 저하 법칙을 없애지는 못하지만, 법칙의 효과를 약화시킨다. 이 상쇄 효과는 일반적 이윤율의 저하 자체보다는 오히려 그 저하가 비교적 느린 현상을 이해하는 데 반드시 필요하다. 따라서 법칙은 단지 경향으로만 작용하고, 법칙의 효과는 특정 상황에서만 그리고 장기적으로만 뚜렷이 나타난다.(CⅢ: 344)

파인과 해리스는 이윤율 저하 경향과 "상쇄 효과"의 상호작용을 어떻게 이해해야 하는지를 설득력 있게 해석한다.

상쇄 요인들을 살펴볼 때, 마르크스는 축적이 분배와 자본의 가치 구성에 미치는 영향을 도입한다. 상쇄 요인들은 법칙 개념에 근거하고 있지 않다는 의미에서, 상쇄 요인들과 법칙 자체는 동일한 추상 수준에 있다 — 상쇄 요인들은 이윤율 저하 경향의 효과나 결과가 아니다. 오히려 이윤율 저하 경향의 법칙과 상쇄 요인들은 둘 다 자본주의적 축적과 그 필연적 산물인 기술적 구성의 증대(마르크스의 분석에서는 유기적 구성의 증대로 나타나지만, 이때 가치 구성이 반드시 증대하지는 않는다) 결과다. 마르크스가 말했듯이 "일반적 이윤율의 저하 경향을 만들어 내는 **바로 그** 요인들이 상쇄 효과도 불러일으킨다."(강조는 내가 추가한 것) 이런 관점에서 보면 "이윤율 저하 경향의 법칙"은 약간 부적절한 명칭이라고 생각한다. 더 넓은 의미에서 그 법칙은 사실상 "이윤율 저하 경향과 그 상쇄 요인들의 법칙"이다.[46]

그 사례 하나는 잉여가치율이다. 앞서 봤듯이, 마르크스는 《자본론》 3권에서 이윤율 저하 경향을 설명할 때 잉여가치율이 불변이라고 가정한다. 그러나 《1861~1863년 원고》의 논의 말미에서는 이윤율 저하 경향과 잉여가치율 상승을 연관 짓는다.

연구 결과는 다음과 같다. 첫째, 잉여가치율은 생산력의 성장과 비례해서 또는 고용된 노동자의 (상대적) 수의 감소와 비례해서 상승하지 않는다. 자본은 생산력과 똑같은 비율로 성장하지 않는다. 즉, 잉여가치율은 총자본에서 가변자본이 차지하는 비중이 감소하는 것과 똑같은 비율로 상승하지 않는다. 이 때문에 상대적으로 잉여가치량은 감소하고, 따라서 이윤율은 하락한다. 마찬가지로 하락을 향하는 끊임없는 경향이 생긴다.(CW 33: 148)

마찬가지로, 《자본론》 3권에서 상쇄 요인들을 논할 때 마르크스는 잉여가치율이 불변이라는 가정을 바꿔서 잉여가치율의 상승을 가정한다.

상품에 포함되는 산 노동의 총량을 줄이는 생산방법 자체가 절대적·상대적 잉여가치의 증대를 가져온다. 이윤율의 경향적 저하는 잉여가치율, 즉 노동 착취도의 경향적 상승과 결부돼 있다. 그러므로 임금률의 상승으로 이윤율 저하를 설명하는 것보다 더 불합리한 일은 없다(예외적으로 그런 일이 일어날 수도 있겠지만). … 이윤율이 저하하는 것은 노동이 덜 생산적이기 때문이 아니라, 노동이 더 생산적으로 됐기 때문이다. 잉여가치율 상승과 이윤율 저하는 노동생산성 향상이 자본주의적으로 나타나는 특수한 형태일 뿐이다.(CIII: 347)[47]

그 결과는 마르크스의 선행자들이나 그를 비판하는 많은 사람의 설명에서 발견되는 것보다 훨씬 더 복잡한 이윤율 저하 개념이다. 그래서 파인과 해리스는 마르크스가 "추상적 경향", 즉 "일정한 추상 수준에서 전개된 명제"를 제시했냐며 다음과 같이 썼다. "이 경향 자체는 이윤율의 현실적 운동에 관해 일반적 예측을 전혀 만들어 내지 않는다. 현실적 운동은 이 경향과 (사상된) 상쇄 요인들 사이의 복잡한 관계 — 특정 시점에서 둘 사이의 특정한 균형 — 에 의해 결정된다."[48] 이론에 바탕을 둔 분석 작업이 주로 초점을 맞췄어야 하는 부분은 이윤율 저하 경향과 상쇄 경향들의 상호작용이 시간의 흐름 속에서 전개된다는 것이다. 이 점은 특히 리카도 경제학을 복원하려고 애쓴 피에로 스라파의 영향을 받은 경제학자들(마르크스주의자도 있고 아닌 사람도 있다)이 주로 제기한 비판과 관계있는데, 그들은 자본의 기술적 구성(노동력과 생산수단의 물리적 비율)을 증가시키는 바로 그 높은 생산성이 새로운 생산수단의 가격을 떨어뜨려서 가치 구성을 불변으로 유지시키거나 심지어 감소시키고, 그렇게 해서 이윤율 저하를 막는다고 주장했다. [그러나] 이것은 자본의 유기적 구성을 무시하는 주장이다. 파인과 해리스가 말했듯이, 유기적 구성에서는 "생산수단과 임금재의 요소들이 그 '종전 가치'대로 평가되기" 때문이다. 자본축적은 일련의 연립방정식으로 포착된 순간적 상태들의 연속이 아니라, 시간의 흐름 속에서 전개되는 동태적 과정이고 그 과정에서 일어나는 기술혁신이 불변자본 요소들을 저렴하게 만들기 때문에, 기존 생산수단을 구입할 때의 가치와 자본가들이 나중에 생산물을 판매할 때의 가치(기술혁신에 따른 비용 감소를 점차 반영하는) 사이에는 차이가 나기 마련이다. 존 윅스는 그 결과를 다음과 같이 요약한다.

이 과정에서 유의미한 것은 자본의 유기적 구성이다. 왜냐하면 전보다 낮아진 새로운 가치는 자본의 다음 순환 때 이윤 계산을 시작하기 전까지는 이미 투하된 자본에 영향을 미치지 않기 때문이다. 심지어 그때조차 새로운 가치는 고정자본의 증가분에만 영향을 미친다. 왜냐하면 기존 가치대로 구입한 모든 고정자본은 그 전부가 유통되는 것이 아니라 일부는 기계 속에 변함없이 남아 있고 다른 일부는 설비에 남아 있기 때문이다. 자본이 볼 때 문제는 기존 생산수단의 가치가 점차 감소하는 상황에서 그 생산수단을 실현하는 것이다. 이 문제는 사회적으로 더는 쓸모없게 된 생산수단을 사용하는 자본뿐 아니라 새로운 생산수단을 사용하는 자본에도 영향을 미친다. 각 기업에 생산수단과 노동력은 구입할 때의 가치와 실현할 때의 가치가 서로 다르다. 기업들 사이에서는 새로운 생산수단을 사용하는 기업의 경우 실현된 상품들의 비용가격 감소 덕분에 투하자본의 가치 감소가 부분적으로 또는 통째로 상쇄된다는 차이가 있다.

축적과 가치 형성의 이런 과정에서 낡은 생산수단을 사용하는 일부 자본은 이윤율이 떨어질 것이다. 자본순환이 거듭되면서, 상품생산에 소비된 구체적 노동을 감소시키는 기술 변화가 일어날 때마다 자본들의 계층화도 증대한다. 이윤율 저하를 경험하는 자본의 수는 경쟁적 투쟁이 얼마나 격렬한지에 달려 있다.[49]

(3) 따라서 여기서 상쇄 경향은 실제로는 이윤율을 떨어뜨린다. 적어도 낡은 생산수단에 매우 많이 투자한 자본의 이윤율은 떨어진다. 사실 마르크스는 자본의 가치 감소와 그에 따른 자본의 계층화 때문에 생겨난 문제들은 경제 위기 때 가장 효과적으로 극복된다고 주장했다.

노동수단은 대부분 공업의 발달에 따라 끊임없이 혁신된다. 따라서 그것들은 원래 형태대로 대체되는 것이 아니라 혁신된 형태로 대체된다. 한편으로, 많은 고정자본은 특정한 현물 형태로 투자돼서 그 형태대로 일정한 평균수명을 다해야 하기 때문에 새로운 기계 등의 도입은 느리게 진행될 뿐이고 따라서 개량된 노동수단은 한꺼번에 빠르게 도입되지 못한다. 다른 한편으로, 경쟁[Konkurrenzkampf] 때문에 낡은 노동수단은 자연적 수명을 다하기도 전에 새로운 노동수단으로 대체될 수밖에 없다. 특히 결정적 혁신[entscheidenden Umwälzungen]이 일어나는 시기에 더욱 그렇다. 천재지변이나 경제 위기 등은 이렇게 산업 설비가 광범한 사회적 규모로 일찍 갱신되도록 강요하는 주된 원인이다.(CⅡ: 250)

이 주장은 자본축적 과정에서 경제 위기가 하는 기능을 훨씬 더 폭넓게 이해하는 것이다. 슘페터와 마찬가지로 마르크스도 "불황은 단지 불행이 아니라, 하나의 기능을 하는 과정"이라고 생각했다.[50] 그래서 그로스만은 다음과 같이 썼다. "마르크스의 개념에서 경제 위기는 단지 체제의 치유 과정, 균형이 다시 재확립되는 방식일 뿐이다. 비록 폭력적이고 엄청난 손실을 보는 과정이지만."[51] 사실 마르크스가 《1861~1863년 원고》뿐 아니라 《자본론》 3권에서도 이윤율 저하 경향을 논할 때의 특징은 경기순환과 이윤율 저하 경향을 통합하려 한다는 점이다. 그전에 작성한 원고에서 그는 다음과 같이 썼다.

그렇다면 일반적 이윤율이 저하하는 이 경향은 어디에서 비롯하는가? 이 물음에 답하기 전에 먼저 지적할 수 있는 것은 그 경향이 부르주아 정치경제학의 커다란 걱정거리였다는 점이다. 리카도 학파와 맬서스 학파 전체는 이 [이윤율 저하] 과정이 초래할 심판의 날에 대한 고뇌에 찬 비명이다. 왜냐하면 자본주의 생산은 이윤 생산이므로 이 이윤[율]이 떨어지면 자본주의 생산의 자극제, 자본주의 생산에 생기를 불어넣는 영혼을 잃어버리기 때문이다. … 그러나 이론 말고 실천도 있다. 경제 위기가 자본의 과잉에서 비롯한다고 말하는 것은 이윤율 저하 때문에 자본이 벌이는 무모한 모험에서 경제 위기가 비롯한다고 말하는 것과 같다. 따라서 경제 위기는 — 풀라턴을 보라 — 자본의 과잉을 치유하고 적절한 이윤율을 회복하는 데 꼭 필요한 폭력적 수단으로 인정되는 것이다.(CW 33: 104~105)[52]

존 풀라턴은 화폐수량설을 비판한 은행학파의 지도자였고, 마르크스는 1850년대 초에 풀라턴의 주장을 면밀하게 연구했다(앞의 2장 참조). 풀라턴은 경제 위기의 원인이 "생산적 투자를 추구하는 자본의 양은 평상시에 그것을 유리하게 이용하는 수단이 증가하는 것보다 훨씬 더 급속하게 축적된다"는 사실이라고 주장했다. 따라서 과잉자본은 점차 투기성 투자에 낭비되고, 그래서 거품·공황·파산을 불러온다는 것이다. 풀라턴이 내린 결론을 마르크스는 다음과 같이 인용한다.

사람들은 아주 최근의 사건들을 보고 정말로 자본의 주기적 파괴가 시장 이자율의 필수적 조건이 돼 버렸다고 생각하기 쉽다. 또, 이런 관점에서 보면 이 끔찍한 재난들, 즉 우리가 매우 염려하면서 불안하게 지켜보는 데 익숙하고 어떻게든 피해 보려고 애쓰는 재난들은 너무 많이 늘어난 부를 바로잡는 자연적·필수적 수단, 다시 말해 현재와 같은 구조를 지닌 우리 사회체제가 때때로 그 실존을 위협하면서 계속 되풀이되는 과잉을 스스로 제거할 수 있게 해 주고 또 건전하고 유익한 상태를 회복할 수 있게 해 주는 vis medicatrix[치유력 — 캘리니코스]에 불과할 수 있다.[53]

《자본론》 3권에서 마르크스는 실제로 금융시장의 주기적 호황·불황과 이윤율 저하 경향 사이의 관계를 훨씬 더 체계적으로 탐구한다. 이 논의의 핵심 장소는 엥겔스가 (이어진 원고를 여러 장으로 쪼개서) "법칙의 내적 모순[Innern Widersprüche]의 전개"라는 제목을 붙인 15상이다. 《1863~1865년 원고》에 대한 클라크의 일반적 묘사는 특히 이 15장에 잘 들어맞는다.

상당한 분량의 미완성 원고에서 마르크스는 다양한 방식으로 자신의 생각을 전개하면서 때로는 결론에 도달하고 때로는 사고 과정을 포기하고 때로는 길을 잃어버린다(보통은 복잡하게 얽힌 숫자들의 사례 속에서 그런다). 여기서는 그의 관찰이 지닌 체계적 의미를 결코 파악할 수 없다. 그러므로 마르크스의 경제 위기론을 제시하려면 상당한 해석과 재구성이 반드시 필요하다.[54]

그래도 15장은 마르크스가 자본주의 발전의 온갖 다양한 측면을 — 《자본론》 1권에서 논하는 일부 경향들(예컨대, 생산성 향상과 그에 따른 상대적 과잉인구의 증가, 세계시장의 성장, 자본의 집적과 집중)을 포함해서 — 이윤율 저하 경향과 경기순환의 상호작용이라는 개념 속으로 통합하려고 애쓰는 것을 보여 준다. 이 점은 다음과 같은 결정적 구절에서 분명히 드러나는데, 따라서 길게 인용할 만하다.

그러나 축적 과정에 포함된 이 두 측면[생산성 향상이 자본의 가치를 떨어 뜨려서 이윤율 저하 경향을 완화하지만 또 사용가치의 양을 늘려서 축적을 촉진하기도 하는 것 — 캘리니코스]을 리카도처럼 그저 병렬적인 것으로 여겨서는 안 된다. 그것들은 모순[Widerspruch]을 포함하고 있고, 이 모순은 모순된[widerstreitenden] 경향들과 현상들로 나타난다. 이 두 적대적 요인은 서로 동시에 작용한다. … 이 다양한 요인들은 때로는 공간적으로 서로 나란히 작용하고 때로는 시간적으로 서로 뒤를 이어 작용한다. 그리고 주기적으로 이 적대적 요인들의 충돌은 경제 위기로 분출한다. 경제 위기 [Krisen]는 항상 기존 모순들[Widersprüche]의 일시적·폭력적 해결일 뿐 이고, 교란된 균형을 잠시 회복시키는 강력한 폭발일 뿐이다.

이 모순을 가장 일반적으로 표현하면, 자본주의 생산양식은 가치와 그것에 포함된 잉여가치와 상관없이, 심지어 자본주의 생산이 이뤄지는 사회적 관계와도 상관없이 생산력을 절대적으로 발전시키는 경향이 있고, 다른 한편으로는 기존 자본 가치의 유지와 최대한 증식(즉, 이 자본 가치의 끊임없는 증대)을 목적으로 한다는 것이다. 그 특징은 기존 자본 가치를 수단 삼아 그 가치를 최대한 증식하려 한다는 점과, 이 목적을 달성하는 방법들이 이윤율 저하, 기존 자본 가치의 감소, 이미 생산된 생산력을 희생시키는 노동생산력의 발전 등이라는 점이다.

기존 자본의 주기적 가치 감소[Entwertung]는 이윤율 저하를 늦추고, 새로운 자본을 형성해서 자본 가치의 축적을 촉진하는, 자본주의 생산양식에 내재하는 수단인데, 그것은 또 자본의 유통 과정과 재생산 과정이 진행되는 특정한 조건들을 방해하고, 따라서 생산과정을 갑자기 중단시키고 위기에 빠뜨린다. … 자본주의 생산은 이런 내재적 장벽들[Schranken]을 극복하려고 끊임없이 노력하지만, 그 장벽을 극복하는 수단들 자체가 새롭고 더 강력한 장벽들을 세울 뿐이다.

자본주의 생산의 **진정한 장벽**[Schranke]은 **자본 자체**다. 즉, 자본과 자본의 자기 증식이 생산의 출발점이자 종점이고, 동기이자 목적으로 나타난다는 점, 생산은 오직 **자본**을 위한 생산일 뿐 그 반대가 아니라는 점이 자본주의 생산의 진정한 장벽인 것이다.(CⅢ: 357~358)

여기서 매우 분명히 드러나는 사실은 마르크스가 계속해서 이윤율 저하 경향을 생산력과 생산관계의 충돌 경향이 특별히 자본주의적으로 표현된 것으로 본다는 셈이다.

리카도 같은 경제학자들은 자본주의 생산양식을 절대적 생산양식으로 여기기 때문에, 여기서[이윤율 저하에서] 이 생산양식이 스스로 장벽[Schrank]을 만들어 낸다고 느끼고, 이 장벽의 원천을 생산에서 찾지 않고 자연에서 찾는다(지대론에 따라). 이윤율 저하에 대한 그들의 공포심에서 중요한 것은 자본주의 생산양식이 생산력 발전을 가로막는 하나의 장벽에 부닥친다는 느낌이다(이 장벽은 부의 생산 자체와는 아무 상관도 없다). 그러나 이 독특한 장벽은 사실 자본주의 생산양식이 무한히 계속되는 것이 아니라는 점, 즉 역사적으로 일시적인 생산양식에 불과하다는 점을 증명하는 것이고, 자본주의 생산양식이 부의 생산을 위한 절대적 생산양식이 아니라 특정 단계에서는 부의 지속적 발전[Fortentwicklung]과 실제로 충돌[Konflikt]하게 된다는 점을 증명하는 것이다.(CⅢ: 350)

그러나 흥미로운 사실은 생산력과 생산관계가 충돌하는 초역사적 경향에서 더 나아갈 때 마르크스는 그 경향의 자본주의적 표현을 지속적인 수익성 하락 추세로 다루지 않는다는 것이다. 그래서 뢰턴은 다음과 같이 썼다.

15장에서 … 마르크스는 이윤율의 경향적 저하가 어떻게 부정적으로 표현되는지를 보여 준다. 자본이 축적되고 그에 따라 자본의 유기적 구성이 증가하게 되면 이윤율은 떨어진다. 즉, 순환의 상승 국면에서 그런다. 이 때문에 경제 위기가 발생하고, 그 과정에서 이윤율은 회복되는데, 가장 중요한 원인은 자본의 감가상각('자본의 가치 감소')과 자본의 폐기다(15장

3절 참조).[55]

사실, 앞서 봤듯이 한 가지 상쇄 경향, 즉 생산성 향상에 따른 자본의 가치 감소는 그 자체가 경제 위기에 기여하는 중요한 요인으로서 마르크스의 설명에 통합됐다. 그러나 경제 위기 자체가 수익성 회복에 도움이 된다. "자본이 놀거나 심지어 파괴돼서 균형은 회복될 것이다. … 그러므로 이 모든 것 때문에 격렬하고 첨예한 경제 위기, 갑작스러운 폭력적 가치 하락, 재생산 과정의 현실적 정체와 교란, 따라서 재생산의 실질적 축소가 나타난다."(CⅢ: 362~363) 그 결과로 상대적 과잉인구가 증가하면 임금이 내려가고, 그래서 착취율이 높아진다. 그리고 이것은 경제 위기 때의 파산, 대손 상각, 기업 인수로 촉진되는 생산수단의 급격한 가치 감소에 따른 불변자본 요소의 저렴화와 맞물려서 이윤율을 회복시킨다. "그러면 다시 한 번 순환[Zirkel]이 완성된다. 자본 기능이 중단돼서 가치가 떨어졌던 일부 자본은 이제 종전의 가치를 되찾는다. 그 밖에도 확대된 생산조건, 더 광범한 시장, 향상된 생산성과 함께 똑같은 악순환[Zirkel vicieux]이 다시 한 번 시작된다."(MEGA2 Ⅱ /4.2: 329)[56]

이윤율 [저하] 경향을 [생산력과 생산관계의 충돌이] 부정적으로 표현되는 것으로 이해하는 것은, 자본주의가 수익성이 비교적 높거나 낮은 시기를 오랫동안 겪을 수 있다는 생각과 모순되지 않는다. 많은 마르크스주의 정치경제학자들은 세계 자본주의가 1960년대 말 이후 낮은 수익성이라는 고질적 문제에 시달리고 있다고 주장한다. 물론 그런 해석의 타당성은 부분적으로는 이윤 추세라는 경험적 증거에 달려 있지만, 상쇄 경향들 덕분에 수익성이 회복되는 것을 가로막는 요인들이 무엇인지를 확인하는 데도 달려 있다. 내가 보기에 가장 만족스런 설명은 자본의 집적과 집중의 결과로 개별 자본 단위들의 규모가 커지고 자본과 국가의 상호 의존이 증대한 것, 그래서 마르크스가 경제 위기 때 이윤율을 다시 끌어올리는 결정적 힘으로 지목한 자본 파괴를 가로막는 강력한 장애물이 생겼다는 것이다. 2008년 금융 폭락의 대책으로 미국과 유럽 금융시장에 막대한 구제금융이 투입된 것은 그런 분석을 강력하게 뒷받침한다.[57]

마르크스 자신의 분석에서는 특히 금융[시장]의 거품·공황·파탄이 자본 파괴의 결정적 요인 구실을 한다. 그래서 그는 은행학파가 집착한 자본의 과잉이라는 주제를 이윤율 저하 경향 이론으로 통합한다.

> 이른바 자본의 과잉은 언제나 기본적으로 이윤율 저하를 이윤량 [증대]로 상쇄하지 못하는 자본 — 신생 자본들은 항상 그렇다 — 의 과잉을 가리키거나, [자기 소유 지분만으로는 사업을 벌일 규모가 되지 않고] 신용의 형태로 대기업 우두머리들에게 처분이 위임되는 자본의 과잉을 가리킨다.[58] 이런 자본 과잉은 상대적 과잉인구를 낳는 바로 그 원인들에서 발생하고, 따라서 상대적 과잉인구를 보완하는 현상이다. 비록 이 둘은 한편에서는 유휴 자본, 다른 한편에서는 실업 노동인구의 형태로 서로 대립하는 양극단에 서 있지만 말이다.
> 따라서 개별 상품의 과잉생산이 아닌 자본의 과잉생산은 — 물론 상품의 과잉생산을 항상 포함하지만 — 자본의 과잉 축적일 뿐이다.(CIII: 359)

원고에서 마르크스는 이런 과잉 축적을 이해하려면 "이자 낳는 자본, 신용 등등이 더욱 발전하는, **자본의 현상적 운동**[erscheinenden Bewegung des Kapitals]을 더 조사하고 살펴봐야 한다"고 덧붙인다.(*MEGA2* II/4.2: 325) 이것은 이윤율 저하 경향을 다루는《자본론》

3권 3편과 마르크스가 금융 제도를 가장 폭넓게 논의하는 5편 사이에 필수적 연관이 있음을 보여 준다. 클라크는 5편이 "아주 초보적이어서 만족스럽지 않다"고 일축한다.[59] 5편은 확실히 어수선하다. 《자본론》이라는 건축물 전체에서 그것은 마르크스가 잉여가치의 분할, 더 특별하게는 잉여가치가 산업·상업 이윤, 기업 이윤, 이자, 지대로 분할되는 것을 탐구하는 작업의 일부로서 기능한다. 금융시장의 발전 덕분에 유휴화폐(예컨대, 독자적 투자 자금이 되기에는 아직 부족해서 충분한 양이 더 축적돼야 하는 잉여가치. CW 33: 165~170과 CII: 2장 참조) 소유자들은 그 유휴화폐를 생산적 자본가들에게 빌려주고 그 대가로 잉여가치의 일부를 받는다(그 잉여가치의 추출 자체가 유휴화폐의 대출 덕분에 가능해진다).

앞서 봤듯이, 마르크스는 이자 낳는 자본을 자본 물신성의 가장 극단적 사례로 제시한다. 그는 또, 선행자들보다 훨씬 더 엄밀하게 이자율과 이윤율을 구분한다.

끊임없이 변동하는 시장이자율로 말하자면, 그것은 상품의 시장가격과 마찬가지로 매 순간 고정된 크기다. 왜냐하면 화폐시장에서는 대부 가능한 자본이 모두 총량으로서 기능자본과 대응하기 때문이다. 즉, 대부자본의 공급과 수요가 특정 시점의 시장이자율을 결정하기 때문이다. … 이와 반대로, 일반적 이윤율은 언제나 하나의 경향으로만, 즉 개별 이윤율들의 균등화 운동으로만 존재할 뿐이다. 여기서 자본가들의 경쟁 — 이것 자체가 균등화 운동이다 — 은 이윤이 오랫동안 평균 이하인 분야에서 자본을 점차 빼내서 평균 이상인 분야에 점차 투입하게 만들거나 추가 자본이 이런 분야들 사이에 다른 비율로 분배되도록 만든다.(CIII: 488~489)

그다음에 원고는 급격히 늘어나서 화폐시장의 기능뿐 아니라 그 이데올로기적 표현도 자세히 탐구한다(5편은 《메가2》에서 250쪽이 넘는 방대한 분량이다). 여기에는 금융 순환과 산업 순환의 관계에 대한 상세한 논의, 1847년과 1857년 경제 위기 때 은행법이 정지된 상황을 조사한 의회 보고서들에서 발췌한 긴 인용문과 그에 대한 논평(원고에 "혼동"이라는 제목이 붙어 있다), 통화학파와 은행학파의 화폐론과 금융론에 대한 비판적 논평이 들어 있다.(마르크스는 장차 오버스톤 경이 되는 새뮤얼 로이드를 특히 경멸했는데, "이 백만장자, 이 '똥통 같은 *귀족*의 '논리'를 맹비난했다. CⅢ: 522.) 앞서 1장에서 봤듯이, 《1863~1865년 원고》의 이 부분에서 엥겔스는 가장 큰 어려움을 겪었는데, 《자본론》 3권을 편집할 때 그는 텍스트를 대대적으로 고쳐 쓰거나 다시 배열했고, 또 여러 장으로 쪼개서 많은 장에 직접 제목을 달았다. 오늘날 우리가 엥겔스의 작업에 대해 뭐라고 비판하든 간에 그가 붙잡고 씨름한 텍스트를 클라크처럼 가볍게 일축할 수는 없을 것이다.

먼저, 마르크스가 금융시장을 그토록 폭넓게 논의한 것은 그가 옆길로 샜다는 부인할 수 없는 책임을 보여 주는 것이 아니라, 자본주의 발전 과정의 분석을 완성하는 데서 금융시장이 중요하다는 사실의 인식을 보여 준다는 것은 분명한 듯하다. 이 점은 아마 엥겔스가 편집한 27장 "자본주의 생산에서 신용의 구실"을 보면 가장 분명히 드러날 것이다. 여기서 마르크스는 다음과 같은 유명한 주장을 한다. 주식회사의 발전은 자본주의의 틀 안에서 생산의 점진적 사회화를 나타낼 뿐 아니라, "현실의 기능자본가가 (다른 사람의 자본을 관리하는) 단순한 경영자로 바뀌고 자본 소유자는 단순한 소유자, 즉 단순한 화폐자본가로 바뀌는 것"이기도 하다.(CⅢ: 567) 그는 이런 발전의 더 광범한 역사적 의의를 고찰하려 한다.

주식회사는 자본주의 생산양식 안에서 자본주의 생산양식을 지양하는 것이고, 따라서 자기를 지양하는 모순인데[die Aufhebung der kapitalistischen Produktionsweise innerhalb der kapitalistischen Produktionsweise selbst, und daher ein sich selbst aufhebender Widerspruch], 언뜻 보면 새로운 생산 형태로 넘어가는 단순한 통과점으로 나타난다. 주식회사는 현상에서도 그런 모순으로 나타난다. 주식회사는 어떤 분야들에서는 독점을 만들어 내고 따라서 국가 개입을 불러일으킨다. 주식회사는 새로운 금융 귀족, 즉 회사 발기인, 투기꾼, 명목뿐인 임원의 형태로 새로운 종류의 기생충을 재생산하고, 회사 창립, 주식 발행, 주식 거래와 관련된 사기와 협잡의 체계 전체를 재생산한다. 주식회사는 사적 소유의 통제를 받지 않는 사적 생산이다.(CⅢ: 569. 번역 수정)

이 단락의 뒷부분에서 분명히 드러나는 것은 (일부 사회민주주의자들이 27장을 잘못 해석하는 것과는 반대로) 마르크스는 자본주의가 점진적 자기 지양을 통해 자본주의 체제 전복을 불필요한 것으로 만들 수 있다고 주장하지 않는다는 사실이다. 이윤율 저하 경향과 마찬가지로, 현대의 주식회사가 나타내는 생산의 사회화도 마르크스가 《요강》에서 썼듯이 "자본에게 이제 그만 더 높은 사회적 생산 단계에 자리를 내주고 퇴장하라는 충고의 가장 뚜렷한 형태"다. 27장의 끝에서 둘째 단락에서 마르크스는 신용과 경기순환의 관계로 되돌아간다.

신용 제도[Kreditwesen]가 과잉생산과 상업 부문 과잉투기의 주된 지렛대로 나타난다면, 그 이유는 단지 재생산 과정(본래 탄력적이다)이 여기서 그 극한에 이를 수밖에 없기 때문이다. 또, 그럴 수밖에 없는 이유는 사회적 자본을 대부분 그 소유자가 아닌 사람들이 사용하기 때문이다. 즉, 자본 소유자는 자기의 사적 자본을 스스로 사용할 때 그 자본의 한계를 조심스럽게 가늠하는 반면에, 이 비소유자들은 소유자들과는 전혀 다른 방식으로 일을 처리하기 때문이다. 이것은 다음과 같은 사실을 분명히 보여줄 뿐이다. 즉, 자본주의 생산의 대립적[gegensätzlichen] 성격에 바탕을 둔 자본의 가치 증식은 [생산력의] 현실적이고 자유로운 발전을 일정한 지점까지만 허용하는데, 신용 제도가 이 지점을 끊임없이 돌파한다. 따라서 신용 제도는 생산력의 물질적 발전과 세계시장의 형성을 촉진하는데, 이런 것들을 일정한 수준까지 발전시켜서 새로운 생산 형태의 물질적 기초로 만드는 것이 자본주의 생산양식의 역사적 사명이다. 그와 동시에 신용은 이 모순들[Widerspruchs]의 강력한 폭발, 즉 경제 위기를 촉진하고, 그렇게 해서 낡은 생산양식을 해체하는 요소들도 촉진한다.(CⅢ: 572)

5편에서 (의회 조사 보고서에 대한 논평들과 달리) 더 실질적인 분석은 대체로 신용에 대한 전반적 이해, 즉 신용이 축적 과정을 촉진하는 동시에 경제 위기 형태로 특별히 갑작스럽고 난폭하게 축적을 방해하기도 한다고 보는 관점의 틀 안에서 전개된다. 이 점은, 예컨대 (엥겔스가 편집한 25장에서 예고되지만 실제로는 29장에 나오는) 가공자본에 관한 논의도 마찬가지다. 이런 가공자본이 가능해진 것은 이자율을 계산 수단으로 이용해서 모든 소득을 자본화하고 그렇게 해서 다양한 종류의 증권시장을 창출한 덕분인데, 이 증권들은 "미래의 생산에 대한 누적된 청구권, 즉 법률적 권리를 나타낼 뿐"이고, 그래서 "이자 낳는 자본과 신용 제도가 발전함에 따라 똑같은 자본이나 심지어 똑같은 청구권조차 다양한 형태로 여러 사람의 수중에서 나타나기 때문에 모든 자본은 2배, 때에 따라서는 3배로 되는 것처럼 보인다."(CⅢ: 599, 601)

그러나 비록 마르크스가 "이런 신용 제도에서는 모든 것이 2배나 3배로 불어나고, 단순한 상상의 산물[bloßes Hirngespinst]로 바뀌게 된다"고까지 말하지만(CⅢ: 603), 가공자본에 대한 이런 분석은 ― 신용 파생 상품이 2007~2008년 세계 경제·금융 위기를 촉진하는 구실을 한 데서 드러나듯이 여전히 타당하다 ― 화폐시장이 순전히 가상의 세계라는 것을 의미하지는 않는다.[60] 우리가 《자본론》의 전반적 구성에서 예상하듯이, 금융시장에서 이뤄지는 "자본의 현상적 운동"은 자본의 현실적 기능의 일부다. 이 점이 특히 분명하게 드러나는 곳은, 엥겔스가 원고에서 "화폐자본과 현실[Wirkliches]자본"이라는* 제목이 붙어 있는 부분을 쪼개서 만든 세 장(30~32장)이다. 여기서 마르크스는 화폐 순환과 생산자본의 순환 사이의 관계를 추적하면서, 그것들의 특수성과 상호 의존성을 탐구한다. 후자는 신용 제도가 붕괴하는 공황과 경제 위기의 순간에 가장 강력하게 드러난다. 여기서 마르크스는 《요강》과 1859년의 《비판》에서 이미 개략적으로 설명한 주제를 파고든다.

화폐가 가치의 자립적 형태로서 상품과 대립한다는 것, 즉 교환가치가 화폐라는 자립적 형태를 띠어야 한다는 것은 자본주의 생산의 기초다. 그리고 이것이 가능해지는 것은 하나의 특수한 상품이 재료가 돼서 이 상품의 가치로 다른 모든 상품들이 측정되고, 그래서 이 상품이 보편적 상품이 되고 다른 모든 상품과 대립하는 특히 뛰어난 상품이 될 때뿐이다. 이것은 다음과 같은 두 가지 방식으로 나타날 수밖에 없는데, 특히 신용 조작이나 신용화폐에 의해 화폐가 대거 교체되는 발달한 자본주의 나라에서는 더욱 그렇다. 첫째, 신용이 수축하거나 완전히 고갈하는 자금 부족

---

* 현실자본real capital은 실물자본이라고도 한다.

시기에 화폐는 갑자기 유일한 지급수단으로서 그리고 가치의 진정한 존재 형태로서 모든 상품과 절대적으로 대립하게 된다. 이 때문에 상품의 일반적 가치 감소가 일어나고, 상품을 화폐로, 즉 상품 자신의 순전히 환상적인 형태로 전환하는 것이 어려워지거나 심지어 불가능해진다. 그러나 둘째로, 신용화폐 자체는 그것이 자신의 명목 가치액만큼 진정한 화폐[금속화폐]를 절대적으로 대표하는 한에서만 화폐일 수 있다. 금 유출이 일어나면 신용화폐가 화폐로 전환될 가능성, 즉 현실의 금과 신용화폐의 동일성이 의문시된다. 따라서 이런 전환 가능성을 보장하기 위해 이자율 인상 같은 강제 조처가 취해진다.(CⅢ: 648~649)[61]

뒤에서 마르크스는 이런 식의 신용 제도 붕괴와 그에 따른 현금 인출 사태는 "현대 산업의 순환에서는 규칙적·필연적으로 나타나는 국면"이라고 말한다.(CⅢ: 708) 《자본론》 1권 3장 "화폐 또는 상품유통"에서 금융공황이라는 주제로 돌아간 마르크스는 신용이 붕괴해서 모든 개별 자본가가 현금을 확보하려고 필사적으로 노력하는 것을 생생하게 묘사한다. "사슴이 신선한 물을 갈망하듯이 부르주아의 영혼은 유일한 부富인 화폐를 갈망한다."(CI: 236. G: 621과 비교해 보라.) 그러나 그는 또 "화폐 위기로 알려진 산업·상업 위기의 국면"도 언급한다.(CI: 236) 엥겔스가 지적하듯이, 그렇다고 해서 화폐 위기가 모두 더 큰 산업·상업 위기의 일부라는 말은 아니다.(CI: 236 n50)* 다른 곳에서 마

---

* 엥겔스는 다음과 같이 말한다. "이 책에서 모든 일반적 산업·상업 위기의 특수한 국면으로 규정하는 화폐 위기는, 똑같이 화폐 위기라고 부르지만 산업·상업 위기와 독립적으로 나타날 수 있는, 즉 산업과 상업에 간접적으로만 영향을 미치는 특수한 종류의 위기[금융 위기]와 당연히 구별해야 한다. 후자의 화폐 위기에서는 그 운동의 중심이 화폐자본이고, 따라서 그 직접적 영역도 은행·증권·재정이다."

르크스는 다음과 같이 강조한다. "화폐자본의 과잉은 반드시 과잉생산을 의미하는 것은 아니고, 심지어 자본의 투자 영역이 부족하다는 의미도 아니다."(CⅢ: 639) 그렇지만 신용 제도 덕분에 가능해진 희열과 공황의 순환이 마르크스가 자본주의 경제 위기를 더 폭넓게 이해하는 데서 필수적 구실을 했다는 것은 분명하다.[62]

경제 위기를 넘어서?

그렇다고 해서 《자본론》에 완전한 경제 위기론 비슷한 것이 있다는 말은 결코 아니다. 《자본론》이 미완성 저작이라는 사실이 특히 분명하게 드러나는 곳은 3권, 그중에서도 5편이다. 그렇지만 내가 보기에 결코 부인할 수 없는 사실은, 규정의 연속적 수준들에서 자본주의 경제 위기 개념은 《자본론》 전체에서 계속 전개된다는 점이다. 여기에는 다음과 같은 것들이 포함된다. (1) 상품유통에 내재하는 판매와 구매의 분리에서, 그리고 화폐의 지급수단 기능에서 비롯하는 경제 위기의 형식적 가능성, (2) 한편으로 경기순환과 다른 한편으로 산업예비군 규모와 임금률의 변동 사이의 상호작용, (3) 경기순환의 길이를 조절하는 구실을 하는 고정자본의 회전, (4) 재생산에 필요한 두 주요 생산 부문 간 교환 조건에 내재하는 교란의 가능성, (5) 이윤율 저하 경향과 그 상쇄 경향들 사이의 상호작용, (6) 호황기에는 자본축적 과정을 촉진하고 경제 위기 때는 자본을 파괴해서 다시 경제성장이 가능해지는 수준으로 이윤율을 회복시키기도 하는 금융시장의 주기적 거품·공황.

이것은 마르크스가 자본주의 발전에 관한 '여러 원인 이론'을 제시했다는 에르네스트 만델의 주장을 뒷받침하는 것처럼 보인다.

사실 어떤 단일 요인을 가정하는 것은 자본주의 생산양식이 역동적 전체라는 개념과 분명히 배치된다. 그런 역동적 전체에서는 특정한 결과가 나오려면 **모든** 기본적 발전 법칙들의 상호작용이 필요하다. 이 개념이 의미하는 바는 자본주의 생산양식의 **모든** 기본적 변수들이 어느 지점까지는 독립변수의 구실을 부분적·주기적으로 할 수 있다는 것이다 — 물론 완전한 독립변수는 아니고, 자본주의 생산양식 전체의 발전 법칙들을 통해 끊임없이 분명히 드러나는 상호작용 속에서만 그럴 수 있다. 이런 변수들에는 다음과 같은 핵심 변수들이 포함된다. 자본의 유기적 구성, … 불변자본이 고정자본과 유동자본으로 배분되는 것, … 잉여가치율의 추세, 축적률의 추세, … 자본회전 기간의 추세, 두 부문 간 교환 관계.[63]

만델이 마르크스의 경제 위기 개념과 관련된 규정들의 다양성을 강조한 것은 완전히 옳다. 그러나 자본주의 발전에 대한 그 자신의 분석은 서로 다른 '변수들'의 상대적 인과관계 비중을 구체적으로 명시하지 못하는 바람에 실증적 반박을 피하기 위한 즉흥적 조정이 되기 쉽다.[64] 우리는 마르크스가 스스로 설명한, 추상에서 구체로 상승하는 방법은 구체적인 것을 "많은 규정의 **통합**,* 따라서 다양한 것들의 통일"로 이해한다는 점을 잊지 말아야 한다.(*G*: 101. 강조는 내가 추가한 것) 마르크스는 "세계시장 위기"의 특징을 설명할 때 "통합"이라는 똑같은 용어를 거듭 사용한다. 여기서 통합이 의미하는 바는 "다양한 것들의 통일"에는 특별한 구조가 있다는 것이다. 그래서 내가 열거한 경제 위기의

---

* 영어 원문은 흔히 '집중'으로 번역되는 concentration인데, concentration이 (자본의) '집적'을 뜻하기도 하고(자본의 집중은 centralisation이다), 독일어 원문 Zusammenfassung이 통합·총괄·요약 등의 의미가 있어서 '통합'으로 옮겼다. 국역본 《요강》에는 '총괄'로 번역돼 있다.

결정 요인들로 되돌아가 보면(우연히도 만델의 변수처럼 6가지다), 그것들이 설명에서 차지하는 지위는 서로 다르다. 경제 위기의 형식적 가능성(1)과 두 부문 간 교환 조건(4)은 직접적 원인 구실을 한다기보다는 [경제 위기를] 가능하게 하는 요인들이다. 서로 연관된 임금 변동과 산업예비군의 증감(2)과 고정자본의 회전(3)은 영향을 미치는 요인들이다. 마르크스가 볼 때 경제 위기의 핵심 원인은, 내가 앞 절에서 입증하려 했듯이 화폐시장의 자본 운동과 이윤율 저하 경향의 상호작용이다.

이런 해석은 하비의 견해와 약간 비슷한데, 하비는 다음과 같이 말했다. 마르크스의 "이윤[율] 저하 법칙 설명"은 "자본주의 경제 위기론의 '1차 국면'을 서술한 것"이고, "위기론의 '2차 국면'"은 화폐와 신용을 분석해서 "생산의 동역학과 금융 현상의 관계를 더 통합적으로 파악한다." 하비는 여기에 유명한 "공간적 조정"이라는* 자신만의 "위기론 '3차 국면'"을 덧붙이는데, 공간적 조정은 자본이 투자의 지리적 중심을 옮겨서 과잉 축적과 가치 감소의 지독한 악순환을 벗어나려고 노력하는 데서 비롯한다.[65] 그 강점이 무엇이든 간에, 이 주장은 마르크스가 《자본론》 3권에서 정립한 이윤율 저하 경향과 금융 순환의 긴밀한 관계를 과소평가한다. 분명히 여기에는 하비의 다음과 같은 견해가 반영돼 있다. "마르크스의 이윤율 저하 주장은 딱히 잘 다듬어진 것도 아니고 순전히 이론적 논거로서도 엄밀한 정의가 못 된다." (내가 보기에) 이렇게 마르크스 경제 위기론의 논리를 충분히 파악하지 못한 탓에 하비는 최근에도 경제 위기가 자본의 서로 다른 순환에서 나타나는 "장

---

* 하비는 "모순에 빠지는 경향이 있는 자본주의가 스스로 정상을 되찾을 가능성을 유지하게 해 주는 지리적 확장과 불균등한 지리적 발전"을 공간적 조정spatial fix이라고 부른다.

애"의 가능성에서 비롯한다는 이론을 옹호했다. 이것은 (너그럽게 말하면) 이미 만델이 주장한 '경제 위기 여러 원인론'에 함축된 산만한 설명을 받아들이는 것이다.[66]

마르크스의 경제 위기 개념을 내가 이 장에서 제시한 것처럼 해석하면, 마르크스가 나중에 그 개념에서 후퇴했다는 다양한 해설자들의 주장을 균형 있게 볼 수 있다. 미하엘 하인리히는 마르크스의 이윤율 저하 이론을 나름대로 비판하면서(그 비판 자체도 논쟁의 여지가 있다), 1870년대에 《1861~1863년 원고》를 수정할 때 "마르크스는 아마 이윤율의 법칙을 상당히 의심하면서 골치를 앓은 듯하다"고 주장했다.[67] '아마'라는 부사는 하인리히가 그냥 되는대로 말하고 있다는 것을 보여 준다. 그가 제시하는 유일한 증거 ― 1875년에 마르크스가 잉여가치율과 이윤율의 관계를 수학적으로 탐구하는 원고를 썼다는 것 ― 를 보면, 오히려 마르크스가 그 이론에 계속 몰두했다는 것을 알 수 있다. 앞서 1장에서 봤듯이, 당시 마르크스는 신용 제도를 더 깊이 이해하는 데 열중했다는 하인리히의 주장은 확실히 옳다. 미국 기자 존 스윈턴이 쓴 기사를 보면 1878년에 마르크스는 인터뷰에서 다음과 같이 말했다. 《자본론》은 "3부작의 한 단편이고 일부일 뿐, 나머지 둘은 아직 출판되지 않았고, 3부작 전체는 '토지'·'자본'·'신용'으로 이뤄지는데, 미국의 신용 제도 발전이 매우 놀라울 정도이므로 마지막 부분은 주로 미국 사례를 바탕으로 설명될 것입니다."(CW 24: 584) 이 기사가 정확하다면, 마르크스는 정치경제학을 비판하는 자신의 건축물 전체에 대해 계속 확신하지 못했음을 알 수 있다. 그러나 그가 금융시장을 더 깊이 이해하는 데 관심이 있었다는 것은 이윤율 저하 경향에 몰두한 것과 결코 모순되지 않는다. 앞서 봤듯이, 이윤율 저하 경향과 상쇄 경향들의 상호작용에서 [금융] 거품과 공황이 하는 구실을 감안하면 말이다.

"1868년* 이후 마르크스는 경제 위기론 연구의 비중을 급속하게 줄였고, 그 대신 자본축적의 장기 경향을 강조했다"는 클라크의 말이 완전히 틀렸다는 것은 확실하다.[68] 그래서 아직 출판되지 않은 1860년대 말의 노트(B113)에서 마르크스는 1866년의 경제 위기를 보도한 언론 기사를 많이 발췌하면서, [경제 위기를] 촉발하는 사건, 어음할인 상사인 오버런드 거니의 파산, 그전에 철도 주식 호황의 동력이 된 투기와 신용 사기에 특히 초점을 맞췄다. 이 연구를 한 의도는 십중팔구 《자본론》 3권을 수정하는 데 도움이 되리라고 생각해서였을 것이다.[69] 마르크스가 경제 위기에 계속 집착했다는 것은, 예컨대 1873년 5월 31일 엥겔스에게 보낸 편지에서 "경제 위기의 주요 법칙들을 수학적으로 규정하고 싶은" 희망을 피력한 데서도 드러난다. 비록 두 사람의 친구인 새뮤얼 무어(마르크스가 과학 문제들을 물어본 '권위자')는 그런 수학적 해결이 가능할지 의심한다고 마르크스가 덧붙이기는 했지만 말이다(CW 44: 504) 또, 마르크스는 1875년 6월 18일에는 표트르 라브로프에게 다음과 같이 써 보냈다. "정말로 놀라운 현상 하나는 일반적 경제 위기의 햇수 간격이 줄어들고 있다는 것입니다. 저는 항상 그 햇수가 불변이 아니라 감소하는 크기라고 생각했습니다. 그러나 기분 좋은 사실은 이 단축의 조짐이 부르주아 세계의 생존에 나쁜 전조임이 분명하다는 것입니다."(CW 45: 78) 거의 4년 뒤에 또 다른 러시아 통신원 니콜라이 다니엘손에게 보낸 (1879년 4월 10일자) 편지에서 아직 《자본론》을 완성하지 못한 이유를 설명하면서 다음과 같이 썼다.

---

* 클라크의 영어 원서에는 1862년으로 돼 있다.

저는 현재의 영국 산업 위기가 절정에 이르기 전까지는 어떤 일이 있어도 2권을 출판하지 않을 것입니다. 어러 현상이 이번에는 아주 특이해서 과거의 현상들과 여러모로 다릅니다. 이것은 — 다른 상황 변화 말고도 — 과거에는 영국의 경제 위기에 앞서서[원문 그대로임 — 캘리니코스] 지금 미국, 남아메리카, 독일, 오스트리아 등에서 거의 5년 동안이나 지속되는 것과 같은 엄청난 경제 위기가 발생한 적이 없었다는 사실로 쉽게 설명됩니다. 그러므로 사태가 성숙할 때까지 현재의 추이를 지켜봐야 하고, 그런 다음에야 사태를 '생산적으로', 즉 '이론적으로' '소비할' 수 있을 것입니다.(CW 45: 354)[70]

따라서 마르크스는 생애 말년까지도 경제 위기의 양상을 이론적으로만이 아니라 경험적으로도 계속 주목했다(자본주의의 발전에 위기가 내재한다고 확인한 최초의 사람이 바로 그였다). 경제 위기가 중요한 이유는 그것이 자본주의 생산양식의 모든 모순을 집중시키고 요약하기 때문이기도 했고, "부르주아 세계의 생존"을 당연한 것으로 여길 수 없다는 사실이 경제 위기에서 드러나기 때문이기도 했다. 마르크스는 비록 경제 위기가 체제 붕괴로 끝나지는 않겠지만 경제 위기의 발생이 체제의 최종 전복에 기여할 것이라고 생각했다. 경제 위기와 혁명을 이렇게 이해하는 관점은 마르크스가 《자본론》에 남겨 놓은 지적 유산의 본질적 일부다.

7장

오늘날

《자본론》의 현대성

마르크스에 대한 가장 지겨운 비판은 마르크스가 현재 상황에는 전혀 맞지 않는 문제들을 붙잡고 씨름한 한물간 19세기 사상가라는 것이다. 그것은, 예컨대 조너선 스퍼버의 마르크스 전기에서 되풀이되는 비판인데, 그런 비판을 빼면 그 책은 새로운 학술적 전기라 할 만하다.[1] 앞서 봤듯이, 마르크스는 《자본론》에서 단지 빅토리아 시대 중반의 영국 경제를 묘사하려 한 것이 아니라, 자본주의라는 세계 체제를 연구하려고 노력했다. 이 점은, 예를 들어 1870년대에 그가 《자본론》 2권과 3권에 미국과 러시아 사례를 포함시키려고 애쓴 것에 반영돼 있다. 《자본론》의 대상의 일반성을 확립하려는 이런 노력은 《자본론》 1권 프랑스어판에서 찾아볼 수 있다. 독일어판에서 마르크스는 26장 "시초 축적의 비밀"을 끝맺으면서 농민 [토지의] 수탈은 영국에서 "전형적 형태 [klassische Form]"로 나타났다고 말하지만(C I: 876), 프랑스어판에서는 다음과 같이 썼다.

아직도 그것이 급진적 형태로 달성된 곳은 영국뿐이다. 그래서 우리가 이 나라를 주로 연구할 수밖에 없는 것이다. 그러나 서유럽의 다른 나라들도 똑같은 운동에 뛰어든다. 물론 각국의 환경에 따라 그 운동으로 지역적 색채가 바뀌거나 운동의 범위가 제한되거나 운동의 성격이 뚜렷이 드러나지 않거나 전개 순서가 다를 수는 있지만 말이다.[2]

《자본론》의 실증적 범위를 다양하게 확대하려는 마르크스의 노력은 《자본론》의 대상이 추상적인 것, 즉 "자본주의 생산양식과 [그것에 대응하는] 생산관계와 교환관계(Verkehrsverhältnisse)"라는 사실을 분명히 보여 준다.(C I: 90)³ 이것은 《자본론》의 현실성을 주장하려는 노력에 무슨 의미가 있는가? 앞서 1장에서 봤듯이, 마르크스는 (1862년 12월 28일) 쿠겔만에게 보낸 편지에서 당시 자신이 쓰고 있는 원고가 정치경제학을 비판하는 작업에서 "(1부[즉, 1859년의 《비판》 — 캘리니코스]와 함께) 핵심"이고 "나머지 속편은 [제가] 이미 제시한 것을 바탕으로 다른 사람들도 쉽게 써 나갈 수 있을 것입니다(아마 다양한 국가형태와 다양한 사회 경제구조의 관계는 예외가 되겠지만 말입니다)" 하고 말했다.(CW 41: 435) 이것이 의미하는 바는 《자본론》의 뒤를 이어 작업하는 "다른 사람들"이 마르크스가 결코 시간을 내지 못한 1858~1859년의 원래 계획, 즉 국가, 국제무역, 세계시장과 경제 위기를 다루는 후속작을 쓸 수 있으리라는 것이었다. 그러나 실제의 사태 전개 방향은 달랐다. 오히려 제2인터내셔널과 제3인터내셔널의 매우 많은 마르크스주의자들은 루돌프 힐퍼딩이 자본주의의 '조직화' 증대라고 부른 것 — 다시 말해, 자본의 집적과 집중, 개별 자본 단위들의 규모 증대, 여러 부문 간(예컨대, 은행과 산업 기업) 또는 사적 자본과 국가 간 복잡한 경제적 조정 방식의 발전 — 의 결과로 나타난 새로운 자본주의 발전 형태들을 분석하는 데 집중했다. 그렇다고 해서 더 추상적 이론이 발전하지 못한 것은 아니었다 — 그래서 힐퍼딩 자신은 《금융자본론》에서 금융시장 분석과 마르크스의 가치론을 통합하는 데 주의를 기울였다. 그리고 물론 《자본론》에 관한 논쟁들도 있었다 — 무엇보다 로자 룩셈부르크가 《자본론》 2권의 재생산 표식을 비판한 데서 비롯한 논쟁이 있었다. 그러나 이 모든 것에 영향을 미친 것은 자본주의 발전의 현재 국면을 이해하려는 노력이었다. 20세기 초 마르크스주의자들이 당시의 자본주의 발전 국면에 붙인 이름, 즉 제국주의는 바로 이 과제의 정치적 긴급성을 분명히 보여 준다.[4]

이런 노력들의 집합적인 결과는 마르크스주의 전통의 지적 명예 가운데 하나다. 유감스럽게도 미하엘 하인리히는 그 모든 것이 《자본론》의 의미를 왜곡하는 "전통적인 '세계관' 마르크스주의 Weltanschauungsmarxismus"라며 잡동사니 취급을 하는 듯지만 말이다. 그래서 그는, 예컨대 힐퍼딩·룩셈부르크·부하린·프레오브라젠스키·그로스만 같은 사상가들의 이론적 정교함을 무시한다.[5] 그러나 그들이 채택한 방법은 《자본론》의 작업을 지속하는 하나의 방법으로 볼 수 있다. 즉, 자본주의 발전의 서로 다른 국면들을 구분하고 그 구체적 특징들을 확인하려고 노력함으로써 "추상에서 구체로 상승하는" 방법을 실행하는 한 가지 방식으로 볼 수 있는 것이다.[6] 그러나 그것은 대가를 치러야 했다. 《자본론》의 대상을 자본주의 발전의 이런 국면들 가운데 하나 — '고전적' 자본주의 또는 [자유]'경쟁' 자본주의 — 로 여기는 경향이 생겨난 것이다. 이것은 마르크스가 자신의 작업을 어떻게 이해했는지를 왜곡할 뿐 아니라, 예컨대 19세기 자본주의가 '경쟁' 자본주의였다면 20세기의 '독점자본주의'는 자본 간 경쟁을 초월했다고 암시해서, 제국주의를 이론화하는 데도 부정적 영향을 미칠 수 있었다. 이런 점을 감안하면, 《먼슬리 리뷰》 학파가 마르크스의 가치론을 거부하는 것도 어느 정도 이해가 된다.[7]

그렇다고 해서, 중요하게 다뤄야 할 문제들이 없었다는 말은 아니다. 부하린의 뛰어난 업적 하나는 카를 카우츠키의 주장과 달리 [자본의] 집적과 집중 경향의 절정은 '초제국주의'가 아니라 국가자본주의라는 사실을 파악한 것이었다. 다시 말해, 자본의 집적과 집중 경향으로 말미암아 국가 간 충돌을 초월하는 자본의 세계적 통합이 이뤄진 것이 아니라 오히려 국민국가와 사적 자본의 융합이 이뤄졌다는 것이었다. 그러나 이것이 가치법칙에 의미하는 바는 무엇인가? 또, 마르크스가 말한 자본주의의 내재적 위기 경향에 의미하는 바는 무엇인가? 후자의 물음에 대한 부하린의 답변 ― 국가자본주의가 발전할수록 체제의 순전히 경제적인 모순들은 약해진다는 것 ― 은 심각한 오류였다.[8] 소련 스탈린 체제의 성격과 동역학을 파악하려고 애쓴 토니 클리프는 노멘클라투라[특권층] 수중에서 경제 권력과 정치 권력이 결합되고 그에 따라 노동자들이 생산수단에서 분리된 것을 개념화하는 데 국가자본주의 개념을 더 성공적으로 사용했다. 그는 소련과 서구 제국주의 열강 사이의 군사적 경쟁이 강요한 강박적 축적을 통해 가치법칙은 계속 작용했다고 주장했다.[9]

부하린과 클리프는 모두 경쟁을 세계적 수준에서 자리매김했다. 20세기가 지나면서 분명해진 사실 하나는 지정학적 경쟁뿐 아니라 경제적 경쟁도 계속됐다는 것이다. 실제로 세계화를 보는 관점 하나는, 20세기 중반에 강력한 일국적 영향력을 발휘한 국가들과 자본들이 고통스럽게 적응해야 했던 경쟁적 축적의 초국적 논리가 [20세기 말에] 다시 맹위를 떨친 것이 바로 세계화라는 견해다.[10] 이런 변화들과 맞물려서, 1970년대 초에 전후 장기 호황이 붕괴한 뒤 새로운 경제적 불안정이 지속된 결과로 우리는 《자본론》을 새로운 눈으로 읽을 수 있게 됐다.

예컨대, 대략 제2차세계대전 말부터 1970년대 중반까지 득세한 케인스주의 경제 정책 레짐의* 특징 중 하나는 신고전파 경제학자들이 흔

---

* policy regime. 개별적인 단위 정책들을 포괄해 정책 과정 전반을 제약하는 제도적 틀.

히 "금융 억압"이라고 부르는 것이다(이것은 이른바 설득적 정의의* 걸작이나). 다시 말해, 1930년대 대불황에 자극받은 국가들은 금융시장과 자본의 국제적 이동을 단단히 통제하게 됐다는 것이다. 1960년대 말과 1970년대 초에 경제가 다시 불안정해진 것은 부분적으로 자본이 (예컨대, 역외 유러달러 시장의 발전을 통해) 이런 구속에서 벗어나는 데 점차 성공한 결과였고, 1980년대 동안에 구체화한 신자유주의 경제정책 레짐은 점차 국경을 초월해서 통합되고 있던 금융시장에 대한 규제를 완화한 것으로 악명 높았다.[11] 그 결과 [오늘날] 우리가 살고 있는 경제적 세계는 어떤 점에서는 20세기 중반보다 150년 전의 마르크스 시대와 더 비슷하다고 할 수 있다. 그래서 마르크스가 그토록 주의 깊게 연구한 금융 거품과 공황의 순환이 신자유주의 시대에 세계경제를 지배하게 됐고, 그 파괴적 결과가 지난 2007~2008년의 폭락으로 나타난 것이다. 사실 앞서 6장에서 내가 주장했듯이, 마르크스가 경제 위기를 이해하는 데서 초점이 된 이윤율 저하 경향과 이 금융 순환의 상호작용은 오늘날 우리와 매우 직접적 관련이 있다. 왜냐하면 우리는 [금융] 폭락과 그에 뒤이은 불황과 회복의 동역학을 붙잡고 씨름하고 있기 때문이다.

물론 그렇다고 해서 21세기의 경제 위기 양상이 마르크스 시대와 똑같다는 말은 아니다. 첫째, 힐퍼딩과 그의 동시대인들이 연구한 구조적 변화들을 초래한 자본의 집적과 집중 과정은 신자유주의 시대까지도 계속됐다. 피터 놀런은 다음과 같이 썼다.

---

* persuasive definition. 상대방의 감정을 유발해서 자신의 주장을 지지하게 만들 목적으로 단어를 선택해서 정의하는 것을 말하는데, 흔히 정치적 논쟁에서 사용된다.

자본주의 세계화 시기 30년 동안 거의 모든 부문에서 산업의 집중이 일어났다. 세계의 생산량이 엄청나게 증가한 것과 함께, 대다수 산업 부문에서 주요 기업의 수가 줄어들었고 세계의 산업 집중도는 크게 증가했다. 이 점이 가장 뚜렷이 드러난 부분은 우수한 기술과 강력한 브랜드를 가진 유명한 기업들로 이뤄져 있다. 이 기업들은 확대된 가치 사슬의 꼭대기에서 '체제 통합자' 또는 '조직하는 두뇌'가 됐다. … 2000년대 초쯤 고부가가치, 첨단 기술, 강력한 브랜드가 있는 세계시장 부문(전 세계 구매력을 대부분 통제하는 중상위 소득자들에게 주로 봉사하는 부문)들 내에서 진정한 '법칙'이 작용하기 시작했다. 한 줌의 거대 기업들, '체제 통합자들'이 세계시장 전체의 50퍼센트 이상을 차지한 것이다.[12]

둘째, 오늘날의 금융 시스템을 결정적으로 좌우하는 것은 국가, 특히 중앙은행의 구실이다. 이것은 화폐의 지배적 형태가 "독특한 혼합물"(라파비차스의 표현이다)이라는 사실을 반영하는데, 금융 시스템을 통해 창출된 이 신용화폐를 뒷받침하는 것은 국가의 권위, 그리고 조세를 통해 가치를 취득할 수 있는 국가의 능력이다. 어느 정도는 그 결과로, 또 라파비차스가 오늘날 금융화의 핵심이라고 주장하는 구조적 변화들 때문에도, 특히 산업 기업과 상업 기업이 금융시장에서 채권과 신종기업어음을 발행해서 자금을 직접 모을 수 있는 능력과, 따라서 은행들이 산업 [기업]에 대출하는 것 말고, 예컨대 자기들끼리 거래하거나 가계에 대출하는 등 다른 이윤 원천을 발견하도록 만드는 압력 때문에

성숙한 자본주의에서 자본의 과잉 축적으로 말미암아 마르크스 시대와는 매우 다른 금융 현상들이 나타난다. 생산적 자본가들이 환어음을 인수(해서 어음금액을 지급)하지 못하던 상황은 끝났고, 그에 따라 어음할

인을 전문으로 하는 비교적 작은 은행들에 미치는 영향도 사라졌다. 과잉 축적은 이제 방대한 통화 현상을 동반하는데, 그중에는 주식시장의 호황과 불황, 대규모 파산 사태로 이어지는 은행 대출 확대, 국가가 화폐시장의 이자율을 조작하는 것 등이 포함된다.[13]

따라서 2007~2008년에 전개된 세계 경제·금융 위기는 마르크스 자신의 성숙한 경제 위기론의 핵심에 있는 이윤율 저하 경향과 금융 순환의 상호작용이 매우 독특한 형태로 나타난 것이다. 1960년대에 발전한 고질적 수익성 문제는 신자유주의 시대에 부분적으로만 역전됐다. 그래서 비록 착취율이 상승하고 자본의 구조조정이 상당히 이뤄졌지만, 1960년대와 1970년대의 장기 호황기 수준까지 이윤율을 회복시킬 만큼 충분하지는 않았다. 따라서 선진국들의 경제성장은 점차 금융 거품의 성장에 의존하게 됐는데, 특히 1990년대 말의 주식시장 호황 때와 2000년대 중반의 주택시장 거품 때 그랬다. 자산 가격 상승은 가계가 돈을 빌려서 지출하도록 부추겼고, 그렇게 해서 유효수요를 뒷받침했다. 2000~2001년의 주식시장 거품 붕괴는 미국을 중심으로 비교적 가벼운 불황을 일으키는 데 그쳤지만, 서구 금융 시스템이 대부분 미국과 영국과 일부 유로존 국가들의 주택시장 거품으로 먹고사는 데 몰두한 방식은 파괴적 경제 위기를 촉발했다. 미국과 유럽연합이 2008~2009년 대불황에서 회복됐다지만, 그 회복은 취약할뿐더러 금융 시스템의 심각한 손상을 동반했고(그런 손상은 유로존에서 가장 두드러진다), 또 선진 자본주의 국가들의 자본축적 근저에 있는 약점도 보여 줬다.[14]

그렇지만 마르크스의 경제 저작들을 더 주의 깊게 연구할수록, 그 저작들의 현실성은 더욱 커 보인다. 이 점은 프랑스 경제학자 토마 피케티가 소득과 부의 불평등을 연구해서 최근 펴낸 대작《21세기 자본》

을 보면 분명히 알 수 있다. 비록 피케티는 마르크스의 이론에 대한 이해가 부족하지만, 그가 자신의 책에 붙인 제목은 분명히 《자본론》을 떠올리게 하려는 것이었다. 피케티가 발견한 주요 사실 — 경제적 불평등이 20세기 초 수준으로 되돌아갔다는 것과 "자본 수익률이 오랫동안 [경제]성장률을 크게 웃돌면 … 부의 분배가 양극화할 위험이 매우 커진다"는 것 — 은 정치경제학 비판의 필요성을 확인시켜 준다.[15] 마르크스가 노동을 다룬 글에 대해서는 다음 절에서 다시 얘기하겠지만, 여기서는 마르크스가 세계화 과정을 보고 거의 놀라지 않았을 것이라는 점을 강조해 두는 게 좋겠다. 이미 《요강》에서 마르크스는 다음과 같이 썼다. "세계시장을 창조하는 경향은 자본 개념 자체에 직접 존재한다. 모든 한계는 극복 가능한 장벽으로 보인다."(G: 408) 자본의 세계적 성격에 대한 이런 강력한 의식은 그 원고의 첫 부분에서 마르크스가 "북미인들 가운데 유일하게 독창적인 경제학자"라고 부른 미국 경제학자 헨리 케어리를 논할 때 매우 분명히 드러난다. 케어리는 자본주의를 세계적 관점에서 살펴보는데 — 마르크스는 "케어리의 일반성은 양키의 보편성이다. 그에게는 프랑스와 중국이 똑같이 가깝다. 그는 항상 태평양과 대서양에 사는 남자다" 하고 매우 재치 있게 말한다 — 그 목적은 미국이 자국의 발전하는 산업들을 영국과의 경쟁에서 보호해야 한다고 주장하려는 것이었다.

케어리가 볼 때 부르주아 생산관계들이 가장 방대한 영역인 세계시장에서, 즉 생산하는 국민들의 관계로서 가장 크게 발전한 곳에서, 부르주아 생산관계들의 조화는 가장 철저한 부조화로 끝난다. 그에게 특정한 국경 안에서 또는 부르주아 사회의 일반적 관계들의 추상적 형태에서도 조화롭게 보이는 모든 관계들 — 즉, 자본의 집적, 분업, 임금노동 등 — 은 그것들의 가장 발전된 형태 — 세계시장 형태 — 에서는 영국이 세계시장을 지배할 수 있게 해 주는 내석 관계로 나타나고, 이 지배가 결국 파괴적 영향을 미치는 곳에서는 조화롭지 못한 것으로 나타난다.(G: 885, 886, 888)[16]

마르크스는 《1861~1863년 원고》에서는 자신의 가치론을 훨씬 더 발전시킨 덕분에 자본과 세계시장의 관계를 더 깊이 이해할 수 있었다.

잉여노동 또는 잉여가치가 일국적 잉여생산물로만 표현된다면, 가치를 위한 가치의 증대, 따라서 잉여노동의 강요는 [일국적 — 캘리니코스] 노동의 가치를 표현하는 협소한 사용가치 범위로 제한될 것이다. 그러나 잉여가치에 구현된 노동을 사회적 노동으로 발전시켜서 가치로서 그것[잉여가치 — 캘리니코스]의 진정한 본질을 발전시키는 것은 바로 외국무역이다. 그것은 서로 다른 사용가치들의 무한한 범위에서 분명히 드러나고, 실제로 추상적 부富를 의미 있게 만든다. …
그러나 오로지 시장이 세계시장으로 발전한 외국무역에서만 화폐는 세계화폐로 발전하고 **추상적 노동**은 사회적 노동으로 발전한다. 추상적 부, 가치, 화폐, *따라서* **추상적 노동**은 구체적 노동이 (세계시장을 포괄하는) 다양한 노동 방식 전체가 되는 정도까지 발전한다. 자본주의 생산은 가치에, 즉 생산물에 구현된 노동이 사회적 노동으로 탈바꿈하는 것에 바탕을 두고 있다. 그러나 이것은 오직 *외국무역*과 세계시장이라는 토대 위에서만 [가능하다 — 캘리니코스]. 이것은 자본주의 생산의 전제 조건이기도 하고 결과이기도 하다.(CW 32: 387~388)

실제로 마르크스는 《자본론》 1권 24장[잉여가치가 자본으로 전환]에서 자본축적을 논할 때 나라별 차이를 사상한다.

여기에서는 한 나라가 사치품을 생산수단이나 생계수단으로 바꿀 수 있게 해 주고 또 그 반대로도 할 수 있게 해 주는 수출무역은 고려하지 않는다. 혼동을 가져올 수 있는 부수적 요인을 모두 배제한 채 연구 대상을 순수한 형태로 고찰하려면, 상업 세계 전체를 한 나라로 봐야 하고, 또 자본주의 생산이 모든 곳에서 확립돼 모든 산업 부문을 지배하고 있다고 가정해야 한다.(CI: 727 n 2)

루치아 프라델라의 설득력 있는 주장에 따르면, 이 구절의 의미는 룩셈부르크나 레닌의 주장과 달리 마르크스가 여기서 축적과 확대재생산의 분석을 "폐쇄적 일국 체제"로 한정한다는 것이 아니다. 오히려 "상업 세계 전체를 한 나라로" 다룬 덕분에 마르크스는 19세기 중반에 이미 분명해진 자본과 노동의 국제적 이동 증가를 자신의 분석으로 통합할 수 있었다는 것이다.[17] 이런 해석은 마르크스가 확대재생산을 분석할 때 내놓은 제한적 가정들과 모순되지 않는데, 이 점은 《1861~1863년 원고》의 끝부분에 나오는 다음 구절이 잘 보여 준다.

[1부문과 2부문 사이의 — 캘리니코스] 이 관계들은 바로 폐쇄적이고 고립된 나라에서 결정될 수 있다. 그러나 한 나라에서 원료, 반제품, 부속물, 기계류 형태로 존재하는 *잉여생산물*의 일부는 **외국무역** 덕분에 다른 나라의 *잉여생산물* 형태로 바뀔 수 있고, 거기서 그것은 소비할 수 있는 생산물 형태로 존재한다. [따라서 외국무역은 이 장벽을 돌파한다.] 그러므로 그것은 자본주의 생산에 필수적이다. 왜냐하면 자본주의 생산은 **일정한 필요의 충족**과 관계없이 그 생산수단의 **양**에 따라 작동하기 때문이다. … 이와 함께 재생산 과정은 똑같은 나라에서 상호 보완적 등가물들을 생산하는 데 달려 있는 것이 아니라, 외국시장에서 이 똑같은 등가물들을 생산하는 데,

세계시장의 흡수 능력과 확대 정도에 달려 있다. 이것은 불일치의 가능성, 따라서 경제 위기의 가능성을 증대시킨다. (CW 34: 221)

마르크스는 실제로《자본론》2권에서 외국무역을 적용하지 않은 채 확대재생산 가능성을 입증하려 하지만, 논의를 단순화하려고 그럴 뿐 이다.

자본주의 생산은 외국무역 없이는 결코 존재하지 않는다. 그러나 특정한 규모의 정상적 연간 재생산을 가정할[unterstellt] 때, 우리는 다음과 같은 것도 가정한다[unterstellt]. 즉, 외국무역은 국내 생산물을 다른 유용한 형태나 현물 형태의 생산물로 바꿔 놓을 뿐이고, 가치 비율에는 아무 영향을 미치지 않는다는 것, 따라서 생산수단과 소비수단의 두 부문이 서로 교환되는 가치 비율에도 영향을 미치지 않고, 이 각 부문 생산물의 가치를 구성하는 불변자본·가변자본·잉여가치의 비율에도 영향을 미치지 않는다는 것이다. 그러므로 한 해에 재생산되는 생산물의 가치를 분석하는데 외국무역을 끌어들이는 것은 문제 해결에 아무 도움도 안 되고 혼란만 불러일으킬 뿐이다.(CII: 546)

따라서 특별한 분석적 이유들 때문에 외국무역을 사상할 때조차 마르크스는 자본주의 발전에서 외국무역이 하는 필수적 구실을 인정한다. 그리고 앞서 인용한《자본론》1권의 구절보다 먼저 22장에서는 노동강도가 더 높은 나라들이 낮은 나라들보다 생산물의 가치를 더 많이 얻을 것이라고 주장한다. 더욱이 "가치법칙이 [국제적으로 적용될 때는] 다음과 같은 사실로 말미암아 수정된다. 세계시장에서는 생산력이 더 높은 나라가 경쟁 때문에 자신의 상품 판매 가격을 그 가치 수준까지 낮춰야 하지 않는 한, 그 나라의 노동은 더 강도가 높은 노동으로 계산된다."(CI: 702)[18] 이 모든 것은 마르크스가《자본론》의 대상, 즉 자본주의 생산양식을 발전하는 세계 체제로 이해했음을 분명히 보여 준다.

물론 이 체제의 형성은 앞서 봤듯이 "자본주의 생산의 전제 조건이기도 하고 결과이기도 하다."《자본론》1권의 중요한 [31]장 "산업 자본가의 발생"에서 마르크스는 근대 초기에 식민지 정복과 국가 간 전쟁이 한창일 때 자본의 시초 축적이 이뤄졌음을 보여 준다. 그러나 시초 축적은 엄밀한 의미의 자본주의 생산양식이 우세해질 수 있는 조건들을 제공했고, 이 자본주의 생산양식의 우세는 (앞서 인용한 구절들에서 마르크스가 개념화하려고 노력한) 세계시장의 집중적 발전을 추동했다.

> 자본의 발전은 천지창조와 함께 시작되는 것이 아니고, ab ovo[처음부터 — 캘리니코스] 시작되는 것도 아니다. 자본은 16세기와 17세기에야 비로소 사실상 세계를 지배하고 모든 경제적 사회구성체를 장악하기 시작한다. 이것이 자본의 유아기다. … 사실 자본주의 생산양식은 **대규모 공업**과 더불어서만 충분히 발전하고, 따라서 그것이 완전히 발전하기 시작한 것은 18세기의 마지막 30여 년 이후다(비록 아직도 산발적으로 발전하고는 있지만).(CW 34: 327)

자본의 관계성

이 책에서 줄곧 내가 옹호한《자본론》해석은 마르크스가 자본주의 생산양식을 (앞서 4장에서 말한) 두 가지 분리 — 자본이 임금노동을 착취할 수 있게 해 주는 생산수단과 노동자들의 분리, 자본들끼리 서로 경쟁하게 만드는 자본들 사이의 분리 — 로 이뤄진 관계들로 이해했음을 강조한다. 그래서 나는 2장과 3장에서는 마르크스가 이 두 가지 분리를 개념화하려고 리카도한테서 물려받은 노동가치론을 어떻게 재구성했는지를 보여 주기도 했다. 마르크스는《1861~1863년 원고》에서 가치가 생산가격으로 바뀌는 전형 이론을 발전시켰고, 그 덕분에《자본론》1권에서 첫째 분리를 집중적으로 다루고 나서 3권에서 둘째 분리의 결과를 충분히 다룰 수 있었다(물론 앞서 3장에서도 봤듯이, 마르크스는《자본론》1권에서 차액 이윤을 분석하고 자본의 집적과 집중을 개념화할 때 경쟁을 제한적이나마 중요하게 고려해야 했다). 그가 두 가지 분리를 이렇게 다룰 수 있었던 것은 무엇보다 헤겔한테서 받아들인 과학 모델 덕분이었는데, 그것은 점점 더 복잡한 규정들을 도입해서 추상에서 구체로 상승하는 모델이었다. 물론 마르크스가 '추상에서 구체로 상승'하는 방법은 [헤겔의]《논리학》에서 개념의 다양한 형태들이 내면화하는 기억Erinnerung과는 근본적으로 다르다.《자본론》1~3권은 외면화가 증대하는 과정을 추적하는데, 이 과정에서 자본의 유통은 생산에서 잉여가치가 추출되는 것을 모호하게 만든다. 또, 잉여가치가 자본가계급 내부에서 분할되는 것은 경제적 행위자들이 전체의 부분적 표상들을 받아들이도록 부추긴다(그렇지만 그 부분적 표상들은 경제적 행위자들의 계산과 실천을 사실상 특정 방향으로 이끌 수 있다). 경제 위기 개념(의 발전 과정은 앞서 6장에서 살펴봤다)은 이 운동에 영향을 미치는 총과정Gesamtprozeß의 통일을 향해 나아간다 (비록 완전히 도달하지는 못하지만). 생산에서 산 노동보다 죽은 노동의 비중이 더 커지는 현상은 이윤율 저하 경향으로 나타나고 이 경향은 또 금융시장의 호황·불황 순환과 상호작용한다.

따라서 첫째 분리(자본 대 임금노동)가 둘째 분리('다수 자본' 간 경쟁)보다 설명에서 우선하지만, 마르크스가 여러 원고에서 범주들을 끊임없이 다시 정식화한 데서 드러나듯이 자본주의의 운동 법칙을 파악하려면 둘 다 필수적이다. 1960년대와 1970년대의 사상적·정치적 급진화 당시 쏟아져 나온 수많은 《자본론》 해석 중에는 경쟁을 자본과 노동의 근본적 적대 관계에 부수적인 현상으로 취급하는 경향이 있었다(앞서 봤듯이, 마르크스 자신의 모호함이 그런 경향을 부추겼다). 예컨대, 이탈리아 노동자주의자들이 그랬다.[19] 그런데 앞서 5장에서 지적했듯이 일부 좌파 지식인들이 임금노동을 자본 관계에서 제거하려 하면서 논의는 바뀌었다. 1960년대 논쟁과 1970년대 논쟁을 연결해 주는 쟁점 하나는 《요강》의 유명한 "기계에 관한 단편"을* 어떻게 받아들일 것인지였다. 마르크스가 고정자본 논의를 확대하는 이 부분에 노동자주의자들은 매료됐다.[20] 여기서 마르크스는 다음과 같이 쓴다.

생산에 과학적 성격을 부여하는 것이 자본의 경향이고, 직접적 노동은 이 [생산]과정의 단순한 계기로 전락한다. 가치가 자본으로 탈바꿈할 때와 마찬가지로, 자본이 더 발전함에 따라 자본은 한편으로는 생산력의 일정한 역사적 발전을 전제하고 ― 이 생산력에는 과학도 [포함된다 ― 캘리니코스] ― 다른 한편으로는 생산력 발전을 추동하고 강제한다는 것이 드러난다.(G: 699)

---

* 《요강》에 "기계에 관한 단편"이라는 제목이 달린 부분이 있는 것이 아니고 MEW 42권의 590~608쪽, 영역판 《요강》의 690~712쪽, 국역본 《요강》 2권의 367~389쪽 내용을 가리키는 말이다.

마르크스는 뒤에 가서 이 점을 더 자세히 설명한다.

고정자본의 발전은 일반적인 사회적 지식이 어느 정도까지 **직접적 생산력**이 되고, 따라서 어느 정도까지 사회적 생활 과정의 조건 자체가 일반적 지성의 통제를 받게 되고 일반적 지성에 따라 변형되는지를 보여 준다. 어느 정도까지 사회적 생산력이 지식의 형태로 생산될 뿐 아니라 사회적 실천의 직접적 기관들, 실제 생활 과정의 직접적 기관들로도 생산되는지를 보여 준다.(G: 707)

사람들은 흔히 이 구절을 그 앞에 나오는 다음 구절과 관련짓는다.

오늘날 부의 토대는 타인의 노동시간을 훔치는 도둑질인데, 그 도둑질은 대공업 자체가 만들어 낸 이 새로운 토대에 비하면 보잘것없어 보인다. 직접적 형태의 노동이 부의 위대한 원천이 아니게 되자마자 노동시간도 부의 척도가 아니게 되고 따라서 교환가치도 사용가치의 척도가 아니게 된다(그리고 아니어야 한다). 대중의 잉여노동이 일반적 부의 발전을 위한 조건이 아니게 되고, 마찬가지로 소수가 노동하지 않는 것이 인간의 일반적 지적 능력의 발전을 위한 조건도 아니게 된다. 이에 따라 교환가치에 바탕을 둔 생산은 붕괴하고, 직접적인 물질적 생산과정 자체는 궁핍과 대립의 형태를 벗게 된다.(G: 705~706)

이렇게 약간 사변적인 언급들을 토대로 거대한 지적 성城들이 구축됐다. 예컨대, 마이클 하트와 토니 네그리는 "최근 생산적 노동이 변화해서 점점 더 비물질적으로 되는 경향이 있다"는 자신들의 주장을 정당화하는 근거로 "'일반적 지성'이라는 마르크스의 개념"을 내세운다.

"전에는 대량생산 공장의 노동력이 잉여가치 생산에서 중심적 구실을 차지했지만 오늘날은 지적이고 비물질적이고 의사소통적인 노동력이 점차 그들을 대체하고 있다."[21] 특히 비물질적 노동의 성장 때문에 노동과 개인 생활의 경계가 무너진다. 따라서 "우리는 자본주의 생산에서 노동과 가치의 관계에 대한 마르크스의 견해를 수정해야 한다. … 살아가기와 생산하기를 구분할 수 없게 되는 경향이 있다는 의미에서 노동과 가치는 삶정치적이 됐다."[22] 슬라보이 지제크는 약간 더 신중하게 다음과 같이 지적한다. "《요강》에서 '일반적 지성'에 관한 논의 전체는 출판되지 않은 단편 원고 속에 들어 있다 — 그것은 마르크스가 곧바로 포기한 실험적 발전 방향이다. 왜냐하면 자신의 새로운 출발점, 즉 사회적 현상으로서 상품에 초점을 맞추는 상품 분석과 그 방향이 결국 양립할 수 없다는 사실을 금방 깨달았기 때문이다." 그러나 지제크는 곧 신중한 태도를 버린다. "문제는 (실천적 요령뿐 아니라 과학 지식도 포함하는) '정신노동'이 패권적 지위('일반적 지성')로 떠오르면서 표준적 착취 개념이 약해진다는 것이다. 왜냐하면 이제 가치의 원천이자 궁극적 척도 구실을 하는 것은 노동시간이 아니기 때문이다."[23]

이런 식의 추론은 《요강》을 복잡하고 확대된 이론적 발전 과정의 비교적 초기 단계로 보지 않고 마르크스의 자본주의 이해의 본보기로 여길 때 위험에 빠지는 전형적 사례다. 미하엘 하인리히가 "기계에 관한 단편"을 두고 다음과 같이 말한 것은 완전히 옳다.

사람들은 흔히 이 구절들을 인용하지만, 《요강》의 분류 기초가 얼마나 불안정한지는 고려하지 않는다. 마르크스가 《자본론》에서 "정치경제학을 이해할 때 결정적으로 중요하다"고 말한 구체적 노동과 추상적 노동의 구분은 《요강》에 전혀 나오지 않는다. 또, 《자본론》에서 "직접적 형태의 노동"

은 부의 원천도 아니다. 물질적 부의 원천은 구체적 유용노동과 자연이다. 자본주의에서 부나 가치의 사회적 실체는 추상적 노동이지만, 이 추상적 노동이 생산과정에서 지출된 노동력에서 비롯하는지 아니면 사용된 생산수단의 가치가 이전되는 데서 비롯하는지는 전혀 중요하지 않다. 추상적 노동이 여전히 가치의 실체라면, 이제 더는 노동시간이 가치의 고유한 척도일 수 없는 이유나 "교환가치에 바탕을 둔 생산"이 반드시 붕괴해야 하는 이유가 분명하지 않다.[24]

사실 "비물질적 노동"이라는 문제의식 자체가 마르크스의 추상적인 사회적 노동 개념을 오해한 데서 비롯한다. 하트와 네그리는 사실상 실체론적 가치 개념에 의존한다. 즉, 선진 자본주의 경제들에서 제조업 비중이 감소한 결과로 이제 노동이 "비물질적"으로 됐다면, 이것이 의미하는 바는 마르크스가 염두에 둔 노동은 물질적인 것, 다시 말해 물질적 재화를 생산하는 육체노동이었다는 것이다. 그러나 이런 주장은 추상적 노동과 구체적 노동의 혼동에서 비롯한 것이다. 마르크스는 서로 다른 유용노동의 구체적 형태들이 (앞서 4장에서 살펴본 과정을 통해) 양적으로 서로 비교할 수 있게 되고 추상적인 사회적 노동량으로 환원되는 한 자본주의의 노동은 모두 비물질적이라고 생각했다. 그는 다음과 같이 말한다. 가치는 "환상적 객체성[phantastische Gegenständlichkeit] — 추상적 인간 노동의 객체성, 추상적 인간 노동의 객체적 형태"(MEGA2 II/6:32), "허깨비 같은 객체성[gespenstige Gegenständlichkeit]"(CI: 128, 번역 수정) — 을 가지는데, 이것은 생산자들과 그들의 생산물을 지배하는 사회관계에서 생겨난다. 그것은 특정한 물리적 노동 유형에 내재하는 어떤 양이 아니다.

생산적 노동과 비생산적 노동에 관한 마르크스의 논의에는 다양한 머뭇거림과 변화가 있다. 비록 그가 일관되게 다음과 같이 말하지만 말이다. "생산적 노동은 — 자본주의 생산 체제에서는 — 사용자를 위해 잉여가치를 생산하거나 노동의 객체적 조건을 자본으로, 그런 조건의 소유자를 자본가로 전환시키는 노동, 따라서 자신의 생산물을 자본으로 생산하는 노동이다."(CW 34:131) 그러나 마르크스는 대체로 생산적 노동을 육체노동이나 물질적 재화의 생산과 동일시하는 데 반대한다. 예컨대,《자본론》2권에서 그는 운수업을 생산적 자본에 포함시킨다. 비록 운수업에는 물리적 생산물로 여길 만한 것이 전혀 없지만 말이다.

[수송되는 것이 사람이든 상품이든 그 결과는 공간적 위치의 변화다. 예컨대, 면사는 이제 그것이 생산된 영국이 아니라 인도에 있게 된다. 그러나] 운수 산업이 판매하는 것은 장소의 현실적 변화 그 자체. 그것이 만들어 낸 유용 효과는 운송 과정, 즉 운수업의 생산과정과 끊을 수 없이 연결돼 있다. 사람과 상품은 운송 수단과 함께 여행하고, 이 여행, 즉 운송 수단의 공간적 운동이 바로 운수업의 생산과정이다. 그 유용 효과는 이 생산과정 동안에만 소비될 수 있다. 그것은 이 과정과 구별되는 유용물 — 생산이 완료된 뒤에야 비로소 거래 물품으로 기능하고 상품으로 유통되는 유용물 — 로 존재하지 않는다. 그러나 이 유용 효과의 교환가치는 다른 상품과 마찬가지로 그 유용 효과를 생산하는 데 소비된 생산요소(노동력과 생산수단)의 가치와, 운수업에 고용된 노동자들의 잉여노동으로 창출된 잉여가치의 합계에 의해 결정된다.(CII: 135. CW 33: 41, 145~146도 참조)[25]

《요강》에서 제기한 그 주제들로 마르크스가 되돌아간 것은 《1861~1863년 원고》의 상대적 잉여가치를 다룬 부분에서 매우 풍부하고 폭넓게 기계를 논하면서다. 여기서 분명히 드러나는 것은 마르크스가 말한 "일반적 지성"은 단지 자본주의 생산과정에 통합된 사회적 실천으로서 과학이라는 뜻이다.[26] 그는 정치경제학의 역사를 다룬 긴 보론 때문에 중단된 상대적 잉여가치 분석을 재개하기 직전에 과학과 자본주의의 관계에 대한 견해를 다음과 같이 간명하게 요약한다. "자본주의 생산은 과학과 노동을 분리하기도 하지만 물질적 생산에 과학을 이용하기도 한다."(CW 33: 364) 과학적 연구는 자율화·전문화함과 동시에 자본에 봉사하기도 한다는 것이다.

여기서[공장에서] 기계를 "장인의 기계"라고 말하고 기계의 기능을 생산과정(생산 업무)에서 장인이 하는 기능이라고 말하듯이, 이 기계에 또는 생산방법과 화학 공정 등에 구현된 과학 지식도 마찬가지다. 과학은 노동에 낯설고 적대적이고 노동을 지배하는 잠재력으로 나타나고, 과학의 적용 ― 생산과정을 분석해서 자연과학을 물질적 생산과정에 적용하기 위해 한편으로는 집적하고, 다른 한편으로는 경험으로 얻고 전통에 따라 계승되는 지식과 관찰과 직업 비밀을 과학으로 발전시키는 일 ― 은 오로지 [생산]과정의 지적 잠재력과 개별 노동자의 지식·지성·기술을 분리하는 데 달려 있고, 이 점은 생산조건이 집적되고 발전하고 자본으로 전환되는 것이 노동자를 생산조건에서 제거하는 ― 분리 ― 데 달려 있는 것과 마찬가지다. 오히려 공장 노동을 하는 노동자에게는 특정한 손놀림에 관한 지식만이 남는다. 따라서 이와 함께 도제 훈련을 규제하는 법률도 폐지된다. 그리고 공장의 아동들이 적어도 읽고 쓰는 법은 배우게 하려는 국가 등의 노력은 과학을 생산과정에 적용하는 일과 생산과정에서 모든 지적 발전이 억제되는 일이 동시에 일어난다는 사실을 보여 준다. 소수의 상층 노동자들이 형성되는 것은 분명하지만, 이들은 결코 '탈숙련' 노동자 대중에 비할 바가 못 된다.(CW 34: 34)

따라서 마르크스는 과학이 생산력으로 변모한다고 해서 노동이 더는 가치의 원천이 아니게 된다고 주장한 것이 아니라, 이런 변모가 노동자들에게 미치는 영향에 관심이 있었다. 여기서 지휘하는 것은 분명히 자본이지 '일반적 지성'이 아니다. 마르크스는 해리 브레이버먼의 유명한 연구를 예고라도 하듯이, 과학을 이용한 상대적 잉여가치 추출로 가능해진 생산·기술의 변화가 어떻게 노동을 탈숙련화하는지를 탐구한다.[27] 아래 인용된 구절에서 마르크스는 리처드 로버츠가 만든 자동 뮬방적기에 공장 노동자들이 붙인 별명 — 철인Iron Man — 을 언급하는데, 제조업 자본가들의 옹호자인 앤드루 유어가 설명하듯이 자동 뮬방적기는 "열심히 일하는 계급들 사이에서 질서를 회복하고자" 1830년에 도입된 기계였다.[28] 로버트 앨런이 보기에, 로버츠의 "목적은 뮬방적기를 조작하는 고임금 방적공들의 작업을 없애는 것이었고, 그는 결국 그렇게 하는 데 성공했다. … [자동] 뮬방적기는 영국이 19세기 내내 면직물 생산에서 우위를 유지할 수 있는 토대였다."[29] 마르크스는 다음과 같이 썼다.

여기서도 과거의 노동 — 자동 장치와 그것으로 움직이는 기계에 들어 있는 — 은 겉보기에는 [산 — 캘리니코스] 노동과 무관하게 기능하면서 전진한다. 기계가 노동에 종속되지 않고 오히려 노동을 종속시킨다. 그것은 피와 살이 있는 인간과 대결하는 철인이다. 인간의 노동이 자본에 포섭되는 것 — 자본이 인간의 노동을 흡수하는 것 — 은 자본주의 생산의 본질에 내재하는데, 여기서 그 포섭은 기술적 사실로 나타난다. 그러면 아치의 쐐기돌이 완성된다. 죽은 노동이 운동을 하고, 산 노동은 죽은 노동의 의식적 기관으로만 존속할 뿐이다. 여기서 전체 작업장의 살아 있는 연관은 이제 협업에 있지 않다. 오히려 원동기로 가동되는 기계 체계가 [작업장을] 통합하고 전체 작업장을 차지하고, 노동자들로 이뤄진 살아 있는 작업장은 거기에 종속된다. 따라서 노동자들의 **통합**은 명백히 노동자들과 무관한 자율적 형태를 띠게 된다.(CW 34: 30)

분명히 여기서 마르크스의 관심사는 산 노동과 죽은 노동의 적대 관계이지 가치법칙의 붕괴가 아니다. 그가 원고의 이 부분에서 생산과정에 몰두하는 것을 보면, 오늘날 임금노동을 열외 취급하려는 또 다른 시도는 훨씬 더 놀랍다. 프레드릭 제임슨은 《자본론》 1권을 연구해서 쓴 책의 서두에서 《자본론》 1권은 "정치를 다룬 책이 아니고 심지어 노동을 다룬 책도 아니다. 그것은 실업을 다룬 책이다" 하고 말한다. 그는 이 "충격적인 주장의 논거, 그 논거의 단계들과 축차적 전개에 세심한 주의를 기울여서" 그 주장을 입증하겠다고 약속한다. 더 나아가서 《자본론》의 또 다른 역설, 즉 이 노동계급의 성서가 노동을 거의 다루지 않는다"는 역설을 제시한다. "노동의 실존적 경험은 재생산될 수 없고, 우리를 어쨌든 자본의 영역 밖으로 인도한다. 자본은 진정한 노동의 체험적 특성에 관심이 없기 때문이다." 당황한 독자는 유명한 《자본론》 1권 10장 "노동일"(과 거기에 자세히 기록된 과로나 혹사의 온갖 고통)을 감안하면 이 '역설'을 어떻게 받아들여야 할지 궁금할 것이다. 하물며 1권 4편 "상대적 잉여가치 생산"은 더 말할 나위도 없다. 4편은 비교적 간략한 이론적 논의가 나오는 12장 다음에 매우 실증적인 세 장이 이어지고(그중에 15장 "기계와 대공업"은 매우 길다) 모두 합쳐서 200쪽이 넘는데, 적어도 순진한 사람의 눈에는 모두 노동을 다룬 것처럼 보이기 때문이다. 이 명백한 반론에 제임슨이 내놓는 유일한 대답은 마치 '손 흔들기'처럼* 보인다. 그는 10장은 "결코 노동을 다룬

---

* hand-waving. 공허한 말이나 주장, 몸짓, 행동을 하면서 설명하거나 설득하는 척하는 것.

장이 아니라, 모든 극단적 노동의 불가능성과 탈진하기 직전의 신체를 다룬 장이다. 10장의 심층적 주제는 구체적 노동이 아니라 계급투쟁이 다" 하고 주장한다.[30]

《자본론》에 계급투쟁이 없다고 주장하는 사람들에게는 미안하지만, 10장이 계급투쟁을 다룬다는 것은 정말 맞는 말이다. 이 점은 10장 앞 부분에서 마르크스가 분명히 밝히고 있다. 두 상품 소유자, 즉 자본가 와 노동자가 노동일의 길이를 둘러싸고 충돌하면 "권리 대 권리라는 이 율배반"이 생겨난다.

> 이 두 권리는 똑같이 상품 교환의 법칙에 따라 보증되는 것들이다. 동등한 권리와 권리가 서로 맞섰을 때는 힘이 문제를 해결한다. 따라서 자본주의 생산의 역사에서 노동일의 표준화는 노동일의 한계를 둘러싼 투쟁 — 총 자본, 즉 자본가계급과 총노동, 즉 노동계급 사이의 투쟁 — 으로 나타난 다.(CI: 344)

그렇다고 해서 10장이 노동을 다루지 않는다는 말은 아니다. 마르 크스는 10장을 비교적 뒤늦게 추가했다(《1861~1863년 원고》에는 10 장에 해당하는 부분이 없다). 그는 (1866년 2월 10일) 엥겔스에게 보낸 편지에서 다음과 같이 말했다. 큰 종기 때문에 "진짜로 이론적인 부분 은 진척시킬 수 없었네. 내 두뇌가 그것을 감당하지 못했지. 그래서 원 래 계획에는 없던, 역사적 관점에서 본 '노동일' 부분을 자세히 설명하 게 됐네."(CW 42: 224) 그렇다고 해서 10장에 이론적 내용이 없다는 말은 아니다. 하비가 말했듯이 "10장에서 말하는 ['힘'의] 핵심적 의미는 정치적 힘, 즉 '표준적' 노동일을 입법화할 권한을 가진 국가기구에 영 향을 미칠 수 있는 정치적 동맹과 (노동조합 같은) 단체를 조직하고 동원하는 능력을 가리킨다."[31] 그렇다면 여기서도 《자본론》에 국가는 존재하는 셈이다. 그렇다 해도 마르크스가 공장 감독관과 그 밖의 공식 조사 보고서에서 과로나 혹사의 구체적 사례들을 뽑아내 묘사한 것의 영향력을 무시해서는 안 된다. 여느 노련한 작가와 마찬가지로 마르크스도 여기서 독자의 상상력을 자극한다. 그가 인용하는 설명, 예컨대 빵 제조공의 장시간 노동일에 대한 설명(CI: 359~361)은 빵 제조공의 "실존적 경험"을 되찾는 것은 아닐 수 있지만, 빵을 만드는 구체적 노동이 그 노동자에게 강요하는 부담을 매우 효과적으로 전달하는 것이기는 하다. 그 설명 바로 다음에는 아일랜드 빵 제조공들이 야간 노동과 일요 노동에 반대해 벌인 시위 이야기가 나온다.(CI: 362) 따라서 마르크스는 노동의 괴로움과 어려움을 환기시키고 나서 곧바로 노동자 조직의 발전을 추적하고 있다.

제임슨이 《자본론》 1권 25장에 나오는 자본주의적 축적의 일반 법칙을 얘기할 때는 근거가 약간 더 강력하다. "명백한 사실은 여기서 분명히 진술된 일반 법칙이 非노동과 관계있다는 것이다. 즉, 노동하는 프롤레타리아의 생산(재생산은 말할 것도 없고)과 관계있는 것이 아니라, 앞으로 결코 노동하지 못할 사람들과 실제로 지금 노동할 수 없는 사람들을 포함한 '[산업]예비군'과 관계있다."[32] 마르크스는 다음과 같이 말한다.

사회의 부와 현재 기능하는 자본, 그것의 증대 규모와 활력, 따라서 프롤레타리아의 절대적 크기와 그 노동생산성이 커질수록 산업예비군도 그만큼 늘어난다. 자본의 확장력을 발전시키는 원인들 자체가 또한 자본이 마음대로 이용할 수 있는 노동력도 발전시킨다. 따라서 산업예비군의 상대적 크기는 부의 잠재적 힘과 함께 증대한다. 그러나 이 예비군이 노동자

현역군보다 많을수록 고정적 과잉인구도 그만큼 더 많아지는데, 그들의 빈곤은 노동의 고통에 반비례한다. 끝으로, 노동계급의 극빈층과 산업예비군이 많을수록 공식적 구호 빈민도 그만큼 더 많아진다. 이것이 자본주의적 축적의 절대적 일반 법칙이다. 다른 모든 법칙과 마찬가지로 이 법칙도 그 실현 과정에서는 다양한 요인에 따라 수정되는데, 그런 요인들을 분석하는 것은 여기서 우리의 관심사가 아니다.(CI: 798)

비록 여기서 요점은 아니지만, 이것은 마르크스가 '법칙'이라는 말을 사용하는 약간 일탈적 어법이다. 대체로 그는 상당히 정확한 양적 관계를 지칭할 때 이 말을 사용하지만(특히《자본론》1권에서는 꽤 자주 그런다) '일반 법칙'은 확실히 그렇지 않다. 그것은 단지 '비노동'에 관한 것인가? 사실은 그렇지 않다. '일반 법칙'을 제시할 때 마르크스는 부의 성장, 프롤레타리아의 규모와 생산성의 성장을 산업예비군의 성장(과 그에 따른 고통)과 대조하는 데 관심이 있다. 더 넓게 보면, 프라델라가 말하듯이 "마르크스는 자본주의의 발전 자체가 세계 규모에서 프롤레타리아의 포괄적(이지만 불균등한) 빈곤화를 결정한다고 생각했다. 이 빈곤화는 프롤레타리아의 [물질적·정신적 — 캘리니코스] 존재 자체를 아우르고" 상대적 임금(꼭 명목임금이나 실질임금은 아니더라도)의 감소로 표현된다.[33] 이것은 실업 노동자만큼이나 취업 노동자에 관한 것이기도 하다. 방금 전에 인용한《자본론》1권 구절의 한 쪽 뒤에서 마르크스는 다음과 같이 썼다.

그러나 잉여가치를 생산하는 모든 방법은 동시에 축적의 방법이고, 축적의 모든 확대는 거꾸로 그 방법을 발전시키는 수단이 된다. 여기서 나오는 결론은 자본이 축적될수록 노동자의 상황은 보수가 높든 낮든 점점 더 나빠질 수밖에 없다는 것이다. 끝으로, 축적의 규모와 활력에 맞게 상대적 과잉인구나 산업예비군을 항상 유지하는 법칙은 헤파이스토스의 쐐기가 프로메테우스를 바위에 묶어 놓은 것보다 더 단단하게 노동자를 자본에 묶어 놓는다. 이 법칙은 부의 축적에 상응하는 빈곤의 축적을 필연적인 것으로 만든다. 따라서 한쪽 끝에서 부의 축적은 동시에 반대쪽 끝, 즉 자신의 생산물을 자본으로 생산하는 노동계급 쪽에서는 빈곤, 노동의 고통, 노예 상태, 무지, 잔인, 도덕적 타락의 축적이다.(CI: 799)

여기서 마르크스는 "부의 축적"을 반드시 동반하는(그래서 '법칙'이다) "빈곤의 축적"에 **"노동의 고통"**을 포함시킨다.[34] '일반 법칙'의 서술은 마르크스가 산업예비군을 분석한 뒤에 나오는데, 자본주의 발전에 관한 마르크스의 전반적 이론에 산업예비군이 중요하다는 점은 앞서 6장에서 지적한 바 있다. 그리고 바로 여기서 우리는《자본론》1권이 "실업을 다룬 책"이라는 제임슨의 주장의 합리적 핵심을 발견한다. "오늘날 [《자본론》을] 해석하는 사람들은 마르크스의 '자본주의의 예비군'[원문 그대로임 — 캘리니코스] 개념에서 구조적 실업이 전에는 이 체제의 부차적 특징이었지만 이제는 자본주의 분석의 중심에 있다고 본다." 그러나 한 쪽 뒤에서 제임슨은 《자본론》의 텍스트 자체에서 실업의 근본적인 구조적 중요성" 운운하며* 미끄러진다.[35] 우리는 제임슨이 넌지시 말하듯이 [산업]예비군에 대해 마르크스가 말한 내용에 특별한 관심이 있을 수 있지만, 그렇다고 해서 이 논의가 《자본론》에서 "구조적 중요

---

* 제임슨은 "《자본론》의 텍스트 자체에서 실업의 근본적인 구조적 중요성을 강조할 때, 완전고용을 요구하는 정치적·이데올로기적 전략을 거론하는 것이 필수적이라고 생각하지는 않는다" 하고 썼다.

성"이 있다는 결론이 나오는 것은 아니다.

그래도 제임슨이 마르크스의 분석에서 이 특수한 수준의 현실성을 강조한 것은 옳다. 그러나 로만 로스돌스키가 주장하듯이 "산업예비군과 '실업'을 동일시하는 것은 완전히 틀렸다."[36] 산업예비군은 무엇보다 **노동**의 산업예비군이다. 다시 말해, 생산과정에 완전히 통합되지는 않았지만 그 존재가 생산과정에 분명한 영향을 미치는 노동자층이다 — 이 점은 마르크스가 산업예비군의 변동이 경기순환의 조절에 어떻게 도움이 되는지를 논한 데서도 드러난다(앞의 6장 참조). 《자본론》 1권 25장 4절[상대적 과잉인구의 상이한 존재 형태. 자본주의 축적의 일반 법칙]에서 마르크스는 산업예비군의 층을 구별하는데, 이것은 실업자보다 훨씬 더 광범하다.

> 상대적 과잉인구는 매우 다양한 형태로 존재한다. 어떤 노동자도 반실업 상태나 완전실업 상태에 있는 동안에는 상대적 과잉인구에 속한다. 산업 순환에서 상대적 과잉인구는 경제 위기 때는 급격하게 나타나고 경기가 지지부진할 때는 만성적으로 나타나는데, 이런 산업 순환의 국면 전환에 따라 주기적으로 반복돼 나타나는 대규모 형태들을 제외하면, 상대적 과잉인구는 항상 세 가지 형태를 띤다. 유동적 형태, 잠재적 형태, 정체적 형태가 그것이다.(CI: 794)

사실 마르크스는 산업예비군의 네 가지 형태를 구별한다. 유동적 형태는 현대적 산업 생산이 흡수하거나 축출하는 노동자들이고, 잠재적 형태는 낮은 생산성 때문에 적어도 잠재적으로는 실업 상태인 농업 부문의 노동자들이고, 정체적 형태는 "노동자 현역군의 일부지만 취업이 매우 불규칙한 집단"이고, 끝으로 "상대적 과잉인구의 최하층은 구호 빈민의 영역이다.(CI: 796, 797) 제임슨이 말한 "앞으로 결코 노동하지 못할 사람들과 실제로 지금 노동할 수 없는 사람들을 포함"하는 것은 이 마지막 집단뿐이다. 이렇게 구별하는 [마르크스의] 분석은 오늘날 노동의 세계를 파악할 때, 예컨대 불안정 노동자들[프레카리아트]과 안전한 일자리를 대립시키는 단순한 분석보다 훨씬 더 유익한 틀을 제공한다. 마르크스의 설명은 취업·반실업·실업의 다양한 범주들이 차츰 서로 갈마드는 방식과 그것들의 상호 의존을 강조한다. 로자 룩셈부르크는 이 점을 매우 잘 설명했다.

잠시 고용되거나 전혀 고용되지 못해 궁핍해지고 쫓겨난 사람들로 이뤄진 최하층은 말하자면 '공식' 사회의 일부가 아닌 인간 쓰레기들이 아니라(부르주아지는 아주 당연히 그렇게 묘사하지만), 모든 중간 단계들을 통해 처지가 가장 좋은 최상층 산업 노동자들과 연결돼 있다. 이런 내적 연관은 산업예비군 하층이 경기가 나쁠 때마다 갑자기 늘어나고 경기가 좋아지면 줄어드는 것을 통해 숫자상으로도 나타나고, 나아가 계급투쟁이 발전해서 프롤레타리아 대중의 자의식이 성장하면서 공적 부조에 의존하는 사람이 비교적 줄어드는 것을 통해서도 나타난다. 끝으로, 노동하다가 불구가 되거나 불행하게도 60세가 되는 산업 노동자는 모두 고통스러운 빈민이라는 최하층, 프롤레타리아의 '거지층'으로 전락할 확률이 반반이다. 따라서 프롤레타리아 최하층의 생활 조건은 바로 이 자본주의 생산의 법칙을 따라 오르락내리락하고, 프롤레타리아는 광범한 농촌 노동자층과 함께, 실업자 군대와 함께, 최상층부터 최하층까지 모든 층과 함께 하나의 유기적 전체, 하나의 사회 계급을 이루는데, 이 계급의 다양한 궁핍과 억압 정도는 자본주의의 임금 법칙 전체를 통해서만 올바로 파악할 수 있다.[37]

이것은 제2차세계대전 후 (적어도 선진 자본주의 사회에서) 완전고용이 지속된 수십 년 동안보다 오늘날 《자본론》이 우리에게 더 직접적의미가 있음을 보여 주는 또 다른 예다. 그러나 산업예비군을 분석할 때 마르크스가 가장 관심을 보인 관계는 다양한 노동자층 사이의 관계가 아니라 노동계급 전체와 자본 사이의 관계였다. 노동일을 다룬 장은, 예컨대 마이클 리보위츠 같은 사람들의 주장, 즉 "《자본론》이 일면적이고 불충분한 진짜 이유는 노동자들이 스스로 자본에 맞서 행동하는 주체로 나타나지 않기 때문"이라는 주장에 대한 가장 분명한 반박이다.[38] 산업예비군의 변동과 자본축적 과정의 상호작용에 대한 마르크스의 분석이 중요한 이유는 노동계급의 집단적 조직과 행동을 약화시키는 구조나 방식을 확인해 주기 때문이다.

우리가 알다시피 마르크스는 《자본론》 3권을 "이 모든 것의 운동과 해체가 귀결되는 결론인 **계급투쟁**"으로 끝맺을 생각이었다.(CW 43: 26*) 이런 결론이 마르크스가 목격한 노동계급 투쟁의 정치적 형태들, 특히 차티스트운동, 제1인터내셔널, 파리코뮌에 관한 논의로 확대됐을지 아닐지를 추측해 보는 것은 아주 흥미로운 일이다. 지금까지는 우리가 알기에 엄밀한 경제적 계급투쟁에 관한 마르크스의 가장 발전된 논의는 《자본론》에 나오는 것이 아니라, 1865년 6월 제1인터내셔널 총평의회에서 마르크스가 발표한 글 "가치, 가격, 이윤"에 나온다. 비록 이 글을 발표하게 된 원인은 정치적인 것 — 오언 추종자인 존 웨스턴이 노동조합운동을 비판한 것에 대한 반박 — 이었지만 마르크스는 (1865년 6월 24일) 엥겔스에게 다음과 같이 말하기도 했다. "[거기에는] 내 책에 실릴 많은 새로운 사상이 굉장히 압축적이지만 *비교적 대중적인 형태*

---

* 25의 오타인 듯하다.

로 담겨 있다네."(CW 42: 162~163) 사실 "가치, 가격, 이윤"은 노동조합과 관련해서 《자본론》에 나오는 것보다 훨씬 더 많은 내용을 담고 있고, 《자본론》을 보완하는 것으로 볼 수 있다. 노동조합의 임금 인상 투쟁을 깎아내리는 웨스턴을 비판하면서 마르크스는 임금과 이윤의 관계가 정해져 있지 않다고 주장했다.

> 우리가 말할 수 있는 것은 노동일의 한계가 일정하다면 이윤은 임금이 육체적 최소한의 수준일 때 최대가 된다는 것, 임금이 일정하다면 이윤은 노동자의 체력이 닿는 한도까지 노동일을 늘릴 때 최대가 된다는 것뿐이다. 그러므로 이윤의 최대치는 임금의 육체적 최소치와 노동일의 육체적 최대치에 따라 제한된다. 이 최대 이윤율의 두 한계 사이에 엄청난 변동폭이 있을 수 있다는 것은 명백하다. 이윤율의 실제 수준은 오직 자본과 노동의 끊임없는 투쟁으로만 결정된다. 자본가는 끊임없이 임금을 노동자의 육체적 최소치까지 낮추려는 경향이 있는 반면, 노동자는 끊임없이 반대 방향으로 압력을 가하려는 경향이 있다.
> 문제는 결국 투쟁하는 양쪽의 힘의 문제로 귀결된다.(CW 20: 146)

마르크스는 또, 구조적 세력 균형은 자본에 유리하게 치우쳐 있다고 설명한다. 왜냐하면 축적이 지속되면서 자본의 유기적 구성이 상승하는 경향으로 말미암아 산업예비군의 규모가 증대하고 따라서 노동의 협상력이 약해지기 때문이다. 로스돌스키는 다음과 같이 지적한다. "노동과 자본은 각각 국민생산에서 차지하는 '몫'이 그들 각각의 세력에만 의존하는 자율적인 두 힘이 아니다. 자본주의에서 노동은 처음부터 자본의 경제적 힘에 종속돼 있고, 당연히 그 '몫'은 항상 자본의 '몫'에 따라 결정돼야 한다."[39] "가치, 가격, 이윤"의 유명한 마무리 부분에서 마르크스가 내리는 결론은 경제적 계급투쟁이 쓸데없다는 것이 아니라, 정치권력 장악과 자본주의 파괴를 지향하는 운동으로 발전해야 한다는 것이다.

그와 동시에, 그리고 임금 제도와 관련된 일반적 예속 상태는 아예 제쳐 놓더라도, 노동계급은 이런 일상적 투쟁의 궁극적 효과를 스스로 과대평가해서는 안 된다. 노동계급은 결과와 싸우는 것이지 그 결과의 원인과 싸우는 것이 아니라는 점, [임금과 노동조건의] 하향 운동을 억제하고 있는 것이지 그 방향을 바꾸는 것은 아니라는 점, 완화제를 쓰는 것이지 질병을 치료하는 것이 아니라는 점을 잊어서는 안 된다. 그러므로 노동계급은 자본의 끊임없는 침략이나 시장의 변화에서 끊임없이 생겨나는 이 피할 수 없는 유격전에만 매달려서는 안 된다. 노동계급이 알아야 하는 사실은 현 체제가 노동자에게 온갖 고통을 강요하지만 동시에 사회의 경제적 재구성에 필요한 물질적 조건과 사회적 형태들도 만들어 내고 있다는 것이다. 노동계급은 "공정한 노동에 공정한 임금을!"이라는 보수적 표어 대신에 "임금 제도 철폐!"라는 혁명적 구호를 자신의 깃발에 써 넣어야 한다.(CW 20: 148~149)

"가치, 가격, 이윤"의 앞부분에서 마르크스는 맬서스와 리카도의 '임금철칙설', 즉 인구 압력 때문에 임금은 육체적 최소한의 수준 이상으로 올라갈 수 없다는 주장을 비판한다. 그래도 축적 과정에서 산업예비군 대열이 늘어나면 "노동자를 자본에 묶어 놓는" 데 도움이 될 뿐 아니라 임금을 떨어뜨리는 데도 도움이 된다고 마르크스는 분명히 생각했다. 그는 다른 곳에서, 예컨대 《1861~1863년 원고》의 다음 구절에서 상대적 잉여가치 추출 덕분에 착취율이 상승하고 노동력의 가치가 하락하는 것은 곧 소비수단의 저렴화로 실질임금이 상승할 수 있게 되는 것이라고 강조하면서 "가치, 가격, 이윤"에서는 하지 않은 구별을 한다.

또, 분명한 사실은 상대적 잉여가치의 존재와 증대는 노동자의 **생활** 상태가 **변함없어야** 한다는 것, 즉 그의 평균임금이 항상 양적·질적으로 똑같은 생계수단의 일정량을 제공하는 수준에 그칠 뿐 그 이상은 아니어야 한다는 것을 전제 조건으로서 결코 요구하지 않는다는 점이다. 실제로 그렇지 않다. 비록 상대적 잉여가치는 **노동능력의 가치** 또는 (평균)임금의 가치가 하락하지 않으면 생겨나거나 증대할 수 없지만 말이다. 사실 상대적 잉여가치가 계속 상승하고, **노동능력의 가치**, 따라서 평균임금의 가치가 계속 하락하는 것은 당연하지만, 그렇다 해도 노동자의 생계수단과 따라서 삶의 즐거움은 계속 커질 수 있다. 왜냐하면 이것은 노동자가 취득할 수 있는 **사용가치**(상품들)의 질과 양에 달려 있지 그 상품들의 **교환가치**에 달려 있지 않기 때문이다.(CW 30: 245)[40]

노동자들이 생산성 향상의 이런 혜택을 누리는 것은 물론 노동자 조직이 얼마나 효과적인지에 달려 있다. 로스돌스키는 전후 호황의 관점에서 글을 쓰면서 다음과 같이 지적했다. "마르크스(와 엥겔스)는 흔히 프롤레타리아의 조건을 떨어뜨리는 요인들을 과대평가했고, 따라서 자본주의 선진국에서조차 노동자들의 생활수준이 상당히 개선될 수 있음을 직시하지 못했다."[41] 이것은 선진 자본주의 국가들에서, 특히 2007~2008년 세계 경제·금융 위기 시작 이후 평균임금 하향 압력이 가차 없는 상황을 감안하면 《자본론》을 보는 우리의 관점이 바뀔 수 있는 또 다른 사례다. 그리스·아일랜드·포르투갈·스페인 같은 '주변부' 유로존 경제들에서는 절대적 궁핍화가 대다수 사람들에게 실제 현실이 됐다.[42] 그렇지만 마르크스의 분석은 노동자들이 능동적 주체라고 일관되게 확인한다. 노동자들은 자신들을 집단적으로 조직할 수 있다면, 자신들의 물질적 상황을 적어도 일시적으로는 개선할 수 있고 궁극적 자력 해방을 준비할 수도 있다. 이것이 자본의 관계성에 내재하는 궁극적 함의라고 할 수 있다 ― 자본의 내적 동역학 때문에 노동자들은 자신을 착취하는 자들에 맞서 자신의 운명을 능동적으로 개척할 수 있게 된다는 것이다.

맺음말

마르크스의 《자본론》을 어떻게 해석할지를 두고 벌어진 이런 논쟁들의 이면에는 정치적 선입견이 있다. 예컨대, 토니 네그리가 "기계에 관한 단편"을 오해한 탓에 상당히 중대한 정치적·사상적 전환을 겪은 것을 보면 놀랍다.[43] 더 일반적으로는, 자본의 관계성을 무시하는 마르크스 해석들, 특히 임금노동의 구실을 하찮게 취급하는 다양한 해석에 영향을 미친 것은 신자유주의 시대의 자본주의 경험이었다. 마르크스주의 좌파는 두 가지 연관된 물음에 답해야 했다. 첫째, 자본주의의 신자유주의적 구조조정은 체제를 새로운 성장 가도에 올려놓는 데 성공했는가? 둘째, 노동계급을 분쇄해서 집단적 주체로 행동할 수 없게 만드는 데도 성공했는가?

2007~2008년 폭락으로 시작된 세계 경제·금융 위기를 보면 첫째 물음에 부정적으로 답변할 수밖에 없다는 것이 내 생각이다. 그러나 지난 35년 동안 노동의 세계에 일어난 변화를 가늠하기는 더 어렵다. 이런 어려움은 경제 위기의 결과에 저항하는 운동의 두드러진 형태 때문에 더 가중된다. 노동계급이 집단적 행동에 나선 매우 중요한 사례들, 특히 그리스와 이집트 같은 사례도 있었지만, 지난 몇 년 동안 급진화는 주로 거리의 운동으로 표현됐다. 2011년 1월 25일의 혁명 동안 카

이로의 타흐리르 광장 짐거는 집단적 자력 해방을 꿈꾸는 새로운 방식을 제공했고, 이런 방식은 마드리드의 푸에르타 델 솔 광장, 아테네의 신타그마 광장, 맨해튼의 주코티 공원, 이스탄불의 게지 공원을 비롯한 세계 각지에서 모방됐다.

이런 집단적 행동 방식들의 강점과 약점을 이해하는 것은 반자본주의 활동가들의 긴급한 정치적 과제다. 그것들은 단지 저마다 고유한 불만과 정치적 기반이 있는 특수한 운동들로만 이해할 것이 아니라 ― 물론 그것은 사실이다 ― 특히 1970년대와 1980년대에 신자유주의가 시작됐을 때 노동자 운동이 패배를 겪은 뒤 이제 다시 새로운 형태의 정치적 행위 주체가 발견되는 과정의 일부로 이해하는 것이 가장 좋다. 이 새로운 형태들을 노동계급 조직과 투쟁의 더 '전통적' 형태들과 대립시키는 것은 엄청난 실수일 것이다. 신자유주의 시대에 노동계급은 '구조조정'됐지만 자본주의 역사에서 그런 일은 여러 번 있었다. 자본축적의 패턴과 중심지가 바뀌듯이, 산 노동의 배치와 구성도 바뀐다. 그에 따른 구조조정 때문에 임금노동이 하찮은 것이 되거나 자본이 '공통적인 것'에 빌붙어 사는 순전히 기생적 세력으로 변모한 것은 아니다. 오히려 산업자본주의가 (특히 동아시아로) 지리적으로 확장되고 선진 경제들에서 공적·사적 서비스가 구조조정되자, 임금노동에 포함되고 가치법칙에 직접 종속된 사람이 엄청나게 늘어났다.

물론 이 모든 것은 더 많은 논쟁이 필요한 문제지만, 이와 관련된 이론적·경험적 쟁점들을 다루는 것은 이 책의 목적이 아니다.[44] 그러나 그것들이 《자본론》 해석에 스며들어 있다는 사실은 《자본론》이 여전히 살아 있는 책임을 여실히 보여 준다. 앞서 봤듯이, 마르크스는 20년 넘게 정치경제학 비판을 붙잡고 씨름했지만, 스스로 설정한 과제의 엄청난 무게와 그 자신의 약점과 죽음 때문에 결국 실패했다. 그러나 마르크스가 남긴 것이 미완성 원고의 혼합물만은 아니다. 오히려 그 원고들을 더 많이 알수록 그의 작업(과 업적)을 더 깊이 이해할 수 있다. 내가 강조하려 했듯이, 많은 점에서《자본론》은 결함도 많고 불완전하지만 21세기를 사는 우리에게 매우 직접적 의미가 있다. 그렇다고 해서《자본론》을 무비판적으로 받아들여야 한다는 말은 아니다. 오히려 자본주의 생산양식을 분석한 마르크스의 작업을 지속하려면 처음부터 그에게 기꺼이 이견을 제기하겠다는 태도가 필요하다. 로자 룩셈부르크가《자본축적론》에서 했듯이 말이다. 물론 그렇다고 해서, 세계를 이해하려는 사람에게《자본론》은 여전히 필수적이라는 사실이 바뀌는 것은 아니다.

끝으로,《자본론》에 영향을 미친 도덕적·정치적 격정을 잊어서는 안된다. 마르크스는 가장 긴 원고인《1861~1863년 경제학 원고》의 거의 끝에서 시초 축적 관련 자료를 파헤치다가, 자본의 지배에 종속되고 있는 새로운 노동인구에게 훨씬 더 강력한 규율을 강요할 조처들을 요구하는 18세기 말 소책자에 대해 다음과 같이 말한다.

(기계 시대 이래로 아일랜드인들이 산업 지구 등으로 유입되자 이 악당[소책자 지은이]의 기대는 모두 실현됐다. … 산업·상업 부르주아지에게 아부하는 이 아첨꾼이 입만 열면 늘어놓는 온갖 경건한 소망들 — 농산물 가격 인상, 국가 부채 증대, 생필품에 대한 과세, 외국인 노동자 수입, 화폐가치 하락, 구빈원을 공포의 수용소로 만들기, 끊임없는 '잉여 노동력'의 인위적 생산 등 — 이 모두 영국에 대규모 산업의 시대가 도래한 이후 현실이 됐다는 것은 정말 놀라운 일이다.)(CW 34: 296)

여기서 우리는 다시 한 번《자본론》의 현실성을 본다. 즉, 마르크스라면 오늘날 세계은행이나 유럽연합 집행위원회가 경쟁력 강화와 노동

'유연성' 증대를 위한 '개혁' 조처들을 제3세계나 유로존의 일부 국가 정부에 요구하는 문헌도 [18세기 소책자와] 비슷하다고 생각할 것이다. 마르크스가 살던 세계는 우리가 사는 세계이기도 하다. 그는 자료를 뒤지며 많은 발췌문을 적다가 18세기 말에 "버크셔의 *대지주들*"이 "치안판사 자격으로 … 농업 노동자들의 임금을 결정해서" 그 노동자들을 기아 상태로 몰아간 과정을 묘사하면서 분노를 참지 못해 "이 돼지들!" 하고 외친다.(CW 34: 320)

여기서 마르크스가 (1860년대 초쯤이면 대부분 죽은 지 한참 지났을) 이 농업 노동자들에게 보여 준 연대와 그들의 주인들에게 터뜨린 분노를 보면, 발터 베냐민의 "역사철학 테제"가 떠오른다.

> 역사적 인식의 주체는 투쟁하는 피억압 계급 자신이다. 마르크스에게 그 계급은 짓밟힌 세대들의 이름으로 해방의 과업을 완수하는 마지막 피억압 계급, 복수하는 계급으로 나타난다. … 사회민주주의는 노동계급에게 미래 세대의 구원자 구실을 맡기기를 좋아했다. 그렇게 해서 사회민주주의는 노동계급의 가장 큰 힘줄을 잘라 버렸다. 이런 [사회민주주의적] 훈련 과정에서 노동계급은 증오와 희생 정신을 모두 잊어버렸다. 왜냐하면 증오와 희생 정신을 키우고 북돋는 것은 모두 해방된 자손의 이상이 아니라, 억압받은 선조들의 이상이기 때문이다.[45]

《자본론》을 두고 한참 논쟁할 때도 결코 잊지 말아야 하는 것은, 마르크스는 바로 이 계급의 관점에서 그리고 그들이 과거의 고통에 대한 복수를 하고 폭압적 자본 관계에서 스스로 해방되고자 투쟁하는 것을 도와주기 위해 《자본론》을 썼다는 사실이다.

알튀세르
― 관계를 통한 우회

이 부록은 2006년 11월 [이탈리아] 카 포스카리 베네치아 대학교에서 "《자본론》을 다시 읽는다: 루이 알튀세르의 교훈"이라는 주제로 열린 국제 회의에서 발표한 글을 약간 편집한 것이다. 비록 내용이 이 책의 머리말과 약간 겹치기는 하지만, 《자본론》에 나오는 관계들의 문제를 철학적으로 더 자세히 설명하고자 여기에 싣는다.

이번 모임의 제목은 이 국제 회의의 제목과 같다. 즉, "《자본론》을 다시 읽기"다.[1] 이 제목을 보면서 우리는 알튀세르 자신의 마르크스 해석이 오늘날 과연 적절한지를 곰곰이 생각하게 된다. 나는 이 해석의 한 측면, 즉 그동안 거의 주목받지 못했지만 내가 보기에 오늘날 비판적 이론가들이 벌이는 논쟁에 대단히 중요한 한 측면에 주목하고 싶다. 여기서 내 관심사는 알튀세르가 말한 인간주의적·역사주의적 마르크스주의, 즉 안토니오 그람시와 게오르크 루카치가 발전시킨 헤겔적 마르크스주의에 대한 비판이다. 《자본론을 읽는다》의 2판 2부 "《자본론》의 대상"에 나오는[2] 이 비판을 전개하면서 알튀세르는 중요한 철학적 테제를 제시하는데(비록 대문자로 시작하거나 번호가 매겨진 테제는 아니지만), 그것은 바로 관계의 존재론적 우위다.

알튀세르는 역사주의적 마르크스주의가 관계를 개념화하는 방식에는 중요한 결함이 있다고 주장한다. 즉, "인간주의적 역사주의"에서 "생산관계, 정치적·이데올로기적 사회관계는 역사화한 '인간관계', 즉 인간 사이의 관계, 주체 사이의 관계로 환원된다"는 것이다.[3] 알튀세르는 이런 비판을 하고 나서 자신의 대안적 관계 개념을 제시한다.

사회적 생산관계는 단지 인간 사이의 관계나 인간만을 포함하는 관계로, 따라서 보편적 기반의 차이들로, 주체 사이의 상호 관계(인식, 특권, 투쟁, 주종 관계 등)로 결코 환원될 수 없다. 마르크스가 볼 때 사회적 생산관계는 인간만을 무대에 올리는 것이 아니라, 생산과정의 담당자와 생산과정의 물질적 조건도 독특하게 '결합'해서 무대에 올린다.[4]

여기서 우리는 오늘날의 사회·정치 이론에 — 위르겐 하버마스, 악셀 호네트, 프랜시스 후쿠야마, 심지어 훨씬 더 복잡하고 비판적인 피에르 부르디외의 이론에도 — 널리 퍼져 있는 문제의식 자체에 대한 비판의 예고편 비슷한 것을 본다. 알튀세르의 대안은 무엇인가? 매우 유명한 구절을 길게 인용하는 것을 양해해 주기 바란다.

생산관계들의 구조가 생산 담당자들이 차지하고 선택하는 장소와 기능을 결정하는데, 생산 담당자들은 이 기능의 '담지자Träger'인 한에서 이 장소의 점거자일 뿐이다. 그러므로 (과정을 구성하는 주체sujets constituants라는 의미에서) 참된 '주체'는 이 점거하거나 기능하는 사람이 아니고, 외관이야 어떻든 순진한 인류학에서 '명백하게' '주어진 것', 즉 '구체적 개인들', '현실의 인간들'도 아니고, 이 장소와 기능을 정의하고 분배하는 것이다. 참된 '주체'는 이렇게 정의하고 분배하는 것들, 즉 생산관계들(과 정치적·이데올로기적 사회관계들)이다. 그러나 이것들은 '관계'이기 때문에 주체라는 범주로 생각될 수 없다. 그리고 우연히 누군가가 이 생산관계들을 인간 사이의 관계, 즉 '인간관계'로 환원하자고 주장한다면, 그는 마르크스의 사상을 훼손하는 셈이다. 왜냐하면 우리가 마르크스의 별로 모호하지 않은 공식들을 정말로 비판적으로 읽는다면, 마르크스는 생산관계들(과 정치적·이데올로기적 사회관계들)이 결코 인류학적 주체의 상호 관계로 환원될 수 없다는 것을 아주 깊이 있게 보여 주기 때문이다 — 왜냐하면 생산관계들(과 정치적·이데올로기적 사회관계들)은 생산의 대상과 담당자가 차지하고 '담지하는' 관계·장소·기능의 특정한 분배 구조 속에서 이 담당자와 대상을 결합할 뿐이기 때문이다.[5]

따라서 진정한 '주체' — "과정을 구성하는 주체"라는 의미에서 — 는 "특정한 구조 속에서 담당자와 대상을 결합하는" 생산관계들이다. 참으로 생산관계들의 관계성은 생산관계들이 개인과 [생산] 대상을 일정한 방식으로 결합한다는 점에 있다. 에티엔 발리바르는 《자본론을 읽는다》에 실린 유명한 글에서 "생산양식의 이중적 접합"을 논할 때 관계성을 생산력으로까지 확대한다. 그래서 생산관계와 노동과정 모두 각각 노동력과 생산수단의 특정한 결합이나 연관을 포함하는 취득 방식으로 이해해야 한다고 주장한다.[6] 이런 생각은 알튀세르가 약간 더 나중에 쓴 중요한 텍스트 《재생산에 대하여》에서 다시 확인된다.[7]

그러나 흥미롭게도 알튀세르는 생산관계들이 "참된 '주체'"라는 공식을 수정한다. 즉, "이것들은 '관계'이기 때문에 주체라는 범주로 생각될 수 없다"는 것이다. 이 말은 관계와 주체 사이에 범주의 차이가 있다는 뜻이다. 따라서 관계는, 알튀세르가 거듭 경고하듯이 주체의 상호 관계로 환원될 수 없다. 그러나 더 나아가서 그는 관계가 단지 주체와 다를 뿐 아니라 주체보다 우위라고 단언하는 듯하다. 그래서 잘 알려져 있듯이 생산의 담당자는 생산관계의 담지자다. 이 주장은 "이데올로기와 이데올로기적 국가 장치들"이라는 글에서 강력하게 표현됐는데, 여기서 알튀세르는 어떻게 개인들이 주체로 호명됨으로써 지배적 사회관계 아래 포섭되는지를 보여 주려 한다. 이것은 이데올로기가 주체를 통해 기능하고 그렇게 함으로써 생산관계의 재생산에 기여한다는 사실을 규명해서, 주체보다 관계가 우위라는 점을 뒷받침하는 데 도움이 된다.[8]

알튀세르는 1975년 국가 박사 학위를 청구하면서 [열린 공개 심사 때] 자신의 주장을 방어한 글에서 그 주제로 돌아갔는데, 여기서 그는 자신의 반反인간주의적 마르크스 해석을 다음과 같이 요약했다. "마르크스는 최종 심급에서 사회구성체를 결정하고 그것에 관한 지식을 제공하는 것은 어떤 공상적 인간 본질이나 인간 본성이 아니고, 인간이나 '인간들'도 아니며, 하나의 관계, 즉 토대나 하부구조와 분리할 수 없는 생산관계라는 사실을 보여 준다."[9] 그러나 알튀세르는 아주 흥미로운 주석을 덧붙이는데, 이것은 말하자면 그의 반인간주의가 무정하고 잔인하다는 에드워드 톰프슨의 과장되지만 매우 효과적인 맹비난을 예방하는 셈이다.

> 만약 마르크스가 인간이라는 공허한 개념 — 말하자면, 부르주아 이데올로기에 짓눌린 개념 — 에서 시작하지 않는다면, 그것은 결국 살아 있는 인간들에 도달하기 위해서다. 만약 그가 이 관계들을 통해 우회한다면(살아 있는 인간들은 이 관계들의 '담지자'일 뿐이다), 그것은 결국 살아 있는 인간들의 삶과 구체적 투쟁을 지배하는 법칙들을 파악할 수 있기 위해서다.[10]

안타깝게도 알튀세르는 나중의 저작 어디에서도 이 '관계를 통한 우회'라는 마르크스의 사상을 계속 발전시키지 않은 듯하다.[11] 그것은 은연중에 드러난다고 할 수 있는데, 예컨대 알튀세르는 [1972년에 자신의 이론을 비판한 영국 공산당원] 존 루이스를 [반]비판하면서 "계급투쟁이 역사의 원동력"이라는 명제를 옹호할 때 "모순의 항項들보다 모순이 우위"라고 단언하지만, 각주에 숨어 있는 이 단언을 더 발전시키지는 못한다.[12] 알튀세르가 그렇게 하지 못한 이유에 대한 내 추측은 이 글의 끝부분에서 이야기하겠다.

지금은 오히려 이 논의에 내포된 철학적 논지, 즉 관계의 존재론적 우위를 끄집어내고 그 철학적 논지가 풍부한 결실을 맺을 수 있다는 점과 오늘날의 논쟁에서 비교적 부족하다는 점을 강조하고 싶다. 이 논지를 받아들인다고 해서, 알튀세르의 기능주의적 이데올로기론이나 사실상 내용이 제거된 그의 주체 개념을 받아들여야 하는 것은 아니라는 점을 분명히 해 둬야겠다. 실재를 발생 기제들의 중첩된 위계 구조로 이해하는 비판적 실재론의 존재론은 관계와 주체가 모두 인과적 힘이* 있지만 뭔가를 설명하는 구실에서는 관계가 더 우선한다고 주장한다.[13]

이 논지가 풍부한 결실을 맺을 수 있다는 말은 무엇보다 마르크스 자신의 발전과 관계있다. 마르크스가 정치경제학을 비판한 작업의 궤적을 이해하는 방법 하나는 그가 실체에서 ― (에른스트 카시러의 유명한 글 제목을 빌리면) 기능으로가 아니라 ― 관계로 나아갔다고 보는 것이다. 마르크스의 1840년대 저작들 ― 예컨대, 《독일 이데올로기》 ― 에는 흔히, 데리다가 《마르크스의 유령들》에서 지적하듯이, 부르주아 사회의 제도와 이데올로기를 "현실의 살아 있는 개인들"의 투쟁과 대립시키는 실체론적 문제의식이 들어 있다. 《철학의 빈곤》에서 처음으로 완전히 분명해진 생산관계 개념의 정식화는 그 탈출구를 제공했지만,

---

* causal power. 어떤 객체가 인과관계에 개입해 행사할 수 있는 잠재력을 말한다. 예컨대, 바위는 굴러 내리면 담장을 무너뜨릴 수 있는 인과적 힘이 있다.

이 개념을 개선하는 과정은 마르크스가 자본주의 생산양식 이론을 힘들게 구성하(고 끊임없이 재구성하)는 길고 복잡한 과정과 겹친다.

자크 비데는 마르크스가 《요강》에서 《자본론》까지 이어지는 후속 원고들에서 어떻게 자신의 개념들을 정교하게 다듬고 재구성했는지를 보여 준다. 그 과정에서 마르크스는 경험주의와 형식주의를 모두 피할 수 있는 필수적 수단을 제공한 헤겔의 과학적 방법 개념에 의존하면서도 점차 그 개념에서 스스로 벗어났다.[14] 그러나 이 고된 싸움의 최종 결과인 《자본론》 자체의 핵심 주제 하나는 경제체제 전체의 작동이 어떻게 자본주의 생산관계를 체계적으로 은폐하는가 하는 것이다. 그래서 마르크스는 삼위일체 공식을 논할 때 다음과 같이 말한다.

> 직접적 생산과정과 유통과정의 통일인 현실의 생산과정은 새로운 형태들을 낳는데, 이 형태들 속에서는 내적 연관의 실마리가 점점 더 희미해지고 생산관계들은 서로 자립하게 되고 가치의 구성 요소들은 독립적 형태로 굳어진다.(CⅢ: 967)

물론 "내적 연관의 실마리가 점점 더 희미해지는" 과정을 두고 마르크스는 물신성이라고 불렀다. 《자본론을 읽는다》의 초판에 실린 글들과 그 저자들의 후속 논의들은 물신성 이론이 만족스런 해결책이라기보다는 문제의 현장임을 우리에게 처음으로 환기시켰다.

그러나 《자본론》에는 물신성 이론에 관한 불만족스러운 진술들뿐 아니라 더 만족스러운 진술들도 있다. 그래서 3권 50장 "경쟁이 만들어 내는 가상"은 경제 관계의 파편화와 자연화를 부추기는 '미시적 메커니즘'이라고 부를 만한 것 — 개별 자본들이 (이해타산에) 이용할 수 있는 유인들 — 을 꽤 자세히 살펴본다. 비데가 지적하듯이, 이데올로기적 "표상은 여기서 지배계급의 활동에 기능적으로 연관된다. [확실히 이데올로기는 가상적이기도 하고 기능적이기도 한 이중적 측면을 띠고 나타나지만, 그런 접합에서 우위를 차지하는 것은 후자다. 엄밀히 말하면 이데올로기는 가상이 아니라 기능으로서 도출된다. 즉,] 구조에 의해 정의되는 기능, 경쟁 관계 속에서 활동하는 자본가의 기능에 내포된 범주 전체로서 이데올로기는 도출되는 것이다."[15]

어쨌든, 점점 더 희미해지는 것은 자본의 관계성이라고 마르크스는 주장한다. 그리고 자본의 관계성 자체는 이중의 관계라고 봐야 한다. 첫째는 임금노동과 자본 사이의 착취 관계이고, 둘째는 자본들끼리 서로 경쟁하는 역동적 관계인데, 이 관계는 '내적 연관'을 단지 흐리기만 하는 것이 아니라 '내적 연관'이 작동하도록 허용하기도 한다. 왜냐하면 바로 이렇게 서로 경쟁하는 '다수 자본'의 상호작용을 통해 축적 명령이 전달되기 때문이다.

그러나 마르크스 자신이 《자본론》에서 관계를 우위에 두는 말을 했는데도 오늘날의 급진 사상에서는 관계보다 주체를 우위에 두는 경향이 두드러진다. 토니 네그리의 《마르크스를 넘어선 마르크스》는 마르크스나 알튀세르와 더 가까운데, 이 책에서 네그리는 《요강》을 독특하게 읽고 해석해서 자본 관계를 두 주체 — 사회적 자본과 사회적 노동 — 사이의 세력 관계로 환원한다. 어찌 보면, 《제국》과 《다중》은 이런 견해에서 후퇴한 셈이다. 왜냐하면 자본이 제국의 네트워크 권력 속으로 분산되고 탈주체화하고 상대화하기 때문이다.

그러나 그 필연적 결과는 오늘날 자본주의 과정의 "구성하는 주체", 즉 다중을 최고로 떠받들게 된다는 것이다. 다중의 생산적 활력은 제국 기계에 연료를 공급할 뿐 아니라, 해방된 "코뮤니스트가 누리는 기쁨"을 예시하기도 한다. 비록 하트와 네그리가 제국과 다중의 상호 의

존성을 가끔 말하지만, 그들이 자본 관계의 전복을 환기시키고자 탈출과 탈주라는 은유를 사용하는 것을 보면 오늘날 노동과 자본의 분리를 어느 정도로 생각하는지를 알 수 있다 ― 그들은 공간적 이동이 사회적·정치적 변혁을 어떻게든 대체할 수 있다고 여기는 듯하다.

그러나 관계보다 주체를 특권화하는 중요한 철학적 사례는, 한때 알튀세르와 가까웠으나 이제는 마르크스에서 꽤 멀어진 또 다른 이론가 알랭 바디우다. 그는 《주체의 이론》(1982)에서 프롤레타리아와 부르주아지의 "이중적 주체"라고 부른 것을, 사회적·역사적 위치가 강요하는 구속 상황에서 자신을 빼내는 낱낱의 주체 개념으로 대체한다. 이 개념은 《존재와 사건》(1988)에서 크게 발전하는데, 여기서 주체의 출현은 사건에 대한 충실성에 따라 규정되는 드문 일이고,* 사건 자체도 상황의 공백에서 출현하고 상황이 제외한 것에서 출현하는 예외적인 것으로 이해된다.

이런 존재론에는 관계가 들어설 여지가 없다. 왜냐하면 이 존재론의 근본적 구성 요소들은 집합론의 공리들에 담긴 원자적 상황들, (그런 상황에서 우연히 예외적으로 출현하는) 사건들과 주체들이라는 "다수 존재"이기 때문이다. 바디우는 이런 비판에 응답하면서 《존재와 사건》의 후속작으로 최근[2006년] 펴낸 《세계의 논리》에서 "현상의** 논리(학)"를 발전시킨다. 여기서 그는 존재 자체의 영역 밖에서 관계들이 어떻게 자리매김되는지를 보여 주려 한다. 그러나 그것은 여전히 매우 부

---

* 바디우는 모든 사람이 주체인 것은 아니고, "자신이 속한 상황을 분쇄해 들어오는 사건과의 우연적 만남에 충실성을 가지고 행동하는 자들에게" 출현하는 것이 주체라고 한다.

** 현상은 외현이라고도 한다.

차적인 것이어서 "두 대상의 관계는 이 대상들의 원자적 논리를 보존하는 기능이다." 바디우의 양보는 단지 형식적인 것일 뿐이고, 스스로 지적하듯이 "현상[l'apparaître]의 주요 속성들은 다수 존재의 더 심오한 규정들에 종속된다"는 견해를 고수한다.[16]

바디우 자신은 네그리를 "민주적 유물론"의 대표자라고 부르면서, 이에 맞서 "유물론적 변증법"을 내세운다.[17] 확실히 바디우의 뺄셈적 존재론과 네그리의 들뢰즈식 활력론 사이에는 체계적인 철학적 차이가 있다.[18] 그러나 그들은 관계보다 주체를 우위에 두는 공통점이 있다는 사실도 중요하다.

물론 바디우와 네그리가 이 점에서 틀렸음을 철학적으로 입증할 결정적 방법은 없다. 나는 다만 여기서 마르크스가 "관계를 통해 우회"한 길을 따라가지 않고는 그의 정치경제학 비판 작업을 지속하기가 매우 어렵다는 실용적 주장을 제기할 뿐이다. 그 이유는 자본 관계가 주로 설명의 부담을 지는데, 내가 앞서 지적했듯이 이 자본 관계는 이중적인 것 — 자본이 임금노동을 착취하는 관계이기도 하고 자본들 사이의 경쟁 관계이기도 한 것 — 으로 이해되기 때문이다.

자본 관계의 이 두 차원 가운데 어느 것도 주체 사이의 인정 투쟁이 아니다. 두 차원 모두 알튀세르가 말한 담당자와 물질적 조건의 결합을 포함한다. 또, 둘 다 마르크스가 자본의 경제적 관계의 기능을 자세히 설명한 것과 깊은 연관이 있다. 물론 이 설명들은 완전하지 않고, 그 근본적 개념들은 경우에 따라서는 재구성돼야 하는 것도 있다 — 예컨대, 실제로 존재하는 세계 체제를 이루고 있는 것은 단지 자본의 운동뿐 아니라 많은 국가들의 상호작용이기도 하다는 사실을 고려하려면 그래야 한다.[19] 그러나 [정치경제학 비판의] 발전을 위해 이런 것들과 그 밖의 여러 가지가 필요하다고 해서, 알튀세르가 《자본론을 읽는다》

에서 분명하게 진술하고 옹호한 '관계의 우위'를 의심해야 하는 것은 아니다. 오히려 그런 필요들이 이 관계의 우위에 의존한다는 사실을 입증할 수 있다는 것이 내 생각이다.

끝으로, 왜 알튀세르는 이런 통찰을 더 발전시키지 못했을까? 내가 지금까지 주장했듯이, 그 통찰이 풍부한 결실을 맺을 수 있었는데도 말이다. 하나의 추측은 — 그러나 추측일 뿐이다 — 그의 (경향적) 마오쩌둥주의가 도움이 되기보다는 장애물 구실을 했다는 것이다. 그래서 사후 출판된 가장 마오쩌둥주의적인 저작 《재생산에 대하여》에서 생산양식 개념을 논할 때 그는 분업을 길게 다루면서 "'기술적' 분업은" 관리 능력을 은폐하는 "마스크일 뿐"이라고 말한다.[20]

당시의 다른 논의들 — 예컨대, 샤를 베틀렘과 니코스 풀란차스 — 도 마찬가지로 자본주의 생산관계를 논할 때 사회적 분업을 특권화하는 경향이 있었다(이것 역시 지나치게 정치적인 용어들로 이해됐다). 그들이 제기한 쟁점들은 충분히 현실적이지만, 그 논의들은 마르크스의 분석이 발전하면서 보여 준 복잡한 특징들을 정확히 포착하지 못했고, 자본주의 생산관계 자체를 단지 권력 관계로 보는 왜곡된 견해를 제시했다 — 이런 환원론은, 푸코한테서 영감을 얻어 마르크스주의를 니체식의 권력-지식 계보학으로 대체하려는 시도에 매우 취약하다는 것이 드러났다.[21]

나의 이런 추측이 얼마나 타당하든 간에 확실한 사실은 알튀세르가 후기 저작들에서는 《자본론을 읽는다》에서 주장한 관계의 우위에서 멀어졌다는 것이다. 그가 [아내를 살해한 뒤 정신병원에서 지내던] 오욕의 시기에 에피쿠로스한테서 영감을 얻어 발전시킨 '마주침이라는 우발성의 유물론'은 원칙적으로 이런 논지와 모순되지 않는다. 실제로 알튀세르는 1982년에 쓴 글 "마주침의 유물론이라는 은밀한 흐름"을 끝맺으면서, "[생산수단들의 결합과 생산관계들의 결합이라는] 이중적 결합으로서 생산양식"이라는 발리바르의 공식으로 돌아가서 다음과 같이 단언한다. "생산양식은 하나의 결합이다. 왜냐하면 일련의 요소들에 자신의 통일성을 강요하는 것은 하나의 구조이기 때문이다."[22] 그러나 몇 문장 뒤에서 글은 끝나 버린다. 분명한 사실은 끝없이 재진술되는 개념, 즉 그 상호작용의 근원과 결과가 모두 우발적인 수많은 계열의 개입으로서 마주침이라는 개념이 이제 알튀세르의 철학적 상상력을 사로잡았다는 것이다.

이 개념은 지금 이 국제 회의에 제출된 다른 발표문들의 주제다. 분명히 그것은 알튀세르가 "모순과 중층 결정" 이후 계속 옹호한 반反목적론적 마르크스주의 개념의 급진화를 나타낸다. 에피쿠로스와 마르크스의 마주침이 지닌 잠재력은 다른 전통에서 활동하는 마르크스주의자들도 확인한 바 있다.[23] 나는 '우발성의 유물론'이 우리를 어디로 데려갈 수 있는지를 탐구하는 것에 반대하고 싶지 않다. 그러나 이것은 다원성과 우연성을 찬양한다는 점에서, 포스트구조주의의 영향을 받은 오늘날의 사상에 가장 알맞은 알튀세르 사상의 측면이라는 점은 말해 둘 만하다. 그러므로 우리가 [알튀세르의 사상 가운데] 비록 지배적 흐름과 어긋나기는 하지만 여전히 현실성이 있는 다른 측면들을 떠올려 보는 것은 가치 있는 일이다. 나는 그런 측면들 가운데 하나가 마르크스(와 알튀세르)의 '관계를 통한 우회'라고 생각한다.

후주

들어가며

1 Chris Harman, *The Fire Last Time*(London, 1988)[국역: 《세계를 뒤흔든 1968》, 책갈피, 2004].

2 David Harvey, *Spaces of Hope*(Edinburgh, 2000)[국역: 《희망의 공간》, 한울, 2009], ch 1.

3 Louis Althusser, 'From Capital to Marx's Philosophy', in Louis Althusser and Étienne Balibar, *Reading Capital*(London, 1970)[국역: 《자본론을 읽는다》, 두레, 1991], pp 13~14. 알튀세르는 《잉여가치학설사》를 《자본론》에 포함시켰는데, 사람들은 때때로 《잉여가치학설사》를 마르크스가 계획한 《자본론》 제4권으로 여긴다.

4 Louis Althusser, *L'Avenir dure longtemps, suivi de Les Faits*(rev edn, Paris, 1994)[국역: 《미래는 오래 지속된다》, 이매진, 2008], p 168. 알튀세르가 아내를 살해한 뒤에 심리 상태의 징후를 분석하려고 쓴 이 책에 얼마나 큰 비중을 둘 수 있을지 의심스럽다.

5 예컨대, John Holloway and Sol Picciotto, eds, *State and Capital*(London, 1978)[국역: 《국가와 자본》, 청사, 1985], and Simon Clarke, ed, *The State Debate*(Basingstoke, 1991) 참조.

6 이른바 '신해석'을 처음 제기한 문헌은 Gerard Dumenil, *De la valeur aux prix de production*(Paris, 1980), and Duncan Foley, 'The Value of Money, the Value of Labour Power, and the Marxian Transformation Problem', *Review of Radical Political Economics*, 14:2(1982)다.

7 ISMT volumes: Fred Moseley, ed, *Marx's Method in Capital: A Re-examination*(Atlantic Highlands NJ, 1993), Fred Moseley and Martha Campbell, eds, *New Investigations of Marx's Method*(Atlantic Highlands NJ, 1997), Christopher Arthur and Geert Reuten, eds, *The Circulation of Capital: Essays on Volume Two of Marx's Capital*(Basingstoke, 1997), Martha Campbell and Geert Reuten, eds, *The Culmination of Capital: Essays on*

Volume Three of Marx's Capital(Basingstoke, 2001), Riccardo Bellofiore and Nicola Taylor, eds, *The Constitution of Capital: Essays on Volume One of Marx's Capital*(Basingstoke, 2004), Fred Moseley, ed, *Marx's Theory of Money: Modern Appraisals*(Basingstoke, 2005), and Riccardo Bellofiore and Roberto Fineschi, eds, *Rereading Marx: New Perspectives after the Critical Edition*(Basingstoke, 2009).

8 《메가2》에 관해서는 《자본론》을 이해하는 데 《메가2》가 얼마나 중요한지를 집중적으로 평가하는 책 Bellofiore and Fineschi, eds, *Rereading Marx*의 편집자 머리말 참조.

9 이런 급진화의 다양한 국면에 대한 평가는 Alex Callinicos, *An Anti-Capitalist Manifesto*(Cambridge, 2003)[국역: 《반자본주의 선언》, 책갈피, 2003], and Paul Mason, *Why It's Kicking Off Everywhere*(London, 2012)[국역: 《혁명을 리트윗하라》, 명랑한 지성, 2012] 참조.

10 David Harvey, *A Companion to Marx's Capital*(London, 2010)[국역: 《맑스 '자본' 강의》, 창비, 2011], Fredric Jameson, *Representing Capital*(London, 2011), and David Harvey, *A Companion to Marx's Capital, Volume 2*(London, 2013)[국역: 《맑스 '자본' 강의 2》, 창비, 2016].

11 David Harvey, *The Limits to Capital*(Oxford, 1982)[국역: 《자본의 한계》, 한울, 2007], p xiii.

12 Michael Heinrich, *An Introduction to the Three Volumes of Karl Marx's Capital*(New York, 2012)[국역: 《새로운 자본 읽기》, 꾸리에, 2016], p 49.

13 Maurice Dobb, *Political Economy and Capitalism*(London, 1937)[국역: 《정치경제학과 자본주의》, 동녘, 1983], p 5. Ronald L Meek, *Studies in the Labour Theory of Value*(London, 1956)[국역: 《노동가치론의 역사》, 풀빛, 1985]는 실체론적 방법을 적용해서 성공한 역사적으로 박식한 또 다른 책들이다.

14 마르크스주의에서 관계 문제를 가장 중요하게 논한 사람은 알튀세르다. 비록 그는 《자본론》에 대해 무지했다고 고백하지만 말이다. 철학적 배경에 관심 있는 사람들은 부록으로 실린 내 글을 참고하기 바란다. 또, Alex Callinicos, *Imperialism and Global Political Economy*(Cambridge, 2009)[국역: 《제국주의와 국제 정치경제》, 책갈피, 2011], pp 11~14도 참조.

15 Ernst Cassirer, *Substance and Function and Einstein's Theory of Relativity*(Chicago, 1923); Jacques Derrida, *Spectres de Marx*(Paris, 1993)[국역: 《마르크스의 유령들》, 그린비, 2014].

16 Michael Hardt and Toni Negri, *Multitude*(London, 2004)[국역: 《다중》, 세종서적, 2008], p 100; *Empire*(Cambridge MA, 2000)[국역: 《제국》, 이학사, 2001], p 413.

17 E V Ilyenkov, *The Dialectic of the Abstract and Concrete in Marx's Capital*(Moscow, 1982), Roman Rosdolsky, *The Making of Marx's Capital*(London, 1977)[국역: 《마르크스의 자본론의 형성 1, 2》, 백의, 2003], and I I Rubin, *Essays on Marx's Theory of Value*(Detroit, 1972)[국역: 《마르크스의 가치론》, 이론과실천, 1989]. 디트로이트의 반란에 관한 고전적 설명은 Dan Georgakas and Marvin Surkin, *Detroit: I Do Mind Dying*(rev edn; London, 1999) 참조.

18 특히 Fredric Jameson, *Valences of the Dialectic*(London, 2009), and Slavoj Žižek, *Less than Nothing: Hegel and the Shadow of Dialectical Materialism*(London, 2012)[국역: 《헤겔 레스토랑》, 새물결, 2013].

19 Lucia Pradella, 'Hegel, Imperialism, and Universal History', *Science & Society*, 78(2014) 참조.

20 Christopher J Arthur, *The New Dialectic and Marx's Capital*(Leiden, 2003), p 4.

21 David Harvey, 'History versus Theory: A Commentary on Marx's Method in Capital', *Historical Materialism*, 20:2(2012), pp 6, 10. 하비는 《맑스 '자본' 강의 2》에서도 이런 해석을 다시 얘기한다.

22 Harvey, 'History versus Theory', p 12.

23 Harvey, 'History versus Theory', p 13. 하비가 이 주장과 모순되는 구절을 인용한 직후에 이렇게 주장하는 이유를 나는 모르겠다.

24 Paul Burkett, *Marx and Nature*(New York, 1999), p 1. 이런 관점을 적용한 최근 문헌은 Martin Empson, *Land and Labour: Marxism, Ecology and Human History*(London, 2014).

25 이 방법은 (알튀세르, R G 콜링우드, 임레 러커토시, 퀜틴 스키너를 포함한) 다양한 자료(의 출처)를 약간 취사선택해서 이용하는데, 나는 *Social Theory: A Historical and Critical Introduction*(2nd edn; Cambridge, 2007)[국역: 《사회이론의 역사》, 한울, 2015]의 서문에서 이 방법을 자세히 설명했다.

26 G S L Tucker, *Progress and Profits in British Economic Thought 1650-1850*(Cambridge, 1960), p 5에서 인용.

27 마르크스의 노트들을 폭넓게 이용한 연구는 Lucia Pradella, 'Mondializzazionee critica dell'economia alla luce della nuova edizione storico-critica degli scritti di Marx ed Engels(*MEGA²*)'(PhD Thesis, Universita degli Studi di Napoli 'Frederico II' and Universite Paris-Ouest Nanterre La Defense, 2011) 참조. 이 글의 영역본은 근간 *Globalisation and the Critique of Political Economy: New Insights from Marx's Writings*(London, 2014)에 실릴 것이다.

28 Alex Callinicos, *The Revolutionary Ideas of Karl Marx*(London, 1983)[국역:

《카를 마르크스의 혁명적 사상》, 책갈피, 2018], Joseph Choonara, *Unravelling Capitalism: A Guide to Marxist Political Economy*(London, 2009)[국역: 《마르크스, 자본주의의 비밀을 밝히다》, 책갈피, 2010], Ben Fine and Alfredo Saad-Filho, *Marx's 'Capital'*(5th edn; London, 2010)[4판 국역: 《마르크스의 자본론》, 책갈피, 2006], and Duncan Foley, *Understanding Capital: Marx's Economic Theory*(Cambridge MA, 1986)[국역: 《자본의 이해》, 유비온, 2015].

29   프레드가 자신의 근간 *Money and Totality: A Macro-Monetary Interpretation of Marx's Logic in Capital and the Transformation Problem*의 원고 일부를 나에게 보여 준 것에 감사한다[영문판은 2015년에 출간됐다].

30   그건 그렇고, 페르낭 브로델이 *Civilisation and Capitalism 15th-18th Century*, Volume II(London, 1982)[국역: 《물질 문명과 자본주의 2-1, 2-2》, 까치, 1996], p 237에서 마르크스는 결코 '자본주의Kapitalismus'라는 단어를 사용하지 않았다고 말한 것은 틀렸다. 비록 마르크스는 흔히 부르주아 사회나 자본주의 생산양식이라는 말을 사용하지만, '자본주의'라는 단어도 편지에 두어 번, 《1861~1863년 원고》에는 여러 번 나온다(CW32: 124, 34: 124, 43: 449, 45: 356 참조). 이 사실을 나에게 알려 준 우치다 히로시에게 감사한다.

31   Jameson, *Valences of the Dialectic*, p 551.

1장 구성

1   Enrique Dussel, 'The Four Drafts of *Capital*', *Rethinking Marxism*, 13:1(2001).

2   Karl Marx, 'Ergänzungen und Veranderungen zum ersten Band des *Kapitals*'는 마르크스가 1871~1872년에 《자본론》 1권을 수정하고 추가하면서 작성했으나 간행본에 모두 포함되지는 않은 원고 목록인데, 이제 *MEGA²* II/6으로 출판됐다.

3   Regina Roth, 'Karl Marx's Original Manuscripts in the Marx-Engels-Gesamtausgabe(MEGA): Another View on *Capital*', in Riccardo Bellofiore and Roberto Fineschi, eds, *Rereading Marx: New Perspectives after the Critical Edition*(Basingstoke, 2009), p 33 참조.

4   Enrique Dussel, *Towards an Unknown Marx: A Commentary on the Manuscripts of 1861-63*(London, 2001), p 164.

5   M C Howard and J E King, *A History of Marxian Economics*(2 vols, London, 1989, 1992), I, p 3.

6   2011년 11월 런던에서 열린 《히스토리컬 머티리얼리즘》 대회에 제출된 미하엘 크레트케의 글, 'Capitalism and World History: Marx's Unpublished Studies' 참

조.

7   Tristram Hunt, *The Frock-Coated Communist: The Revolutionary Life of Friedrich Engels*(London, 2009)[국역: 《엥겔스 평전》, 글항아리, 2010], p 277.

8   Jonathan Sperber, *Karl Marx: A Nineteenth Century Life*(New York, 2013), p 487에서 인용.

9   Dussel, *Towards an Unknown Marx*, p 83. 또 V S Vygodski, *The Story of a Great Discovery: How Karl Marx Wrote 'Capital'*(Tunbridge Wells, 1974), chs 5~7도 참조.

10 Vygodski, *The Story of a Great Discovery*, p 99.

11 Jon Elster, *Making Sense of Marx*(Cambridge, 1985)[국역: 《마르크스 이해하기 1, 2》, 나남, 2015], p 390.

12 Enrique Dussel, 'The Discovery of the Category of Surplus Value', in Marcello Musto, ed, *Karl Marx's Grundrisse*(London, 2008), p 62.

13 이런 표현은 마르크스가 엥겔스에게 빚졌음을 보여 주는 것일 수 있는데, 엥겔스는 이미 1845년에 다음과 같이 썼다. "영국은 이런 변혁[산업혁명 — 캘리니코스]이 일어난 고전적 토양이다. … 그러므로 영국은 그 변혁의 주요 산물인 프롤레타리아의 고전적 국토이기도 하다. 오직 영국에서만 프롤레타리아를 그 모든 관계 속에서 그리고 모든 측면에서 연구할 수 있다." *The Condition of the Working Class in England: From Personal Observations and Authentic Sources*(Moscow, 1973)[국역: 《영국 노동계급의 상황》, 라티오, 2014], p 45.

14 라살이 마르크스 집을 방문해서 빚어진 처참한 상황은 Sperber, *Karl Marx*, pp 246~248 참조.

15 'Marx and Engels on the US Civil War', *Historical Materialism*, 19:4(2011), p 182 n 32에서 마르크스가 N-단어를* 사용한 것에 대한 오거스트 님츠의 논평 참조.

16 Michael Krätke, 'The First World Economic Crisis: Marx as an Economic Journalist', in Musto, ed, *Marx's Grundrisse*, p 163. 마르크스의 저널리즘에 관해서는 Sperber, *Karl Marx*, pp 294~296 참조.

17 David Kynaston, *The City of London*, I(London, 1994), p 330에서 인용.

18 E J Hobsbawm, *The Age of Capital: 1848-1875*(London, 1975)[국역: 《자본의 시대》, 한길사, 1998].

19 Herbert Feis, *Europe: The World's Banker: 1870-1914*(New Haven, 1930), p 5.

---

*   미국에서 흑인을 '검둥이'라고 비하하는 단어 nigger를 완곡하게 표현한 말.

20 남북전쟁 시기 미국-영국 관계의 역사를 다룬 최근의 대중적 저작 Amanda Forman, *World on Fire: An Epic History of Two Nations Divided*(London, 2010) 참조.

21 십중팔구 마르크스는 1863년 3월 실제로 노동조합들이 조직해서 세인트제임스 홀에서 열린 집회와 1861년 12월 로치데일에서 열린 집회를 혼동하고 있다. 로치데일 집회에서는 투쟁적인 노예제 폐지론자이고 [남북전쟁에서] 북부를 지지한 브라이트가 연설했는데, 당시 영국은 트렌트 호 나포 사건* 때문에 미국과 전쟁을 벌일 뻔했다. 브라이트에 관해서는 Bill Cash, *John Bright*(London, 2011), ch 5을 참조. 트렌트 위기에 관해서는 Foreman, *World on Fire*, chs 7~9 참조.

22 Raya Dunayevskaya, *Marxism and Freedom*(London, 1971), ch v, and Kevin Anderson, *Marx at the Margins*(Chicago, 2010), chs 3 and 4는 남북전쟁과 아일랜드인들의 투쟁이 당시 마르크스의 사상이 발전하는 데서 중요한 구실을 했다고 강조한다.

23 영어로 된 문헌 중에 엥겔스의 사상을 연구한 이렇다 할 책은 불행히도 없는 듯하다. 십중팔구 S H Rigby, *Engels and the Formation of Marxism*(Manchester, 1992)는 그나마 나은 편이다. 엥겔스 특집호로 간행된 *International Socialism*, 2:64(1994)도 참조(여기 실린 글들은 http://www.marxists.de/theory/engels/에서 찾아볼 수 있다).

24 Carl-Erich Vollgraf and Jurgen Jungnickel, 'Marx in Marx's Words? On Engels's Edition of the Main Manuscript of Book 3 of *Capital*', *Journal of Political Economy*, 32:1(2002), 인용문은 p 40.

25 Michael Heinrich, 'Engels' Edition of the Third Volume of *Capital* and Marx's Original Manuscript', *Science and Society*, 60:4(1996~1997), p 457.

26 Heinrich, 'Engels' Edition of the Third Volume of *Capital* and Marx's Original Manuscript', pp 462~463.

27 Vollgraf and Jungnickel, 'Marx in Marx's Words?', p 67.

28 Geert Reuten, '"*Zirkel vicieux*" or Trend Fall? The Course of the Profit Rate in Marx's *Capital* III', *History of Political Economy*, 36:1(2004), pp 171~172 참조.

29 John Weeks, *Capital, Exploitation and Economic Crisis*(London, 2010), chs 1 and 2(인용문은 p 30).

---

* 1861년 11월 미국 남북전쟁 당시 남부연합이 영국과 프랑스에 독립국으로 승인받고자 파견한 외교 사절 두 명이 영국 우편함 트렌트 호에 타고 있었는데, 미국 북군이 트렌트 호를 나포해서 외교 사절들을 체포한 사건.

30 Engels, *Condition of the Working Class*, p 124. 개러스 스테드먼 존스는 'Engels and the Genesis of Marxism', *New Left Review*, I/106(1977)에서 엥겔스의 초기 저작들이 독립적 기여를 했다고 강조한다. Rigby, *Engels and the Formation of Marxism*, chs 2 and 3도 참조. 더 회의적인 견해는 Hal Draper, *Karl Marx's Theory of Revolution*(4 vols, New York, 1977~1990)[일부 국역: 《계급과 혁명》, 사계절, 1986], chs 7 and 8 참조.

31 Louis Althusser, *For Marx*(London, 1970)[국역: 《마르크스를 위하여》, 후마니타스, 2017].

32 마르크스의 초기 발전에 관한 중요한 연구서는 Michael Löwy, *The Theory of Revolution in the Young Marx*(Brill, 2002), Stathis Kouvelakis, *Philosophy and Revolution: From Kant to Marx*(London, 2003), David Leopold, *The Young Karl Marx*(Cambridge, 2007) 등이 있다. 나는 *Marxism and Philosophy*(Oxford, 1983)[국역: 《현대 철학의 두 가지 전통과 마르크스주의》, 갈무리, 1995], ch 2에서 이 주제를 자세히 논했다.

33 Jürgen Rojahn, 'The Emergence of a Theory: the Importance of Marx's Notebooks Exemplified by Those from 1844', *Rethinking Marxism*, 14:4(2002) 참조.

34 나는 리스트에 관한 마르크스의 초고와 그 중요성을 이해하는 데서 루치아 프라델라에게 많은 빚을 졌다. Lucia Pradella, 'New Developmentalism and the Origins of Methodological Nationalism', *Competition and Change*, 18:2(2014) 참조.

35 Allen Oakley, *Marx's Critique of Political Economy: Intellectual Sources and Evolution*(2 vols, London, 1984), I, p 49. 오클리의 중요한 저작에 주목하라고 나에게 알려 준 콜린 바커에게 감사한다.

36 Louis Althusser, 'Sur Feuerbach', in *Écrits philosophiques et politiques*(Francois Matheron, ed; 2 vols, Paris, 1994, 1995), II, p 213.

37 마르크스의 소외론에 관한 좋은 연구서로 Christopher J Arthur, *Dialectics of Labour*(Oxford, 1986), Sean Sayers, *Marx and Alienation*(Basingstoke, 2011) 이 둘을 들 수 있다.

38 마르크스가 처음에 노동가치론을 거부한 것에 관한 논의는 Ernest Mandel, *The Formation of the Economic Thought of Karl Marx*(London, 1971)[국역: 《마르크스 경제사상의 형성 과정》, 한겨레, 1985], ch 3 참조.

39 엥겔스의 초기 저작들에 관한 흥미로운, 그러나 엄격한 논의는 Kouvelakis, *Philosophy and Revolution*, ch 4 참조. 또, 엥겔스가 맨체스터를 처음 접했을 때를 다룬 것은 Hunt, *The Frock-Coated Communist*, ch 3 참조. 경쟁은 《1844년 원고》에서 몰두하는 중요한 주제이기도 하다는 점을 강조해야겠다. 거기서 마

르크스는, 예컨대 다음과 같이 쓴다. "정치경제학이 움직이는 유일한 수레바퀴는 탐욕과 탐욕스런 사람들 사이의 전쟁 — 경쟁이다."(*EW*: 323).

40 이 사실을 알게 해 준 롭 잭슨에게 감사한다.

41 Georg Lukács, *History and Class Consciousness*(London, 1971)[국역: 《역사와 계급의식》, 지만지, 2015], p 33. 오클리처럼 명민한 해설가가 《철학의 빈곤》을 무시하는 것은 유감스런 일이다. 그는 *Marx's Critique of Political Economy*, I, pp 109~110에서 《철학의 빈곤》은 "마르크스가 정치경제학 비판을 발전시키는 데서 지속적 타당성이 있는 것을 거의 제공하지 못한다"고 말한다.

42 Göran Therborn, *Science, Class and Society*(London, 1976)[국역: 《사회학과 사적 유물론》, 푸른산, 1992], pp 355, 368.

43 G A 코헨의 고전적 논의 *Karl Marx's Theory of History*(Oxford, 1978)[국역: 《카를 마르크스의 역사 이론》, 한길사, 2011], ch III 참조.

44 "리스트에 관한 초고"는 마르크스가 《철학의 빈곤》에서 주장하게 되는 이론을 향한 중요한 진전이다. 그래서 그는 다음과 같이 쓴다. "애덤 스미스가 정치경제학의 이론적 출발점이라면, 정치경제학의 실질적 출발점, 실질적 학교는 '시민사회'(*die burgerliche Gesellschaft*)다. 시민사회 발전의 다양한 국면들은 정치경제학에서 정확히 추적하여 밝혀낼 수 있다."(CW4: 273) 더욱이, 다음 구절이 분명히 보여 주듯이 마르크스는 이 초고에서 노동가치론을 받아들인다. "**노동**'은 사적 소유의 살아 있는 토대이고, 그 자체의 창조적 원천인 사적 소유다. 사적 소유는 대상화한 노동일 뿐이다."(CW4: 278)

45 여기서 마르크스는 엥겔스의 영향을 받았을 수 있는데, 1842~1844년에 엥겔스는 맨체스터에 있는 가족 기업 에르멘앤드엥겔스에서 처음으로 일하면서 실제 노동자 운동을 직접 경험할 기회가 더 많아졌다. 노동조합 투쟁을 마르크스와 매우 비슷하게 평가한 것은 *The Condition of the Working Class*, pp 250~262 참조.

46 Lucia Pradella, *Globalization and the Critique of Political Economy: New Insights from Marx's Writings*(London, 2014). 런던 노트에 관한 폭넓은 논의는 위 책 4장 참조. 문제의 구절은 *MEGA²* IV/8: 413~414에 나온다. [런던 노트보다] 약간 더 일찍 쓰인 《임금노동과 자본》의 다음 구절에도 주목하라. "노동자는 자신의 노동과 교환하여 생계수단을 얻지만, 자본가는 자신의 생계수단과 교환하여 노동, 노동자의 생산 활동, 창조적 능력을 얻는다. 이 능력을 통해 노동자는 자신이 소비하는 것을 보상할 뿐 아니라, 축적된 노동이 원래 갖고 있던 것보다 더 큰 가치를 축적된 노동에 부여한다."(CW9: 213)

47 Roman Rosdolsky, *The Making of Marx's Capital*(London, 1977), p 128.

48 Althusser, 'The Object of Capital', p 193. 이 절 전체의 주제에 관해서는 미하엘 크레트케가 매우 박식한 연구를 바탕으로 쓴 글 "'Hier bricht das

Manuskript ab"(Engels). Hat das *Kapital* einen Schluss?', *Beiträge zur Marx-Engels-Forschung. Neue Folge*(2001) and (2002) 참조.

49 David Harvey, *A Companion to Marx's Capital, Volume 2*(London, 2013), p 384.

50 Dussel, *Towards an Unknown Marx*, p 211.

51 Joseph O'Malley and Keith Algozin, eds, *Rubel on Karl Marx*(Cambridge, 1981), pp 127, 207.

52 Michael A Lebowitz, *Beyond Capital: Marx's Political Economy of the Working Class*(2nd edn; Basingstoke, 2003)[국역: 《자본론을 넘어서》, 백의, 1992], p 29. 뤼벨과 달리 리보위츠는 실제로 논거들을 제시하지만, 이 논거들은 (나중에 5장에서 내가 간단히 다룰) 마르크스의 정치경제학 비판이 지닌 한계들에 대한 중요한 비판을 나타낸다.

53 Rosdolsky, *The Making of Marx's Capital*, p 23과 일반적으로는 2장 참조. 2장은 20세기 초에 마르크스주의자들이 마르크스의 계획을 두고 벌인 논쟁을 요약하고 있다. 미하엘 하인리히는 비록 마르크스가 계획을 변경한 시기를 1863~1864년으로 보지만 대체로 로스돌스키와 견해가 비슷하다. 'Reconstruction or Deconstruction? Methodological Controversies about Value and Capital, and New Insights from the Critical Edition', in Bellofiore and Fineschi, eds, *Rereading Marx*, pp 82~83. 다니엘 벤사이드는 1857년의 계획이 "[역사적 서술 순서에서 논리적 서술 순서로 옮겨 가는 — 캘리니코스] 중간 단계"를 나타낸다고 넌지시 말한다. "이 중간 단계에서는 생산의 구조적 우위가 생산요소에 대한 고전적 분석에 의해 여전히 가려져 있다. 그래서 처음 세 권은 각각 자본, 토지, 노동과 관계있다. 총 과정의 계기들은 여전히 이 생산요소와의 관계 속에서 이해되고 있다." *La Discordance des temps*(Paris, 1995), p 17.

54 Roth, 'Karl Marx's Original Manuscripts in the Marx-Engels-Gesamtausgabe(MEGA)', p 33.

55 예컨대, Hans-Georg Backhaus, 'On the Dialectics of the Value Form', *Thesis Eleven*, 1(1980). Roberto Fineschi, 'Dialectic of the Commodity and its Exposition: The German Debate of the 1970s—A Personal Survey', in Bellofiore and Fineschi, eds, *Rereading Marx*도 참조. 토니 네그리는 *Marx beyond Marx*(South Hadley, MA, 1984)[국역: 《맑스를 넘어선 맑스》, 중원문화, 2010]에서 이런 주장의 반反헤겔주의적 버전을 강력하게 제기한다.

56 Jacques Bidet, *Explication et reconstruction du Capital*(Paris, 2004), p 11.

57 뤼벨은 마르크스가 "두 번째 3부작, 다시 말해 국가, 외국무역, 세계시장을 다룬 책들을 모두 펴낼 계획을 여전히 갖고 있었다"는 증거로 이 편지를 인용한다.

Rubel on Karl Marx, p 198. 그러나 마르크스는 이 주제들에 관해서는 "다양한 국기형대와 다양한 사회 경제구조의 관계"에 관한 흥미로운 언급 말고는 아무 말도 하지 않는다. 같은 편지의 약간 뒤에서 그는 다음과 같이 쓴다. "저는 그 속편을 독일어로 쓰거나, 즉 자본, 경쟁, 신용의 서술을 결론짓거나 영국 독자들을 위해 처음 두 책[1859년의 《비판》과 《1861~1863년 원고》의 수정판 — 캘리니코스]을 한 권으로 요약하고자 합니다. 제 책이 외국에서 인정받기 전에는 독일에서 어떤 효과를 낼 수 있으리라고 기대하지 않습니다."(CW41: 436) 이것은 마르크스가 1858~1859년 계획의 첫 '책'을 완성하겠다는 선택지(그러나 선택지일 뿐이다)를 유지하고 있었다는 것을 보여 줄 뿐이다.

58 Heinrich, 'Engels's Edition of the Third Volume of *Capital*', pp 461~462.

59 Lucia Pradella, *L'attualità del Capitale: Accumulazione e impoverimento nel capitalismo globale*(Padua, 2010), and 'Imperialism and Capitalist Development in Marx's Capital', *Historical Materialism*, 21:2(2013), and Anderson, *Marx at the Margins*, ch 5 참조.

60 Allen Oakley, *The Making of Marx's Critical Theory: A Bibliographical Analysis*(London, 1983), pp 110, 115.

61 Oakley, *The Making of Marx's Critical Theory*, p 4.

62 Stavros Tombazos, *Time in Marx: The Categories of Time in Marx's Capital*(Leiden, 2014), p 312.

63 《자본론》의 대상이 세계적 성격을 띠고 있다는 것은 Pradella, *L'attualità del Capitale*의 주요 주제 가운데 하나다. 특히 'Introduzione' and ch III 참조. 본서 7장도 참조.

2장 방법 1: 리카도

1 V I Lenin, *Collected Works*(50 vols, Moscow, 1961), 38: 180. 레닌의 헤겔 독해에 관한 논의는 Louis Althusser, 'Lenin before Hegel', in *Lenin and Philosophy and Other Essays*(London, 1971)[국역: 《레닌과 철학》, 백의, 1991], Michael Löwy, 'From the "Logic" of Hegel to the Finland Station', in Löwy, *Changing the World*(Atlantic Highlands NJ, 1993), and Stathis Kouvelakis, 'Lenin as Reader of Hegel', in Sebastian Budgen et al, eds, *Lenin Reloaded*(Durham, 2007)[국역: 《레닌 재장전》, 마티, 2010] 참조.

2 Karl Löwith, *From Hegel to Nietzsche*(London, 1965)[국역: 《헤겔에서 니체로》, 민음사, 2006], p 92.

3 Lenin, *Collected Works*, 38: 319[국역: 《철학노트》, 논장, 1989].

4 Antonio Gramsci, *Selections from the Prison Notebooks*(London, 1971)[국

역:《그람시의 옥중수고 1, 2》, 거름, 1999], pp 400, 401. 영어로 번역된 그람시의 주요 경제 저작들은 *Further Selections from the Prison Notebooks*(London, 1995), pp 161~277, 428~435 참조. Michael Krätke, 'Antonio Gramsci's Contribution to a Critical Economics', *Historical Materialism*, 19:3(2011)의 탁월한 논의도 참조.

5   흥미롭게도, 1850년 11월에 마르크스와 엥겔스는 헤겔과 리카도가 모두 "발전과 투쟁"을 이해하는 "무정한 사고"의 대표자라고 여겼다.(CW10: 530)

6   이른바 1857년 서설에 관한 자세한 논의는 Stuart Hall, 'Marx's Notes on Method: A "Reading" of the "1857 Introduction"', *Cultural Studies*, 17:2(2003), and Derek Sayer, *Marx's Method: Ideology, Science, and Critique in Capital*(Hassocks, 1979) 참조.

7   George di Giovanni, 'Introduction', to G W F Hegel, *The Science of Logic*(Cambridge, 2010), p xxxv.

8   Mark E Meaney, *Capital as Organic Unity: The Role of Hegel's Science of Logic in Marx's Grundrisse*(Dordrecht, 2002), p 170; 일반적으로는 Meaney, ch 7 참조.

9   헤겔 저작의 영역자들은 보통 Begriff(개념)를 notion으로 옮겼다. 그러나《논리학》을 새로 영역한 조지 디조반니는 Begriff를 concept으로 옮겼는데, 덕분에 헤겔의 주장을 더 이해하기 쉬워졌을 뿐 아니라, 마르크스가《자본론》에서 그 용어를 사용한 것의 중요성도 더 알아채기 쉬워졌다. Michael Inwood, *A Hegel Dictionary*(Oxford, 1992), pp 58~61의 concept 항목 참조.

10 알튀세르가 이 구절을 폭넓게 논의한 것은 'On the Materialist Dialectic', in *For Marx*(London, 1970) 참조.

11 Harold Bloom, *The Anxiety of Influence: A Theory of Poetry*(2nd edn; Oxford, 1997)[국역:《영향에 대한 불안》, 문학과지성사, 2012].

12 Jairus Banaji, 'From the Commodity to Capital: Hegel's Dialectic in Marx's Capital', in Diane Elson, ed, *Value: The Representation of Labour in Capitalism*(London, 1979), p 18.

13 특히 Louis Althusser, 'Contradiction and Overdetermination', in *For Marx* 참조.

14 G W F Hegel, *The Phenomenology of Spirit*(Oxford, 1977)[국역:《정신현상학 1, 2》, 한길사, 2005], § 56; p 35(번역 수정).

15 Christopher J Arthur, *The New Dialectic and Marx's Capital*(Leiden, 2003), p 7.

16 Louis Althusser, 'Avant-propos' to Gérard Duménil, *Le concept de loi économique dans 'Le Capital'*(Paris, 1978)[국역: "제라르 뒤메닐의《'자본'의 경

제법칙 개념》에 대한 서문", 《역사적 맑스주의》, 중원문화, 2012], p 17.

17 Gerard Lebrun, *La patience du Concept: Essai sur le discours hegelien*(Paris, 1972), pp 164~166과 더 일반적으로는 3장의 논의 참조.

18 Alex Callinicos, 'The Logic of *Capital*'(DPhil Thesis, Oxford University, 1978), pp 174~175. 2장 이하의 몇몇 곳에서 나는 이 논문을 활용했다.

19 Jacques Bidet, *Exploring Marx's Capital*(Brill, 2007)[국역: 《자본의 경제학·철학·이데올로기》, 새날, 1995], p 3.

20 Ernest Mandel, *Late Capitalism*(London, 1975)[국역: 《후기 자본주의》, 한마당, 1985], p 15.

21 E V Ilyenkov, [1960] *The Dialectics of the Abstract and the Concrete of Marx's Capital*(Moscow, 1982; 번역 수정), p 148. 일리엔코프의 독해는 알튀세르가 제시한 과학적 실천 모델과 완전히 다르지는 않다. 알튀세르의 모델에서 '일반성 Ⅰ', 즉 기존의 이론과 개념은 '일반성 Ⅱ', 즉 "과학의 모든 문제가 그 속에서 필연적으로 제기되는 장場을 규정하는 '이론'"에 의해서 '일반성 Ⅲ', 즉 새로운 '사고 속의 구체'로 변형된다. 'On the Materialist Dialectic', pp 184~185.

22 Ilyenkov, *Dialectics of the Abstract and the Concrete of Marx's Capital*, p 144.

23 Michael Heinrich, 'Reconstruction or Deconstruction? Methodological Controversies about Value and Capital, and New Insights from the Critical Edition', in Riccardo Bellofiore and Roberto Fineschi, eds, *Rereading Marx: New Perspectives after the Critical Edition*(Basingstoke, 2009), p 79.

24 Meaney, *Capital as Organic Unity*, pix. 미니와 관점이 비슷한(그러나 《논리학》과 《요강》의 밀접한 관계를 과소평가했다고 미니가 비판하는) 또 다른 연구서는 Hiroshi Uchida, *Marx's Grundrisse and Hegel's Logic*(Terrell Carver, ed; London, 1988)[국역: 《마르크스의 요강과 헤겔의 논리학》, 문원, 1995].

25 Louis Althusser, 'From *Capital* to Marx's Philosophy', in Louis Althusser and Etienne Balibar, *Reading Capital*(London, 1970), p 14.

26 이 위기가 미국에서 시작됐다는 것은 Charles W Calomiris and Larry Schweikart, 'The Panic of 1857: Origins, Transmission, and Containment', *Journal of Economic History*, 51:4(1991) 참조. 19세기의 대부분 동안 미국과 영국을 하나로 묶어 준 밀접한 경제적·금융적·지정학적 연결망(과 적대 관계)은 Alasdair Roberts, *America's First Great Depression: Economic Crisis and Political Disorder after the Panic of 1837*(Ithaca, 2012)에 잘 나타나 있다.

27 Meaney, *Capital as Organic Unity*, p 15.

28 1850년대 초에 마르크스는 케어리를, 예컨대 리카도의 지대론 — 나중에 마르크스 자신의 독자적 가치론을 발전시키는 데서 결정적으로 중요한 문제였음이

드러난다 — 과 관련해서 비판적으로 논한다. 예컨대, 아돌프 클루스에게 보낸 (1853년 10월 5일자) 장문의 편지 참조.(CW39: 378~384)

29   조지 몬비오가 "일수초과할증료demurrage, 즉 마이너스 금리"의 도입을 지지하는 것은 프루동식 화폐 개혁의 현대적 버전을 제시하는 셈이다. "이 조처는 화폐에 투자하는 것이 불가능함을 뜻한다. 다시 말해, 이 조처가 보편적으로 적용되면 자본주의는 끝장난다"는 것이다. *The Age of Consent: A Manifesto for a New World Order*(London, 2003)[국역:《도둑맞은 세계화》, 창비, 2006], pp 239~240 참조. 데이비드 그레이버의 책 *Debt: The First 5,000 Years*(New York, 2011)[국역:《부채 그 첫 5000년》, 부글북스, 2011]에 나오는 방대하고 고무적인 역사적·인류학적 설명은 너무 복잡하고 방만해서 단순한 이론적 공식으로 환원할 수 없지만, 자본주의의 바탕에는 (신용과 부채 관계의 기원이 된) 각각의 사회적 관행에 시장의 추상적 논리를 강요하는 "전사들과 금융업자들의 동맹"이 있다는(p 367) 그레이버의 말에서 프루동주의를 느낄 수 있다.

30   이 인용문은《요강》의 "자본에 관한 장"에 포함돼 있지만, 우치다 히로시는 이것이《요강》편집자들의 실수라[며 "화폐에 관한 장"에 포함시켜야 한다]고 주장한다. *Marx's Grundrisse and Hegel's Logic*, pp 152~153 n 1 참조.

31   《요강》과《1861~1863년 원고》에서 마르크스는 'Arbeitsvermogen'(노동능력)이라는 단어를 쓰는 반면 'Arbeitskraft'(노동력)이라는 단어는《자본론》에서만 사용한다. CW28: p 554 n 85과 본서 5장 이하 참조.

32   화폐와 신용에 관한 고전파 경제학자들의 논쟁을 탁월하게 요약한 Makoto Itoh and Costas Lapavitsas, *Political Economy of Money and Finance*(London, 1999)(이하의 논의는 이 책에 많이 빚지고 있다)의 1장과 특히 이 문제와 관련된 마르크스의 신문 기사들을 꼼꼼히 살펴보는 Sergio Bologna(1973), 'Money and Crisis: Marx as Correspondent of the *New York Daily Tribune*, 1856-7', http://www.wildcat-www.de/en/material/cs13bolo.htm 참조. 이 논쟁에 대한 마르크스 자신의 설명은 *Con*: 157~187 참조.

33   David Hume, *Essays Moral, Political, and Literary*(Eugene F Miller, ed; Indianapolis, 1985), pp 281, 313.

34   Hyman P Minsky, *Stabilizing an Unstable Economy*(New York, 2008), p 129 에서 인용.

35   David Kynaston, *The City of London*, I(London, 1994), pp 29~30(Ricardo on Restriction), 126~130(the Bank Charter Act).

36   Sir James Steuart, *An Inquiry into the Principles of Political Oeconomy*(2 vols, London, 1767), I, p 402. 나는 스튜어트의 철자와 구두점을 현대 어법에 맞게 자유롭게 고쳤다.

37   Itoh and Lapavitsas, *Political Economy of Money and Finance*, p 11.

38 John Fullarton, *On the Regulation of Currencies*(London, 1844), p 154. 마르크스기 런던 노트의 "금멸이. 완벽한 화폐제도" 부분에 발췌한 글에서 가장 주목한 것이 바로 이 책이다. *MEGA*² IV/8: 95~113 참조.

39 Steuart, *An Inquiry into the Principles of Political Oeconomy*, I, p 153. 이 책(p 150)에서 스튜어트는 "지난 세기에 일어난 혁명들"의 원인은 "봉건적 정부 형태의 해체"와 "완벽하게 새로운 정치적 경제 체제"의 형성이라고 말한다.

40 Lucia Pradella, *Globalization and the Critique of Political Economy: New Insights from Marx's Writings*(London, 2014), ch 4.

41 Itoh and Lapavitas, *Political Economy of Money and Finance*, ch 2 참조. 그리고 이 문제를 자세히 검토한 Pichit Likitkijsomboon, 'Marx's Anti-Quantity Theory of Money: A Critical Evaluation', in Fred Moseley, ed, *Marx's Theory of Money: Modern Appraisals*(Basingstoke, 2005)도 참조.

42 Steuart, *An Inquiry into the Principles of Political Oeconomy*, I, p 327(*G*: 226~227에서 인용). 그러나 마르크스가 《요강》에서 화폐를 가치의 상징으로만 다루는 경향이 있다는 것은 Roman Rosdolsky, *The Making of Marx's Capital*, pp 113~114 참조.

43 Thomas de Quincey, *Confessions of an English Opium Eater and Other Writings*(Oxford, 2013)[국역: 《어느 영국인 아편중독자의 고백》, 펭귄클래식코리아(웅진), 2011] p 65.

44 이 절은 내 박사 학위논문 'The Logic of *Capital*'과 그 초안 'Ricardo, Marx and Classical Political Economy'(1975)를 많이 활용했다(초안의 많은 내용은 최종 논문에 포함되지 않았다). 리카도를 공부하는 많은 학생과 마찬가지로 나도 피에로 스라파가 리카도의 저작과 편지 등을 모아서 매우 훌륭하게 편집한 *Works and Correspondence*과 1권에 해설로 써 넣은 머리말에 크게 빚졌다.

45 리카도는 사실 두 경우를 구분하는데, 하나는 다양한 산업에서 유동자본 대 고정자본의 비율이 서로 다른 경우이고 다른 하나는 자본의 내구성이 부문마다 서로 다른 경우다. 그러나 그는 또 다음과 같이 쓴다. "자본은 급속히 소모돼서 [빈번히] 재생산돼야 하는가 아니면 천천히 소비되는가에 따라 유동자본이나 고정자본이라는 항목으로 분류된다."(*R*: I, 31) 이것은 첫째 경우가 둘째 경우로 환원된다는 것을 함의한다.

46 실제로 마르크스는 다음과 같이 지적한다. "이 제1장에서는 **상품**의 존재만을 전제하는 것이 아니라 — 가치를 그 자체로서 고찰하는 경우에는 그 이상의 전제가 필요없다 — 임금, 자본, 이윤 심지어 … 일반적 이윤율, 유통 과정에서 생겨나는 다양한 자본 형태, 또 '자연가격과 시장가격'의 차이도 전제하는 것을 볼 수 있다."(*CW*31: 393)

47 Robert Torrens, 'Structures concerning Mr Ricardo's Doctrine respecting

Exchangeable Value', *Edinburgh Magazine and Literary Miscellany*, III, October 1818, p 336.

48 스미스, 리카도, 마르크스의 서로 다른 가치론을 탁월하게 개관한 것은 Dimitris Milonakis and Ben Fine, *From Political Economy to Economics*(London, 2009), ch 4 참조. 또 스미스와 리카도에 관해서는 I I Rubin, *A History of Economic Thought*(London, 1979)[국역: 《경제사상사》, 신지평, 1994], chs 27 and 28 참조.

49 Adam Smith, *An Inquiry into the Nature and Causes of the Wealth of Nations*(2 vols, Oxford, 1976)[국역: 《국부론 상, 하》, 비봉, 2007], I vi, I viii; I pp 65, 72. 스미스는 자신이 실제로 의미하는 바가 수행된 노동의 양인지 아니면 어떤 상품이 임금으로 측정된 그 가격 덕분에 지배할 수 있는 노동의 양인지를 모호하게 말한다. (맬서스는 후자의 해결책을 취한다.) 마르크스는 《1861~1863년 원고》에서 스미스의 가치론에 내재하는 긴장과 모호함을 자세히 분석한다. *CW*30: 376~411.

50 예컨대, G S L Tucker, *Progress and Profits in British Economic Thought 1650-1850*(Cambridge, 1960), ch VIII 참조.

51 Élie Halévy, *A History of the English People in 1815*(London, 1912), pp 68, 280~283. 이런 상황은 마르크스가 《자본론》 1권 독일어 2판 후기에서 한 주장, 즉 영국의 "고전파 정치경제학은 계급투쟁이 아직 발전하지 않았던 시기의 것" 이고 1830년 이후 "계급투쟁이 점점 더 공개적이고 위협적인 형태를 띤" 결과로 고전파 정치경제학이 쇠퇴하게 됐다는 주장을 결코 뒷받침하지 않는다. 이런 주장은 마르크스 자신의 다음 말과 모순된다. "자본과 노동 사이의 계급투쟁은 … 곡물법 실시 이후 공공연하게 터져 나왔다."(*CI*: 96, 97) 리카도는 정치적·사회적 양극화의 시대에 글을 쓰고 있었고, 그의 이론적 담론에 내재하는 긴장은 분명히 1830년보다 훨씬 전에 리카도 추종자들조차 그의 이론을 신속히 포기하게 만드는 한 원인이 됐다. 마르크스는 《1861~1863년 원고》에서 "정치적 경제에 관한 진정한 과학"은 리처드 존스로 "끝난다"고 써서 자신의 주장을 더 약화시킨다. 왜냐하면 존스의 주요 저작들은 1830년 이후에 출간됐고, 마르크스는 존스가 자본주의 경제 관계를 역사화했다는 이유로 그를 칭찬하기 때문이다. "존스와 다른 경제학자들(아마 시스몽디는 예외일 것이다)의 차이는 존스가 자본의 본질적 특징은 사회적으로 규정된 형태라는 점을 강조한다는 것, 자본주의 생산양식과 다른 생산양식들의 모든 차이를 이 독특한 형태로 환원한다는 것", 따라서 "자본주의 생산양식을 더는 영원한 자연적 생산관계로 여기지 않고 확실한 역사적 범주로 여긴다는 것"이다.(*CW*33: 345, 341, 344) 마르크스는 자신이 혐오하던 맬서스의 경우와 달리 존스가 영국 국교회 성직자라는 점을 때로는 칭찬하기까지 한다. "영국 국교회 성직자들은 대륙의 자기 형제들보다 생각이 깊은 듯하다." (*CW*33: 344)

52   Piero Sraffa, 'Introduction', to *The Works and Correspondence of David Ricardo*(11 vols, Cambridge, 1951~1952), I, xxxi.

53   James Mill, *Elements of Political Economy*, in *Selected Economic Writings*(Donald Winch, ed; Edinburgh, 1966), pp 261, 262~263.

54   J R McCulloch, *The Principles of Political Economy*(Edinburgh, 1825), p 291.

55   Smith, *Wealth of Nations*, I vi; I, p 67.

56   Joseph Schumpeter, *Economic Doctrine and Method*(London, 1954)[국역: 《경제학의 역사와 방법》, 한신대출판부, 2007], p 37.

57   Thomas de Quincey, *The Logic of Political Economy*(Edinburgh, 1844), p iii.

58   그런 경제 과학 개념은 리카도 학파인 J E 케언스가 *The Character and Logical Method of Political Economy*(London, 1875)에서 발전시켰다. 그러나 그것은 신고전파 정설의 주요 옹호자들도 받아들였다. 예컨대, Lionel Robbins, *An Essay on the Nature and Significance of Economic Science*(London, 1933) 참조.

59   한계혁명의 결과로 경제학이 변질된 불행한 이야기는 Milonakis and Fine, *From Political Economy to Economics* 참조.

60   Samuel Bailey, *A Critical Dissertation on the Nature, Measures and Causes of Value* (London, 1825), p 51.

61   마르크스가 《1861~1863년 원고》에서 '비용가격'이라는 말에 다양한 의미를 부여한 것은 Enrique Dussel, *Towards an Unknown Marx: A Commentary on the Manuscripts of 1861-63*(London, 2001), p 250 n 4 참조.

62   마르크스는 사실 《요강》의 한 구절에서 경쟁 때문에 자본들은 그 규모에 비례해서 잉여가치를 나눠 갖는다고 주장하면서 이런 해답을 예고하지만, 《1861~1863년 원고》에서는 이를 더 발전시키지 않는다. *G*: 435~436 참조.

63   Dussel, *Towards an Unknown Marx*, p 103.

64   마르크스의 지대론에 관해서는 Ben Fine and Alfredo Saad-Filho, *Marx's 'Capital'*(5th edn; London, 2010)[국역: 《마르크스의 자본론》, 책갈피, 2006], ch 13, and David Harvey, *The Limits to Capital*(Oxford, 1982), ch 11 참조.

65   이 구절의 초기 버전이 《1861~1863년 원고》에 나오는데, 그것과 비교해 보면 당시 마르크스가 시장가치 개념을 정식화하지 않았음을 알 수 있다.(*CW*31: 356) 《자본론》 3권 2편의 제목은 "이윤이 평균이윤으로 전환"이다. 마르크스가 《1861~1863년 원고》에서 평균이윤 개념을 정식화한 것의 결정적 중요성은 두셀의 책 *1861-63 Manuscript: Towards an Unknown Marx*, pp 83ff 참조. Figure 4.1, 'Some categorial mediations between surplus value and profit' (Dussel, p 46)은 마르크스가 발전시킨 많은 개념의 복잡성을 보여 준다.

66 능력 부족과 나 자신의 정신 건강에 대한 우려 때문에 본서에서는 '전형 문제'에 관한 논쟁을 다루지 않을 것이다. 전형 문제 논쟁에 기여한 최근의 인상적 문헌은 Alfredo Saad-Filho, *The Value of Marx*(London, 2002)[국역: 《마르크스의 가치론》, 책갈피, 2011], Andrew Kliman, *Reclaiming Marx's 'Capital'*(Lanham MD, 2007)과 프레드 모즐리가 후자를 서평한 《히스토리컬 머티리얼리즘》 18.4(2010)의 글 등이 있다. 모즐리는 근간 *Money and Totality: Marx's Logical Method and the End of the 'Transformation Problem'*에서 이 주제를 종합적으로 다룬다.

67 Fred Moseley, 'The Universal and the Particulars in Hegel's *Logic* and Marx's *Capital*', in Moseley and Tony Smith, eds, *Marx's Capital and Hegel's Logic*(Leiden, 2014). 모즐리는 여러 글, 예컨대 'Hostile Brothers: Marx's Theory of the Distribution of Surplus Value in Volume III of *Capital*', in Martha Campbell and Geert Reuten, eds, *The Culmination of Capital*(Basingstoke, 2002)에서 《자본론》에 대한 전반적 해석을 발전시켰다. 이 해석의 다른 측면들은 내가 다음 장에서 다룰 것이다. 우치다 히로시도 *Marx's Grundrisse and Hegel's Logic*에서 마르크스의 자본 이론은 헤겔의 보편성, 특수성, 개별성의 변증법을 통해 이해해야 한다고 주장한다.

68 *Hegel's Logic*(Oxford, 1975)[국역: 《헤겔의 논리학》, 서문당, 2018], § 163; p 227.

69 G W F Hegel, *Lectures on the History of Philosophy*(3 vols, London, 1963)[일부 국역: 《철학사 1》, 지식산업사, 1996], II, p 381.

70 Ilyenkov, *Dialectics of the Abstract and the Concrete of Marx's Capital*, ch 3.

71 Hegel, *Lectures on the History of Philosophy*, III, pp 280~282. 물론 헤겔의 스피노자 해석은 매우 논란이 많은 쟁점이다. 마르크스주의적 비판은 Pierre Macherey, *Hegel ou Spinoza*(Paris, 1977)[국역: 《헤겔 또는 스피노자》, 그린비, 2010] 참조. 질 들뢰즈는 *Spinoza et le probleme d'expression*(Paris, 1968)[국역: 《스피노자와 표현의 문제》, 인간사랑, 2003]에서 유력한 대안적 해석을 제시한다.

72 Hegel, *Lectures on the History of Philosophy*, III, p 286.

73 프레드릭 제임슨은 자신이 "3분법 공식"이라고 부른 것을 무시하는 많은 해설자 중 한 명이다. *The Hegel Variations: On the Phenomenology of Spirit*(London, 2010), p 19 참조. 그는 자신의 주장을 뒷받침하고자 헤겔이 다음과 같이 주장하는 구절을 인용한다. 부정의 부정은 "원래의 직접성이 복원된 것"이기도 하기 때문에 "[세 번째가 아니라] 네 번째로서 여겨질 수도 있고, 그 추상적 형식은 3분법이 아니라 4분법이 될 수도 있다." 그러나 헤겔은 변증법이 취하는 3단 형식에 충실하다는 점을 재차 확인한다. 그는 3분법에 관한 형식논리학

적 논의, 예컨대 전통적 논리학과 칸트 철학의 논의는 "그 형식을 지루하게 만들고 그것에 악명을 부여했다"는 것을 인정한다. "그러나 이렇게 무미건조한 사용법도 그것의 내적 가치를 제거할 수는 없고, 비록 처음에는 개념적 파악이 없다고 하더라도 결국 이성의 형태가 발견되는 사실은 항상 높이 평가돼야 한다."(GL: 746~747)

74 Hegel, *Phenomenology of Spirit*, § 17; p 10.

75 찰스 테일러가 헤겔의 체계를 끈기 있고 명료하게 탐구한 *Hegel*(Cambridge, 1977)[국역:《헤겔》, 그린비, 2014] 참조.

76 Hegel, *Lectures on the History of Philosophy*, III, p 269.

77 독일 고전 관념론이 발전하는 데서 스피노자가 어떤 의미가 있었는지는 Dieter Henrich, *Between Kant and Hegel: Lectures on German Idealism*(Cambridge MA, 2003), Part II 참조.

78 Hegel, *Phenomenology of Spirit*, § 18; p 10.

79 Ilyenkov, *Dialectics of the Abstract and the Concrete*, pp 183, 194.

80 그래서 일리엔코프는 다음과 같이 주장한다. "마르크스는 화폐와 무관하게 한 상품과 다른 상품이 직접 교환되는 과정을 구체적으로 고려한 바탕 위에서 '가치 일반', '가치 자체'의 과학적 정의를 구성했다. … 바로 그런 종류의 가치는 논리적으로든 역사적으로든 기본적이고 원초적인 것으로 입증된다."(*Dialectics of Abstract and Concrete*, pp 79~80) 그 사실 외에도 마르크스는 "바그너에 대한 주석"에서 강조하듯이 《자본론》을 '가치 일반'에서 시작하는 것이 아니라 상품으로 시작한다.(CW24: 544) 《자본론》 1권 1장의 가치형태 분석은 기본적·상대적 가치형태에서 중단되는 것이 아니라(이것들은 실제로 화폐와 무관한 교환을 정립한다) 화폐 형태와 가격(가치의 화폐적 표현)에서 끝난다. 더 자세한 내용은 본서 4장 참조.

81 Ilyenkov, *Dialectics of the Abstract and the Concrete*, p 278.

3장 방법 2: 헤겔

1 G W F Hegel, *Lectures on the History of Philosophy*(3 vols, London, 1963), II, pp 368~369(번역 수정). 포괄 법칙 모형에 관한 고전적 논의는 Carl G. Hempel, *Aspects of Scientific Explanation*(New York, 1965)[국역:《과학적 설명의 여러 측면 1, 2》, 나남, 2011] 참조. 경제학에서 밀턴 프리드먼은 헤겔의 딜레마에서 빠져나올 길을 제시한다. 프리드먼의 주장은 경제 이론의 전제들을 허구로 여겨야 하지만 그 허구에서 생산적인 경험적 결과들을 끌어낼 수 있다는 것이다. *Essays in Positive Economics*(Chicago, 1964) 참조. 흥미롭게도 마르크스는 지금 같으면 리카도 모형이라고 부를 만한 것에서 리카도가 비현실적 가

정들을 사용한다고 비판했다. "예증에서 가정들은 자기 모순적이어서는 안 된다. 따라서 그것들은 현실적 가정, **현실적** 가설이라는 식으로 정식화해야지 불합리한 가정이나 가설적 실재, 불가능한 것으로 정식화해서는 안 된다."(CW31: 121) 이것은 레셰크 노바크가 《자본론》에 사용된 마르크스의 방법을 연구한 흥미로운 책에서 다음과 같이 주장한 것과 모순된다. "마르크스는 자신이 보기에 선험적인 어떤 가정들을 도입하는데, 그 가정들은 경험적 현실에서는 틀린 것들이다." 그래서 나중에 마르크스는 "이 反사실적 가정들"을 버린다. *The Structure of Idealisation: Towards a Systematic Interpretation of the Marxian Idea of Science*(Dordrecht, 1980), p 21 참조. 《자본론》에서는 규정의 더 추상적 수준들이 더 구체적 수준들을 규제한다.

2   Imre Lakatos, *Proofs and Refutations*(Cambridge, 1976)[국역: 《수학적 발견의 논리》, 아르케, 2001], p 91. 이 텍스트는 고전적 과학 개념을 그 본거지 — 수학 — 에서 파괴하는 탁월한 책이다. 흥미로운 점은 러커토시가 더 나아가서 "헤겔과 포퍼는 현대 철학에서 유일한 오류주의 전통을 대표한다"고 주장한다는 점이다. 같은 책, p 139, n 1 참조.

3   *Hegel's Logic*(Oxford, 1975), § 114; p 166(번역 수정).

4   *Hegel's Logic*, § 243; p 296.

5   *Hegel's Logic*, § 237; p 292(번역 수정); 강조는 내가 추가한 것.

6   George Di Giovanni, 'Introduction', to G W F Hegel, *The Science of Logic*(Cambridge, 2010), pp lv-lvi.

7   Slavoj Žižek, *Less Than Nothing*(London, 2012), p 239, pp 234~235. '해석학적' 방법의 더 전통적 사례들은 Robert Pippin, *Modernism as a Philosophical Problem*(Oxford, 1991), and Terry Pinkard, *Hegel's Phenomonenology*(Cambridge, 1994) 등이 있다. 프레드릭 제임슨은 명민하게 다음과 같이 말한다. "이런 구조 작업은 헤겔을 존경스럽게 만들고 헤겔이 전문적 철학자 집단에 다시 들어오도록 허용하는데, 그 결과는 초보적 변증법이 미리 예측할 수 있었던 것, 즉 … [《정신현상학》의 — 캘리니코스] 비非철학적(또는 '사회학적') 장章들이 일반적 '문화 비판'의 무기력한 인상주의로 전락한다는 것이다." *The Hegel Variations: On the Phenomenology of Spirit*(London, 2010), pp 10~11 참조. 제라르 르브룅의 인상적 연구서 *La patience du Concept: Essai sur le discours hegelien*(Paris, 1972)은 헤겔을 독단적 독해나 해석학적 독해와 동화시키는 것이 얼마나 어려운지를 분명히 보여 준다.

8   Žižek, *Less Than Nothing*, p 235.

9   Di Giovanni, 'Introduction', p lvii. J M E McTaggart, *A Commentary on Hegel's Logic*(New York, 1964) 참조.

10   Di Giovanni, 'Introduction', p lviii.

11   *Hegel's Philosophy of Nature*(Oxford, 1970)[국역:《헤겔 자연철학 1, 2》, 나남, 2008], § 250, pp 22~23, and p 23*; § 248; p 17. 디조반니는 맥태거트를 비판하면서 '자연의 무기력' 개념을 인용하지만, 그것은 자신이 선호하는 해석, 즉 "셸링과 마찬가지로 헤겔에게도 자연은 피히테의 '비아'가 아니라 '자아'의 '전前자다'"라는 해석에도 해당된다는 사실을 이해하지 못한다.('Introduction', pp lvii, lix.)

12   Dieter Henrich, *Between Kant and Hegel: Lectures on German Idealism*(Cambridge MA, 2003) 참조.

13   헤겔이 이 문제들을 매우 자세히 따져 묻는 것은 Michael Rosen, *Hegel's Dialectic and its Criticism*(Cambridge, 1982)와 루이 알튀세르의 도발적 강의 'Marx's Relation to Hegel', in *Politics and History: Montesquieu, Rousseau, Hegel and Marx*(London, 1972)[국역: "헤겔에 대한 맑스의 관계", 《마키아벨리의 고독》, 중원문화, 2012] 참조. 후자는 알튀세르 사후 출판된 더 긴 텍스트 (1967) 'La Querelle de l'humanisme', in *Écrits philosophiques et politiques*(Francois Matheron, ed; 2 vols, Paris, 1994, 1995), II, pp 447~456에서 발췌한 것이다.

14   이 문제들을 폭넓게 논의한 것은 Alex Callinicos, 'The Logic of *Capital*'(DPhil Thesis, Oxford University, 1978), ch III과 본서 4장 이하 참조.

15   McTaggart, *Commentary on Hegel's Logic*, p 88.

16   Charles Taylor, *Hegel*(Cambridge, 1977), p 278.

17   Hiroshi Uchida, *Marx's Grundrisse and Hegel's Logic*(Terrell Carver, ed; London, 1988), chs 1 and 3은 전제가 정립되는 동그라미 운동을 헤겔·마르크스와 관련해서 논한다.

18   Henrich, *Between Kant and Hegel*, p 233.

19   Michael Inwood, *A Hegel Dictionary*(Oxford, 1992), p 224.

20   Patrick Murray, 'Marx's "Truly Social" Labour Theory of Value: Part I,' *Historical Materialism*, 7(2000), p 38.

21   Karl Marx, *Precapitalist Economic Formations*(London, 1964)[국역:《자본주의적 생산에 선행하는 제 형태》, 신지평, 1993]에 실린 에릭 홉스봄의 머리말[국역본의 "해제"]은 여전히 《자본주의적 생산에 선행하는 형태들》을 이해하는 데 매우 귀중한 자료다.

22   E P Thompson, *The Poverty of Theory and Other Essays* (London, 1978)[국역:《이론의 빈곤》, 책세상, 2013], p 254.

23   자본이 자신의 전제들을 정립한다는 생각은 포스트식민주의자들의 마르크스주의 비판에서 받아들여졌다. Dipesh Chakrabarty, *Provincializing Europe: Postcolonial Thought and Historical Difference*(Princeton, 2000)[국역:《유

럽을 지방화하기》, 그린비, 2014], ch 2 참조. 비벡 치버는 *Postcolonial Theory and the Spectre of Capital*(London, 2013)에서 비록 식민지(와 포스트식민지)의 맥락에서 제국주의적 폭력과 인종차별이 하는 독특한 구실을 제대로 다루지는 못하지만, 대체로 설득력 있는 반박을 제시한다.

24 그렇지만 마르크스는 '정립한다'는 헤겔식 어휘를 끈질기게 사용하는데, 이 점은 그가 1877년에 쓰기 시작한 원고에 나오는, 화폐자본의 순환(M ··· M')을 논의하는 다음과 같은 흥미로운 구절에서도 드러난다. "M'은 자본 관계로서 존재한다. M은 더는 단순한 화폐로서 나타나지 않고 화폐자본으로서 분명히 정립된다[gesetzt]. 즉, M은 자기 증식하는 가치로서, 다시 말해 자기가 가진 가치보다 더 큰 가치를 낳아 자기를 증식시키는 속성을 지닌 가치로서 표현된다. M은 M'의 다른 한 부분[m]과 맺는 관계에 의해 자본으로서 정립된다[gesetzt]. 그리하여 M'의 다른 한 부분[m]은 M에 의하여 정립된 것, M을 원인으로 해서 발생한 것, M을 원인으로 하는 결과로 여겨진다. 따라서 [자본순환의 결과로서, 그리고 실현된 상품자본으로서 이 화폐액] M'은 내부적으로 [투하자본 M과 잉여가치 m'으로] 구별되는 가치 총액으로서, [단순한 화폐가 아니라 자기를 증식시킨 가치, 즉 화폐자본으로서] 기능적(개념적)으로 스스로 분화하는 가치 총액으로서, 그리고 자본 관계를 표현하는 가치 총액으로서 나타난다[So erscheint G' als in sich differenzierte, sich funktionell (begrifflich) in sich selbst unterscheidende, das Kapitalverhaltnis ausdruckende Wertsumme]."(CII: 128)

25 펭귄판(CII: 241)에서는 이 구절의 문구 하나가 빠져 있다. 번역에서도 형태 규정 *Formbestimmtheit*의 의미를 놓치고 있다.

26 I I Rubin, *Essays on Marx's Theory of Value*(Detroit, 1972), p 37.

27 Jacques Bidet, *Exploring Marx's Capital*(Leiden, 2007), pp 182~183.

28 Fred Moseley, 'The Universal and the Particulars in Hegel's *Logic* and Marx's *Capital*', in Moseley and Tony Smith, eds, *Marx's Capital and Hegel's Logic*(Leiden, 2014).

29 G W F Hegel, *The Phenomenology of Spirit*(Oxford, 1977), § 808; p 493.

30 이 구절은 분명히 스타브로스 톰바조스의 해석과 모순된다. 톰바조스는 헤겔이 《대논리학》 3권에서 구분한 기계론·화학론·목적론에 비춰 《자본론》을 이해해야 한다고 해석한다. "《자본론》 1권의 범주들은 직선적·추상적 시간, 즉 계산할 수 있고 측정할 수 있는 동질적 시간을 따른다. 이것은 이른바 '생산 시간'이다. 2권의 규정들은 주기적 시간에 부합한다. '유통 시간'의 다양한 범주들은 가치의 회전과 관계있다. 마지막으로, 3권은 자본의 '유기적 시간', 즉 생산 시간과 유통 시간의 통일을 다룬다." *Time in Marx: The Categories of Time in Marx's Capital*(Leiden, 2014), p 3 참조. 본문의 인용구에서 마르크스는 실제로 자본

의 "유기적 삶"에 대해 말하지만, 그것을 《자본론》 1권의 '내적' 가치 관계와 같
은 것으로 여긴다. 1권에서는 자본과 임금노동의 관계를 분석하는 반면, '외적 관
계'를 다루는 《자본론》 3권에서 우리가 마주하는 것은 자본 간 경쟁과 시장에
서 개인들의 상호작용이다. 더욱이, 톰바조스가 1권의 직선적 시간과 2권의 주
기적 시간을 대조한 것은 과장이다. 왜냐하면 이미 《자본론》 1권 7편[자본의 축
적 과정]에서 마르크스는 자본의 재생산을 주기적 과정으로 서술하면서 경기순
환을 논하기 때문이다(본서 6장 참조). 톰바조스의 마르크스 독해는 내가 5장
에서 다시 살펴볼 텐데, (내가 이 책에서 나타낸 견해 차이에도 불구하고) 귀중
한 통찰을 많이 포함하고 있고, 분명히 다니엘 벤사이드의 《자본론》 해석에 영
향을 미쳤다. 특히, *Marx for Our Times: Adventures and Misadventures of a
Critique*(London, 2002), ch 7 참조.

31 《자본론》 3권 7편에 관한 자세한 논의는 Michael Krätke, "Hier bricht das
Manuskript ab." (Engels) Hat das *Kapital* einen Schluss?', II, *Beitrage zur
Marx-Engels-Forschung. Neue Folge*(2002) 참조. 수입 형태들의 물신적 성
격은 마르크스의 더 초기 논의 'Revenue and Its Sources', in the *1861-63
Manuscript*(CW32: 449~541)의 주요 주제들 가운데 하나이기도 하다.

32 그래서 톰바조스는 《자본론》을 초超헤겔적으로 해석하는 도중에 놀라울 만
큼 오해의 소지가 있는 발언을 하는데, 헤겔에게 "시민사회는 그 자체로 살
펴보면 윤리적으로 [가족보다 — 캘리니코스] 열등하다"는 것이다.(*Time in
Marx*, p 138) 헤겔의 사회철학에 관한 훨씬 더 만족스러운 논의는 Lucia
Pradella, 'Hegel, Imperialism, and Universal History', *Science & Society*
78(2014), Allen W Wood, *Hegel's Ethical Thought*(Cambridge, 1990), ch 14,
Domenico Losurdo, *Hegel and the Freedom of the Moderns*(Durham NC,
2004), and Žižek, *Less Than Nothing*, pp 416~453 참조.

33 G W F Hegel, *Elements of the Philosophy of Right*(Cambridge, 1991)[국역:
《법철학》, 한길사, 2008], § 243, pp 267~268; § 247, p 268; § 185, p 223; § 258,
p 276.

34 Gérard Duménil, *Le Concept de loi economique dans 'Le Capital'*(Paris,
1978), p 89; Fred Moseley, *Money and Totality: A Macro-Monetary
Interpretation of Marx's Logic in Capital and the Transformation
Problem*(forthcoming). 앞서 말한 이견들에도 불구하고 나는 모즐리의 견해가
전형 문제 같은 쟁점들을 해결하는 데 가장 만족스럽다고 생각한다.

35 《자본론》 3권 4편[상품자본과 화폐자본이 상인자본(상품거래자본과 화폐거래
자본)으로 전환] 이하에서 마르크스는 자본 전체에 공통되지 않은 독특한 모습
들(예컨대, 상업자본과 화폐자본, 토지 소유)을 다루지만, 이런 분화는 추상/구
체 관계 일반을 특징짓지 않는다.

36 Bidet, *Exploring Marx's Capital*, p 174.

37 본문의 라틴어는 "여기가 로도스섬이다. 여기서 뛰어 보라!"는 뜻이다. 이것은 《이솝 우화》에 나오는 이야기로, 로도스섬에서 엄청나게 높이 뛰었다고 자랑하는 허풍선이에게 사람들이 그렇다면 여기서 뛰어 보라고 핀잔을 줬다는 것이다.

38 Bidet, *Exploring Marx's Capital*, p 168. 마르크스가 처음에 화폐에서 자본을 도출하려고 한 것을 비판하는 중요한 글 John Mepham, 'From the *Grundrisse* to *Capital*', in Mepham and David-Hillel Ruben, eds, *Issues in Marxist Philosophy*(3 vols, Brighton, 1979), I도 참조.

39 Michael Heinrich, *An Introduction to the Three Volumes of Karl Marx's Capital*(New York, 2012), pp 84, 231 n 20.

40 Michael Heinrich, 'Reconstruction or Deconstruction? Methodological Controversies about Value and Capital, and New Insights from the Critical Edition', in Riccardo Bellofiore and Roberto Fineschi, eds, *Rereading Marx: New Perspectives after the Critical Edition*(Basingstoke, 2009), p 80 n 8.

41 Jacques Bidet, *Theorie de la modernite*(Paris, 1990), and *Theorie generale*(Paris, 1999), 그리고 이를 비판한 Alex Callinicos, *The Resources of Critique*(Cambridge, 2006), ch 1 참조.

42 Louis Althusser, 'Avant-propos' to Dumenil, *Le concept de loi economique dans 'Le Capital'*, pp 17~18. 여기서 알튀세르는 마르크스의 방법에 대한 뒤메닐의 설명을 요약하지만, 뒤메닐은 '내적인' 개념적 규정(가치)과 '외적인' 물질적 규정(사용가치)를 대치시킴으로써, 가치와 사용가치의 관계에 대한 마르크스의 성숙한 견해를 오해할 뿐 아니라, 마르크스가 자신의 범주들을 서술해 나가면서 새로운 내용을 분석에 끊임없이 통합하는 방식도 놓치고 만다.

43 이 물음을 나에게 던진 사람은 내가 무척 그리워하는 친구이자 동지 고故 크리스 하먼이다.

44 E V Ilyenkov, *The Dialectics of the Abstract and the Concrete of Marx's Capital*(Moscow, 1982), pp 275~276.

45 Fredric Jameson, *Representing Capital*(London, 2011), p 14.

46 Roman Rosdolsky, *The Making of Marx's Capital*(London, 1977), pp 40~41. 나는 'The Logic of *Capital*', and *The Revolutionary Ideas of Karl Marx*(London, 1983)에서 이 해석을 따랐다.

47 Fred Moseley, 'The Development of Marx's Theory of the Distribution of Surplus-Value in the 1861-63 Manuscripts', in Bellofiore and Fineschi, eds, *Rereading Marx*, p 145.

48 흥미롭게도, 마르크스는 나중에 포기한 《자본론》 1권의 '6장' "직접적 생산과정의 결과"에서 상대적 잉여가치를 도입할 때 이렇게 주장하면서 상대적 잉여가치

를 서술한다.(CI: 1023~1024) 마르크스의 차액 이윤론과 조지프 슘페터의 기업가 이윤 개념은 약간 비슷하다. 후자는 기술혁신으로 기업가의 비용이 하락할 때 생겨난다. *The Theory of Capitalist[*] Development*(New Brunswick, 1983) [국역: 《경제 발전의 이론》, 박영률출판사, 2006] ch 4 참조. 그러나 슘페터는 신고전학파의 정설을 따라서, 균형 상태에서 "생산은 근본적으로 이윤 없이 진행될 것이다" 하고 주장한다.(p 31) 따라서 이윤은 기술혁신으로 형성되는 불균형 상태에서만 생겨나고, 일단 그 혁신이 모방되면 그 기업가의 이점이 사라지면서 이윤도 없어진다. "기업가 이윤은 ⋯ 또 기업가의 기능 자체도 뒤에서 밀어붙이는 경쟁의 소용돌이 속에서 사라진다."(p 134) 그러나 마르크스가 볼 때, 잉여가치는 균형 상태에서 만들어진다. 차액 이윤론은 혁신적 자본이 얻는 잉여가치율의 일시적 증대만을 설명한다.

49 Bidet, *Exploring Marx's Capital*, p 145. 비데는 또 다음과 같이 주장한다. "마르크스는 자신의 이론에서 절대적으로 중요한 위치를 차지하는 이 '특별 잉여가치/상대적 잉여가치' 개념쌍을 매우 늦게서야 인식했다. 그것은 《요강》에서도, 《1861~1863년 원고》에서도 아직 나타나지 않는다."(p 142) 그러나 매우 비슷한 논의가 《1861~1863년 원고》에 나온다. CW30: 238~240 참조. 그리고 이미 《임금노동과 자본》(1849)에서 마르크스는 기술혁신 덕분에 혁신적 자본가는 경쟁자들보다 싸게 판매할 수 있다고 말한다.(CW9: 223~224)

50 Alfredo Saad-Filho, *The Value of Marx*(London, 2002), pp 40~41.

51 Enrique Dussel, *Towards an Unknown Marx: A Commentary on the Manuscripts of 1861-63*(London, 2001), p 84. 그러나 가치가 생산가격으로 바뀌는 전형이 마르크스의 지대 논의에서 중요하지만, 《1861~1863년 원고》에서 "자본과 이윤"을 다루는 부분(《자본론》 3권의 전신)에서 그는 "실제 가격 — 심지어 상품들의 표준 가격 — 과 가치의 차이"에 대한 논의를 제외한다. "이 문제를 더 자세히[XVI-994] 연구하는 일은 **경쟁**에 관한 장에 속한다."(CW33: 101) 이것은 마르크스가 경쟁을 어떻게 다뤄야 할지를 두고 불안해했음을 보여 주는 또 다른 징후인 듯하다.

52 Bidet, *Exploring Marx's Capital*, p 151.

53 예컨대, Michael Heinrich, 'Capital in General and the Structure of Marx's Capital', *Capital & Class*, 13:2(1989), and Dussel, *Towards an Unknown Marx*, p 254 n 4 참조.

54 Riccardo Bellofiore, 'Marx and the Macro-monetary Foundations of Microeconomics', in Bellofiore and Nicola Taylor, eds, *The Constitution of*

---

[*] Economic의 오타인 듯하다.

Capital: Essays on Volume I of Marx's Capital(Basingstoke, 2004), p 201. 마르크스가 《자본론》에서 경쟁을 다룰 때 불안해한 것은 부분적으로는 그와 (더 강력하게는) 엥겔스가 처음에 정치경제학을 인간주의적으로 비판할 때 경쟁에 부여한 핵심적 구실에 대한 반작용을 반영한 것일 수 있다(본서 1장 참조).

55 마르크스가 《자본론》 1권에서 자본의 집적과 집중 경향을 논할 때 경쟁이 중요하다는 점을 주목하도록 나에게 알려 준 루치아 프라델라에게 감사한다.

56 특히 Jon Elster, *Making Sense of Marx*(Cambridge, 1985) 참조. 그리고 대안적 견해는 Alex Callinicos, *Making History: Agency, Structure and Change in Social Theory*(2nd edn; Leiden, 2004)[국역: 《역사와 행위》, 사회비평사, 1997] 참조.

57 Bidet, *Exploring Marx's Capital*, p 152. 매우 비슷한 주장은 Tony Smith, *The Logic of Marx's 'Capital'*(Albany, 1990), p 229 n 30 참조.

58 마르크스의 상품 물신성 이론에 관한 귀중한 연구로는 Jacques Ranciere, 'Le Conception de critique et de critique de l'economique politique des "Manuscrits de 1844" au "Capital",' in Louis Althusser et al, *Lire le Capital*(Paris, 1973), Norman Geras, 'Essence and Appearance: Aspects of Fetishism in Marx's *Capital*', *New Left Review*, I/65(1971), John Mepham, 'The Theory of Ideology in *Capital*', in Mepham and David Hillel-Ruben, eds, *Issues in Marxist Philosophy*(3 vols, Brighton, 1979), I, Ali Rattansi, ed, *Ideology, Method and Marx*(London, 1989), and Stuart Hall, 'The Problem of Ideology — Marxism without Guarantees', in Betty Matthews, ed, *Marx: A Hundred Years On*(London, 1983)[국역: "이데올로기의 문제: 보증 없는 마르크스주의", 《문화, 이데올로기, 정체성》, 컬처룩, 2015] 등이 있다.

59 Inwood, *A Hegel Dictionary*, p 39. 인우드가 상호 참조를 위해 대문자로 나타낸 용어들을 나는 소문자로 표기했다.

60 G W F Hegel, *Introductory Lectures on Aesthetics*(Michael Inwood, ed; London, 1993), p xxi.

61 비데는 마르크스가 현상을 네 가지 의미로 사용한 것을 구별한다. *Exploring Marx's Capital*, pp 188~189 참조.

62 Bidet, *Exploring Marx's Capital*, p 200과 일반적으로는 8장 참조.

63 Fredric Jameson, *Valences of the Dialectic*(London, 2009), p 331.

64 Hall, 'The Problem of Ideology', p 76.

65 Rosa Luxemburg, *The Accumulation of Capital*(London, 1971)[국역: 《자본의 축적 1, 2》, 지만지, 2013], p 349와 이를 비판한 N I Bukharin, 'Imperialism and the Accumulation of Capital', in Luxemburg and Bukharin, *Imperialism and the Accumulation of Capital*(London, 1972), p 239 참조.

66 Jairus Banaji, *Theory as History: Essays on Modes of Production and Exploitation*(Leiden, 2010), p 60.

67 이 흥미로운 구절, 《요강》에서 바뀌어 《1861~1863년 원고》에 삽입된 구절(*G*: 454~461, *CW*34: 231~238)을 비교해 보라. "//생산의 자연법칙들! 여기서, 그것은 사실, 부르주아적 생산의 자연법칙들이고, 따라서 그 법칙들 내에서 생산은 특수한 역사적 단계에서 그리고 특수한 역사적 생산조건 아래서 이뤄진다. 그런 법칙들이 없다면, 부르주아 생산 체제는 전혀 이해할 수 없을 것이다. 그러므로 여기서 관련된 것은 이 특수한 생산양식의 본질을, 따라서 그 자연법칙들을 설명하는 것이다. 그러나 그것 자체가 역사적이듯이 그것의 본질과 그 본질의 법칙들도 마찬가지로 역사적이다. 아시아적·고대적·봉건적 생산양식의 자연법칙들은 근본적으로 달랐다. 다른 한편으로, 인간의 생산은 모든 형태의 생산에서 똑같은 일정한 법칙들이나 관계들이 있다는 것은 완전히 확실하다. 이 동일한 특징들은 매우 단순하고 소수의 아주 흔한 문구들로 요약될 수 있다.//"(*CW*34: 236) 뒤메닐은 *Le concept de loi economique dans le Capital*에서 마르크스의 법칙 개념에 대한 가장 광범한 (비록 문제가 많지만) 연구를 제공한다.

68 Hegel, *Phenomenology of Spirit*, § 20; p 11.

69 Elie Zahar, 'Why Did Einstein's Programme Supersede Lorentz's?', *British Journal of the Philosophy of Science*, 24(1973), p 103; 또 Imre Lakatos, *Philosophical Papers*(2 vols, Cambridge, 1978)도 참조.

70 Bensaid, *Marx for Our Times*, p 206.

71 Alex Callinicos, 'Daniel Bensaïd and the Broken Time of Politics', *International Socialism*, 2.135(2012) 참조. 《자본론》에 나오는 시간에 대한 연구는 Tombazos, *Time in Marx*, and Massimiliano Tomba, *Marx's Temporalities*(Brill, 2013) 참조.

72 내가 자연의 변증법을 논한 것은 *Resources of Critique*, ch 6 참조.

73 이런 비판은, 예컨대 2012년 11월 런던에서 열린 《히스토리컬 머티리얼리즘》 대회에서 패널로 나온 자이루스 바나지가 제기한 것이다.

74 Rosen, *Hegel's Dialectic and Its Criticism*, 특히 2장 참조.

75 나는 본서 5장에서 특히 크리스 아서와 모이시 포스톤의 주장, 즉 헤겔의 [절대] 이념이 어쨌든 자본에 상응하고 따라서 헤겔의 형식이 자본의 내용에 적합하다는 생각을 비판했다.

4장 가치

1 Daniel Bensaïd, *La Discordance des temps*(Paris, 1995), p 21.

2 특히 Joseph Choonara, *Unravelling Capitalism: A Guide to Marxist Political*

Economy(London, 2009), Ben Fine and Alfredo Saad-Filho, *Marx's 'Capital'* (5th edn; London, 2010), and Duncan Foley, *Understanding Capital: Marx's Economic Theory*(Cambridge MA, 1986) 참조.

3 Adam Smith, *An Inquiry into the Nature and Causes of the Wealth of Nations*(2 vols; Oxford, 1976), I, ch iv; I, p 44.

4 로만 로스돌스키는 《자본론》에서 사용가치가 설명 구실을 하는 사례들로 화폐 상품, 자본과 노동의 교환, 고정자본과 유동자본, 지대, 원료, 재생산표식 등을 열거한다. *The Making of Marx's Capital*(London, 1977), pp 83~88 참조. 마르 크스가 1859년 《비판》에서 사용가치를 정치경제학에서 제외한 것이 이상한 이 유는 《비판》이 많이 빚지고 있는 《요강》과 완전히 모순되기 때문이다. "사용가치 와 교환가치의 구별은 경제학 자체에 속하고 … 사용가치는 단순한 전제로서 죽 어 있지 않다. 리카도는 사용가치를 그렇게 취급하지만 말이다."(*G*: 320) 뒤메닐 은 마르크스의 가치론이 내적·개념적 관계들을 설명한다고 생각하면서도, 그의 방대하고 인상적인 《자본론》 연구서는 사용가치를 정치경제학에서 제외하는 것 을 전제로 하고 있다. *Le concept de loi economique dans 'Le Capital'*(Paris, 1978) 참조. 비데가 썼듯이 "뒤메닐의 독해는 《자본론》의 이론을 가치론의 측면 에서는 순수한 형식주의로 변모시키고(가치론을 엄밀하게 동어반복적인 것으로 이해한다), 사용가치의 측면에서는 순수한 경험주의로 변모시킨다(사용가치를 단순한 우연성으로 제시한다)." *Exploring Marx's Capital*(Leiden, 2007), p 149 참조.

5 Paul Sweezy, ed, *Karl Marx and the Close of His System* by Eugen von Bohm-Bawerk and *Bohm-Bawerk's Criticism of Marx* by Rudolph Hilferding(London, 1975)[일부 국역: 《노동가치론 논쟁》, 학민사, 1985]. 노동 가치론에 대한 비판은 Anthony Cutler et al, *Marx's 'Capital' and Capitalism Today*(2 vols, London, 1977, 1978), I, Part 1과 내 응답 'Marx's 'Capital' and Capitalism Today—A Critique', *International Socialism*, 2:2(1978)도 참조.

6 Maurice Dobb, *Political Economy and Capitalism*(London, 1937), p 21. 돕이 입증하듯이, 신고전파 경제학의 경향은 점차 이런 심리학을 정식화했 다. Dobb, ch V, and Maurice Godelier, *Rationality and Irrationality in Economics*(London, 1972) 참조.

7 Louis Althusser, 'Avertissement aux lecteurs du livre I du Capital', *Le Capital, Livre I*(2 vols, Paris, 1985), I, pp 18~25.

8 I I Rubin, *Essays on Marx's Theory of Value*(Detroit, 1972), pp 107~108. 루 빈이 인용한 《자본론》 문구는 내가 펭귄판에 맞게 바꿨다.

9 베일리에 대해서는 T A B Corley, 'Bailey, Samuel(*bap.* 1791, d. 1870)', *Oxford Dictionary of National Biography*(Oxford, 2004), http://www.

oxforddnb.com/view/article/1056, J A Schumpeter, *History of Economic Analysis*(London, 1954)[국역: 《경제 분석의 역사 1, 2, 3》, 한길사, 2013], pp 486~487, 599, and Robert M Rauner, *Samuel Bailey and the Classical Theory of Value*(Oxford, 1961) 참조. 이하에서 나는 'The Logic of *Capital*' (DPhil thesis, Oxford University, 1978), ch III에서 내가 마르크스와 베일리를 논의한 것을 활용할 것이다. 비록 이것은 제임스 퍼너의 뛰어난 논의 'Marx's Critique of Samuel Bailey', *Historical Materialism*, 12:2(2004)에 의해 대체됐지만 말이다. 또, Enrique Dussel, *Towards an Unknown Marx*(London, 2001), p 128도 참조.

10 Samuel Bailey, *A Critical Dissertation on the Nature, Measures and Causes of Value*(London, 1825), pp 1, 26, 72~73. 이 책은 Thomas de Quincey, 'Dialogues of Three Templars on Political Economy', *London Magazine*, vol 9, April-May 1824에 대한 답변인데, 이것은 리카도의 가치론과 스미스·맬서스가 대표하는 주류 견해의 차이를 특히 효과적으로 진술한 것이다.

11 Bailey, *Critical Dissertation on the Nature, Measures and Causes of Value*, pp 117, 112.

12 Rubin, *Essays on Marx's Theory of Value*, p 68 n 1. Jacques Bidet, *Exploring Marx's Capital*, ch 9에 나오는 가치형태 논의도 참조.

13 Karl Marx, 'The Commodity, Chapter 1 of *Capital*, Volume I(1st Edition)', in Albert Dragstedt, ed, *Value: Studies by Karl Marx*(London, 1976), pp 28~29. Rubin, *Essays on Marx's Theory of Value*, p 115 참조.

14 Rubin, *Essays on Marx's Theory of Value*, p 31.

15 Karl Marx, 'The Value Form', Appendix to *Capital*, Volume I(1st Edition), *Capital & Class*, 4(Spring 1978), pp 140~141.

16 이 구절은 오늘날 마르크스주의자들의 대중적 어법, 즉 가치는 "현실적 추상 [*Realabstraktion*]"이라는 말과 비슷한데, 이런 어법은 알프레드 존레텔의 저작에서 유래한 듯하다. 노동은 오로지 교환에서만 추상적으로 된다는 존레텔의 주장을 비판하는 논의는 Anselm Jappe, 'Sohn-Rethel and the Origin of "Real Abstraction": A Critique of Production or a Critique of Circulation?', *Historical Materialism*, 21:1(2013) 참조.

17 Marx, *Le Capital*, I, p 102. 이와 같은 구절들은 일부 가치형태론자들의 주장과 모순된다. 그들은 마르크스가 후속 원고들에서 자신의 가치론을 점차 지나치게 단순화해서, 리카도와 비슷한 실체론적 노동가치론으로 후퇴했다고 주장한다. 비록 특히 프랑스어판은 1편에서 어찌 보면 설명을 실제로 단순화하지만 마르크스는 가치형태를 강조하는 데서 후퇴하지 않는다. 예컨대, 앞 절 끝부분의 인용문이 보여 주듯이 독일어 2판에서 마르크스는 가치형태를 무시했다는 이유로 고전

파 정치경제학을 비판하는 긴 각주를 추가했다.

18 Rubin, *Essays on Marx's Theory of Value*, p 144. 이상하게도 마르크스의 《자본론》 1권 수정 원고에는 생리적 용어로 추상적 노동을 언급하는 부분이 없다. 비록 그는 추상적 노동과 구체적 노동의 구별을 서술하는, (2판에서) 1절(이 되는 부분)의 끝맺는 단락을 세 가지 버전으로 썼지만 말이다. Karl Marx, 'Erganzungen und Veranderungen zum ersten Band des *Kapitals*', *MEGA²* II/6: 5 참조. 루빈은 마르크스가 프랑스어판 《자본론》 1권에서 문제의 문장을 시작할 때 독일어 1판의 문장을 사용하지만 2판에서는 생략했다고 지적한다. "엄밀히 말해, 상품에는 두 종류의 노동이 들어 있지 않다. 그러나 노동은 그것의 생산물로서 상품의 사용가치와 관련되는지 아니면 그것의 대상적 표현으로서 상품의 가치와 관련되는지에 따라 똑같은 노동이 그 자체와 반대[로 정의]된다." Marx, *Le Capital*, I, pp 69~70과 Rubin, *Essays on Marx's Theory of Value*, pp 146~147 n 20 참조. 패트릭 머리는 마르크스의 가치론을 올바로 이해하려면 추상적 노동 개념을 세 가지 — 노동 일반, 추상적인 생리적 노동, "실제로 추상적인 노동" — 로 나눠야 하고, 가치를 창조하는 것은 오직 세 번째 노동뿐임을 인식해야 한다고 주장한다. Patrick Murray, 'Marx's "Truly Social" Labour Theory of Value', *Historical Materialism*, 6 and 7(2000) 참조. 이런 주장의 주요 장점은 이 장의 마지막 절에서 논하는 현실적 동등화 과정에 주의를 기울인다는 것이다. 비록 머리는 이 과정들을 훨씬 더 폭넓게 이해하지만 말이다.

19 Rubin, *Essays on Marx's Theory of Value*, pp 66~67.

20 Rubin, *Essays on Marx's Theory of Value*, p 226.

21 John Weeks, *Capital, Exploitation and Economic Crisis*(London, 2010), p 15.

22 Robert Brenner, 'Property and Progress: Where Adam Smith Went Wrong', in Chris Wickham, ed, *Marxist History-Writing for the Twenty-First Century*(Oxford, 2007), pp 60~61. 생산자들이 생산수단이 아니라 생계수단을 이용할 수 없어야 한다는 브레너의 요구 조건을 다음 장에서 다시 살펴볼 것이다.

23 Weeks, *Capital, Exploitation and Economic Crisis*, p 19. 알프레두 사드필류가 가치형태론을 비판한 *The Value of Marx*(London, 2002), pp 26~29도 참조.

24 Saad-Filho, *The Value of Marx*, p 41.

25 나와 주고받은 편지에서 이 점을 강조한 프레드 모즐리에게 감사한다.

26 Harry Cleaver, *Reading Capital Politically*(Brighton, 1979)[국역: 《자본을 어떻게 읽을 것인가》, 갈무리, 2018], ch V에 나오는 《자본론》 1권 1장 3절에 관한 탁월한 논의 참조.

27 Michael Heinrich, 'Reconstruction or Deconstruction? Methodological Controversies about Value and Capital, and New Insights from the Critical

Edition', in Riccardo Bellofiore and Roberto Fineschi, eds, *Rereading Marx: New Perspectives after the Critical Edition*(Basingstoke, 2009), p 92. 존 밀리오스, 디미트리스 디풀리스, 조지 이코노마키스는 흥미롭고 박식한 연구서 *Marx and the Classics: An Essay on Value, Crises and the Capitalist Mode of Production*(Aldershot, 2002)에서 하인리히의 이런 주장을 지지한다. 그들은 마르크스가 1850년대 말에 고전파 정치경제학과 결별했지만 나중에 다시 되돌아갔다고 주장한다. 가치와 생산가격의 관계를 양적인 관계로 다룰 때 "마르크스는 리카도 이론의 경험주의로 후퇴한다."(p 119) 그래서 "가치와 가격을 같은 단위로 잴 수 없다"는 것을 망각한다. "가치와 가격은 분석 수준이 서로 다른 개념들이고, 결코 메울 수 없는 의미론적 간극이 있는 범주들이다."(p 127) 그들은 마르크스가 특히 가치를 생산가격으로 전형시키려 할 때, 그리고 절대지대론에서 이런 오류를 저지른다고 주장한다.(chs 5 and 6) 앞서 2장에서 봤듯이, 이 두 이론적 문제들은 마르크스가 리카도 비판을 발전시킬 때 밀접하게 관련돼 있다. 따라서 밀리오스, 디풀리스, 이코노마키스가 옳다면 사태는 그들이 생각하는 것보다 훨씬 더 심각할 것이다. 그들은 마르크스가 화폐적 가치론을 제시했다고 옳게 주장하지만, 내가 뒤에서 언급하듯이 이것은 오늘날 마르크스주의 가치론에서 아주 흔한 일이다. 사실 그것은 흔히 전형 문제에 대한 '단일 체계' 해석이라고 부르는 것의 토대다. 이 해석은 가치와 생산가격을 화폐적인 것으로 다루고 (따라서) 상호작용하는, 같은 단위로 잴 수 있는 양으로 취급한다. 밀리오스, 디풀리스, 이코노마키스는 이것을 범주 오류로 여기지만, 내가 보기에 그들은 단일 체계론자들이 마르크스는 화폐적 가치론자라는 사실의 함의라고 여기는 것과, 마르크스를 비판하는 신新리카도 학파가 마르크스의 화폐적 가치론을 왜곡한 것을 혼동하는 듯하다. 1907년 라디슬라우스 폰 보르트키에비츠에서 시작된 이 왜곡은 일련의 연립방정식을 구성해서 전형 문제를 해결해야 한다고 가정한다. 예컨대, 'Value and Price in the Marxian System', *International Economic Papers*, 2(1952)와 그 비판 Alex Callinicos, 'Assault on Marx's Theory of Value', *International Socialism*, 1:90(1976), http://www. marxists.org/history/etol/writers/callinicos/1976/07/value.htm 참조. 신리카도 학파의 비판에 대한 가장 흥미로운 대응 일부는 시간이라는 요소를 전형에 통합하려 했다. 예컨대, Anwar Shaikh, 'Marx's Theory of Value and the Transformation Problem', in Jesse Schwartz, ed, *The Subtle Anatomy of Capitalism*(Santa Monica, 1977)[국역: "마르크스의 가치론과 전형 문제", 《노동가치론 논쟁》, 학민사, 1985], Guglielmo Carchedi, *Frontiers of Political Economy*(London, 1991), ch 3, Andrew Kliman, *Reclaiming Marx's 'Capital'*(Lanham MD, 2007), and Fred Moseley, *Money and Totality: A Macro-Monetary Interpretation of Marx's Logic in Capital and the Transformation Problem*(forthcoming) 참조. 클라이먼과 모즐리의 단일 체계 해석은 서로 다르다. 단일 체계 해석을 일축하려면, 밀리오스, 디물리스, 이코노마키스는 훨씬 더 구체적인 규정들을 점차 도입하는 방법이 원칙적으로 그 규정들을 상호작용하는 것으로 그리고 이런 상호작용의 구조를 수학적으로 표현하는 것으로 다루지 말아야 하는 이유를 설명해야 한다. 그러나 마르크스의 실천을 보면 그는 분명히 둘 다 가능하고 타당하다고 생각했음을 알 수 있다.

28 Michael Heinrich, *An Introduction to the Three Volumes of Karl Marx's Capital*(New York, 2012), pp 63~64.

29 Fred Moseley, 'Money and Totality: Marx's Logic in Volume I of *Capital*', in Riccardo Bellofiore and Nicola Taylor, eds, *The Constitution of Capital: Essays on Volume I of Marx's Capital*(Basingstoke, 2004), p 147. 리카르도 벨로피오레는 모즐리와 여러 차이가 있지만 《자본론》에 대한 이런 전반적 해석을 공유한다. 'Marx and the Macro-monetary Foundations of Microeconomics', in Bellofiore and Taylor, eds, *The Constitution of Capital* 참조.

30 Heinrich, *Introduction to Capital*, p 70.

31 예컨대, Fred Moseley, ed, *Marx's Theory of Money: Modern Interpretations*(London, 2005)에 실린 글들은 대부분 그런 견해다.

32 Dimitris Milonakis and Ben Fine, *From Political Economy to Economics*(London, 2009), p 63. 또, Suzanne de Brunhoff, *Marx on Money*(New York, 1976), Alain Lipietz, *The Enchanted World: Inflation, Credit and the World Crisis*(London, 1985)[국역: 《조절 이론과 마르크스 경제학의 재해석》, 인간사랑, 1983], Weeks, *Capital, Exploitation and Economic Crisis*, chs 5~7, Saad-Filho, *The Value of Marx*, ch 8, and Costas Lapavitsas, *Profiting without Producing: How Finance Exploits Us All*(London, 2013), ch 4 참조. 밀로나키스와 파인은 마르크스의 화폐론이 어떤 장점이 있는지를 잘 요약하지만, 나는 지폐가 상징이라는 생각을 경계한다. 크리스 아서는 다음과 같이 멋지게 썼다. "이 화폐 형태는 상품들의 '추정된' 가치를 대표하지represent 않는다. 오히려 상품들의 보편적 계기로서 그것이 상품들에 존재하게present 한다. 화폐는 상품들 속에 있는 뭔가를 대표하는 것이 아니라, 가치가 존재하게(즉, 어떤 비현실적 추상이 아니라 구체적으로 거기 있는 것[*Dasein*]으로) 만드는 유일한 방법이다. 그것은 가치의 현실성이다. … 유통에서 불환지폐는 금을 '대표하지' 않고, 금을 '대신한다.' … 따라서 불환지폐가 '실질 화폐'의 대표라고 생각하는 것은 잘못이다. 그러므로 그것은 실질적인 것의 부적절한 대체물일 수밖에 없다. 그것이 스스로 적절하게 가치를 존재하게 하는 한 그것은 실제로 화폐다. 그것은 대표적인 상품 가치가 됨으로써 또는 가치의 대표가 됨으로써 그렇게 하는 것이 아니라, 가치의 존재 구실을 함으로써 그렇게 한다. 그것은 금의 대표가 되거나 금을 대표하는 것이 아니라, 기능적으로 금을 대신한다." 'Value and Money', in Moseley, ed, *Marx's Theory of Money*, pp 114, 115 참조.

33   Heinrich, *Introduction to Capital*, pp 50~51.

34   Bidct, *Exploring Marx's Capital*, pp 43~44, 45.

35   Bidet, *Exploring Marx's Capital*, p 11.

36   Rubin, *Essays in Marx's Theory of Value*, pp 154, 155~156. 가치론의 또 다른 골칫거리로서 내가 여기서 다루지 않은 것은 이른바 환원 문제(즉, 어떻게 숙련노동이 단순노동으로 환원되는가)다. 비데의 뛰어난 논의는 *Exploring Marx's Capital*, ch 2 참조. 또, 이 문제를 흥미롭게 다룬 Ulrich Krause, *Money and Abstract Labour*(London, 1982)도 참조.

37   Lucia Pradella, *L'attualita del Capitale: Accumulazione e impoverimento nel capitalism globale*(Padua, 2010), p 55. Raya Dunayevskaya, *Marxism and Freedom: From 1776 until Today*(London, 1971), pp 103~106도 참조.

38   Saad-Filho, *The Value of Marx*, pp 55~62.

39   Bidet, *Exploring Marx's Capital*, p 141.

40   Rubin, *Essays on Marx's Theory of Value*, p 178. 시장가치에 관한 유용한 논의는 Rubin, ch 16, and Carchedi, *Frontiers of Political Economy*, ch 3 참조. 카르케디는 다음과 같이 주장한다. "여기서 마르크스가 '평균'이라는 용어를 '중간'이라는 의미가 아니라 '대표값'이나 '최빈값'이라는 의미로, 즉 [특정 부문에서 — 캘리니코스] 상품들의 가치가 더 많이 집중되는 경향이 있는 가치나 등급이라는 의미로 사용한다는 것은 분명하다."(Carchedi, p 57) 마르크스가 다음과 같이 주장하는 CIII: 283~284와 비교해 보라. 더 나쁜 조건이나 더 좋은 조건에서 생산되는 상품들이 서로 상쇄되면 평균적 조건이 시장가치를 결정한다. 더 나쁜 조건에서 생산된 상품량이 "평균적인 상품량과 더 좋은 조건에서 생산된 상품량보다 상대적으로 더 큰 비중을 차지한다면"(284) 더 나쁜 조건에서 생산된 상품들의 개별 가치가 시장가치를 결정한다. 이런 조건이 더 좋은 조건에서 생산된 상품들과 관련해서 적용된다면 더 좋은 조건에서 생산된 상품들의 개별 가치가 시장가치를 결정한다. 이런 차이는 마르크스의 지대론에 중요하다. 마르크스의 지대론은 농업에서 가장 나쁜 생산조건이 시장가치를 결정한다는 가정에 의존하는 경향이 있기 때문이다. 예컨대, CIII: 797 참조.

41   Saad-Filho, *The Value of Marx*, pp 67~68.

42   스타브로스 톰바조스는 흥미로운 논의에서, 마르크스가 두 가지 모순된 사회적 필요노동시간 정의를 제시했다고 주장한다. "기술적 정의에서, 사회적 노동시간은 그 수학적 대립물인 노동의 생산력에 의존한다." 그리고 둘째 정의에서는 "어떤 상품을 생산하는 데 걸린 [노동]시간의 유용성은 그 상품이 판매됐을 때에야 비로소 분명해진다." 이 두 정의가 조화될 수 없는 이유는 "이 두 시간 사이에 직접적 관계가 없기" 때문이다. "전자는 노동 생산력의 기능인 반면, 후자는 사회 계급 간 세력 균형의 기능이다." *Time in Marx: The Categories of Time in*

Marx's Capital(Leiden, 2014), pp 34, 35 참조. 톰바조스는 계속해서 다음과 같이 주장한다. "이른바 '수요와 공급의 불균형'은 실제로는 '가치 내의 긴장'일 뿐이다. 자본이 운동하는 근원에, 다양한 생산 부문에 노동시간이 끊임없이 재분배되는 근원에 이 긴장이 존재한다. 자본주의 경제 위기는 그 내적 긴장이 참을 수 없게 됐을 때 가치가 그 긴장을 극복하고자 이용하는 방법이다."(pp 54~55) 비록 표현은 다르지만, 이런 분석의 핵심은 내가 본문에서 주장한 것과 다르지 않은 듯하다. 특히 톰바조스가 다음과 같이 지적한 것을 보면 그렇다. "경제적 불균형은 상시적이지만, 균형을 향하는 경향도 철칙처럼 필연적으로 나타나므로 마찬가지로 중요하다."(p 55)

43 Saad-Filho, *The Value of Marx*, p 54.

44 Saad-Filho, *The Value of Marx*, p 62.

45 Riccardo Bellofiore, 'A Ghost Turning into a Vampire: The Concept of Capital and Living Labour', in Bellofiore and Fineschi, eds, *Rereading Marx*, p 185. 여기서 말하는 동질화는 종류가 다른 유용노동의 이질성을 없애지도 않고 사회적으로 동일한 것들이 다양하게 존재한다는 사실과 모순되지도 않는다는 점을 강조하는 것이 중요하다. 이런 결론을 내리는 주장은 Vivek Chibber, *Postcolonial Theory and the Spectre of Capital*(London, 2013), ch 6 참조.

5장 노동

1 Enrique Dussel, *Towards an Unknown Marx: A Commentary on the Manuscripts of 1861-63*(London, 2001), p 172.

2 Dussel, *Towards an Unknown Marx*, pp 8~9.

3 "노동은 모든 부의 원천이 아니다. 자연도 노동과 마찬가지로 사용가치의 원천이다. (그리고 물질적 부는 분명히 이 사용가치로 이뤄진다!) 노동 자체는 자연력의 하나, 즉 인간 노동력의 발현일 뿐이다."(CW24: 81)

4 Dussel, *Towards an Unknown Marx*, p 8. 크리스 아서는 이런 견해를 미온적으로 지지한다. 'Review of Enrique Dussel's *Towards an Unknown Marx*', *Historical Materialism*, 11:2(2003) 참조.

5 Dussel, *Towards an Unknown Marx*, p 8.

6 예컨대, Dussel, *Towards an Unknown Marx*, pp 240~245, Appendix 2: 'Exteriority in Marx's Thought' 참조.

7 Massimiliano Tomba, *Marx's Temporalities*(Leiden, 2013), p 117. 톰바의 해석이 이상하다는 것은 그가 《자본론》은 정의나 정당성에 관한 책이라고 대담하게 말하지만 마르크스가 그런 주장을 거부한다는 것은 유명하기 때문이다. 노동력은 자신이 가진 것보다 더 많은 가치를 창조할 수 있다는 사실을 두고 마르크

스는 "[노동력의] 구매자에게는 특별한 행운이기는 하지만 결코 판매자를 부당하게 내우하는 것은 아니다" 하고 말한다.(CI: 301) 마르크스의 착취 개념과 정의관의 관계는 뜨거운 논쟁 주제였는데, 내가 보기에는 노먼 제라스가 이 문제를 성공적으로 **지양했다**. Norman Geras, 'The Controversy about Marx and Justice', New Left Review, I/150(1985) 참조. 톰바처럼 이 점을 무시하는 것은 문제가 많은 듯하다.

8   David McNally, Monsters of the Market(Leiden, 2011), p 134.

9   그러나 다음과 같은 구절은 이렇게 더 생기론적인 표현들을 바로잡을 의도로 쓴 것일 수 있다. "루크레티우스가 말했듯이, '무nothing에서는 아무것도 생겨날 수 없다'는 것은 자명한 사실이다. '가치의 창조'는 노동력이 노동으로 바뀌는 것이다. 노동력 자체는 무엇보다 자연의 소재가 인간 유기체로 바뀐 것이다."(CI: p 323 n 2)

10   Jacques Bidet, Exploring Marx's Capital(Leiden, 2007), p 308.

11   Dussel, Towards an Unknown Marx, p 196.

12   예컨대, 산 노동과 죽은 노동의 상호 의존을 분명히 보여 주는 《요강》의 다음 구절 참조. "대상화한 노동과 분명히 구별되는 것은 오직 대상화하지 않은 노동, 아직 자신을 대상화하고 있는 노동, 주체성인 노동뿐이다. 또는 대상화한 노동, 즉 공간적으로 존재하는 노동은 과거의 노동으로서 시간적으로 존재하는 노동과 반대될 수 있다. 그것이 시간적으로 살아 있는 것으로 존재해야 하는 한, 그것은 능력으로, 가능성으로 존재하고 따라서 노동자로 존재하는 살아 있는 주체로만 존재할 수 있다. 그러므로 자본의 반대쪽 극을 형성할 수 있는 유일한 사용가치는 노동이다(정확히 말하면, 가치를 창조하는 생산적 노동이다)."(G: 271~272)

13   Dussel, Towards an Unknown Marx, p 12.

14   Michael Lebowitz, Beyond Capital: Marx's Political Economy of the Working Class(2nd edn; Basingstoke, 2003), p 77.

15   Bidet, Exploring Marx's Capital, p 87; 일반적으로는 4장 참조. 그리고 비슷한 주장은 Maurice Dobb, Political Economy and Capitalism(London, 1937), pp 209~210 참조. 토니 네그리에 대한 비판은 Alex Callinicos, The Resources of Critique(Cambridge, 2006), ch 4 참조. 네그리는 Marx Beyond Marx(1979)에서는 자본 관계를 두 주체(자본과 노동)로 봤으나 Empire(2000)에서는 견해가 바뀌어 한 주체(다중)로 본다.

16   David Harvey, The New Imperialism(Oxford, 2003)[국역:《신제국주의》, 한울, 2005], pp 144, 149, 176. 탈취에 의한 축적 개념을 지나치게 확대하는 것에 대한 경계는 Sam Ashman and Alex Callinicos, 'Capital Accumulation and the State System: Assessing David Harvey's The New Imperialism', Historical Materialism, 14:4(2006) 참조. 시초 축적을 우위에 두는 오늘날 경향의 사례는

Massimo de Angelis, 'Separating the Doing and the Deed: Capitalism and the Continuous Character of Enclosures', *Historical Materialism*, 12:2(2004) 참조.

17 David Harvey, *A Companion to Marx's Capital*(London, 2010), p 311.

18 CI: 710을 논하는 앞의 책, pp 244~245 참조.

19 Michael Hardt and Toni Negri, *Commonwealth*(Cambridge MA, 2009)[국역:《공통체》, 사월의책, 2014], pp 137, 141. 슬라보이 지제크는, 예컨대 *First as Tragedy, Then as Farce*(London, 2009)[국역:《처음에는 비극으로 다음에는 희극으로》, 창비, 2010], pp 138~148에서 비슷한 관점을 취한다.

20 Harvey, *Companion to Marx's Capital*, p 174. 형식적 포섭을 이런 식으로 다루는 또 다른 사례는 Neil Davidson, *How Revolutionary Were the Bourgeois Revolutions?*(Chicago, 2012), p 576 참조.

21 Stephen A Marglin, 'What Do Bosses Do? The Origins and Functions of Hierarchy in Capitalist Production', *Review of Radical Political Economics*, vol 6, no 2(1974), p 84.

22 예컨대,《공산당 선언》을 매우 태만하게 독해한 조지 몬비오는 *The Age of Consent: A Manifesto for a New World Order*(London, 2003), pp 26~30에서 그렇게 주장한다. 마르크스의 농민관에 대한 폭넓은 논의는 Hal Draper, *Karl Marx's Theory of Revolution, II*(New York, 1978), chs 12~14 참조.

23 Richard Jones, *Literary Remains, consisting of Lectures and Tracts on Political Economy*(ed William Whewell; London, 1859) 참조. 마르크스는 CW33: 320~371에서 리처드 존스의 저작을 논하고 있다.

24 Jairus Banaji, *Theory as History: Essays on Modes of Production and Exploitation*(Leiden, 2010), p 145. 나는 *Imperialism and Global Political Economy*(Cambridge, 2009), chs 2 and 3에서 정치적 마르크스주의를 상세히 비판했다.

25 Banaji, *Theory as History*, pp 198 n 56, 54, 55 참조. 이 주장은 *Capital & Class*, 3(1977)에 처음 발표된 글 'Modes of Production in a Materialist Conception of History'에 나오는 것이다.

26 예컨대, Banaji, *Theory as History*, chs 4 and 7 참조. 그리고 콘스탄티누스 1세가 4세기 초에 단행한 화폐개혁 덕분에 로마제국 말기에 시장경제가 확대될 수 있었는데, 이렇게 확대되는 시장경제에 식량을 공급하던 이집트 대농장에서 임금노동이 광범한 구실을 한 것은 Banaji, *Agrarian Change in Late Antiquity: Gold, Labour, and Aristocratic Dominance*(rev edn; Oxford, 2007), ch 7 참조.

27 Banaji, *Theory as History*, ch 10은 바나지가 19세기 초* 데칸고원의 농민들을 논하는 또 다른 초기 글이다.

28 2012년 7월 영국 사회주의노동자당SWP 주최로 런던에서 열린 Marxism 2012 행사 때 그렇게 주장했다.

29 Robert Brenner, 'Property and Progress: Where Adam Smith Went Wrong', in Chris Wickham, ed, *Marxist History-Writing for the Twenty-First Century*(Oxford, 2007), p 60. G A 코헨도 노동이 자본에 포섭되는 데 필요한 것은 생계수단을 이용할 수 있는 기회나 권리가 없어야 한다는 것이라고 주장한 다. *Karl Marx's Theory of History*(Oxford, 1978), pp 70~73 참조.

30 Robert Brenner, 'The Low Countries in the Transition to Capitalism', in P Hoppenbrouwers and J L Zanden, eds, *Peasants into Farmers*(Brepols, 2001).

31 여기서 마르크스가 말하는 것은 리카도파 경제학자인 J E 케언스가 1862년에 *The Slave Power, Its Character, Career, and Probable Designs*(Columbia SC, 2003)에서 미국의 남부를 비판한 유명한 주장이다. 미국의 노예제를 연구한 뛰어난 마르크스주의 저서 두 권이 최근 출간됐는데, 이 책들은 본문에 나오는 마르크스의 분석과 부분적으로는 겹치고 부분적으로는 다르다. Charlie Post, *The American Road to Capitalism*(Leiden, 2011), chs 3 and 5, and Robin Blackburn, *The American Crucible: Slavery, Emancipation and Human Rights*(London, 2011) 참조.

32 Cohen, *Karl Marx's Theory of History*, ch VII은 비록 노동가치론에 의존하지는 않지만, 많은 점에서 마르크스와 비슷한 주장을 한다.

33 후자의 경우는 Post, *The American Road to Capitalism* 참조.

34 Henry Bernstein, 'Agriculture, Class, and Capitalism', *International Socialism*, 2:138(2013) 참조.

35 Marcel van der Linden, *Workers of the World*(Leiden, 2008), pp 33, 32; 일반적으로는 2장 참조.

36 이 절에서 주장한 내용의 훨씬 더 초기 버전은 Alex Callinicos, 'Wage Labour and State Capitalism', *International Socialism*, 2:12(1981)[국역: "임금노동과 국가자본주의", 《소련은 과연 사회주의였는가》, 책갈피, 2011], http://www.marxists.org/history/etol/writers/callinicos/1981/xx/wagelab-statecap.html 참조.

37 여기서 나는 자본의 주체성을 이해하는 데서 로버트 잭슨의 영향을 받았음

---

* 말末의 오타인 듯하다.

을 인정해야겠다. 그는 최근 내 지도를 받아 박사 학위논문 'The Problem of Subjectivity in Marxism'(King's College London, 2013)을 완성했다. 나는 또, 2013년 11월 중국 상하이 푸단대학교에서 '현대 해외 마르크스주의 센터' 주최로 열린 '카를 마르크스의 《자본론》의 유산과 현대 사상에 관한 국제 회의'에서 발표한 글을 작성할 때 본문의 이 절을 토대로 했는데, 이것도 나에게 도움이 됐다. 이 회의 참석자들의 유익한 논평에 감사한다.

38   Christopher J Arthur, *The New Dialectic and Marx's Capital*(Leiden, 2003), pp 155, 162, 170. 이런 주장에 대한 자세한 비판은 Alex Callinicos, 'Against the New Dialectic', *Historical Materialism*, 13:2(2005) 참조.

39   Lucio Colletti, *Marxism and Hegel*(London, 1973)[국역: 《마르크스주의와 헤겔》, 인간사랑, 1988], p 281. Riccardo Bellofiore, 'A Ghost Turning into a Vampire: The Concept of Capital and Living Labour', in Bellofiore and Roberto Fineschi, eds, *Rereading Marx: New Perspectives after the Critical Edition*(Basingstoke, 2009), p 180 참조.

40   Theodor W Adorno, 'Sociology and Empirical Research', in Adorno et al, *The Positivist Dispute in German Sociology*(London, 1976)[국역: "사회학과 경험적 연구", 《사회과학의 논리》, 이문출판사, 1986], p 80.

41   Moishe Postone, *Time, Labour, and Social Domination: A Reinterpretation of Marx's Critical Theory*(Cambridge, 1993), p 75.

42   Étienne Balibar, 'Citizen Subject', in Peter Connor Eduardo and Jean-Luc Nancy, eds, *Who Comes After the Subject?*(New York, 1991); Charles Taylor, *Hegel*(Cambridge, 1977), p 6. 발리바르가 강조하듯이, 두 번째 의미의 주체에 관한 초기 논의는 무엇보다 데카르트의 논의뿐 아니라 로크와 흄의 논의(나중에 살펴볼 것이다)도 실체 개념의 탐구에 초점을 맞춘다. 현대적 주체성 개념의 자세한 계보는 Charles Taylor, *Sources of the Self: The Making of the Modern Identity*(Cambridge, 1989)[국역: 《자아의 원천들》, 새물결, 2015] 참조.

43   Dieter Henrich, *Between Kant and Hegel: Lectures on German Idealism*(ed David S Pacini; Cambridge MA, 2003), p 290.

44   Michael Inwood, *A Hegel Dictionary*(Oxford, 1992), pp 286, 282. 따라서 헤겔 《대논리학》 본질론의 결론은 실체가 행위의 상호작용으로 발전하면서 "자기 동일적 부정성", "주체성의 영역, 즉 자유의 영역인 개념"으로 나아간다는 것이다. GL: 505, 506 참조. 헤겔의 주장의 이 단계에 주목하도록 나에게 알려 준 엔리케 두셀과 에마뉘엘 르노에게 감사한다.

45   Karl Marx, *Le Capital, Livre I*(2 vols, Paris, 1985), I, pp 178, 179.

46   John Locke, *An Essay concerning Human Understanding*(Roger Woolhouse, ed; London, 2004)[국역: 《인간지성론 1, 2》, 한길사, 2014], II.xxvii.

47 David Hume, *A Treatise of Human Nature*(Harmondsworth, 1969)[국역:《인간이란 무엇인가》, 동서문화사, 2009], I,vi; p 300.

48 Baruch Spinoza, *Ethics*, Part 1: Definitions, in *Ethics, Treatise on the Emendation of the Intellect, and Selected Letters*(Seymour Feldman, ed; Indianapolis, 1982), p 31.

49 하비는 이 구절을 다음과 같이 해설한다. "유통의 총과정 내에서 모순들은 자립적으로 나타나고, 여기서 마르크스가 뜻하는 바는 이 모순들이 자본-노동의 모순에서 자립적이라는 것이다." *A Companion to Marx's Capital, Volume 2*(London, 2013), p 70 참조. 그러나 인용문의 출처인《자본론》2권 4장 "순환 과정의 세 가지 형태"는 화폐자본, 상품자본, 생산자본의 세 가지 순환의 통일을 다룬다. 따라서 "자본-노동의 모순"은 이 과정과 분리된 것이 아니라 이 과정 안에서 이뤄진다.

50 Stavros Tombazos, [1994] *Time in Marx: The Categories of Time in Marx's Capital*(Leiden, 2014), pp 308, 80, 87.

51 정치는 매우 다르지만, [혼돈과 복잡성 이론에 대한] 대중적 설명 두 가지는 Ilya Prigogine and Isabelle Stenghers, *Order out of Chaos: Man's New Dialogue with Nature*(London, 1984)[국역:《혼돈으로부터의 질서》, 자유아카데미, 2011], and Stuart Kauffman, *At Home in the Universe: The Search for Laws of Self-Organisation and Complexity*(London, 1995)[국역:《혼돈의 가장자리》, 사이언스북스, 2002].

52 다니엘 벤사이드는 "마르크스가 이해하는 역동적 경제는 초기 조건에 민감한 불안정한 체계로 이미 나타난다"고 주장하지만, 너무 나가서 이것은 "목적론적 관점"을 함의한다고까지 주장한다. *Marx for Our Times: Adventures and Misadventures of a Critique*(London, 2002), p 305와 일반적으로는 10장 참조. 목적론적 설명이란 어떤 현상이 기여하는 목적이나 목적들을 상술해서 그 현상을 설명하는 것이다. 그러나 혼돈과 복잡성 이론은 언뜻 보면 목적 지향적인 패턴들을 인과적으로 설명한다. 마르크스에게 자본은 독일 관념론에서 이해하는 의미의 주체가 아니다. 오히려 본문의 인용 구절에서 분명히 드러나듯이, 자본은 하나의 과정이다. 이 점은 에마뉘엘 르노가 이 글의 더 초기 버전을 논할 때 강조한 바 있다. 나는 자본을 관계로 이해하는 것이 자본을 과정으로 개념화하는 전제 조건이라는 식으로 그것을 표현한다. 자본을 복잡계로 보는 것은 자본을 관계임과 동시에 과정으로 이해하는 하나의 사고방식이다.

53 Postone, *Time, Labour, and Social Domination*, p 81.

54 Postone, *Time, Labour, and Social Domination*, pp 125, 158~159.

55 Postone, *Time, Labour, and Social Domination*, p 77, n 95.

56 Lucio Colletti, 'Marxism and the Dialectic', *New Left Review*, I/93(1975), p 29.

57 마르크스가 이런 은유를 사용한 데는 헤겔이 지성의 전도된 세계를 논한 것이 영향을 미쳤을 수 있다. *Phenomenology of Spirit*(Oxford, 1977), §§ 157~160; pp 96~99 참조.

58 델라볼페의 주요 저작은 *Logic as Positive Science*(London, 1980)이다. 포이 어바흐에 관해서는 Marx Wartofsky, *Feuerbach*(Cambridge, 1977), and Louis Althusser, 'Sur Feuerbach', in *Écrits philosophiques et politiques*(François Matheron, ed; 2 vols, Paris, 1994, 1995), II 참조.

59 Bidet, *Exploring Marx's Capital*, p 212.

60 Bidet, *Exploring Marx's Capital*, pp 214, 230.

61 Bidet, *Exploring Marx's Capital*, p 212.

62 Cohen, *Karl Marx's Theory of History*, pp 117~118; 일반적으로는 5장 참조.

63 Tombazos, *Time in Marx*, p 221.

64 그레그 그랜딘은 양차 대전 사이에 브라질 정글에서 고무 산업을 발전시키려 한 헨리 포드의 노력을 연구한 훌륭한 책에서, 당시에도 똑같은 논리가 작용했음을 보여 준다. 왜냐하면 정글의 자원을 자유롭게 이용할 수 있는 노동자들은 포드 곁에 머물러 있어야 할 동기를 찾기가 힘들었기 때문이다. Greg Grandin, *Fordlandia: The Rise and Fall of Henry Ford's Forgotten Jungle City*(London, 2010), pp 150ff 참조.

65 Fredric Jameson, *Representing Capital: A Reading of Volume One*(London, 2011), p 88. 막시밀리앙 뤼벨은 마르크스가 프로이센의 검열을 통과하기 위해 《자본론》 1권의 32장과 33장 순서를 바꿨다고 말한다. Joseph O'Malley and Keith Algozin, eds, *Rubel on Karl Marx*(Cambridge, 1981), pp 222~223 n 57 참조.

66 마르크스의 글쓰기에 관해서는 S S 프라워의 매우 훌륭한 연구서 Prawer, *Karl Marx and World Literature*(Oxford, 1976) 참조.

67 Allen W Wood, *Karl Marx*(2nd edn; New York, 2004), p 7.

68 Donald Davidson, 'What Metaphors Mean', in *Inquiries into Truth and Interpretation*(Oxford, 1984)[국역: 《진리와 해석에 관한 탐구》, 나남, 2011].

69 아서는 그런 구절들의 중요성을 일축한다. "마르크스에게 축적을 설명하는 주된 요인은 경쟁의 압력이 아니다. 경쟁의 압력은 단지 자본가들로 하여금 자본의 개념에 순응하도록 강요할 뿐이다." 그러나 아서 자신의 설명 — "특정 자본은 결코 자본의 개념에 부응하지 못하고, 축적의 소용돌이라는 훨씬 더 많은 우여곡절 속으로 자신을 던져 넣을 수밖에 없다" — 은 차액 이윤과 이윤율 저하 경향에 관한 마르크스의 설명에서 경쟁이 하는 필수적 구실을 다루지 못할 뿐 아니라, 신비화한 본질주의에 의존하는 듯하다. Arthur, *The New Dialectic and Marx's Capital*, pp 152 n 51, 149 참조.

70 Tony Smith, 'The Chapters on Machinery in the 1861-63 Manuscripts', in Bellofiore and Fineschi, eds, *Rereading Marx*, p 124.

71 Postone, *Time, Labour, and Social Domination*, pp 5~6.

72 Postone, *Time, Labour, and Social Domination*, pp 69, 73, 370~371. 자본주의의 발전 때문에 프롤레타리아는 "시대에 뒤떨어진" 존재가 된다고 마르크스가 주장했다는 포스톤의 말은 《요강》의 이른바 "기계에 관한 단편"에 의존하는데, 이 "단편"은 나중에 7장에서 살펴볼 것이다.

73 Postone, *Time, Labour, and Social Domination*, p 19.

74 Postone, *Time, Labour, and Social Domination*, pp 139~140.

75 Postone, *Time, Labour, and Social Domination*, p 161.

76 Postone, *Time, Labour, and Social Domination*, p 275.

77 예컨대, David Harvey, *A Companion to Marx's Capital, Volume 2*(London, 2013), chs 8 and 10 참조.

78 이것은 방대한 주제다. 탈상품화에 관한 권위 있는 논의는 Gøsta Esping-Andersen, *The Three Worlds of Welfare Capitalism*(Cambridge, 1989)[국역: 《복지 자본주의의 세 가지 세계》, 일신사, 2006], ch 2 참조. 그러나 탈상품화 개념 자체는 이 책보다 먼저 나왔다. 예컨대, 현대 자본주의 국가에서 탈상품화와 '행정적 재상품화'의 상호작용에 관한 예리한 마르크스주의적 분석은 Claus Offe and Volker Ronge, 'Theses on Theory of the State', in Anthony Giddens and David Held, eds, *Classes, Power, and Conflict: Classical and Contemporary Debates*(Berkeley, 1982) 참조. 마르크스주의의 관점에서 복지국가를 연구한 두 선구적 저작은 Ian Gough, *The Political Economy of the Welfare State*(London, 1979)[국역: 《복지국가의 정치경제학》, 한울, 1997]와 Norman Ginsburg, *Capital, Class and Social Policy*(London, 1979)가 있다. 신자유주의 시대의 복지국가에 관해서는 Ann Rogers, 'Back to the Workhouse', *International Socialism*, 2:59(1993), and Iain Ferguson, 'Can the Tories Abolish the Welfare State?', *International Socialism*, 2:141(2014) 참조.

79 이 점에 관해서 더 자세히 알고 싶으면 Draper, *Karl Marx's Theory of Revolution*, II, Part I, and Alex Callinicos, *Making History: Agency, Structure and Change in Social Theory*(rev edn; Leiden, 2004), ch 5 참조.

6장 경제 위기

1 이 장은 2012년 6월 브라질 리우데자네이루에서 열린 제17차 전국 정치경제학 대회에서 발표한 내용을 발전시킨 것이다. 나를 초대해 준 분들과 토론에 참석한 모든 분들에게 감사한다. 이 주제를 연구하면서, 내가 로렌소 푸사로의 박

사 학위논문 'Hegemony and Crisis: On the Relation between World Market Crises and Hegemonic Transitions'(King's College London, 2013)을 지도한 것과 이 6장의 원고를 읽고 그가 논평해 준 것도 도움이 됐다.

2   Michael R Krätke, 'Marx's "Books of Crisis" of 1857-8', in Marcello Musto, ed, *Karl Marx's Grundrisse*(London, 2008), p 174.

3   Simon Clarke, *Marx's Theory of Crisis*(London, 1994)[국역: 《마르크스의 공황 이론》, 한울, 2013], p 10. 당혹스럽게도, 클라크는 이렇게 말하면서도 구체적 텍스트들을 상세히 논할 때는 계속 "마르크스의 경제 위기론" 운운한다.

4   Clarke, *Marx's Theory of Crisis*, pp 285, 280. 마르크스를 포스트모던 이론가로 여기지 않는 이유는 Alex Callinicos, *Against Postmodernism*(Cambridge, 1989)[국역: 《포스트모더니즘: 마르크스주의의 비판》, 책갈피, 2014] 참조.

5   Daniel Bensaïd, *La Discordance des temps: Essais sur les crises, les classes, l'histoire*(Paris, 1995), p 41.

6   Geert Reuten and Peter Thomas, 'From the "Fall of the Rate of Profit" in the *Grundrisse* to the Cyclical Development of the Profit Rate in *Capital*', *Science & Society*, 75:1(2011), p 78. 마르크스의 발전을 이렇게 해석하는 것은 Stathis Kouvelakis, *Philosophy and Revolution: From Kant to Marx*(London, 2003)에 많이 의존하고 있다. 이에 대한 간략한 비판은 Alex Callinicos, *The Resources of Critique*(Cambridge, 2006), pp 117~119 참조.

7   특히 Michael Löwy, *The Theory of Revolution in the Young Marx*(Leiden, 2002) 참조.

8   이 구절은 마르크스와 엥겔스가 《신라인신문. 정치경제 평론》 제3호의 (결코 출판되지 않은) 원고로 작성한 "[1850년] 5~10월 논평"에 나오는 것이다. 그 배경은 Alex Callinicos, *The Revolutionary Ideas of Karl Marx*(4th edn, London, 2010), ch 1, and Jonathan Sperber, *Karl Marx: A Nineteenth Century Life*(New York, 2013), ch 7 참조.

9   Joseph A Schumpeter, *Business Cycles: A Theoretical, Historical, and Statistical Analysis of the Capitalistic Process*(2 vols; New York, 1939), I, p 377; 1857~1858년의 상황을 더 일반적으로 다룬 것은 I, pp 331~333과 Charles W Calomiris and Larry Schweikart, 'The Panic of 1857: Origins, Transmission, and Containment', *Journal of Economic History*, 51:4(1991) 참조.

10   David Harvey, *Paris, Capital of Modernity*(New York, 2003)[국역: 《모더니티의 수도, 파리》, 글항아리, 2019], p 119; 일반적으로는 5장 참조. 그리고 로스차일드 일가와 크레디 모빌리에 사이의 싸움(결국 로스차일드 일가가 이겼다)에 관한 설명은 Niall Ferguson, *The House of Rothschild: The World's Banker 1848-1998*(London, 2000)[국역: 《로스차일드 2》, 21세기북스, 2013], Part I 참조.

11 세르조 볼로냐의 상세한 논의 (1973) 'Money and Crisis: Marx as Correspondent of the *New York Daily Tribune*, 1856-7', http://www. wildcat-www.de/en/material/cs13bolo.htm 참조.

12 Krätke, 'Marx's "Books of Crisis" of 1857-8', p 169.

13 Clarke, *Marx's Theory of Crisis*, p 143. 여기서 클라크는《요강》을 바탕으로 마르크스의 경제 위기론을 요약하고 있지만, 2*~4장에서는 엥겔스와 마르크스의 초기 저작들에서 경제 위기론이 어떻게 발전하는지도 잘 설명한다.

14 Friedrich Engels, *The Condition of the Working Class in England: From Personal Observations and Authentic Sources*(Moscow, 1973), p 121.

15 Clarke, *Marx's Theory of Crisis*, p 84.

16 볼프강 문차우가 최근 불평했듯이 세의 법칙은 신자유주의 시대에도 계속 강력한 영향을 미치고 있다. 'The Real French Scandal is Stagnant Economic Thinking', *Financial Times*, 19 February 2014 참조.

17 CI: 208도 참조. 마르크스의 리카도 비판은 모순의 본질에 관한 흥미로운 언급의 사례인데, 이런 언급은 약간 나중에 제임스 밀을 논하는 데서도 찾아볼 수 있다.(CW32: 274~298) 나는 *The Resources of Critique*(Cambridge, 2006), pp 204~205에서 이런 구절들 가운데 일부를 논할 때 제임스 밀과 그의 아들 존 스튜어트 밀을 혼동하는 잘못을 했다. 또, Enrique Dussel, *Towards an Unknown Marx: A Commentary on the Manuscripts of 1861-63*(London, 2001), pp 114ff, and John Rees, *The Algebra of Revolution*(London, 1998), pp 105~107도 참조.

18 Clarke, *Marx's Theory of Crisis*, pp 150, 151.

19 엔리케 두셀은 마르크스가 "토머스 로버트 맬서스에 대해 너무 부정적이고 너무 가혹하다"고 말한다.(*Toward an Unknown Marx*, p 90) 마르크스는 시스몽디에 대해서는 상당히 더 관대한데, 그는 맬서스가 시스몽디를 표절했다고 주장한다. CW32: 243~248 참조.

20 Bensaid, *La Discordance des temps*, p 46.

21 David Harvey, *The Limits to Capital*(Oxford, 1982), pp 82~83. 여기서 하비가 거론하는 CII: 571은 나중에 더 충분히 인용할 것이다.

22 벤사이드는 *La Discordance des temps*, ch 2에서 마르크스의 경제 위기론을 탁월하게 논하지만, 이 특수한 차원을 다루지 않는다. 제라르 뒤메닐은 *La Concept de loi economique dans 'le Capital'*(Paris, 1978), pp 218~220에서 그 중요성을 강조한다.

---

* 3의 오타인 듯하다.

23   마르크스의 임금론에 관한 중요한 논의는 Roman Rosdolsky, *The Making of Marx's Capital*(London, 1977), pp 57~62 and 282~313, and Jacques Bidet, *Exploring Marx's Capital*(Leiden, 2007), ch 4 참조. 6편 덕분에 마르크스가 할 수 있었던 것을 감안하면, 하비가 [6편의] ("개념들은 뜻이 매우 명확하고 문체는 평이하다"고) 일축한 것은 약간 무심한 듯하다. David Harvey, *A Companion to Marx's Capital*(London, 2010), p 243 참조.

24   Karl Marx, *Le Capital, Livre I*(2 vols, Paris, 1985), II, p 102(둘째 단락의 일부는 *CI*: 786n에 번역돼 있다).

25   공급 중시 이론을 잘 서술한 것은 Philip Armstrong et al, *Capitalism since World War II*(London, 1984) 참조. Robert Brenner, *The Economics of Global Turbulence*(London, 2006)[국역:《혼돈의 기원》, 이후, 2001]은 특히 종합적 논평이다. 산업예비군은 7장에서 더 자세히 다루겠다.

26   마르크스가 자본의 회전 기간을 이윤율 설명으로 통합하지 못했다는 비판은 Duménil, *La Concept de loi economique dans 'le Capital'*, pp 281ff, and Harvey, *The Limits to Capital*, pp 185~188 참조.

27   Clarke, *Marx's Theory of Crisis*, pp 267, 273. 고정자본에 관한 폭넓은 논의는 Harvey, *Limits to Capital*, ch 8, and *A Companion to Marx's Capital, Volume 2*(London, 2013), ch 3 참조. 슘페터는 마르크스가 고정자본의 회전과 순환을 결부시키려 한 것을 *Business Cycles*, I, pp 189~191에서 비판한다.

28   E A Preobrazhensky, [1931] *The Decline of Capitalism*(Armonk NY, 1985).

29   Rosa Luxemburg, 'Practical Economics: Volume 2 of Marx's *Capital*', in Peter Hudis, ed, *The Complete Works of Rosa Luxemburg*, I(London, 2013), p 421.

30   Rudolph Hilferding, [1910] *Finance Capital*(London, 1981)[국역:《금융자본론》, 비르투, 2011], Rosa Luxemburg, [1913] *The Accumulation of Capital*(London, 1971), and Henryk Grossman, [1929] *The Law of Accumulation and Breakdown of the Capitalist System*(Jairus Banaji, ed; London, 1992).

31   Roman Rosdolsky, *The Making of Marx's Capital*(London, 1977), pp 495, 496; 일반적으로는 30장 참조. 또, Ernest Mandel, Introduction to Karl Marx, *Capital*, II(Harmondsworth, 1978), Harvey, *A Companion to Marx's Capital, Volume 2*, chs 10 and 11도 참조. 그리고 더 초보적인 논의는 Ben Fine and Alfredo Saad-Filho, *Marx's 'Capital'*(5th edn; London, 2010), ch 5, and Duncan K Foley, *Understanding Capital: Marx's Economic Theory*(Cambridge MA, 1986), ch 6 참조.

32   Maurice Dobb, *Political Economy and Capitalism*(London, 1937), p 114. 이와

대조적으로 폴 스위지는 마르크스가 과소소비설을 주장했다는 논거로 똑같은 구절을 이용한다. Paul Sweezy, *The Theory of Capitalist Development*(New York, 1970), pp 172~178 참조.

33 엥겔스는 두 제목에서 모두 마지막 문구["자본주의 생산의 진행에서"]를 삭제했다.

34 Adam Smith, *An Inquiry into the Nature and Causes of the Wealth of Nations*(2 vols, Oxford, 1976), I,ix; II, p 105. 일반적으로는 G S L Tucker, *Progress and Profits in British Economic Thought 1650-1850*(Cambridge, 1960) 참조.

35 Tucker, *Progress and Profits in British Economic Thought*, ch VIII.

36 W S Jevons, *The Theory of Political Economy*(Harmondsworth, 1970)[국역: 《정치경제학 이론》, 나남, 2011], pp 245~246. 메이너드 케인스는 결코 한계효용설에서 자유롭지 않지만, 투자가 '자본의 한계효율'(이윤율에 해당하는 케인스의 개념)을 이자율 수준으로 떨어뜨리는 경향이 있다고 주장한다. Maynard Keynes, *The General Theory of Employment Interest and Money*(London, 1970)[국역: 《고용, 이자, 화폐의 일반 이론》, 필맥, 2010], pp 135~137 참조. Chris Harman, 'The Crisis of Bourgeois Economics', *International Socialism*, 2:71(1996)[국역: 《부르주아 경제학의 위기》, 책갈피, 2010], http://www.marxists.org/archive/harman/1996/06/bourgecon.htm#n 95도 참조.

37 Sperber, *Karl Marx*, p 454.

38 따라서 토마 피케티가 "마르크스는 기술이 계속 진보하고 생산성이 꾸준히 향상될 가능성을 완전히 무시했다"고 주장한 것은 완전히 터무니없다. *Capital in the 21st Century*(Cambridge MA, 2014), p 10.

39 Reuten and Thomas, 'From the "Fall of the Rate of Profit" in the *Grundrisse* to the Cyclical Development of the Profit Rate in *Capital*', p 85.

40 Henri Weber, *Marxisme et conscience de classe*(Paris, 1975), p 67. 이 문제를 더 논의한 것은 Callinicos, *Revolutionary Ideas of Karl Marx*, pp 188~201 참조. 그리고 《자본론》 1권 32장에 대한 비판적 설명은 Bensaïd, *La Discordance des temps*, pp 59~61 참조. 따라서 마르크스의 견해는 로자 룩셈부르크의 견해와 반대다. 왜냐하면 그는 자본주의가 경제적 붕괴로 나아가는 경향이 있지만 그 결과가 사회주의일지 아니면 야만일지는 프롤레타리아의 의식적 행동에 달려 있다고 생각하기 때문이다. Norman Geras, *The Legacy of Rosa Luxemburg*(London, 1976), ch I 참조.

41 Geert Reuten, '"Zirkel vicieux" or Trend Fall? The Course of the Profit Rate in Marx's *Capital* III', *History of Political Economy*, 36:1(2004).

42 Ben Fine and Lawrence Harris, *Rereading Capital*(London, 1979)[국역: 《현대 정치경제학 입문》, 한울, 1985], p 59; *CI*: 762와 비교해 보라. 알프레두 사드필

류는 자본의 세 가지 구성에 관한 유익한 논의를 제공한다. Alfredo Saad-Filho, *The Value of Marx*(London, 2002), ch 6 참조.

43 J S Mill, *Principles of Political Economy with Some of their Applications to Social Philosophy*, in *Collected Works*(ed, V W Bladen and J M Robson, Toronto, 1965), III, p 741.

44 파인과 해리스는 "그 목록은 존 스튜어트 밀이 말한 것과 똑같다"고 주장한다. Ralph Miliband and John Saville, eds, *Socialist Register* 1976(London, 1976), p 162 참조. 그러나 이것은 전혀 옳지 않다. 본문의 항목 (3)에서 논의되는 것에 비춰 보면 매우 흥미롭게도, 밀이 열거한 첫째 "저항 요인"은 "과도한 거래와 무모한 투기의 시기에, 그리고 항상 그에 뒤따르는 상업적 격변기에 일어나는 자본의 낭비"다. 밀은 다음과 같이 덧붙인다. "그런 격변은 거의 주기적이고, 우리가 고찰하고 있는 바로 그 이윤[율]의 경향에서 비롯한 결과다." J S Mill, *Principles of Political Economy*[국역: 《정치경제학 원리》, 나남, 2010], III, pp 741, 741~742 참조. 다른 상쇄 요인들은 생산의 향상, 값싼 수입품, 인구 증가, 자본 수출이다. 그로스만에 따르면, "비록 마르크스가 이윤율 저하 경향에 훨씬 더 깊은 토대를 제공했고 그것을 자신의 가치법칙과 모순되지 않게 만들었지만, 밀의 중대한 구실은 결코 부인할 수 없다. 그 외적 구조에서 그것은 리카도와 마르크스한테서 찾아볼 수 있는 것과 똑같은 논리적 구성을 보여 준다." Grossman,*The Law of Accumulation and Breakdown of the Capitalist System*, p 74 참조. 그로스만이 주장한 붕괴론의 장점 하나는 그가 "수정하는 상쇄 경향들"이라고 부른 것을 마르크스보다 훨씬 더 체계적으로 설명한다는 점이다.(Grossman, ch 3) 그러나 그로스만은 그런 경향들의 구실을 마르크스와 약간 다르게 본다. (그로스만이 재생산조건에서 추론한) 붕괴 경향을 상쇄 경향들이 방해한다는 것이다. 따라서 붕괴 경향은 "언뜻 독립적으로 보이는 일련의 순환들로 나뉘는데, 이것들은 그 붕괴 경향이 끊임없이 주기적으로 되풀이되는 형태일 뿐이다."(Grossman, p 85) 따라서 상쇄 경향들이 경기순환을 만들어 낸다.

45 Grossman, *The Law of Accumulation and Breakdown of the Capitalist System*, p 133.

46 Fine and Harris, *Rereading Capital*, pp 63~64. 돕은 마르크스의 경제 위기론에 관한 흥미로운 논의에서 이윤율 저하 경향과 상쇄 경향의 관계를 비슷하게 해석하는데, 그의 논의는 양차 대전 사이에 케임브리지 대학의 경제학자들 사이에 벌어진 강렬한 논쟁을 반영하고 있다. *Political Economy and Capitalism*, pp 186~188과 더 일반적으로는 4장 참조.

47 잉여가치율과 이윤율의 관계는 《자본론》을 비판하는 사람들과 옹호하는 사람들이 오랫동안 논쟁을 벌인 문제였다. 최근에 미하엘 하인리히는 잉여가치율이 자본의 가치 구성 증대를 상쇄시킬 만큼 충분히 오르지 않는다는 것을 마르크스가 보여 주지 못했다고 주장했다. Michael Heinrich, 'Crisis Theory, the Law

of the Tendency of the Profit Rate to Fall, and Marx's Studies in the 1870s', *Monthly Review*, 64:11(April 2113), http://monthlyreview.org/2013/04/01/crisis-theory-the-law-of-the-tendency-of-the-profit-rate-to-fall-and-marxs-studies-in-the-1870s. 굴리엘모 카르케디와 마이클 로버츠는 하인리히의 주장을 반박하면서 다음과 같이 주장한다. "자본의 유기적 구성과 잉여가치율의 상호작용이 ARP[평균이윤율 — 캘리니코스]의 주기적 변동을 함께 결정한다. 그러나 이것이 미결정을 뜻하는 것은 아니다. 장기적으로 보면 ARP는 저점과 고점을 통과하면서 하락할 수밖에 없다. 즉, 결국 잉여가치율의 상승은 ARP가 하락하는 것을 막을 수 없다. 왜냐하면 그것은 자본의 유기적 구성 증대를 능가할 수 없기 때문이다. 그러나 왜 그런가? 그 이유는 노동일을 연장하는 데는 사회적으로 결정된 넘을 수 없는 한계가 존재하기 때문이다. 그 한계에 도달하면 ARP는 떨어질 수밖에 없다." Guglielmo Carchedi and Michael Roberts, 'A Critique of Heinrich's "Crisis Theory, the Law of the Tendency of the Profit Rate to Fall, and Marx's Studies in the 1870s"', *Monthly Review*, 65:7(December 2013), http://monthlyreview.org/commentary/critique-heinrichs-crisis-theory-law-tendency-profit-rate-fall-marxs-studies-1870s. 나는 이 주장이 설득력 있다고 생각한다.(노동일 연장의 한계에 관한 마르크스 자신의 논의와 비교해 보라. 예컨대, *CW*30: 182~185) 나와 마찬가지로 카르케디와 로버츠도 잉여가치율 상승이 상쇄 경향이라는 하인리히의 주장을 비판한다. 이 후주가 달린 본문의 《자본론》 3권 인용문은 분명히 그 점을 함의한다.

48   Fine and Harris, *Rereading Capital*, p 64. 이윤율 저하 경향은 엄청난 논쟁거리였다. 개괄적 설명은 Stephen Cullenberg, *The Falling Rate of Profit*(London, 1994) 참조. 브레너가 이윤율 저하 경향을 다르게 설명하자 새로운 논쟁 물결이 일었다. 특히, *Historical Materialism*, 4 and 5(1999) 참조.

49   John Weeks, *Capital, Exploitation and Economic Crisis*(London: Routledge, 2010), p 135. 이 문제를 잘 다룬 문헌은 Weeks, *Capital, Exploitation and Economic Crisis*, ch 10, John Weeks, 'Equilibrium, Uneven Development and the Tendency of the Rate of Profit to Fall', *Capital and Class*, 16(1982), Geert Reuten, 'Accumulation of Capital and the Foundation and the Tendency of the Rate of Profit to Fall', *Cambridge Journal of Economics*, 15(1991), and Chris Harman, *Zombie Capitalism: Global Crisis and the Relevance of Marx*(London, 2009)[국역: 《좀비 자본주의》, 책갈피, 2012], ch 3 등이 있다. 내 견해는 'Capitalism, Competition and Profits: A Critique of Robert Brenner's Theory of Crisis', *Historical Materialism*, 4(1999) 참조. 스라파의 주요 이론적 저작은 *The Production of Commodities by Means of Commodities*(Cambridge, 1960)[국역: 《상품에 의한 상품 생산》, 비봉, 1986]이다. 스라파를 마르크스의 적으로 만들려는 유력한 시도는 Ian

Steedman, *Marx after Sraffa*(London, 1977)이고, 이에 대한 강력한 비판은 Pierre Salama, *Sur la valeur*(Paris, 1975) 참조. 또, Ian Steedman et al, *The Value Controversy*(London, 1981), Ernest Mandel and Alan Freeman, eds, *Ricardo, Marx, Sraffa*(London, 1984), and Ben Fine, ed, *The Value Dimension*(London, 1986)도 참조.

50 Schumpeter, *Business Cycles*, I, p 143 n 1.

51 Grossman, *The Law of Accumulation and Breakdown of the Capitalist System*, p 84.

52 마르크스는 《1861~1863년 원고》의 초기 단계에서 자본의 과잉을 논하지만 (CW32: 128~131), 이윤율 저하 경향은 전혀 고려하지 않는다.

53 John Fullarton, *On the Regulation of Currencies*(London, 1844), pp 162, 165; 둘째 구절은 *G*: 849~850에 인용돼 있다.

54 Clarke, *Marx's Theory of Crisis*, pp 11~12.

55 Reuten, '"Zirkel vicieux" or Trend Fall?', p 168.

56 《자본론》 3권에서 엥겔스는 "악순환"을 더 약한 표현인 "결함 있는 순환 (fehlerhafte Kreislauf)'으로 대체한다.(CIII: 364) 이 말은 펭귄판에 'cycle of errors'로 번역돼 있는(는데 '고장난 순환(dysfunctional circuit)'으로 옮기는 것이 더 나았을지 모른)다. Reuten, '"Zirkel vicieux" or Trend Fall?', p 175도 참조. 또, Fine and Harris, *Rereading Capital*, ch 5, and Harvey, *Limits to Capital*, pp 192~203에 나오는 자본의 가치 감소와 평가 절하에 관한 논의도 참조.

57 Brenner, *The Economics of Global Turbulence*, Chris Harman, *Explaining the Crisis*(London, 1984)[국역: 《마르크스주의와 공황론》, 풀무질, 1995] and *Zombie Capitalism*, Parts 2 and 3, Alex Callinicos, *Bonfire of Illusions*(Cambridge, 2010)[국역: 《무너지는 환상》, 책갈피, 2010], ch 1, Andrew Kliman, *The Failure of Capitalist Production*(London, 2011)[국역: 《자본주의 생산의 실패》, 한울, 2012], Guglielmo Carchedi, 'Behind and Beyond the Crisis', *International Socialism*, 2:132(2011), http://www.isj. org.uk/?id=761, and [2014] 'The Law of the Tendential Fall in the Rate of Profit as a Theory of Crises: Twelve Reasons to Stick to It', http:// thenextrecession.files.wordpress.com/2014/04/carchedi-london-11-12-april-2014.pdf, and Michael Roberts, [2012] 'A World Rate of Profit', http://thenextrecession.files.wordpress.com/2012/09/roberts_michael-a_ world_rate_of_profit.pdf, and 'From Global Slump to Long Depression', *International Socialism*, 2:140(2013), http://www.isj.org.uk/index. php4?id=914&issue=140 참조. 당연히 이런 설명을 두고 매우 논란이 많다. David McNally, *Global Slump*(Oakland, 2011)[국역: 《글로벌 슬럼프》, 그린

비, 2011]과 이 책을 두고 조셉 추나라와 지은이가 논쟁을 벌인 *International Socialism*, 2:132(2011), 2:133(2012), and 2:135(2012)도 참조.

58 마르크스의 주장, 즉 일반적으로 이윤율 저하의 원인이 되는 바로 그 요인들 때문에 잉여가치량이 증대하고, 그래서 자본축적이 지속될 수 있다는 사실(CIII: 225ff.)을 이용해서 그로스만은 이윤율 저하 경향에서 [자본주의의] "붕괴를 도출할 수는 없다"고 주장한다. *The Law of Accumulation and Breakdown of the Capitalist System*, 2장(인용문은 103쪽) 참조. 이와 대조적으로 돕은 이윤율 저하가 "결정적으로 균형을 깨드리는 효과를 내는" 이유에 관한 논거들을 제시한다. *Political Economy and Capitalism*, pp 103~110(인용문은 104쪽) 참조.

59 Clarke, *Marx's Theory of Crisis*, p 273. 5편을 잘 다룬 문헌은 Martha Campbell, 'The Credit System', in Campbell and Geert Reuten, eds, *The Culmination of Capital: Essays on Volume Three of Marx's Capital*(Basingstoke, 2001), and Harvey, *A Companion to Marx's Capital, Volume 2*, chs 5~7 등이 있다. 또, Makoto Itoh and Costas Lapavitsas, *Political Economy of Money and Banking*(London, 1999), chs 2~5도 참조. 하비는 신용 제도 덕분에 대규모 축장의 필연성이 극복돼서 다양한 유통비용을 조달할 수 있게 된다는 이유로《자본론》3권 5편에 대한 해설을《자본론》2권을 설명하는 부분에 통합하기로 결정했지만, 이것은 금융 위기에 대한 마르크스의 분석을 이윤율 저하 경향론과 분리시키는 불행한 결과를 낳았다.

60 마르크스주의의 관점에서 파생 금융 상품을 연구한 문헌은 Dick Bryan and Michael Rafferty, *Capitalism with Derivatives*(Basingstoke, 2006), and Tony Norfield, 'Derivatives and Capitalist Markets', *Historical Materialism*, 20:1(2012) 등이 있다. 자이루스 바나지는 'Seasons of Self-Delusion: Opium, Capitalism and the Financial Markets', *Historical Materialism*, 21:2(2013)에서 마르크스의 가공자본 개념, 그리고 영국의 식민지 아편 무역이나 2008년 금융 폭락과 가공자본의 연관성을 도발적으로 논의한다.

61 하비는《자본의 한계》에서 화폐와 신용을 논할 때 이 "금융 체계와 그 화폐적 기반 사이의 적대 관계"에 초점을 맞추는데, 이것은 그의 탁월한 장점 가운데 하나다.(p 326) Harvey, *The Limits to Capital*, chs 9 and 10 참조.

62 화폐 위기와 금융 위기에 관한 상세한 논의는 Itoh and Lapavitsas, *Political Economy of Money and Banking*, ch 5 참조. 이 책의 지은이들은 엥겔스를 따라서 "두 종류의 화폐 위기"를 구분하는데, "하나는 일반적 산업·상업 위기의 특수한 국면을 형성하는 화폐 위기(유형 1)이고, 다른 하나는 일반적 산업·상업 위기와 무관하게 나타나는 화폐 위기(유형 2)다."(p 124)

63 Ernest Mandel, *Late Capitalism*(London, 1975), p 39; 더 일반적으로는 1장에서 마르크스주의 경제 위기론들을 논하는 인상적 부분 참조.

64 Alex Callinicos, *Trotskyism*(Buckingham, 1990)[국역: 《트로츠키주의의 역사》, 백의, 1994], pp 42~44, and Chris Harman, 'Mandel's *Late Capitalism*', *International Socialism*, 2:1(1978), http://www.marxists.org/archive/harman/1978/07/mandel.html 참조.

65 Harvey, *Limits to Capital*, pp 191, 326, 425.

66 Harvey, *Limits to Capital*, p 181. 하비의 더 최근 견해는 *The Enigma of Capital and the Crises of Capitalism*(London, 2010)[국역: 《자본이라는 수수께끼》, 창비, 2012], 그리고 이를 비판한 Joseph Choonara, 'Decoding Capitalism', *International Socialism*, 2:129(2011) 참조.

67 Heinrich, 'Crisis Theory, the Law of the Tendency of the Profit Rate to Fall, and Marx's Studies in the 1870s'. 하인리히는 또, 금융공황 때 영국은행이 최후의 대부자 구실을 한 것을 분석한 월터 배젓의 고전적 저작 *Lombard Street*[국역: 《롬바드 스트리트》, 아카넷, 2003]를 마르크스가 고려하지 못한 것 때문에 《자본론》 3권 5편에 나오는 금융시장 논의가 제한됐다고 주장한다. 1873년에 출간된 배젓의 책은 1866년 위기에 대한 대응이었고, 따라서 마르크스는 《1861~1863년 원고》에서 그것을 논할 수 없었다. 그러나 그는 매우 분명하게 "중앙은행은 신용 제도의 회전축"이라고 말했고(CIII: 706), 1847년과 1857년의 공황에 대한 영국은행의 대응을 《자본론》 3권 5편과 1850년대 초에 쓴 신문 기사들에서도 비판적으로 논하고 있다.

68 Clarke, *Marx's Theory of Crisis*, p 245.

69 Joao Antonio de Paula, Hugo E A da Gama Cerqueira, Alexandre Mendes Cunha, Carlos Eduardo Suprinyak, Leonardo Gomes de Deus, and Eduardo da Motta e Albuquerque, 'Notes on a Crisis: The *Exzerpthefte* and Marx's Method of Research and Composition', *Review of Radical Political Economics*, 45:2(2013). 오버런드 거니의 파산에 대해서는 David Kynaston, *The City of London*, Volume I(London, 1994), pp 235~243 참조.

70 마르크스와 엥겔스가 쓴 다른 편지들과 마찬가지로 여기서도 "2권"은 유통 과정(2권)과 총과정(3권)을 묶어서 한 권으로 펴내려고 한 것을 가리킨다. 마르크스가 죽은 뒤 발견된 원고가 워낙 방대하고 복잡해서 엥겔스는 이 둘을 따로따로 펴낼 수밖에 없었다.

7장 오늘날

1 Jonathan Sperber, *Karl Marx: A Nineteenth Century Life*(New York, 2013). 이 책에 대한 평가는 또 다른 마르크스 전기 작가인 데이비드 매클렐런이 쓴 글 http://marxandphilosophy.org.uk/reviewofbooks/reviews/2013/803 참조.

2 Karl Marx, *Le Capital, Livre I*(2 vols, Paris, 1985), II, p 169. 《자본론》의 대상이

지닌 일반성과 세계적 성격에 대해서는 Lucia Pradella, *L'attualita del Capitale: Accumulazione e impoverimento nel capitalismo globale*(Padua, 2010), and 'Imperialism and Capitalist Development in Marx's *Capital*', *Historical Materialism*, 21:2(2013) 참조.

3   Louis Althusser, 'On Theoretical Work', in *Philosophy and the Spontaneous Philosophy of the Scientists and Other Essays*(Gregory Elliott, ed; London, 1990)에 나오는 논의 참조.

4   Alex Callinicos, *Imperialism and Global Political Economy*(Cambridge, 2007) 1장, 그리고 20세기 초의 마르크스주의 정치경제학에 대한 뛰어난 비판적 연구는 M C Howard and J E King, *A History of Marxian Economics*(2 vols, London, 1989 and 1992), I 참조.

5   Michael Heinrich, *An Introduction to the Three Volumes of Karl Marx's Capital*(New York, 2012), p 10. 마르크스주의의 발전에 관한 훨씬 더 구별된 견해는 John Molyneux, *What is the Real Marxist Tradition?*(London, 1985)[국역: 《고전 마르크스주의 전통은 무엇인가?》, 책갈피, 2005], http://www.marxisme.dk/arkiv/molyneux/realmarx/. 참조.

6   이런 방법을 옹호하는 것은 Alex Callinicos, 'Periodizing Capitalism and Analysing Imperialism: Classical Marxism and Capitalist Evolution', in Robert Albritton et al, eds, *Phases of Capitalist Development*(Basingstoke, 2001) 참조.

7   Paul A Baran and Paul M Sweezy, *Monopoly Capital*(Harmondsworth, 1968) [국역: 《독점자본》, 한울, 1984], ch 1.

8   Callinicos, *Imperialism and Global Political Economy*, pp 53~61 참조.

9   Tony Cliff, *The Nature of Stalinist Russia*, in *Selected Writings*(3 vols, London, 2003), III, ch 7 참조. 그리고 소련에서 가치법칙이 작용한 것에 관한 논의는 Chris Harman, 'The Inconsistencies of Ernest Mandel', *International Socialism*, 1:41(1969~1970), http://www.marxists.org/history/etol/writers/harman/1969/12/mandel.htm, Peter Binns, 'The Theory of State Capitalism', *International Socialism*, 1:74(1975), http://www.marxists.org/history/etol/writers/binns/1975/01/statecap.htm, and Alex Callinicos, 'Wage Labour and State Capitalism', *International Socialism*, 2:12(1981), http://www.marxists.org/history/etol/writers/callinicos/1981/xx/wagelab-statecap.html 참조.

10   이런 변화를 분석한 것은 Chris Harman, *Zombie Capitalism: Global Crisis and the Relevance of Marx*(London, 2009), 2부와 3부 참조.

11   예컨대, Eric Helleiner, *States and the Reemergence of Global Finance*(Ithaca, 1994)[국역: 《누가 금융 세계화를 만들었나》, 후마니타스, 2010],

Peter Gowan, *The Global Gamble: Washington's Faustian Bid for World Dominance*(London, 1999)[국역: 《세계 없는 세계화》, 시유시, 2001], Leo Panitch and Sam Gindin, *The Making of Global Capitalism: The Political Economy of American Empire*(London, 2012), and Costas Lapavitsas, *Profiting without Producing: How Finance Exploits Us All*(London, 2013).

12   Peter Nolan, *Is China Buying the World?*(Cambridge, 2012), p 17.

13   Lapavitsas, *Profiting without Producing*, pp 86, 271. 라파비차스의 책은 오늘날의 금융화를 분석하는 책 가운데 마르크스주의 화폐론과 금융론에 관한 귀중한 내용이 많이 포함된 가장 인상적인 책이다. 그러나 그 책의 주요 약점은 금융 이윤이 생산과정에서 창출된 잉여가치를 취득하는 데서 나올 뿐 아니라 "금융 체계의 작동을 통해 다른 사람들의 소득과 통화량을 수탈하는" 데서도 나온다는 라파비차스의 주장이다.(p 145) 사실 라파비차스도 지적하듯이 마르크스는 다음과 같이 말했다. "노동계급은 이 형태에서도[즉, "개인적 소비를 위한 주택 등의 임차"를 통해서도 — 캘리니코스] 사기를 당하지만(그것도 엄청나게), 이런 사기는 노동계급에게 생계수단을 공급하는 소매상들도 하는 짓이다. 그러나 이것은 생산과정 자체 내에서 직접 이뤄지는 1차적 착취와 나란히 진행되는 2차적 착취다."(CIII: 745) 라파비차스는 [오늘날] "금융 수탈"이 마르크스가 여기서 생각한 것보다 훨씬 더 큰 규모로 이뤄진다고 보는 듯하다. 이 주장을 제대로 평가하려면 그것을 마르크스의 가치론, 특히 노동력 재생산과 관련해서 살펴봐야 한다(왜냐하면 주택 담보대출과 신용카드 등은 노동자들이 일정한 소비 수준을 유지하기 위해 돈을 빌릴 수 있도록 해 주기 때문이다). 그러나 라파비차스는 이런 고찰을 전혀 하지 않는다. 벤 파인 같은 사람들이 라파비차스 주장의 초기 버전을 이미 비판한 적 있는데도 말이다. Ben Fine, 'Locating Financialization', *Historical Materialism*, 18(2010) 참조. 또, Tony Norfield, 'Capitalist Production Good, Capital Finance Bad', 6 January 2014, http://economicsofimperialism.blogspot.co.uk/2014/01/capitalist-production-good-capitalist.html, and Joseph Choonara, 'Financial Times', *International Socialism*, 2:142(2014) 같은 비판적 평가도 참조.

14   Alex Callinicos, *Bonfire of Illusions*(Cambridge, 2010), and 'Contradictions of Austerity', *Cambridge Journal of Economics*, 36(2012). 나는 경제 위기의 전개를 이해하는 데서 Robert Brenner, *The Boom and the Bubble*(London, 2002)[국역: 《붐 앤 버블》, 아침이슬, 2002]에 많은 빚을 졌다.

15   Thomas Piketty, *Capital in the 21st Century*(Cambridge MA, 2014)[국역: 《21세기 자본》, 글항아리, 2014], p 25.

16   《요강》의 원고에는 바스티아와 케어리 편이 맨 처음에 나오지만 펭귄판 영역본에서는 맨 뒤로 돌려졌다.

17 Pradella, 'Imperialism and Capitalist Development in Marx's *Capital* ', pp 122~125. 매우 흥미롭고 자극적인 글에서 체사레 루포리니는 똑같은 구절에 실제 이상의 의미를 부여한다. 그는 여기서 마르크스가 하는 가정 때문에 "마르크스는 자본주의의 발전이 국내시장의 형성뿐 아니라 세계 체제의 형성도" 동시에 수반한다는 사실을 "개념적으로나 체계적으로 설명하지 못했다"고 주장한다. Cesare Luporini, 'Le Politique et l'étatique: un ou deux critiques?', in Étienne Balibar, et al, *Marx et sa critique de la politique* (Paris, 1979), p 104 참조. 그러나 프라델라가 주장하듯이, 마르크스는 《자본론》 1권 8편에서 "국내뿐 아니라 해외에서도 자본주의 관계를 창출하고 사회질서 전체를 재생산하는 데서 국가가 근본적 구실을 한다고 분석한다." 'Imperialism and Capitalist Development in Marx's *Capital* ', p 130 참조. 마르크스가 국가의 이런 구실을 더 일반화한 이론을 발전시키지 않은 이유는 어떤 개념적 장애물 때문이 아니라, 그의 원래 계획에서 4권에 포함시킬 생각이었던 "다양한 국가형태와 다양한 사회 경제구조 사이의 관계"를 설명하는 글을 쓰지 못한 일상적 이유 때문이었다. 이와 관련된 이론적 쟁점들을 폭넓게 논의한 것은 Callinicos, *Imperialism and Global Political Economy*, ch 2 참조(프라델라의 생각과 달리, 내 논지는 그녀의 주장과 모순되지 않는다).

18 가치법칙과 국제무역을 더 자세히 알고 싶으면 Anwar Shaikh, 'Foreign Trade and the Law of Value', *Science&Society*, 43:3(1979) and 44:1(1980), and Guglielmo Carchedi, *Frontiers of Political Economy*(London, 1991), chs 6 and 7 참조.

19 노동자주의자들의 마르크스 해석을 명쾌하게 설명한 것은 Harry Cleaver, *Reading Capital Politically*(Brighton, 1979), 그리고 토니 네그리식 노동자주의를 비판한 두 가지 글은 Alex Callinicos, *The Resources of Critique*(Cambridge, 2006), ch 4, and 'Antonio Negri and the Temptation of Ontology', in Timothy Murphy and Abdul-Karim Mustapha, eds, *Antonio Negri: Revolution in Theory* (London, 2007) 참조.

20 특히 Toni Negri, 'Crisis of the Planner State: Communism and Revolutionary Organisation', in *Revolution Retrieved*(London, 1988)[국역: 《혁명의 만회》, 갈무리, 2005], pp 112~118 참조.

21 Michael Hardt and Toni Negri, *Empire*(Cambridge MA, 2000), p 29.

22 Michael Hardt and Toni Negri, *Multitude*(London, 2004), pp 146, 148.

23 Slavoj Žižek, *Living in the End Times*(London, 2010), pp 192 n 18, 241.

24 Michael Heinrich, 'Crisis Theory, the Law of the Tendency of the Profit Rate to Fall, and Marx's Studies of the 1870s', *Monthly Review*, 64:11(2013), http://monthlyreview.org/2013/04/01/crisis-theory-the-law-of-the-tendency-of-

the-profit-rate-to-fall-andmarxs-studies-in-the-1870s. 토니 스미스는 일반 적 지성이라는 문제의식을 더 우호적으로 논하지만, 차이점은 마르크스의 가치 론에 대한 심층적 이해와 오늘날의 경제적 추세에 대한 신중한 분석이다. Tony Smith, 'The "General Intellect" in the *Grundrisse* and Beyond', *Historical Materialism*, 21:4(2013) 참조.

25 내가 보기에 마르크스가 특히《1861~1863년 원고》에서 생산적 노동과 비생산 적 노동을 폭넓게 논할 때 머뭇거리거나 일관되지 않은 것은 그 문제를 고전학 파 경제학자들한테서 물려받았다는 사실을 반영하는데, 그들의 관심사는 자본 가에게 이윤을 생산해 주는 노동자와 지주 귀족의 (수입의 일부를 소비하는) 하 인·종자·식객을 구분하는 것이었다. 이 때문에 마르크스는 흔히 서비스 공급 을 논할 때 서비스의 생산조건이 아니라 수입으로 서비스를 구매하는 것에 초점 을 맞춘다. 이것은 선진 자본주의 사회의 생산적 노동과 비생산적 노동을 다루 는 데 유익한 틀이 아니다. 마르크스 자신도 인정하듯이 선진 자본주의 사회에 서는 기술 진보 덕분에 생산적 노동자들이 노동인구에서 차지하는 비율이 줄어 들기 쉽지만 그와 동시에 임금 형태가 일반화한다. 현대 자본주의의 발전과 관 련해서 생산적 노동과 비생산적 노동에 관한 마르크스의 견해가 바뀌고 때로는 일관되지 않은 것에 대한 유익한 논의는 Ernest Mandel, 'Introduction', to Karl Marx, *Capital*, II(Harmondsworth, 1978), pp 38~52, and Harman, *Zombie Capitalism*, ch 5 참조.

26 로만 로스돌스키가 "일반적 지성"에 관한 구절을 논하는 *The Making of Marx's Capital*(London, 1977), pp 242~244도 참조.《자본론》3권에 나오는 다음과 같 은 흥미로운 구절은 내가 본문에서 주장한 해석을 확인해 준다. "여기서 우리는 … 보편적[*allgemeiner*] 노동과 공동[*gemeinschaftlicher*] 노동을 구별해야 한 다. 둘은 모두 생산과정에서 그 구실을 하고 또 서로 뒤엉키기도 하지만, 서로 구 별되기도 한다. 보편적 노동은 모든 과학적 노동, 모든 발견과 발명이다. [이 노동 은 일부는 살아 있는 노동의 협업에, 또 일부는 과거 노동의 활용에 의존한다.] 그러나 공동 노동은 개인들의 직접적 협업에만 의존한다."(CIII: 190) 보편적 노동 을 과학적 노동과 동일시하는 것은 1859년의《비판》과 비교해 보면 견해가 바뀌 었음을 보여 준다.《비판》에서 마르크스는 흔히 추상적인 사회적 노동을 보편적 노동이나 일반적 노동이라고 말한다. 예컨대, "따라서 교환가치를 창조하는 노동 은 추상적인 일반적general 노동[*abstrakt allgemeine Arbeit*]이다."(Con: 29; 영 어판《비판》에서는 '*allgemeine Arbeit* '가 '보편적 노동universal labour'으로 번 역되는 경우가 더 많다.)《자본론》을 쓸 즈음 마르크스는 흔히 그랬듯이 자신의 범주들을 명확히 하고 개조했다(비록 특히 1권 초판에서는 때때로 추상적 노동 을 보편적 노동이라고 말하지만). 추상적 노동과 보편적 노동을 구별하고 보편적 노동의 확장을 과학적 노동으로 제한하는 것은 "일반적 지성"에 관한 구절이 불 러일으킨 혼동을 막아 준다. 마르크스가 보편적 노동의 개념을 재정립한 것의 중

요성을 나에게 강조한 루치아 프라델라에게 감사한다.

27   Harry Braverman, *Labour and Monopoly Capital: The Degradation of Work in the Twentieth Century*(New York, 1974)[국역: 《노동과 독점자본》, 까치, 1987].

28   Andrew Ure, *The Philosophy of Manufactures: or, An Exposition of the Scientific, Moral, and Commercial Economy of Great Britain*(London, 1835), p 367. 엥겔스와 마르크스는 모두 1840년대 중반에 유어의 책을 처음으로 연구했다(그들은 유어를 진심으로 혐오했다). 마르크스는 《1861~1863년 원고》에서 기계를 논할 때 다음과 같이 말한다. "유어 박사와 프리드리히 엥겔스가 쓴 책들은 공장 제도를 다룬 가장 뛰어난 책이고, 그들이 다루는 분야에서는 똑같다. 차이는 유어가 체제의 하인으로서, 그 시야가 체제 내로 국한된 하인으로서 표현한 것을 엥겔스는 자유로운 비판가로서 표현한다는 점이다."(CW33: 494)

29   Robert C Allen, *The British Industrial Revolution in Global Perspective*(Cambridge, 2009), Kindle loc. 3623. 'Roberts, Richard(1789-1864)', *Oxford Dictionary of National Biography*, http://www.oxforddnb.com/view/article/23770?docPos=3도 참조.

30   Fredric Jameson, *Representing Capital*(London, 2011), pp 2, 3, 112, 113.

31   David Harvey, *A Companion to Marx's Capital*(London, 2010), p 138.

32   Jameson, *Representing Capital* , p 70.

33   Pradella, *L'Attualita del Capitale*, p 283. 자본주의적 축적의 일반 법칙과 산업예비군에 관한 상세한 연구를 오늘날의 발전과 통합하려는 노력은 Pradella, *L'Attualita del Capitale*, esp chs I and VI, and John Bellamy Foster, Robert W McChesney and R Jamil Jonna, 'The Global Reserve Army of Labor and the New Imperialism', *Monthly Review*, 63:6(November 2011), http://monthlyreview.org/2011/11/01/the-global-reserve-army-of-labor-and-the-newimperialism 참조. 오늘날의 마르크스주의자들은 이런 틀 안에서 남반구의 산업화를 어떻게 이해할 것인지에 대해 견해가 다르다. Jane Hardy, 'New Divisions of Labour in the Global South', *International Socialism*, 2:137(2013), http://www.isj.org.uk/?id=868와 John Smith, 'Southern Labour — "Peripheral" No Longer: a Reply to Jane Hardy', *International Socialism*, 2:140(2013), http://www.isj.org.uk/index.php4?id=922를 비교해 보라.

34   로스돌스키는 "빈곤의 축적"을 더 협소하게 해석해서, "노동계급의 극빈층"만 포함되는 것으로 본다.(*The Making of Marx's Capital*, p 303) 그러나 마르크스의 문장은 그런 제한을 두지 않고, "빈곤의 축적"을 "자신의 생산물을 자본으로 생산하는 [노동]계급"에게 배정한다. 당연히 로스돌스키는 마르크스가 노동계급의 절대적 빈곤화를 상정했다는 비판에 맞서 그를 옹호하려는 열망이 너무 커

서 마르크스를 오해하고 있다. 그러나 로스돌스키가 "이른바 '빈곤화론'"을 비판하는 부분은 탁월하다.(pp 300~312) 또, Gérard Duménil, *La Concept de loi economique dans 'le Capital'*(Paris, 1978), pp 173~190도 참조.

35 Jameson, *Representing Capital*, pp 148, 149.

36 Rosdolsky, *The Making of Marx's Capital*, p 302 n 54.

37 Rosa Luxemburg, *Introduction to Political Economy*[국역: 《정치경제학 입문》, 박종철출판사, 2015], in Peter Hudis, ed, *The Complete Works of Rosa Luxemburg*, 1(London, 2013), p 289. 이 구절은 임금, 산업예비군, 노동조합을 논하는 흥미로운 부분에 나온다. pp 260~293 참조.

38 Michael Lebowitz, *Beyond Capital: Marx's Political Economy of the Working Class*(2nd edn; Basingstoke, 2003), p 74.

39 Rosdolsky, *The Making of Marx's Capital*, p 284.

40 이 구절은 주류 경제학자 브래드 드롱의 다음과 같은 말이 얼마나 어리석은지를 분명히 보여 준다. "마르크스는 노동계급의 실제 물질적 생활수준이 상승하는 동시에 착취율도 상승하고 노동분배율은 하락할 수 있다는 것을 충분히 공감할[원문 그대로임 — 캘리니코스] 수 없었다." http://www.nytimes.com/roomfordebate/2014/03/30/was-marx-right/marx-was-blindto-the-systems-ingenuity-and-ability-to-reinvent 참조.

41 Rosdolsky, *The Making of Marx's Capital*, p 307.

42 예컨대, Ian Traynor, 'Austerity Pushing Europe into Social and Economic Decline, Says Red Cross,' *Guardian*, 10 October 2013, http://www.theguardian.com/world/2013/oct/10/austerity-europe-debt-red-cross 참조. 또, 2008년 이후 영국의 실질임금이 급감한 것은 Richard Blundell, Claire Crawford and Wenchao Jin, 'What Can Wages and Employment Tell Us about the UK's Unemployment Puzzle?', *IFS Working Papers*(2013), www.ifs.org.uk/wps/wp201311.pdf 참조. 로스돌스키 자신은 다음과 같이 썼다. "그렇다고 해서 현실의 자본[원문 그대로임 — 캘리니코스] 세계에 빈곤화 경향들이 존재하지 않는다는 말은 아니다. 이런 경향은 충분하다 못해 넘치게 많다 — 단지 어디서 찾을지를 알기만 하면 된다. 실제로 그런 경향은 다음과 같은 두 영역에서 분명히 나타난다. 첫째, 모든 경제 위기 때 나타난다(일시적인 것). 둘째, 이른바 저발전 지역에서 나타난다(상시적인 것). *The Making of Marx's Capital*, p 307 참조.

43 Callinicos, 'Antonio Negri and the Temptation of Ontology', and Maria Turchetto, 'De "l'ouvrier masse" a l' "entrepreneurialite commune": la trajectoire de l'operaisme italienne', in Jacques Bidet and Stathis Kouvelakis, eds, *Dictionnaire Marx contemporaine*(Paris, 2001) 참조.

44 특히 영국 사례에 초점을 맞춘 몇몇 문헌은 Kevin Doogan, *New Capitalism? The Transformation of Work*(Cambridge, 2009), Neil Davidson, 'The Neoliberal Era in Britain: Historical Developments and Current Perspectives', *International Socialism*, 2:139(2013), www.isj.org.uk/?id=908, and Jane Hardy and Joseph Choonara, 'Neoliberalism and the Working Class: A Reply to Neil Davidson', *International Socialism*, 2:140(2013) 등이 있다. 훨씬 오래전에 이 문제들에 대한 견해를 밝힌 Alex Callinicos and Chris Harman, *The Changing Working Class* (London, 1987)[국역: 《노동자 계급에게 안녕을 말할 때인가》, 책갈피, 2001], available at http://www.isj.org.uk/?s=resources#classarticles도 참조.

45 Walter Benjamin, *Illuminations*(Hannah Arendt, ed; London, 1970)[국역: 《발터 벤야민의 문예 이론》, 민음사, 1983], p 262.

부록: 알튀세르 — 관계를 통한 우회

1 알튀세르에 관한 내 견해를 처음으로 밝힌 책은 *Althusser's Marxism*(London, 1976)[국역: 《알튀세의 마르크스주의》, 녹두, 1992, 《바로 읽는 알뛰세》, 백의, 1992]다.

2 알튀세르가 '역사주의'를 묘사하는 부분에는 우스꽝스럽게 과장한 내용이 많다. 그람시에 관한 알튀세르의 논의를 비판한 것은 Peter Thomas, *The Gramscian Moment*(Leiden, 2009), pp 24~36 참조.

3 Louis Althusser, 'The Object of *Capital* ', in Althusser and Etienne Balibar, *Reading Capital*(London, 1970), p 140.

4 Louis Althusser, 'The Object of *Capital* ', p 174.

5 Louis Althusser, 'The Object of *Capital* ', p 180.

6 Étienne Balibar, 'On the Basic Concepts of Historical Materialism', in Althusser and Balibar, *Reading Capital*, pp 212~216.

7 Louis Althusser, *Sur la reproduction*(Paris, 1995)[국역: 《재생산에 대하여》, 동문선, 2007], p 50. 부록 'Du primat des rapports de production sur les forces productives', pp 243~252도 참조. *Karl Marx's Theory of History*(2nd edn, Oxford, 2000)에서 알튀세르와 반대로 생산관계보다 생산력을 우위에 두는 G A 코헨도 생산력의 관계성을 부인한다. 이런 부인을 비판적으로 살펴본 문헌은 Alex Callinicos, 'G A Cohen and the Critique of Political Economy', *Science & Society*, 70(2006) 참조.

8 Louis Althusser, 'Ideology and the Ideological State Apparatuses', in *Lenin and Philosophy and Other Essays*(London, 1971). 워런 몬태그는 *Althusser*

and His Contemporaries: Philosophy's Perpetual War(Durham NC, 2013), Parts I and II에서 구조와 주체에 관한 알튀세르의 견해를 포괄적으로 살펴본다.

9   Louis Althusser, 'Is it Simple to be a Marxist in Philosophy?', in *Philosophy and the Spontaneous Philosophy of Scientists and Other Essays*(London, 1990)[국역: "아미엥에서의 주장", 《아미엥에서의 주장》, 솔, 1991], p 236.

10   'Is it Simple to be a Marxist in Philosophy?', p 239. E P Thompson, *The Poverty of Theory and Other Essays*(London, 1978) 참조.

11   Althusser, 'Is it Simple to be a Marxist in Philosophy?', p 239.

12   Louis Althusser, 'Reply to John Lewis', in *Essays in Self-Criticism*(London, 1976), pp 49~50 n 12.

13   Alex Callinicos, *Making History*(2nd edn, Leiden, 2004) and *The Resources of Critique*(Cambridge, 2006), Part II.

14   Jacques Bidet, *Que faire du Capital?*(2nd edn, Paris, 2000)[국역: 《자본의 경제학·철학·이데올로기》, 새날, 1995].

15   Bidet, *Que faire du Capital?*, p 182.

16   Alain Badiou, *Logiques des mondes*(Paris, 2006), pp 329, 337. 관계에 관한 바디우의 초기 논의를 비판한 것은 Peter Hallward, *Badiou: A Subject to Truth*(Minneapolis, 2003)[국역: 《알랭 바디우: 진리를 향한 주체》, 길, 2016], ch 13 참조.

17   Badiou, *Logiques des mondes*, p 10.

18   이런 존재론들을 비판적으로 탐구하는 것이 내 책 *The Resources of Critique*의 주요 주제 가운데 하나다.

19   Alex Callinicos, *Imperialism and Global Political Economy*(Cambridge, 2009), ch 2 참조.

20   Althusser, *Sur la reproduction*, p 62.

21   Alex Callinicos, *Is There a Future for Marxism?*(London, 1982)[국역: 《마르크시즘의 미래는 있는가》, 열음사, 1987], pp 76~78, 149~159 참조. 또, Ali Rattansi, *Marx and the Division of Labour*(London, 1982)의 뛰어난 논의도 참조.

22   Louis Althusser, 'Le Courant souterrain du matérialisme de la rencontre', in *Écrits philosophiques et politiques*(François Matheron, ed; 2 vols, Paris, 1994, 1995), I, p 576[국역: "마주침의 유물론이라는 은밀한 흐름", 《철학적 맑스주의》, 새길아카데미, 2012].

23   John Bellamy Foster, *Marx's Ecology*(New York, 2000)[국역: 《마르크스의 생태학》, 인간사랑, 2016], Andrea Micocci, *Anti-Hegelian Reading of Economic Theory*(Lewiston NY, 2002).

찾아보기

Deciphering Capital: Marx's Capital and its destiny - Alex Callinicos
Published 2014 by Bookmarks Publications
ⓒ Bookmarks Publications

Korean translation edition ⓒ 2020 by Chaekgalpi Publishing Co.
Bookmarks와 협약에 따라 이 책의 한국어 판권은 책갈피 출판사에 있습니다.

알렉스 캘리니코스의 자본론 행간 읽기
《자본론》의 배경이 된 사상

지은이 | 알렉스 캘리니코스
옮긴이 | 이수현

펴낸곳 | 도서출판 책갈피
등록 | 1992년 2월 14일(제2014-000019호)
주소 | 서울 성동구 무학봉15길 12 2층
전화 | 02) 2265-6354
팩스 | 02) 2265-6395
이메일 | bookmarx@naver.com
홈페이지 | http://chaekgalpi.com
페이스북 | http://facebook.com/chaekgalpi
인스타그램 | http://instagram.com/chaekgalpi_books

첫 번째 찍은 날 2020년 7월 20일

값 25,000원

ISBN 978-89-7966-189-7

잘못된 책은 바꿔 드립니다.